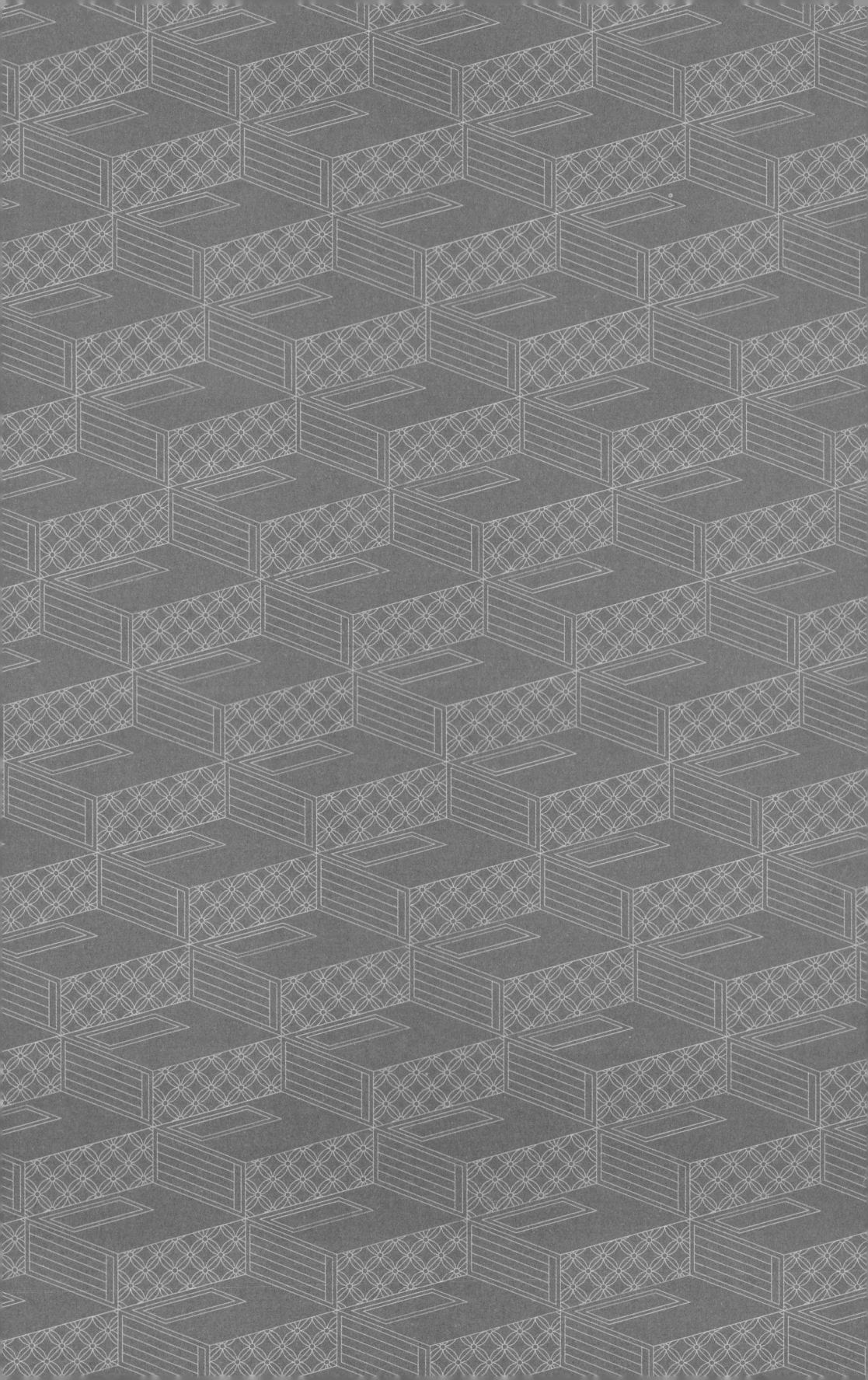

线装经典

线装经典

# 孙子兵法

《线装经典》编委会◎编

地震出版社

图书在版编目（CIP）数据

孙子兵法 /《线装经典》编委会编. -- 北京：地震出版社, 2024.8. -- ISBN 978-7-5028-5665-6

Ⅰ. E892.25

中国国家版本馆CIP数据核字第2024VS6156号

地震版　XM5784/E（6495）

# 孙子兵法
《线装经典》编委会　编

责任编辑：鄂真妮
责任校对：凌　樱

出版发行：地震出版社
　　　　　北京市海淀区民族大学南路9号　邮编：100081
　　　　　发行部：68423031　68467993　传真：68467991
　　　　　总编办：68462709　68423029
　　　　　http://seismologicalpress.com
　　　　　E-mail:dz_press@163.com

经销：全国各地新华书店
印刷：三河市中晟雅豪印务有限公司

版（印）次：2024年8月第一版　2024年8月第一次印刷
开本：715×975　1/16
字数：397千字
印张：21.5
书号：ISBN 978-7-5028-5665-6
定价：68.00元

**版权所有　翻印必究**
（图书出现印装问题，本社负责调换）

# 前　言

　　《孙子兵法》是中国古代最伟大的军事理论著作，也是全世界最古老的兵书。这部千古奇书素有"武学之圣典，兵家之绝唱""百世谈兵之祖"等美誉，自问世以来便被历代军事家奉为圭臬，直到今天，其影响力依然不容忽视。它的作者是春秋时期卓越的军事理论家和军事指挥家孙武。

　　孙武（生卒年不详），字长卿，被后人尊为"兵圣"。孙武出身齐国贵族，其家族权倾一时，很显赫，但是他成年后目睹齐国内乱不断，矛盾重重，对各大家族争权夺利、钩心斗角的现象非常反感，于是萌发了远赴他乡、一展抱负的想法。当时南方的吴国自寿梦称王以后日渐强盛，很有新兴气象。于是公元前515年，孙武毅然离开齐国南下，想在吴国找到施展拳脚的天地。

　　公元前512年，吴国国富民强，上下一心，吴王阖闾准备向西进兵，征伐楚国。这时，大臣伍子胥向阖闾推荐了正在吴国隐居的孙武，称赞他是一个能够安邦定国的盖世奇才。求贤若渴的阖闾马上下旨召见孙武。孙武多年磨一剑，终于等到了这个机会。初见阖闾，孙武便献上刚刚成书的《孙子兵法》。阖闾阅后，拍案叫绝，遂拜孙武为将军。此后，孙武制定疲楚之计，指挥西征，创造了以三万精兵大败楚国二十万军队的辉煌战绩。阖闾之子夫差继位后，逐渐沉湎于酒色，宠信奸臣，甚至逼得功臣伍子胥自尽。在这种情况下，孙武意识到夫差难堪大用，吴国已无前途，于是悄然隐退，继续修订《孙子兵法》，使其更臻完善。

　　《孙子兵法》大约有六千字，内容博大精深，逻辑严谨缜密，主要论述了关于军事学的一些问题，提出了许多著名的军事命题和具有普遍意义的用兵原则。全书共分为十三篇，每篇都有一个明确的主题，且篇与篇之间又是相互联系、不可割裂的。它既是一部系统而全面的军事著作，也是一部光辉的哲学著作。书中含有丰富的辩证法思想，诸如敌我、主客、众寡、攻守、利害等，并提出了矛盾双方在一定条件下可以互相转化的观点，具有极大的科学意义。可以说，《孙子兵法》是集军事与哲学、韬略与智谋于一体的千古奇书，因而备受世人推崇。

唐太宗李世民曾经说过，"观诸兵书，无出孙武"，意思是历代兵书没有一本能超过《孙子兵法》。而对《孙子兵法》最精辟的评价，当属明代学者茅元仪的一句话："前孙子者，孙子不遗；后孙子者，不能遗孙子（比《孙子兵法》早的兵书，其精华已经被《孙子兵法》囊括；比《孙子兵法》晚的兵书，却无法超越《孙子兵法》）。"正是因为这无法企及的辉煌，历代兵学家、军事家无不从《孙子兵法》中汲取养料，并将其应用于战争实践和军事理论研究中。"兵者，诡道也""知己知彼，百战不殆""出其不意、攻其不备"等早已成为尽人皆知的名言。

《孙子兵法》不仅深刻地影响了中国古代战争史，在西方国家亦享有极高的声誉。美国最著名的军校——西点军校，一直将《孙子兵法》列为必读书目。1990年的海湾战争中，美国军队甚至是人手一册《孙子兵法》。据说法国皇帝拿破仑在滑铁卢战败之后，偶然得见《孙子兵法》，曾无限伤感地说："如果早二十年见到它，历史将会是另外一种样子。"时至今日，《孙子兵法》对人们的启示早已超出了军事领域，国内外的许多企业家都将它视为"最有价值的商战百科全书"和"智慧宝典"。

事实上，作为中华民族文明积淀的硕果，《孙子兵法》始终在提醒大家：怎样处理问题，如何把握机遇，用什么办法取得成功。不断地引导人们去思考，去探索。无论是在生活还是工作中，它都能使人受益良多。

本书以宋本《十一家注孙子》为蓝本，详细地对《孙子兵法》进行了注释、翻译和解读，并辅以大量经典战例和精美图片，力图使这颗中国历史文化遗产中的明珠放射出更加璀璨的光芒，更希望读者能在深入浅出的文字中体会到作品的深层内涵，进而开阔视野，得到启发。

# 目录

## 计篇

国之大事 ………………………… 三
经之五事 ………………………… 八
因利而制权 …………………… 一二
诡　道 ………………………… 一五
少算不胜 ……………………… 一八

## 作战篇

用兵之费 ……………………… 二五
用兵之害 ……………………… 二八
因粮于敌 ……………………… 三一
智将务食于敌 ………………… 三四
取敌之利者 …………………… 三七
兵贵胜 ………………………… 四〇
知兵之将 ……………………… 四三

## 谋攻篇

善之善者 ……………………… 四七
上兵伐谋 ……………………… 五二
谋攻之法 ……………………… 六〇
用兵之法 ……………………… 六六
国之辅 ………………………… 六九
乱军引胜 ……………………… 七一
知胜有五 ……………………… 七七
知彼知己 ……………………… 七九

## 形篇

胜可知而不可为 ……………… 八七
自保而全胜 …………………… 九一
修道而保法 …………………… 九八
胜兵若以镒称铢 …………… 一〇二

## 势篇

治众如治寡 ………………… 一〇七
奇正相生 …………………… 一一〇
善战者势险、节短 ………… 一一三
以利动之 …………………… 一一六
求之于势 …………………… 一一九

## 虚实篇

善战者致人 ………………… 一二五
诱敌以利 …………………… 一二八
攻其所不守 ………………… 一三一
战必我所欲 ………………… 一三八
藏我而形人 ………………… 一四一
知战之地 …………………… 一四四
胜可为也 …………………… 一四七
策之、作之、形之、角之 … 一五〇
形于无穷 …………………… 一五三
兵之形 ……………………… 一五六
五行无常胜 ………………… 一五八

## 军争篇

| 迂直之计 | 一六三 |
| --- | --- |
| 军　争 | 一六六 |
| 兵以诈立 | 一六九 |
| 先知迂直之计者胜 | 一七二 |
| 用众之法 | 一七六 |
| 将军可夺心 | 一七九 |
| 穷寇勿追 | 一八二 |

## 九变篇

| 君命有所不受 | 一八七 |
| --- | --- |
| 九变之利 | 一九〇 |
| 智者之虑 | 一九四 |
| 用兵之法 | 一九七 |
| 将有五危 | 二〇〇 |

## 行军篇

| 四军之利 | 二〇五 |
| --- | --- |
| 地之助 | 二一〇 |
| 谨　察 | 二一四 |
| 兵非益多 | 二一九 |
| 令之以文，齐之以武 | 二二三 |

## 地形篇

| 地之道 | 二三一 |
| --- | --- |
| 败之道 | 二三八 |
| 兵之助 | 二四一 |
| 战道必胜 | 二四四 |
| 视卒如婴儿 | 二四六 |

| 知兵者 | 二四八 |
| --- | --- |
| 知天知地 | 二五〇 |

## 九地篇

| 依地而变 | 二五六 |
| --- | --- |
| 合于利而动 | 二五九 |
| 兵之情主速 | 二六五 |
| 兵士甚陷则不惧 | 二六八 |
| 携手若使一人 | 二七二 |
| 将军之事 | 二七五 |
| 为客之道 | 二七八 |
| 霸王之兵 | 二八一 |
| 陷之死地然后生 | 二八四 |
| 巧能成事 | 二八七 |
| 践墨随敌 | 二九〇 |

## 火攻篇

| 火攻有五 | 二九五 |
| --- | --- |
| 五火之变 | 三〇一 |
| 非利不动 | 三〇四 |
| 不合于利而止 | 三〇七 |

## 用间篇

| 先知者 | 三一三 |
| --- | --- |
| 用间有五 | 三一七 |
| 无所不用间 | 三二二 |
| 先知其守将 | 三二七 |
| 反间不可不厚 | 三三〇 |
| 以上智为间 | 三三五 |

# 计篇

## 本经通读

孙子曰：兵者，国之大事，死生之地，存亡之道，不可不察也。

故经之以五事，校之以计而索其情。一曰道，二曰天，三曰地，四曰将，五曰法。道者，令民与上同意也，故可以与之死，可以与之生，而不畏危。天者，阴阳、寒暑、时制也。地者，远近、险易、广狭、死生也。将者，智、信、仁、勇、严也。法者，曲制、官道、主用也。凡此五者，将莫不闻。知之者胜，不知者不胜。故校之以计而索其情，曰：主孰有道？将孰有能？天地孰得？法令孰行？兵众孰强？士卒孰练？赏罚孰明？吾以此知胜负矣。

将听吾计，用之必胜，留之；将不听吾计，用之必败，去之。

计利以听，乃为之势，以佐其外。势者，因利而制权也。

兵者，诡道也。故能而示之不能，用而示之不用，近而示之远，远而示之近。利而诱之，乱而取之，实而备之，强而避之，怒而挠之，卑而骄之，佚而劳之，亲而离之。攻其无备，出其不意。此兵家之胜，不可先传也。

夫未战而庙算胜者，得算多也；未战而庙算不胜者，得算少也。多算胜，少算不胜，而况于无算乎！吾以此观之，胜负见矣。

## 本篇旨要

"计"本义是计算、估计，在这里指战前的战略谋划。作为《孙子兵法》的首篇，本篇在一定程度上可以视为孙子卓越军事思想的高度浓缩和精辟概括，它从宏观上对决定战争胜负的政治、经济、军事等各项基本条件进行比较、分析和研究，并对战争的发展进程和最终结局进行预测，尤其强调用兵前的周密谋划对战争胜负的决定作用。其中，"慎战"是孙子指导战争实践的基本主张，"五事七计"是他用以预测战争胜负的基本要素，"兵者，诡道也"则指出了用兵的要领——运用智谋。需要注意的是，"慎战""五事七计""诡道十二术"等都是我国古代最早的战略概念——"庙算"的具体内容。

# 国之大事

【原典】

孙子曰：兵①者，国之大事，死生之地，存亡之道，不可不察②也。

【注释】

①兵：泛指兵器、军械、兵卒、军队等。此处指战争。
②察：《尔雅·释诂》："察，审也。"指深入考察、研究。

【译文】

孙子说：战争，是国家的头等大事，关系到国民的生死和国家的存亡，所以不能不认真加以考察和研究。

【读解】

《计篇》是《孙子兵法》的第一篇，本节则是《计篇》的首句，孙子在全书开篇第一句就提出战争是"国之大事"，关乎国民"死生"，国家"存亡"，不可不认真对待，可见本节在《孙子兵法》中地位之重要。孙子认为，战争是残酷而激烈的，胜者能称王称霸，败者则会国破家亡。所以，交战双方都想克敌制胜，从而巩固和发展自己的实力。然而，战局往往变幻莫测，稍不留神，参战双方便会付出惨痛的代价，因此孙子提醒世人对待战争一定要慎之又慎。

【实例】

## 淝水之战

淝水之战是偏安南方的东晋王朝同北方氐族贵族建立的前秦政权之间的一次大战。东晋太元八年（383年）八月，前秦统治者苻坚为统一全国，率军南下，欲一举灭晋。此前，前秦的众多大臣对伐晋均持反对意见。他们认为东晋虽然弱小，但是国内政治安定、君民上下一心，所以攻打东晋的最佳时机并未到来，应该等东晋内部出现矛盾时，再伺机进攻。

然而，苻坚听不进任何劝告。他亲自率军攻打东晋。前秦共出动近百万大军，兵分三路，会攻晋都建康（今江苏南京）。同年十月，前秦前锋统帅苻融带兵攻占战略重镇寿阳（今安徽寿县），晋军退守寿阳附近的硖石。率前秦军主力在项城（今河南沈丘）驻扎的苻坚听说这一消息后大喜，他亲率八千轻骑兵火速赶往寿阳，企图在硖石一举歼灭晋军主力，再乘胜直取建康。

东晋征虏将军谢石和前锋都督谢玄率领的晋军驻扎在寿阳八公山下，与秦

朱序在秦军阵后大喊："秦军败了！秦军败了！"不明就里的秦兵一听，争相逃命。

军夹淝水（今安徽瓦埠湖一带）对峙。此前，苻坚曾派尚书朱序出使晋营劝降。朱序原是东晋官吏，在襄阳之战中被秦军俘虏，做了前秦的尚书。他到了晋营后，不但没有劝降，反而向谢石提供了秦军的军情。他告诉谢石，前秦的主力大军尚在行进途中，现在应该主动出击，只要打败其先锋部队，灭其威风，秦军必败。

谢石接受了他的建议，决定主动向秦军发起进攻。苻坚站在寿阳城上，看到晋军布阵严整，内心大为惊恐，一心只想速战速决。秦军几次引诱晋军过河决战，晋军都不为所动。谢玄利用秦军急欲决战的心理，遣使者用激将法称："两军隔淝水布阵，极不利于尽快决战。不知道秦军敢不敢后退几步，使晋军渡过淝水，然后一决胜负。"苻坚认为可以将计就计，趁晋军半渡之时发起进攻，便可取胜，因此决定后撤。

秦军连日求战而不得战，士气十分低落，后撤时又因指挥不当而阵形大乱。此时朱序又在秦军阵后大喊："秦军败了！秦军败了！"不明就里的秦兵一听，争相逃命。晋军看准时机渡河猛攻。秦军四散逃亡，人马互相践踏，尸横遍野。苻坚为流矢所伤，单枪匹马逃到淮北。淝水之战以东晋全胜、前秦惨败而告终。

淝水之败，苻坚难辞其咎。《孙子兵法》曰："兵者，国之大事，死生之地，存亡之道，不可不察也。"苻坚刚愎自用，好大喜功，一心只想凭借强大的兵力灭掉东晋，统一全国，却没有充分考虑到前秦和东晋的基本国情。战争关系到百姓的生死和国家的存亡，在时机不成熟、条件不具备的情况下贸然出战会带来严重的后果——强大的前秦从此走向没落，苻坚本人也在两年后被起兵叛乱的羌族首领姚苌缢死，前秦灭亡，中国北方再度走向分裂。

## 越灭吴之战

春秋末期，位于长江下游的吴国和越国，从公元前510年至公元前475年的35年间进行了多次交战。其间经历了吴伐越的檇李之战、越伐吴的夫椒之战、笠泽（今苏州南）之战和姑苏围困战，最终以吴国的灭亡而宣告结束，史称"吴越之争"。

吴、越两国原是楚国的盟国，后来吴国通过兼并和战争获得了大量土地，疆域不断扩大，实力也大为增强，逐渐脱离了楚国的管辖。公元前514年，阖闾登上吴国王位，即起用逃亡到吴国的原楚国贵族伍子胥和来自齐国的孙武，立新图政，锐意改革，并扩充军备，加强战力，制定了扩张势力的战略方针。阖闾执政期间，吴国国力大增。当时的越国地少人稀，国力弱小，经济文化相对落后。为了牵制吴国，楚国积极扶植越王允常，使得越国实力迅速增强。为了灭掉自己的心腹之患，公元前510年，吴国大举进攻越国。

公元前506年，阖闾率军攻打楚国。第二年春天，越王允常趁阖闾出征伐楚之机，出兵袭击吴国的都城姑苏。阖闾连忙遣军回国迎战，允常知道吴军势不可挡，大肆掠夺之后主动撤兵回国。公元前496年，允常病死，其子勾践即位。阖闾乘越国朝政动荡之时率军前去讨伐，吴、越两军对阵于槜李（今浙江嘉兴县西南）。勾践见吴国的大军队列威严整齐，便派敢死队上前发动攻击，几次三番都失败了。在此情形之下，勾践逼迫犯死罪的囚徒排成三行，持剑走到吴军的阵前，同时举剑自尽。吴军上下皆因这一疯狂举措而震惊，不由得军心涣散，纷纷前去看个究竟，吴军的阵势也因此大乱。越军乘其不备突然发动袭击，吴军溃败。阖闾本人也身负重伤，不治而亡，临死前再三嘱咐儿子夫差："必毋忘越！"

夫差牢记杀父之仇，一刻也不松懈，在群臣辅佐下，每日勤于练兵，加紧备战，准备攻打越国。公元前494年春，越王勾践获悉夫差欲伐越后，为达到先发制人的目的，不顾大臣范蠡的劝阻，匆忙举兵攻打吴国。夫差集合了全国精兵，与越军会战于夫椒（今江苏苏州西南）。结果越军大败，最后只剩下5000人退守会稽山。吴军乘胜追击，迅速占领了越都会稽，一举包围了会稽山。

在会稽山即将失守、越国就要灭亡的危急关头，大夫范蠡向勾践谏言献策，勾践遂采纳了他的建议：一边准备与吴国血战，一边派文种去向吴王求和，并用美女和金银财宝来贿赂吴国的太宰伯嚭，央求他劝说夫差答应越国成为吴的附属国，甚至勾践可以亲自来侍奉吴王，如若吴王不答应，那么越国将抛开一切与吴国死战到底。在文种的威逼利诱下，伯嚭答应替勾践向吴王求情。此时的夫差急于北伐同齐争霸，认为越已不复盛世，不足为患，便答应了越国的求和，率军回国。越国有幸逃过灭国之灾。

越国经过此战，国力锐减。为了安抚民心，勾践下诏罪告天下，并下令厚葬在战争中死去的士兵，补偿在战争中饱受疾苦的民众。然后，勾践把治国大权和国内事务托付给文种等大臣来管理，自己则带着范蠡等人去给吴王当奴仆。勾践等人在吴国受尽屈辱折磨而

勾践躺在柴草（古时叫薪）铺成的床上，手握苦胆，不时尝尝苦胆的味道，为的就是不忘过去的耻辱。

孙子兵法

计 篇

国之大事

五

从不反抗，还极尽谦卑地侍奉夫差，最终取得了夫差的信任，三年后，被释放回国。

勾践回到越国后，下决心要复国灭吴。他和夫人住在草棚里，亲自耕作种粮、纺纱织布，生活十分简朴。他还卧薪尝胆，为的是不忘过去的耻辱。他礼贤下士，厚待宾客，体恤百姓，和百姓共疾苦。在内政上，为了获取民心，他招贤纳士，让文种管理朝中政事，让范蠡建立了招贤馆，广收各方面的良才；减轻刑罚，减免赋税，开垦荒地，鼓励发展生产，奖励妇女生育，增加国内人口。在军事上，修缮被战争破坏的都城，筑造防御的城墙，训练军队，扩充兵源。在对外政策上，奉行"结齐、亲楚、附晋、厚吴"的方针，不断给夫差送上丰厚的礼物，表面忠诚臣服，麻痹夫差，使其减少对越国的敌意和戒备；使用美人计，送美女西施和郑旦给夫差，使其沉湎于女色，荒废朝政；贿赂吴国大臣，争取同情和帮助；离间吴国的君臣关系，使吴国朝野不和；使吴王逐渐疏远忠心耿耿的伍子胥，转而轻信阴险狡诈的伯嚭；暗地里破坏吴国的经济，高价收买吴国的粮食，使其国内粮价高涨造成供应困难；挑选良材和能工巧匠送给夫差，促使他大兴土木，耗费人力和物力。这些措施的实施，收效明显，既壮大了自己的势力，同时也削弱了敌人的力量，为越国的发展争取了宝贵时间，为勾践伺机出兵伐吴奠定了基础。

就在越国上下一心、为报仇雪恨而精心准备之时，吴国却在日渐衰败。夫差因为胜利而骄奢淫逸，不思进取。为了讨好心爱的美人西施，耗费大量人力、物力建造姑苏台，与西施在此夜夜笙歌，寻欢作乐。

与此同时，夫差急于用武力征服齐晋，称霸中原。公元前489年，夫差率军进攻陈国，于次年攻破鲁国，为此后挺进中原开辟了道路。

夫差又征调了大批民工建造邗城，开凿邗沟，沟通江、淮，以方便运送军备，并将此地作为北上的基地。勾践为使吴军早日北上中原与晋、齐、楚三国交战，便向夫差大献殷勤，让文种率万名民工协助吴国开凿邗沟，加快夫差北进中原的进程。

公元前484年，夫差得知齐景公已死，遂出兵北上攻齐，联合鲁军，一举击败了齐军。此战的胜利，更激起了夫差称霸中原的野心，他认为只要打败晋国就可获得中原霸权。公元前482年，夫差与晋定公和各国诸侯约定在黄池（今河南封丘西南）会盟。临行前，一心想得到中原霸权的夫差对太子友提出防范敌国乘虚而入的劝谏丝毫不予理睬，率领3万精兵前往黄池，只留下太子友等老弱病残1万人留守姑苏。夫差率兵远征，留下的弱兵空城正好给了越国可乘之机。

公元前482年夏，勾践调集越兵约5万人，兵分两路杀向吴国，一路由范蠡率领，从海道进入淮河，切断了吴军从黄池经由此地返回的道路；一路由大夫畴无余等为先锋大将，勾践自己率领精锐主力军队随后，从陆路北上直取姑苏。得知越军攻来的消息，吴太子友率兵在泓上（今江苏苏州近郊）抗击越军的进攻。怎奈吴军的精锐军队已全部北上，太子友所率军队实力不足，所以极力主张坚守等待支援。但吴将王孙弥庸轻视越军,不肯听从调遣,自作主张率兵出城迎敌,打败越军的先锋,首战告捷,他更加骄傲轻敌起来。十日之后,勾践率领主力军队到达,向吴军发起猛攻,并将溃不成军的吴国军队包围起来一举歼灭,俘虏了太子友等人。越军大获全胜,占领了吴国都城姑苏。

正在黄池与晋定公争当霸主的夫差,接到越军攻破姑苏城的战报,为了避免不利消息涣散军心影响自己争霸,竟一连杀掉了七个前来报告的信使,封锁了信息,并且加紧武力威胁,迫使晋国让步,最终夫差勉强当上了霸主。随后他急忙班师回朝。

越王勾践剑,出土于湖北荆州附近的望山楚墓群中。宝剑出土时仍然很锋利,证明越人冶金技术高超。

回国途中,姑苏失守、太子友被俘的消息泄露了出去,一时间军心大乱,将士们也丧失了斗志。夫差深感反击越军没有把握,便派特使向越国求和,勾践也觉得还不能彻底消灭吴国,就答应了议和,撤兵回国。

夫差回国后,想马上报复越国,但由于连年战争,国力衰弱,没有实力实施对越国的报复。于是,夫差宣布"息民散兵",企图恢复力量,伺机再攻打越国。但事实上,夫差并没有吸取失败的教训,依然沉湎于酒色,致使人心涣散,政局不稳。公元前478年,吴国大旱,民不聊生,勾践趁机再次大举进攻吴国。同年春天,越军进军到笠泽,吴国发兵迎击,两军隔江对峙。勾践命左右二军分别隐蔽在江中,至半夜时,二军鸣鼓呐喊,进行佯攻。夫差误以为越军分两路渡江进攻,连夜分兵两翼迎战。这时,勾践率中军主力偃旗息鼓,出其不意地从两路吴军之间潜行渡江,对吴军的薄弱部位突然展开进攻。吴军大败而逃,越军乘胜猛追,占领了吴国大片土地,吴、越之间的强弱形势发生了根本的改变。战败而归的吴军,退而固守姑苏。姑苏城池坚固,越军一时不能攻破。勾践于是采取长期围困的策略,围而不打,三年之后才发起攻击,攻进姑苏城。越军攻进城后,夫差率领残部逃到姑苏台上负隅顽抗,又被包围。夫差故技重演,又一次派人向勾践求和,但此时越国灭吴之心已定,拒绝了议和请求。绝望的夫差自杀而死。勾践率军一路北上,与诸侯会盟,终于成了春秋时期最后一个霸主。

吴越之战,留给后人的警示意义极为深刻,勾践卧薪尝胆,忍辱负重,十年磨一剑,最终功成名就;而夫差骄横跋扈,妄自尊大,不能听信忠言,终致国破身亡。

## 经之五事

【原典】

故经之以五事①，校②之以计，而索其情③。一曰道，二曰天，三曰地，四曰将，五曰法。道者，令民与上④同意也，故可以与之死，可以与之生，而不畏危也。天者，阴阳、寒暑、时制也⑤。地者，远近、险⑥易、广狭、死生也。将者，智、信、仁、勇、严也。法者，曲制、官道、主用也⑦。凡此五者，将莫不闻。知⑧之者胜，不知者不胜。故校之以计，而索其情。曰：主孰有道⑨，将孰有能，天地孰得⑩，法令孰行，兵众孰强⑪，士卒孰练，赏罚孰明。吾以此知胜负矣。

【注释】

①经：此处为动词，意为"以……为纲进行分析研究"。五事：五个方面的情况，即"道、天、地、将、法"五个方面的实情。

②校：通"较"，比较。

③索：指探求。情：情况、情形，这里是指敌我双方的实情。

④上：上级、上司，这里指国君。

⑤阴阳：指昼夜、晴晦等自然天象。寒暑：指气候的冷暖变化。时制：指季节更替。

⑥险：《说文》："险，阻难也。"泛指艰险难行之地。

⑦曲制：曹操注："部曲、幡帜、金鼓之制也。"曲是古代军队的编制单位，这里指军队的组织、编制等制度。官道：指各级将吏的职责区分、统辖管理等制度。主用：主，主持、掌管。用，物资。这里指军备物资、军事费用的供应管理制度。

⑧知：知道、知晓。这里是深入了解、切实掌握的意思。

⑨主孰有道：孰，谁。此句指哪一方的国君得民心，政治清明。

⑩天地孰得：即指哪一方能占得天时、地利。

⑪兵众孰强：指哪一方的军队武器装备、物资保障更好。

【译文】

所以应该以五个方面的形势为纲，通过具体比较双方的基本条件来探讨战争胜负的情形：一是"道"，二是"天"，三是"地"，四是"将"，五是"法"。所谓"道"，就是从政治上使民众与君主的思想一致，这样，民众就能与君主同生死共患难，而不害怕任何危难；所谓"天"，就是昼夜、阴晴、寒暑、四季节令的更替规律等；所谓"地"，就是指行程的远近，地势的险峻或平坦，战场的广狭，是死地还是生地等；所谓"将"，就是看将领们是否具备智、信、仁、勇、严五种素质；所谓"法"，就是指军队的组织编制制度、军官的职责范围、军需物资的供应管理制度等。以上五个方面，将领们没有不知道的。但只有透彻掌握的人才能取胜，否则无法取胜。因此，还要通过比较双方的具体条件来探究战争胜负的情形。这些条件是：双方君主哪一方施政清明有道，哪一方将领更有才能，哪一方天时、地利占得多，哪一方军中法令执行得好，哪一方资源、装备更好，哪一方士兵更训练有素，哪一方奖赏与惩罚更严明。我凭着对这些情况的分析比较，就可知道战争胜负的情形了。

【读解】

在论述了战争的重要性之后，孙子继而提出了战前必须分析的五个基本要素：道、天、地、将、法，以此把握敌我双方的实际情况，并得出客观的结论。他认为，将领一定要将这五个要素熟知于心，灵活运用。将领对它理解得越深刻，赢得战争的机会就越大；理解得越肤浅，赢得战争的机会就越小。

紧随五个要素之后，孙子又道出了判断战争胜负方的七项基本准则：主孰有道、将孰有能、天地孰得、法令执行、兵众孰强、士卒孰练、赏罚孰明。孙子将"主孰有道"摆在了首要位置，也就是说哪方的君主更贤明，哪方更容易取胜。这一项与五个基本要素中的第一个——"道"相呼应，再次强调了政治路线与民意相符合对于取得战争胜利的重要性。

【实例】

## 牧野之战

商朝末期，纣王残忍暴虐，骄奢淫逸。他使用的筷子是象牙的，杯子是玉制的，穿衣要锦衣九重，住房要广厦高台……他甚至不惜耗七年之功，大建鹿台，供其享乐，还经常要诸侯进献美女供他淫乐。他宠信爱妃妲己，常与之逐狗斗鸡、饮酒作乐，不理政事。

纣王的种种行径，使国内政治一片昏暗，人民怨声载道。这时，渭水流域的诸侯国周在首领周文王姬昌的领导下，开始兴起。周文王宅心仁厚，善于选贤任能，他任用丞相姜子牙，整顿军事、发展经济，积极扩张，大大增强了周的实力。

周文王去世后，其子姬发继位，是为周

商纣王一边拍手一边笑，对跳舞的妲己说："美人儿，你跳得太好了！"

武王。周武王继续施行仁政，在姜子牙的辅佐下，积极为灭商做准备。公元前1057年，武王认为灭商时机已成熟，遂联合众多反商诸侯国伐商。联军很快就打到了离商陪都朝歌（今河南淇县）仅有几十里的牧野（今河南淇县南）。纣王听闻诸侯大军来攻，仓促布防。由于商军主力征讨东夷未归，他只好迅速武装了一批奴隶和战俘，让他们奔赴战场迎战诸侯联军。接下来，周武王举行了誓师大会，之后下令诸军发起总攻。前来迎战的商军将士本来就不堪忍受纣王的暴虐，不愿作战，因此他们纷纷掉转矛头，引导周军杀入朝歌。纣王见大势已去，当晚自焚而死。周军占领朝歌，商朝灭亡。

牧野之战中，周能够取胜的原因，可以在《孙子兵法》中找到答案。首先，孙子认为"道"是赢得战争的重要原因，"主孰有道"直接关系着战争的胜败。商纣王暴虐无道、残酷不仁，周文王父子则爱民如子、任人唯贤，这就决定了武王伐纣是顺应民意的正义之举，百姓与君主同心协力，战争焉有不胜之理？也正因为如此，牧野之战成为我国古代战争史上有名的一战，被公认为正义之战的典范。其次，孙子认为将领们是否具备智、信、仁、勇、严五种素质也非常重要。牧野之战能够取胜，姜子牙功不可没，他不仅具有上述五种素质，还得到了武王的大力支持。

## 宋襄公败于"仁义"

春秋初期，齐桓公去世后，各诸侯国君主蠢蠢欲动，试图继承齐桓公的霸主地位。长期以来受齐桓公遏制的南方强国——素被视为"蛮夷之邦"的楚国，此时北进中原，想趁机攫取霸权，致使中原各国忐忑不安。

在中原地区，宋襄公也一直梦想成为中原霸主。但在当时，宋国的国力远不及楚国，宋襄公只能效法齐桓公，以"仁义"之名，召集诸侯会盟，凭借宋为公国、爵位最尊以及领导诸侯平定齐乱的余威，妄图继承齐桓公的霸主地位，当上中原霸主。

宋襄公的称霸之举，不仅没有得到诸多小国的响应，更遭到楚国的算计。在盂地（今河南睢县西北）盟会上，宋襄公拒绝公子目夷提出的多带兵车、以防不测的建议，轻车简从前往，结果被"不讲信义"的楚成王手下的军队活捉。楚军押着宋襄公攻打宋都商丘，幸亏宋太宰子鱼率宋国军民顽强抵抗，楚军的图谋才未能得逞。后来在鲁国的调停下，楚成王才将宋襄公释放回国。从此以后，宋襄公便与楚成王结下冤仇，因为楚国实力强大，所以宋国也无法与其硬拼。后来宋襄公听说郑国与楚国关系甚好，也最赞成楚成王做盟主，而郑国又比宋国弱小，于是就想征讨郑国，以解心中怒气。一天，宋襄公得知郑文公要去拜会楚成王，他认为时机已到，遂不听公子目夷与大司马公孙固的劝阻，兴兵伐郑。郑文公一听宋国来犯，忙向楚成王求救，楚成王立刻出兵。

然而，楚成王并未去郑国援救，而是率领军队杀向宋国。宋襄公顿时惊慌失措，只得放弃攻打郑国的计划，率领军队星夜返回。宋军在泓水边（今河南柘城西北）安营扎寨时，楚军也到了对岸，两军隔河相望。公孙固对宋襄公说："楚军前来只是为救郑国，我们已经放弃了攻打郑国，他们也达到了目的。我们兵力弱小，不能与楚国硬拼，还是讲和好了。"宋襄公却说："楚军虽然人多势众，但缺乏仁义。我们虽然兵力弱小，却是仁义之师。不义之兵怎能敌仁义之师？"于是，宋襄公就专门让人做了一面绣有"仁义"二字的大旗，要以"仁义"之旗来鼓舞士兵对抗楚军。第二天早上，楚军开始渡河。公孙固又对宋襄公建议道："楚军今日就要渡河了，等他们渡到一半时，我们就杀过去，定能取胜。"宋襄

宋襄公指着那面"仁义"之旗，对公孙固说："我们是仁义之师，怎能在人家渡到一半就开战呢？"

公听后却指着那面"仁义"之旗，对公孙固说："我们是仁义之师，怎能在人家渡到一半就开战呢？"楚军全都安全渡河后，就开始在岸边布阵。公孙固又对宋襄公说："楚军现在还未站稳阵脚，我们趁机发起攻击，定能取胜。"宋襄公听后又忍不住骂道："你怎能想出如此不义之计！对方尚未布好阵，你就出击，怎配做仁义之师？"宋襄公话音刚落，楚军就摆好阵势杀了过来。宋襄公带队冲锋，率先冲入了敌阵。因为宋襄公深讲仁义，体恤下属，所以他的士兵都拼死保护他。但楚军十分强大，宋军大败，宋襄公在士兵的保护下逃得一命，而那面"仁义"之旗，早已不知去向。对此，宋国的百姓们都骂宋襄公愚蠢，宋襄公却说："'仁义'之君就要以德服人，作战也应遵循仁义，不能乘人不备发动攻击，君子从不俘虏年老体衰之兵，而且会善待俘虏。"他手下的将士们听后，都暗骂宋襄公愚昧。

　　宋襄公讲求仁义本无错，错就错在他没有正确估计自己的实力。他自以为具备了仁义，就能称霸诸侯，岂不知这种想法相当愚昧。实力和仁义都是霸主所应当具备的，但相对于仁义，实力才是称霸的决定性条件，而宋襄公却本末倒置。如果宋国当时具有强大的实力，在此基础上又讲求仁义，则必能称王。可叹宋襄公只知道一味地讲仁义，忽略了发展宋国国力，因此缺乏称霸的最根本条件。

# 因利而制权

**【原典】**

将①听吾计,用之必胜,留之;将不听吾计,用之必败,去之。

计利以听②,乃为之势③,以佐其外④。势者,因利而制权⑤也。

**【注释】**

①将:虚词,表示假设。

②计:计谋、策略,这里指五事七计。利:利益。以:通"已"。听:听取、采纳。意思是君主采纳了有利的战略方针。

③势:特指形势、情形。

④佐:辅助,辅佐。其:指示代词,指实现战略谋策。外:这里指周围的客观环境。梅尧臣曰:"定计于内,为势于外,以助成胜。"此句指用谋略佐助君主有效地达到战争目的。

⑤制权:即采取应变行动。意指根据形势的转变,而采取灵活机动的措施。权,权变之举。

**【译文】**

如果听从我的计谋(指五事七计),并能运用它指挥作战,那就必定取得胜利,那我就留下来;如果不听从我的计谋,而按他自己的意图去指挥作战,那就注定失败,那样我就离开。

经过权衡,有利于克敌制胜的意见就采纳,并要设法造成有利的态势,为顺利作战提供外在的辅助条件。所谓有利的态势,就是根据对己方有利的情况而采取的灵活机动的措施和行动。

**【读解】**

孙子在这里强调了"计利以听",简言之,就是充分分析和评价己方的实际情况,然后在现有基础上,制造对我方有利的形势,也就是"乃为之势",强调的是"知己"。

然而在实际作战中,影响战争的各种因素并不是一成不变的,战争形势会随着天、地、人等各种因素的变化而不断变化。但我方可利用现有的有利条件,借机制造利己形势来制衡对方,这就是"因利而制权"。"因利而制权"意指根据利害关系的变化而采取应变之举。它是孙子重战和慎战思想的重要体现,要旨在于用兵作战要审时度势,分析利弊。当我方的各种条件都优于对方、占据有利形势时,才可与对方交战;在各种条件都不利于我方、我方没有作战优势时，切不可贸然出兵，而应设法制造优势，然后伺机进攻，否则必然会导致惨败。

【实例】

## 郭子仪智退回纥

仆固怀恩曾是唐朝大将郭子仪的部下，在平定"安史之乱"中立下过战功。但因不满唐朝对自己的猜忌，于广德元年（763年）起兵反唐，并煽动吐蕃和回纥联合出兵进犯中原，还欺骗他们说郭子仪已被宦官鱼朝恩杀害。

765年，仆固怀恩带领吐蕃、回纥几十万大军向长安进军。在进军途中，仆固怀恩因病暴卒。吐蕃、回纥联军继续进军，一直打到长安北部的泾阳（今陕西泾阳），直逼唐都长安。

消息传到长安，朝野震惊。宦官鱼朝恩建议唐代宗出逃避乱，遭到众臣的一致反对。大臣们都建议让郭子仪领兵迎击吐蕃、回纥联军。年近古稀的郭子仪临危受命。

郭子仪率军驻守泾阳，因手中兵力有限，所以他一面加紧修筑防御工事，闭门不战，一面派探子前去敌营刺探军情。探子回报，吐蕃和回纥大军虽名义上为联军，但其内部并不团结。他们原本就是听信了仆固怀恩的挑唆才起兵造反，如今仆固怀恩一死，双方立即开始争权夺利，两军常有冲突发生。郭子仪得知这一情况后，决定采用分化瓦解敌人的方法来退敌。回纥的统兵大将药葛罗曾随郭子仪一起剿灭过安史叛军，彼此之间交情不浅，于是他决定利用这层关系拉拢药葛罗。

当晚，郭子仪派部将李光瓒去回纥大营，拜见了药葛罗。李光瓒质问药葛罗："郭令公命我来请教您，回纥与唐朝向来友好，而今何故兵戎相见？"药葛罗闻听郭子仪尚在人世，大为惊讶，非要亲见一面才肯相信，要求郭子仪到回纥营中一叙。

李光瓒只得返回营地，将实情禀报于郭子仪。郭子仪听后决定赴约。

随后，郭子仪和几名随从骑马出城，直奔回纥军营。回纥部众远远看到有几个人驰马奔来，还隐约听到兵士的吆喝声，急忙通知药葛罗。药葛罗和回纥将领们大吃一惊，忙下令全军戒备。

郭子仪和几名随从在离回纥军营不远处停下，摘下头盔，卸掉铠甲，把武器扔到地上，拽紧马缰，缓缓靠近回纥军营。药葛罗和众将

回纥部众远远看到有几个人驰马奔来，还隐约听到兵士的吆喝声，急忙通知药葛罗。

孙子兵法　计篇　因利而制权　一三

目不转睛地盯着来人，待看清来人确是郭子仪之后，众人都翻身下马，围着郭子仪下拜行礼。

郭子仪细数了药葛罗在平定安史之乱中立过的大功，并说唐朝与回纥素来友好，问药葛罗何故不念旧恩，兴兵犯境。药葛罗满怀歉意地说："我们是被仆固怀恩骗了，以为皇帝和令公都已遇害，中原无人治国，才随他前来。现在真相大白，我们愿与大唐一起打退吐蕃，结永世之好。"

药葛罗与郭子仪的会面以双方订立盟约而宣告结束。

吐蕃得知郭子仪轻装简从面见药葛罗，知道形势骤变，于己不利，所以连夜拔寨撤兵。郭子仪与回纥合兵联合追击，最后大败吐蕃。吐蕃此次失利之后，元气大伤，在很长一段时间内都无力再侵扰大唐。

郭子仪充分分析了敌我双方的优劣，做到了孙子所说的"因利而制权"。他利用自己与回纥统帅药葛罗之间的交情，又利用回纥与吐蕃之间的矛盾，成功瓦解了回纥与吐蕃之间的联盟，将回纥争取到了自己一方，营造出于己有利的态势，从而化被动为主动，变弱势为强势，巧妙地化解了危机。

## 孙策厚礼取卢江

东汉末年，群雄并起，各霸一方。孙坚之子孙策年少有为，继承父志后，其势力逐渐强大起来。199年，孙策欲向北推进，准备夺取江北卢江郡。但是卢江郡南有长江之险，北有淮水阻隔，易守难攻，而且占据卢江郡的刘勋野心勃勃，其势力十分强大。孙策知道，如果硬攻，取胜的机会很小，所以他和众将商议，定出了一条调虎离山的妙计。

刘勋有一个弱点，就是极其贪财。于是，孙策就派人给刘勋送去了一份厚礼，并在信中把刘勋大肆吹捧了一番。孙策还以弱者的身份向刘勋求救，信中说："上缭经常派兵侵扰我们，我们力弱，不能远征，请求将军发兵降服上缭，我们将感激不尽。"刘勋见孙策极力讨好他，十分得意，遂发兵上缭。

孙策见刘勋亲自率领几万兵马去攻上缭，城内空虚，不禁心中大喜，说道："老虎已经被调出山了，速去占据它的老窝！"于是，孙策立即率领人马水陆并进，顺利地控制了卢江郡。刘勋闻讯，后悔不已，但为时已晚，只得灰溜溜地投奔曹操。

孙策利用敌方贪利的弱点加以引诱，直至形成对己方有利的态势后，再发动进攻，最终取得了胜利。

# 诡 道

### 【原典】

兵者，诡道①也。故能而示②之不能，用③而示之不用，近而示之远，远而示之近。利而诱之，乱而取之④，实而备之⑤，强而避之，怒而挠之⑥，卑⑦而骄之，佚⑧而劳之，亲而离之。攻其无备，出其不意。此兵家之胜⑨，不可先传也⑩。

### 【注释】

①诡道：欺诈、多变的方式。道：引申为方法、计谋。此句意指用兵打仗，应该以随机应变为原则。

②示：显示，这里特指伪装。

③用：使用，用来。这里是用兵的意思。

④乱而取之：杜牧注："敌有昏乱，可以乘而取之。"敌人处于混乱状态，要趁机进攻。

⑤实：这里指敌人实力强大。备：备战。实而备之：是指敌人具有实力，要严加防备。

⑥怒：使动用法，使其发怒，暴怒。挠：挑逗。

⑦卑：卑下，卑微。这里表示轻视。

⑧佚：通"逸"，安逸，休整，这里指敌军获得充分的休整。

⑨胜：胜算，妙计。

⑩先：预先，事先。传：传授。先传，即事先言说。此句的意思是兵家克敌制胜的机密，不可以事先讲明。

### 【译文】

用兵是一项讲究智慧和策略的行为，需要使出各种战术来迷惑敌人。即使能征善战，也要装作软弱无能；本来已做好打仗准备，要装作不能打；本来要攻打近处的目标，却要给敌人造成攻击远处的假象；要以远处为攻打目标，则要佯装在近处进攻。对方如果贪心，就用利益来引诱他；如果对方内部发生混乱，就要趁机对他发动攻击；如果对方实力很强，就要小心戒备；如果对方强大，就要暂时避其锋芒；对方容易冲动、发怒，就要设法激怒他，使其失去理智；对于小心谨慎的敌人，要假装中他的圈套，使其放松警惕；敌人在安逸之时，要不停地骚扰他，使其疲劳，夜不能寐；对于内部团结的敌人，则要巧用离间计，令其互相猜忌、起疑；在对方毫无准备时突然进攻，在对方意想不到的地方采取行动。如此种种，是兵家作战取胜的法典，这些战术都是在多次实际作战中总结出来的，是无法在事先呆板规定的。

【读解】

　　用兵之道是以"诡道"为原则的，"诡道"是所有战略的核心与基础。简而言之，"诡道"也就是诱敌，产生误判，有意营造一些复杂多变的态势，让敌人琢磨不透我方的真实意图，从而扰乱对方的作战思想、应战策略、作战步骤。

　　这样，敌方就会由实转虚，由有备而变为无备。这时，我方便可在敌人意想不到的情况下，猝然发起攻击，在战争中取得主动。正所谓："兵无常势，水无常形，能因敌变化而取胜者，谓之神。"

　　孙子还提到，上面提出的12条"诡道"是作战取胜的秘诀，必须在实践中总结，无法事先规定该怎么做。

【实例】

## 狄青出其不意袭险关

　　宋仁宗皇祐四年（1052年），南方少数民族首领侬智高发动叛乱，招兵买马，攻城略地，一直打到广南东路（今属广东省），占领了广州，一时所向披靡。

　　仁宗多次派兵征讨，均损兵折将，大败而归。此时，仁宗任命任枢密副使不到三个月的狄青为宣徽南院使，宣抚荆湖南北路，经制广南盗贼事，统军南下，征讨反贼，并亲自在垂拱殿为狄青设钱行。

　　当时，宋军连吃败仗，军心动摇，更有个别将领如陈曙等，心怀私利，不以国事为重，竟因害怕他人抢功而擅自出击，结果大败而归，死伤惨重。狄青受命之后，鉴于历朝借外兵平叛后患无穷的教训，首先向皇帝建议停止借交趾兵马助战。

　　他大刀阔斧地整肃军纪，处决了陈曙等不听号令之人，使军威大振；接着他又命令部队按兵不动，并从各地调拨、屯集了大批的粮草。而后出兵西南，并与前任安抚使孙沔、余靖所部合并，有三万多人。狄青向孙沔讨教之前出师不利的原因，孙沔指出前几次征剿之所以失败，是因为军情外泄，使反贼早有防备。狄青将此牢记于心。

　　侬智高听闻此次担任安抚使的是智勇双全、能征善战的狄青，行事更加谨慎，加紧了邕州（今广西南宁）的防守。

　　狄青率军到来后，在离邕州较远之处安营扎寨。此时恰逢元宵节，百姓家中张灯结彩，欢度佳节。狄青命地方官为大军备足五日的粮草，在营中大摆筵席，犒赏将士。他宣布：第一夜邀请高级将领，第二夜邀请中下级军官，第三夜犒赏全体士兵。侬智高听到这个消息，信以为真，便放松了戒备，命部下在军中设宴庆祝。

　　再看狄青营中。第一夜将领们赴宴，饮酒行令，尽情欢乐，直到天明才散。第二夜，军官们酒至半酣，狄青称身体不适离开筵席。众人尽情地吃喝，闹得不亦乐乎，至深夜仍不见主帅回来，谁也不敢离席。

待到天亮时，忽有军卒来报："元帅已攻破昆仑关，特请诸位到关上吃早饭去。"大家听了，都为之愕然！

原来，狄青暗中早已挑选了部分精兵强将，离席后率军趁敌不备偷袭敌营。敌人仓皇失措，来不及抵抗，纷纷退却。狄青趁机攻下险要的昆仑关。

侬智高在昆仑关失守后，知道所倚恃的天险已被攻破，忙率兵退回老巢。狄青率官兵南进，越过昆仑关，在归仁铺与侬智高决战，结果大败侬军，"追赶五十里，斩首数千级"，俘侬智高部将57人。侬智高遁往云南大理，后死在那里。

狄青率领部分精兵强将，趁敌不备偷袭敌营。敌人仓皇失措，来不及抵抗，纷纷退却。

孙子兵法主张"攻其无备，出其不意"。狄青利用敌人能知悉自己军情这一劣势，将计就计，化被动为主动，出其不意，克敌制胜，将"兵不厌诈"这一战术思想发挥得淋漓尽致。

## 周军"疑兵"阻敌

北周建德五年（576年）十月，周武帝宇文邕率军攻打北齐的晋州，他令齐王宇文宪率部任前锋，向雀鼠谷挺进。宇文邕亲率大军围攻晋州。为了解除晋州之围，北齐后主高纬也亲临前线带兵前往救援。

当时，周武帝的战略是：由陈王宇文纯带兵进驻千里径，大将军永昌公宇文椿驻扎在鸡栖原，而汾水关则由大将军宇文盛率军屯驻，这三路兵马皆由齐王宇文宪统一指挥。

宇文宪密令宇文椿："带兵征战，必须用计用诈。现在，你去设置营垒，但不要张设军帐帷幕，可派兵砍一些柏树搭成草屋，伪装成有兵驻守的假象。这样一来，即便是军队撤退后，敌人看到草屋也不敢贸然前行。"

不久，齐后主高纬派兵一万攻打千里径，又派一支兵力进攻汾水关，而他则亲率主力进驻鸡栖原，准备与宇文椿决战。

恰在这时，宇文椿接到周武帝之命，带兵连夜撤退。齐军奋起而追。当看见那些柏树搭建的草屋时，齐军以为周军在此设下了埋伏，于是望而生畏，不敢贸然前进了。直到第二天，齐军方知中计，而此时周军早已不见踪影了。

# 少算不胜

**【原典】**

夫未战而庙算①胜者，得算多②也；未战而庙算不胜者，得算少也。多算胜，少算不胜，而况于无算乎！吾以此观之，胜负见③矣。

**【注释】**

①庙算：《新注》曰："古时候兴兵作战，要在庙堂举行会议，谋划作战大计，预测战争胜负，这就叫庙算。"
②得算多：指算计周详，意指具备取胜的条件多，打胜仗的把握更大。
③见：通"现"，呈现，显现。

**【译文】**

开战之前作战计划和策略就筹划周密，取胜的可能性就很大；作战前，在战略战术上就已先输一筹的一方，最终取胜的可能性就小很多。筹划周密，条件成熟，就能够取胜；筹划不周密，条件不成熟，就不容易获胜，更何况不去筹划、不分析作战条件的呢？我们从这些方面观察，就可以对战争的胜负了然于胸了。

**【读解】**

将帅作战之前，要预先谋划，准备充分。和对方相比，我方如果策略较高，就占有优势，那么获胜的机会就大，反之则小。因此，战前的策划是一切战术的首要考虑点，离开战前谋划，则再好的战术都发挥不出来，结果就会失败。正是基于这种考虑，孙子在本篇的最后，特别强调了"庙算"在战争中的重要性。"多算胜，少算不胜"就是要人们谋定而后动。做好"庙算"这一步，才可能真正实现"运筹于帷幄之中，而决胜于千里之外"。

**【实例】**

## 成皋之战

成皋之战发生于汉高帝二年（前205年）至高帝四年（前203年）。这场战役是西楚霸王项羽和汉王刘邦为了抢夺战略要地成皋（今河南荥阳汜水镇）而进行的一场持久争夺战。

战争初期，刘邦采纳张良的建议，施行正面攻击、侧翼迂回和背后偷袭的作战策略，综合政治与军事，配合进攻与防御。离间英布，并使其倒戈，从而在南面牵制项羽；又派韩信破魏，保障侧翼安全；同时，又暗使彭越从后方袭扰项羽，以此牵制项羽的正面进攻。另外，他还命萧何治理关中、巴蜀，稳定后方战略基地，保障后勤供给；与此同时，又依陈平之计，派间谍从内部分化瓦解楚军。

汉高帝二年（前205年）春天，项羽调集重兵猛攻荥阳、成皋，痛击汉军。五月，项羽又率大军进攻荥阳，刘邦势孤。此时，张良想出一招缓兵之计，让刘邦向项羽割地求和，却被项羽断然拒绝。后刘邦利用"金蝉脱壳"之计逃出荥阳，逃往关中，成皋落入项羽之手。

刘邦在关中招兵买马，准备夺回成皋。他听取了辕生的建议，率军出武关（今陕西商南东南），到达宛（今河南南阳）、叶（今河南叶县）之间，引诱楚军南下，削弱荥阳楚军的兵力，与英布配合牵制楚军。这时，韩信也从赵地率部南下，到达黄河北岸，配合刘邦，与荥阳汉军相互策应。此时的刘邦转攻为守，避免与楚军正面交锋，却让彭越袭扰楚军后方。彭越攻下了楚军战略要地下邳（今江苏睢宁西北），直接威胁楚都彭城。项羽被迫回兵攻打彭越，刘邦趁机收回了成皋。

六月，项羽击退彭越后卷土重来，攻占荥阳，夺回成皋，继而向西挺进，直到今河南巩县一带。刘邦不敌，只得北渡黄河，在小修武（今河南获嘉东）一带防御。刘邦命一部分汉军据守于巩（今河南巩县西南），一部分屯驻小修武，挖深沟，筑高垒，避免与楚军交锋。同时让韩信向东攻齐，扩大北方战场；又派刘贾深入楚军腹地，与彭越联合骚扰楚军后方，断其粮道。彭越有了刘贾的支援，连取睢阳（今河南商丘南）、外黄（今河南杞县东北）等17座城池。彭越、韩信的侵袭骚扰，威胁到项羽的侧翼与背面安全，项羽只得在九月间放弃对刘邦的进攻，再次率兵回攻彭越。临走时，项羽再三嘱托成皋守将曹咎坚守城门，不得出战。

汉高帝四年（前203年）十月，谋士郦食其建议刘邦乘项羽东攻彭越之机反攻成皋。守将曹咎禁不住刘邦激将，率军出击。刘邦用"半渡击之"的战术大败楚军于汜水之上，曹咎兵败自刎。汉军夺回成皋，并继续东进。项羽得知成皋失陷，忙率军驰援成皋，同汉军对峙于广武，欲与刘邦决一生死。但刘邦倚仗险要地形，拒不出战。两军相持数月无果。此时韩信正攻打临淄，齐地战事吃紧，项羽被迫派大将龙且前去救齐。结果，龙且20万兵马全军覆没，齐国为韩信所占。数月后，韩信已平定三齐，攻占了楚国的东部和北部大部分地区，对项羽形成合围之势。彭越军队不断侵扰楚军后方，夺取了昌邑（今山东金乡西）等二十余座城池，还多次切断楚军的粮道。英布在淮南也大有所为。项羽腹背受敌，被迫求和，提出与刘邦以鸿沟为界，中分天下。刘邦同意，项羽遂率军东归。成皋之战最终以刘邦胜利而告终。

刘邦在成皋之战中能打败实力雄厚的项羽，主要因为：政治上，刘邦注重笼络人心，加强内部团结；军事上，刘邦善于从全局出发处理问题，采用了高明的战略战术。刘邦以多算胜少算，谋定而后动，最大限度地争取胜利，奠定了统一全国的基础。

## 马援"堆米为山"

东汉初年，天下尚未统一，各路豪强凭借自己的军事力量称霸一方，各自为政。其中，自称"西周大将军"的隗嚣势力较为强大，他占据天水，称霸陇西，不听东汉朝廷的调遣。

建武八年（32年），光武帝亲自率军征讨隗嚣。当大军行至漆县（今陕西彬县），将领们认为前方地势险要，大军初至，路况不明，胜负难卜，不宜征讨。正当光武帝举棋不定之时，马援正好奉命赶到。马援是东汉著名的军事家，他初为隗嚣的座上客，后归顺光武帝。光武帝闻之大喜，连夜接见，并把众位将领的意见详诉于马援，让其提出建议以供参酌。

马援仔细分析了当前的形势，又根据他对隗嚣大军的了解，指出隗嚣内部的将领有分裂之势，若趁机对其发起进攻，必能取胜。说罢，又吩咐下人拿出米来。马援根据自己对当地地形的了解，用米堆出了山谷、沟壑等地貌，然后给光武帝分析地形，并具体地指出各路军队该从哪条路进，哪条路退，其中曲折深浅，无不毕现。听了马援如此透彻的分析，光武帝大喜，说道："听你这样一分析，敌人仿佛已经近在我的眼前了。"于是决定立刻进军。

次日，光武帝率军挺进，占领高平第一城（今甘肃固原）。此时，凉州牧窦融带领河西五郡（指敦煌、酒泉、张掖、武威、金城）太守及羌、小月氏等数万步卒、5000辆辎重车辆赶来与光武帝会合，众人兵分数路夹击陇西。隗嚣的十三员大将及其部下十万余人见此阵势，大多不战而降，隗嚣则仓皇逃往西城（今甘肃天水西南），援陇蜀军将领李育、田弇逃到上邽（今甘肃天水）。汉军收复了天水十六属县。之后，光武帝又命吴汉、岑彭攻打西城，耿弇攻打上邽。最后，终于将隗嚣的主力部队歼灭。

此战中，马援做好了"庙算"这一步，透彻地分析了战局，并做足了战前准备，使光武帝有了足够的信心，从而下令攻打隗嚣，最终取得了胜利。同时，马援的"堆米为山"也是中国军事史上的一次创举。

正当光武帝举棋不定之时，马援正好奉命赶到。

## 诸葛亮"隆中对"

东汉末年，天下大乱，群雄并起。汉宗室后裔刘备兵败，听说诸葛亮有德有才，便想收为己用，于是带着关羽、张飞等人前往隆中，想向诸葛亮请教"匡复汉室，伸大义于天下"的大计。

谁料，刘备三人两次拜访诸葛亮而不遇，直到第三次拜访时，方才见到诸葛亮。

诸葛亮见刘备心诚，方耐心地为他分析了天下形势："自董卓专权乱政以来，天下豪杰纷纷起兵雄踞一方。其中，曹操势力虽比不上袁绍，名望也稍低，但他竟能打败袁绍，由弱变强，这不仅是因为有天时之利，也有人谋之功。眼下曹操已拥兵百万，且'挟天子以令诸侯'，因此切不可与其硬拼。孙权雄踞江东，已有三代之久。

诸葛亮对刘备说道："如果能做到这些，那么天下一统便可实现，匡复汉室便能成功。这就是亮为将军所谋之策。希望将军能取得成功。"

他倚仗险要的地势、贤能之士的辅佐，深得百姓爱戴，因此可与其结盟，而不可与之争锋。荆州地区北临汉水、沔水，可作屏障，南部海边有丰富的资源可供利用，此外，其东连吴郡、会稽郡（现江苏长江南部和浙江北部），西通巴郡、蜀郡，可谓兵家必争之战略要地，没有才能的人是无法守住这块要地的。这正是上天赐给将军的，将军是否有意占据此地呢？益州地势险要，土地广阔肥沃，乃天府之国，汉高祖刘邦就在此开创了帝王霸业。如今，益州统治者刘璋昏庸无能，北边张鲁又不断骚扰，尽管益州人口众多、物产丰富，但刘璋不懂得体恤民众，有才之士都渴望辅佐英明之君。将军乃汉室之后，仁义之风显扬四海，又求贤若渴，广纳天下豪杰，如能占领荆、益二州，扼据险要，与西边诸族和睦而居，再抚绥南面夷越子民，对外结交孙权，对内修明政治，则天下形势一旦有变，就伺机派一员大将率军从荆州向南阳、洛阳地区进军，而将军则率领益州之兵北上秦川，所过之地的百姓定会箪食壶浆出迎将军！如果能做到这些，那么天下一统便可实现，匡复汉室便能成功。这就是亮为将军所谋之策。希望将军能取得成功。"言罢，又取出西川54州的地图，说："将军若想成就霸业，北边要让与占据天时的曹操，东边要让与占据地利的孙权，将军可占据人和，先取荆州为家，后取西川建立基业，这样成就鼎足之势后，再谋图中原可也。"

刘备听后，拱手谢道："先生之言，让我茅塞顿开！"然后又极力邀请诸葛亮出山相助。诸葛亮被刘备的诚心所感动，就答应了。

在诸葛亮的辅佐之下，刘备经过多年的征战，最终占据了巴蜀要地，并于221年称帝，定都成都，建立了"蜀汉"政权，与魏、吴成三足鼎立之势。这些都与诸葛亮当初之"庙算"一样。正是"吾以此观之，胜负见矣"。

## 刘兰成奇袭北海郡

618年，隋炀帝猝死，隋朝灭亡。隋北海郡明经（官位名）刘兰成投降了起义军首领綦公顺。投降后的第二天，刘兰成向綦公顺请战："请让我挑选150名壮士，去袭击北海郡城。"綦公顺心中暗笑："带这么少的兵去攻打北海郡城，岂不是以卵击石？今天我倒要见识一下刘兰成的手段。"于是他面带微笑道："好，满足你的要求！"

刘兰成带着150名壮士出发了。距离郡城还有四十里地时，刘兰成留下10人去割草，并让他们把割来的草分成一百多堆，然后原地待命，一接到命令就马上点燃草堆。距离郡城还有二十里地时，刘兰成命20人各执一面大旗待命，一接到命令就火速竖起大旗。距离郡城只剩五六里地时，刘兰成又留下30人埋伏在险要之地，准备袭击敌人。随后，刘兰成亲自率领10名壮士，借着夜色掩护，潜伏在距郡城仅一里左右的小树林里。余下80人分别隐蔽在郡城城门附近，刘兰成命令他们只要听到鼓声便立刻抓敌人、抢牲畜，然后火速撤离。

第二天早晨，郡城里的士兵在城楼上远望，没发现有大军压城所卷起的烟尘，便打开城门，像往常一样出城打柴放牧。接近中午，太阳光越来越毒，刘兰成率领10名壮士直扑城下。城上卫兵大惊失色，立即击鼓传报。事先隐蔽在城外的那80名士兵听到鼓声，迅速行动起来抢劫牲畜，活捉了几个正在打柴、放牧的敌兵后立即离开。

城下的刘兰成估计自己的人已经得手，便放慢了脚步，从容不迫地领着那10名士兵原路返回。郡城里冲出来大批将士，看到刘兰成只带着10个人却并不急于逃走，生怕其中有诈，便不敢轻举妄动，只在后面远远地跟着观察动静。过了一会儿，他们看到前面战旗飘扬，更远的地方冒起大团的浓烟。这些守城将士个个胆战心惊：烟尘飞扬，这附近肯定有大批伏兵！于是他们马上掉头返回城中。

刘兰成根据城内守军的心理特点，算准时机，巧施疑兵计，用战旗和浓烟制造了有大批伏兵的假象。加之他指挥得当、将士配合默契，所以不费吹灰之力就俘获了敌兵、抢夺了牲畜，并达到了以小股部队骚扰大批敌人的目的。

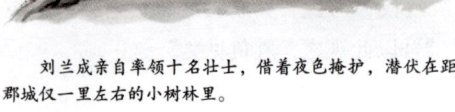

刘兰成亲自率领十名壮士，借着夜色掩护，潜伏在距郡城仅一里左右的小树林里。

# 作战篇

## 本经通读

孙子曰：凡用兵之法，驰车千驷，革车千乘，带甲十万，千里馈粮，则内外之费，宾客之用，胶漆之材，车甲之奉，日费千金，然后十万之师举矣。

其用战也胜，久则钝兵挫锐，攻城则力屈，久暴师则国用不足。夫钝兵挫锐、屈力殚货，则诸侯乘其弊而起，虽有智者，不能善其后矣。故兵闻拙速，未睹巧之久也。夫兵久而国利者，未之有也。故不尽知用兵之害者，则不能尽知用兵之利也。

善用兵者，役不再籍，粮不三载；取用于国，因粮于敌，故军食可足也。

国之贫于师者远输，远输则百姓贫；近于师者贵卖，贵卖则百姓财竭，财竭则急于丘役。力屈、财殚，中原内虚于家。百姓之费，十去其七；公家之费，破车罢马，甲胄矢弩，戟楯蔽橹，丘牛大车，十去其六。

故智将务食于敌，食敌一钟，当吾二十钟；䓞秆一石，当吾二十石。

故杀敌者，怒也；取敌之利者，货也。故车战得车十乘已上，赏其先得者。而更其旌旗，车杂而乘之，卒善而养之，是谓胜敌而益强。

故兵贵胜，不贵久。

故知兵之将，生民之司命，国家安危之主也。

## 本篇旨要

"作"是"制造""兴起"之意。"作战"这里不是指战争，而是指战争前的准备和筹划，属于"未战而庙算"的范畴。本篇继《计篇》之后，在"慎战论"思想的指导下，深刻分析了战争与经济的关系：战争依赖于经济，但会对经济造成一定程度的破坏。故孙子在本篇中提出了著名的"速战论"思想，并主张在敌国解决粮草等战略物资；他指出战争最后能否取得胜利，不仅仅依赖奖惩将士和优待俘虏等制度，还依赖善于用兵的将帅。此篇在逻辑上是《计篇》"五事七计"的延续与拓展，但是分析的重点却转移到了战争的经济问题上，极其鲜明地体现了孙子的唯物论精神。

# 用兵之费

【原典】

孙子曰：凡用兵之法，驰车千驷①，革车千乘②，带甲十万③，千里馈粮④，则内外之费，宾客⑤之用，胶漆之材⑥，车甲之奉⑦，日费千金⑧，然后十万之师举⑨矣。

【注释】

①驰车千驷：驰车，古代的大型战车。《诗经·清人》："驷介旁旁。"郑玄笺云："驷，四马也。"曹操注："驰车，轻车也，驾驷马。"驷（sì），原指一车套四匹马，这里作为量词。此句意指套四匹马的轻型战车一千辆，泛指数量众多。

②革车千乘：曹操注："革车，重车也，言万骑之重。"革车是古代一种用皮革缝制的篷车。此句意指装载军械物资的兵车众多。

③带甲：春秋战国时称武装士卒为带甲。十万：泛指军队人数极多。

④馈（kuì）粮：指运送粮食。

⑤宾客：各国诸侯的使节及游士。

⑥胶漆之材：这里指制造与维修弓矢等作战器械的材料。

⑦奉：补充，供给。车甲之奉意为长途行军、车甲修缮的花费。

⑧日费千金：费，耗费，费用。金，古代货币的计量单位。这里指一天的费用开销特别大。

⑨举：可出发。

【译文】

孙子说：凡兴兵打仗，出动战车千辆，辎重车千辆，军队十万，越地千里运送粮草。这样一来，前方后方所需的费用，外交使节往来的开支，车辆器械的供应，武器装备的保养补充，每天耗费很大。只有准备充分，然后十万大军才能出动。

【读解】

这一段主旨是在阐述大规模作战需要以雄厚的经济实力为基础。本篇开头，孙子就对出兵打仗连带的问题列了一个清单，将作战必须具备的各项物质条件逐个

此为汉代铜车马，其总长1.12米，通高0.88米。马由头、耳、颈、躯、尾、四肢等十一段分铸组合，用十七个销栓固定，作昂首、立耳、竖鬃、嘶鸣、奔腾状。车的结构分驾马、轮与轴、车厢与篷盖三部分。造型自然生动、惟妙惟肖。

列出。只有在各种条件都具备时，方可举"十万之师"。战争对国家物资的消耗巨大，国家应该利用和平稳定的环境积极发展经济，巩固国家的财政，使物资供应得到保证。在这样的条件下，即使发动战争，国家也有强有力的后备资源作支撑。所以，经济条件是发动战争的物质基础。

【实例】

## 土木堡英宗被俘

明英宗时，宦官王振专断横行。当时北方瓦剌逐渐强大起来，并有觊觎中原的野心。

不久，瓦剌人入侵中原。其太师也先亲自率领大军攻打大同，进犯明朝。宦官王振一意孤行，极力怂恿明英宗御驾亲征。在粮草没有准备充分的情况下，50万大军仓促北上。一路上，又连逢大雨，道路泥泞，行军缓慢。等明朝大军抵达大同时，也先命令大队人马向后撤退。王振认为瓦剌军是因为惧怕明军而畏缩窜逃，于是下令追击瓦剌军。也先事先料到明军会贸然追击，早已派出精锐骑兵分两路包围明军。明军先头部队遭到伏击，全军覆没。明英宗无可奈何，只得下令班师回京。

明军撤退到土木堡时，已是黄昏时分。王振以千辆辎重未到为由，坚持在土木堡等待。也先下令紧追不舍，在明军抵达土木堡的第二天，就趁势包围了土木堡。土木堡是一处高地，缺乏水源。瓦剌军控制了当地唯一的水源——土木堡附近的一条小河。明军人马断水两天，军心不稳。也先又施一计，派人送信给王振，建议两军议和。王振自作聪明地认为这是突围的好时机，便急令部队往怀来城方向突围。但这正中了也先的诱敌之计，明军离开土木堡不到四里地，瓦剌军就从四面包围。明英宗在乱军中，由几名亲兵保护，几番突围不成，终于被生擒，王振被打死。明军失去了主帅，乱作一团，最终全军覆没。

## 汉武帝北击匈奴

匈奴是古代活跃在我国北方草原的一支游牧民族，自西周到汉代以来时常侵扰中原地区。汉高祖刘邦曾亲率大军征讨匈奴，结果反被匈奴包围，征讨失败。之后，国内财力不支，西汉只好采取与匈奴"和亲"的政策，以避免匈奴的侵扰。随后的文、景二帝在政治上推行"休养生息"政策，使此前凋敝的社会经济得到了全面的恢复，西汉呈现出繁荣富庶的景象。

汉武帝即位后，实施了一系列的改革措施。在政治军事领域，一方面加强军事建设，健全军制，训练骑兵，选拔青年将领统领部队；另一方面通过抑制相权来加强君主集权统治，提升皇帝的威望，并通过颁布"推恩令"来削弱地方势力。在经济领域，汉武帝通过向商人征收车船税，将盐、铁经营收归国家经营等一系列政策，筹备战争所需的物资。经过这一系列的政策改革、军事规划和经济建设，汉朝基本上具备了反击匈奴的条件。公元前129年，汉武帝开始着手发动酝酿已久的反击匈奴的战争。

汉武帝首先于公元前127年发动河南之战，以卫青为大将军率领大军反击匈奴，欲夺回被匈奴占领的河南地（今内蒙古河套以南）。卫青率军北上，突袭盘踞在河套及其以南地区的匈奴楼烦王和白羊王两个部落，收复了河南地。公元前124年春，汉武帝发动漠南之战。匈奴在河南地失陷后，心有不甘，曾数次派兵侵袭。汉武帝委任卫青为车骑将军，从朔方出发，进入漠南，反击匈奴右贤王；又派李息等人进军右北平（今内蒙古宁城西南），重点牵制匈奴单于和左贤王，配合卫青大军的进攻。卫青率军远赴塞北二三百公里，突袭了右贤王的王廷。右贤王措手不及，仓皇北逃。此战卫青俘获敌兵一万多人，得胜而归。

汉武帝为了巩固对西部地区的控制，于公元前121年发动了河西之战。公元前121年春，霍去病率领一万精兵进攻河西一带的匈奴。他率领军队长驱直入，发动突然袭击，仅用六天便接连攻破匈奴五大王国；之后又迅速翻越焉支山（今甘肃山丹大黄山），在皋兰山与匈奴军决战，大败匈奴。同年夏天，霍去病再次率军出征，由东南向西北扫来，击败匈奴各部，最后与河西匈奴主力在祁连山与合黎山之间的黑河（今弱水上游）流域展开决战，歼敌三万余人，取得了决定性胜利。

汉武帝为了彻底消除北方边患，决定采取更大规模的军事行动。他派大将军卫青、骠骑将军霍去病统率精锐骑兵十万人，组成两支劲旅，又派步兵几十万配合主力骑兵行动。卫青、霍去病分东西两路北进，与匈奴军在漠北展开会战。漠北之战共歼灭匈奴军九万余人，使匈奴遭受重创，从此以后匈奴再也无力大举南下。

纵观汉武帝反击匈奴之战，战争持续几十年。如果没有一定的经济基础作为战争的保障，没有做好充分的准备，那么这场战争的结果可能就不得而知了。

汉武帝刘彻在位54年，他的雄才大略、文治武功，使汉朝成为当时世界上最强大的国家。

# 用兵之害

**【原典】**

其用战也胜①，久则钝兵挫锐②，攻城则力屈，久暴师则国用不足③。夫钝兵挫锐、屈力殚货④，则诸侯乘其弊⑤而起，虽有智者，不能善其后⑥矣。故兵闻拙速，未睹巧之久也⑦。夫兵久而国利者，未之有也⑧。故不尽知用兵之害者，则不能尽知用兵之利也。

**【注释】**

①其：代词，指军队。用战：用以作战。胜：指速胜。

②钝兵挫锐：梅尧臣注："兵杖钝弊而军气挫锐。"兵器钝坏，锐气受挫。意指持久的战争会使军队疲累，战备受损，士气受挫。

③久暴（pù）师：暴，同"曝"。长期领军在外。国用不足：国家财力出现危机。

④屈力：屈，弯曲。指军队力量消耗很大，丧失锐气。殚货：殚，尽。货，物资，货物。殚货指物资耗尽。

⑤乘其弊：指趁着兵疲气沮、财力枯竭之机。

⑥不能善其后：何氏注："谓兵不胜而敌乘其危殆，虽智者不能尽其善计而保全。"

⑦兵闻拙速，未睹巧之久也：拙，笨。速，速战速胜。巧，工巧。久，拖延。这里是说用兵打仗只听说指挥笨拙而求速胜的，没见过指挥巧妙而使战争久拖的。

⑧兵久而国利者，未之有也：杜牧注："兵者凶器，久则生变。"意思是战争久拖不决而对国家有利的情况，从来没有过。

**【译文】**

出动大军打仗，贵在速胜，长久僵持则军队疲惫、锐气被挫，攻城则会耗尽兵力，长期陈兵国外，则国内资财不足。如果军队疲惫，锐气受挫，兵力耗尽，财政枯竭，那么其他诸侯国就会趁机举兵进攻，到那时即使是再睿智、高明的人也难以挽回危局。用兵打仗，听说过能力低的统帅也要求速战速决的，没有听说指挥艺术高超却要拖延战争时日的。战争时间长而对国家有利这种事，从来就没有过。因此，不能全面了解战争危害的人，也就不会真正体会到战争带来的"好处"。

**【读解】**

战争需要的财物支出是巨大的。如果持久作战，国家财力就会不支。因此，既要想获得用兵带来的益处，又要回避用兵带来的危害，那么在战争中就要贯彻孙子的"兵贵胜，不贵久"的思想。

大凡用兵作战，讲求先发制人，速战速决。要争取迅速捕捉战机，快速进攻，快速制敌。这主要是因为：第一，快速解决战斗可以实现以最低的战争消耗获得战争胜利的最终目标。战争拖延太久，从心理层面来考虑，会使士气低落，将士无心应战，以致出现反战情绪；从物质层面来说，会使国家财政难以为继，国民经济崩溃，生产混乱。第二，速战速决也是实行"诡道欺敌"战术的必然要求。在作战中，双方都要设法弄清对方的战略方针与作战意图。如果战争拖得太久，战略意图就很容易被对方识破，难以做到"攻其无备，出其不意"，从而贻误战机。

【实例】

## 东征高丽之战

隋炀帝即位后，为炫耀武力，借口高丽王不亲自入朝觐见，下令出兵进攻高丽，先后发动了三次对高丽的战争。

大业七年（611年）二月，隋炀帝下诏征讨高丽，命令天下兵卒不论远近，都必须在次年正月会集到涿郡（今北京），并征调大批工匠在山东东莱（今山东莱州）海口打造战船。他还征调江淮以南的民工和船只，把洛口仓等大粮仓的粮食运到涿郡。

第二年正月，113万将士集中于涿郡，号称200万人，隋炀帝正式出兵讨伐高丽。正月初三，隋军第一军出发，此后每日发一军，前后相距40里，40天才出发完毕。各军首尾相接，鼓角相闻，旌旗相连。不懂军事的隋炀帝为炫耀武力，摆出庞大的出师仪式，致使隋军行动迟缓，失去战机。

不懂军事的隋炀帝为炫耀武力，摆出庞大的出师仪式，致使隋军行动迟缓，失去战机。

三月，隋军强渡辽水，在东岸大败高丽军，乘胜进攻辽东城（今辽宁辽阳）。高丽军固守辽东，隋军久攻不破。因长期屯兵坚城之下，人困马乏，隋军士气和战斗力大减。

七月，隋军中了高丽军的埋伏，大败而归。隋炀帝下令班师，第一次远征高丽以失败告终。

大业九年（613年），隋炀帝再次亲征高丽。当年六月，隋军陆军刚到前线，水军尚未出发，礼部尚书杨玄感在黎阳起兵反叛，并准备攻打东都洛阳。隋炀帝急忙撤军回救洛阳，堆积如山的军需、兵械全部弃之不顾。退兵时，隋军受到数千高丽军的追击，伤亡惨重。

隋炀帝在镇压杨玄感反叛后，不顾内外危机，于大业十年（614年）又发动了第三次征讨高丽之战。这时，农民起义的烽火已经遍及全国，兵士大量逃亡。高丽因久战困乏，国力不支，于是派使臣前来求和。隋朝也无力再战，只得答应议和。

历经南北朝的大分裂后，隋文帝杨坚最终完成了统一大业。刚刚统一全国的隋朝国力并不强盛，因长期战乱，人民受战争蹂躏已久，国家没有得到休养生息，经济实力远没有恢复，而且国内叛乱也时有发生。在这种情况下，隋炀帝远征高丽，完全不顾及国家财力物力的实际情况，连年征战，不仅给国家造成财政上的巨大亏空，还持久作战，极大地挫伤了士兵的士气，使国内叛军有机可乘，更给百姓带来了深重的灾难，最终导致了隋末农民起义的爆发，加速了隋朝的灭亡。

这正验证了孙子所言"用战也胜"。如不能速胜即可休战，要是国家长期陷于战争中，必然造成人力、物力和财力的巨大消耗，最后连应付战争的能力都没有了，国家必然走向灭亡。

## 韩世忠袭后平内乱

南宋立国之初，致力于平定内乱。湖南刘忠聚众白面山，凭借山势修筑堡垒。宋将韩世忠率兵讨伐，在距离刘忠部30里的地方安营扎寨，两军对峙。

韩世忠部下解元单骑渡河，潜入敌营探知军事部署，发现敌人在山顶上建了一座望楼，居高临下，双方阵营一览无余，又另屯兵于四面小山上，而所有兵力全部听命于望楼的指挥。解元立即将这一情况报告给了韩世忠。

当晚，韩世忠令部将率两百精兵埋伏在白面山下，约定待刘军与官兵大部队交战时，攻进敌中军，夺下敌人的望楼。伏兵开拔后，韩世忠即率全军向刘军发起了进攻。

刘忠遭到官军的突然袭击，便将他的人马全都调去对付韩世忠。这时，伏兵见刘忠后方空虚，立即攻入中军，迅速控制了望楼，插上官军的旗帜，并齐声呐喊。正与官军激战的刘军士兵，听到瞭望楼上官军的喊叫，知道大势已去，一齐逃散。刘军大败。

韩世忠谋而后动，先牵制住刘忠主要兵力，之后迅速发动突袭，使伏兵在敌人后方易帜，形成前后合击之势，用兵巧妙，速战速决，一举破敌。

此为望楼复原图。望楼高八丈，用竖木撑起，顶端建有一座宽有五尺的版屋，屋子的底部设有一个用于过人的出入口。竖木上钉有大钉子，以便攀爬。底座用两根鹿颊木深埋地下，出地八尺，仿照船上捆绑桅杆的方法将竖木和鹿颊木固定在一起，然后用多根绳子将竖木绑住以固定。望楼中配属一名望子，手持白旗，无敌情时旗子卷起；敌人来犯，张开白旗；若敌人靠近，旗杆横置；敌人撤退，慢慢举起白旗。

# 因粮于敌

【原典】

善用兵者，役不再籍①，粮不三载②；取用于国，因粮于敌③，故军食可足也。

【注释】

①役不再籍：役，兵役。籍，名册，这里作动词，指征调。此句指不会再次按名册继续征发兵役。

②粮不三载：三，数词，泛指多次。载，运载、运送。曹操注："始载粮，后遂因食于敌，还兵入国，不复以粮迎之。"此句意指不多次运送军粮。

③因粮于敌：因，依、就，此为顺便夺取之意。曹操注："兵甲战具，取用国中，粮食因敌也。"指从敌人手中顺便夺取粮食，这样既可减轻国内的负担，又削弱了敌人的力量，保障了己方的粮草供应。

【译文】

精于用兵的人，不会多次征兵，不会多次运送粮草。武器装备由本国提供，粮草则从敌人那里夺取，这样就可以充分满足军队作战所需的粮草供应了。

【读解】

在古代社会，君王规定其子民都必须向国家交纳捐税，还要服各种劳役、兵役等。两国交战，军费支出浩大，这笔庞大的经费也要由老百姓提供，所以在战争期间，受累的还是两国的百姓。统治者对百姓的索求如果超过了百姓所能承受的极限，就会引起百姓的反抗。秦朝的陈胜、吴广就是不堪忍受统治者的压榨才揭竿起义的。

孙子之所以提出"役不再籍，粮不三载"，是为了稳固国家基础，以达到"取用于国"的目的。只有后方稳固了，才有可能全力备战，争取战争的胜利，否则还谈什么战略战术呢！孙子强调武器装备要"取用于国"，粮草要"因粮于敌"，这样做对于本国来说，可以减轻劳动人民的负担，还减少了粮草在运输途中的人力、财力的

陈胜、吴广不堪忍受统治者的压榨，号召百姓共同反抗暴秦。他们砍木棒做兵器，削了竹子做旗杆，队伍很快壮大起来，历史上称为"揭竿而起"。

支出，实现了"粮不三载"的目的；对于敌国来说，则消耗了他国的部分财力、物力，使它的内需增大。我增敌损，提高了我方的胜算。

【实例】

## 美马计

战国时期，北方的匈奴经常南下入侵赵国边境，袭扰当地百姓，烧杀抢掠，无恶不作。赵王命大将李牧驻守雁门关，防御匈奴。因为匈奴骑兵人多势众，而赵国兵力不足，所以对于李牧的到来，匈奴人根本不以为意。而李牧苦于兵少，长期以来都处于防守状态。

一日，李牧在雁门关巡防，发现匈奴人赶着数百匹骏马在河对岸洗浴。李牧想得到这些骏马以壮大己方实力，同时也挫挫匈奴人的锐气。但他知道，只要雁门关的城门一开，匈奴人就会立刻将马群赶回去。况且，匈奴大军离这里也很近，极有可能趁机攻进关来。李牧盯着马群冥思苦想，忽然眉头一展，计上心来。那些骏马都是公马，若在我方河岸用母马做饵，它们自然会乖乖地渡河而来，然后就可以迅速将它们赶入城中了。

待公马都上岸后，潜伏着的赵国士兵一拥而上，将这些马统统赶入城中。

想到此，李牧急忙命人在城中挑选几百匹母马，然后让士兵将它们拴在己方河岸的树荫下。不一会儿，这些母马就仰头朝河对岸高声嘶叫。对岸的公马听到母马的叫声后，纷纷抬头张望。很快，其中几匹公马也开始嘶叫回应。随后，嘶叫的几匹公马就下水游来，往树荫下跑去。其他公马见状，也紧随其后，下水狂奔而来。看马的匈奴骑兵对此却无计可施。待公马都上岸后，潜伏着的赵国士兵一拥而上，将这些马统统赶入城中。

李牧效仿美人计，用母马作诱饵，轻而易举地获得了匈奴的数百匹骏马，增强了自己的实力。后来唐朝大将李光弼在平定"安史之乱"中也效仿李牧，夺得了叛军的上千匹骏马。

当时，李光弼与叛将史思明对峙于河阳，两军互有胜负，相持不下。但史思明因为有从塞北带来的千匹良马在军中服役，所以他的骑兵战斗力颇强。这些良马都是公马，个高劲大，跑得快，冲力大，对唐军威胁很大。李光弼为此愁眉不展，不知如何应对。

史思明十分珍爱这批马，每天命士兵将战马赶到河边洗浴。李光弼眼睁睁地看着上千匹骏马在眼前转悠，却又不能出城把它们抢过来。一日，李光弼又盯着对岸这批骏马，苦苦思索对策。忽然，他想到了李牧的"美马计"，就想试试。李光弼连忙命人在城中选出500匹优良母马。这天，李光弼见叛军又把那批马赶到对岸河边放牧，就传令把收来的那批母马赶出城去，而把马驹留在城中。母马来到城外河边，因为挂念城中的马驹，嘶鸣不绝。母马的叫声引起了对岸公马的注意，它们纷纷仰头张望。其中一匹公马率先向这边游来，一下子带动了所有的公马。对此情形，放牧的人束手无策。唐军赶马的人见状，忙松开缰绳，那500匹母马思念城中的马驹，急忙跑回城中。上岸的公马也随着母马跑入了城中。敌人闻听丢失了良马，忙遣大队人马来拦截。还没等敌人打过河来，那批马已随唐军的母马进了城，被一一套住，补充到了唐军骑兵中。自此李光弼的骑兵战斗力大增，使叛军吃了不少苦头。

李光弼效法李牧的"美马计"，不费一兵一卒便夺得了叛军千匹良马，变敌方优势为我方优势，充分体现了孙子"因粮于敌"的作战策略，只是这里将"因粮于敌"的"粮"换成了战马而已，其实质则是一样的。

## 翟让轻取荥阳城

杨广做了隋朝皇帝后，穷奢极欲，激起了全国百姓的愤怒，各地起义风起云涌。

616年，河南滑县境内的瓦岗寨领袖翟让，率领瓦岗军以凌厉的声势袭击隋军，夺取了汴水上的货船；单雄信等农民起义军的首领纷纷前来归附，一时间，瓦岗军兵力过万。可是关于起义军下一步的具体行动，翟让却丝毫没有头绪。翟让常常为此感到忧虑。

恰在这时，有部下向他报告说："蒲山郡公李密前来拜见。"翟让闻听大喜，立刻率领部下出寨迎接。李密出身名门，颇有谋略，三年前曾协助隋朝礼部尚书杨玄感起兵反隋。这次他看到翟让兵力雄厚，可惜韬略不足，便特地带领部下前来投奔。

李密提出了自己的策略，说："如今隋炀帝在辽东失利，朝廷又与北方突厥决裂，这正是奋起争天下的有利时机。大帅兵马众多，可惜粮草不足，长此以往，恐怕于己不利。当前应该趁乱取胜，直取荥阳，先立稳脚跟，再准备大举行动，以席卷东西两京。"

荥阳是中原的军事要地，其西的巩县有隋的大粮仓洛口仓。取得洛口仓不仅可以得到充足的粮草，而且可以逼近东都洛阳。众将领听了李密的话，纷纷点头称是。不久，翟让便挥师攻打金提关和荥阳郡县各城，轻松地占领了荥阳。瓦岗寨趁隋朝政局动荡之机夺得荥阳，为其日后继续发展壮大势力打下了坚实的基础。

# 智将务食于敌

【原典】

国之贫于师者远输①，远输则百姓贫；近于师者贵卖②，贵卖则百姓财竭，财竭则急于丘役③。力屈、财殚，中原内虚于家④。百姓之费⑤，十去其七；公家之费，破车罢马⑥，甲胄矢弩⑦，戟楯蔽橹⑧，丘牛大车⑨，十去其六。

故智将务食⑩于敌，食敌一钟⑪，当吾二十钟；萁秆一石⑫，当吾二十石。

【注释】

①贫于师者远输：师，军队。远输，远程运输。其意是出兵打仗需要千里迢迢运输军备物资，国家因此而贫困。

②近于师者：军队驻地附近。贵卖：物价上涨。曹操注云："军行已出界，近师者贪财，皆贵卖，则百姓虚竭也。"意思指军队驻地附近物价上涨。

③财竭：财力枯竭。丘役：丘为征收军赋的基层单位，丘役指百姓交纳的军赋。据《周礼》记载：九夫为井，四井为邑，四邑为丘，四丘为甸。从西周至春秋，军赋不断增加，春秋时，丘出戎马一匹，牛三头。此句意为国家财力吃紧，急于加重百姓所承担的军赋。

④内虚于家：内虚，内部空虚。家，家庭。此句意为老百姓生活贫困，十室九空。

⑤费：指财产，花费。

⑥罢（pí）马：罢，同"疲"。疲病的战马。

⑦甲胄（zhòu）矢弩：泛指装备武器。甲，护身的铠甲。胄，头盔。弩，用机括发箭的弓。

⑧戟（jǐ）楯蔽橹：戟，古代合戈矛为一体的兵器。楯，同"盾"，盾牌。蔽橹，古代战车上用于防卫的大盾牌。王晳曰："蔽，可以屏蔽；橹，大楯也。"

⑨丘牛大车：曹操注："丘牛，谓丘邑之牛。大车，乃长毂车也。"此言为牛拉的辎重车辆。

⑩务：追求，力争。食：这里作动词使用，取食。

⑪钟：古代的一种容量单位。1钟等于64斗。

⑫萁：同"箕"，即豆秸。秆：禾茎。这里指牛马食用的草料。石（dàn）：我国古代的一种重量单位。1石等于10斗。

【译文】

国家由于兴兵而贫困的原因之一在于长途运输粮草消耗人力财力太多。长途转运军需，百姓就会贫困。驻扎军队的地方必定会物价上涨，物价上涨就会使百姓财力枯竭，国家财力枯竭就会加重百姓的赋税和劳役。民力耗尽，财力枯竭，国内家家贫困。百姓的财物耗去了十分之七。国家的财政由于战车破损，战马疲病，战具、兵器的损耗，辎重车辆的损坏，耗去了十分之六。

因而，高明的将领总是力求从敌方夺取粮草。从敌方夺取粮食一钟，相当于从本国运来二十钟；夺取敌人草料一石，相当于从本国运来二十石。

【读解】

长途运送军需的代价很高，得依靠国家与民众的全力支援，但这样会使国家经济陷入困境。因此孙子提出：为了减轻国家财政负担，最好的方法是"因粮于敌"。这也是古代兵家强调的"以战养战"的一种构想。孙子以详尽的数据统计分析了"因粮于敌"的好处，因粮于敌一分，相当于从本国运送二十分粮食。如果大部分补给都能从敌国索取，借助敌国的物资补充自己，那么再艰苦的战争也不用担心后方供给不上。如果真正能做到"因粮于敌"的话，那么战胜敌国便指日可待了。所以，孙子提出"智将务食于敌"，后文又说"胜敌而益强"，指出了取敌补己、"因粮于敌"的重要性。

【实例】

## 孔明陇上割麦

231年，诸葛亮五出祁山，率十万大军讨伐魏国，命督粮官李严在汉中负责后勤粮草供应。魏将司马懿率大将张郃、费曜等前来迎战。

诸葛亮兵至祁山后，发现军中粮草供应不上，于是便对众将说："孙子曰，'重地则掠'，即指深入敌军腹地后，若粮草供应不及，就要掠取敌军的粮草以作补给。现在，我军马上就要断粮了，而后方运送粮草的军队尚未赶到。而此时正是陇上麦子成熟的时节，我们可以出兵去抢收陇上新麦，一来可以补充我方粮草，二来也可断了魏军的粮草。"于是，诸葛亮命王平、张嶷等人留守祁山大营，自己率领姜维、魏延等将领，奔赴上邽抢收新麦。

司马懿率领大军赶到祁山后，却不见蜀军前来交战，司马懿内心不免起疑。此时，闻说有一支蜀军正绕小径往上邽而去，司马懿这才幡然醒悟，原来诸葛亮忙着抢收新麦，无暇作战。忙引兵前往上邽。诸葛亮赶到上邽，魏将费曜出兵迎战，

运干粮车是一种车身小巧的车子，运送干粮极为方便。其构造简单，在一辆车子的前面安置挡板，两侧安置厢板，以保护推车的士兵。同时车的底座上，也安置了许多枪锋，以便御敌。

蜀军将领姜维、魏延出战，将费曜杀得落荒而逃。诸葛亮随即命令三万精兵手执镰刀、驮绳，把陇上的麦子全部收割，然后运到卤城去打晒。

司马懿晚到一步，结果陇上的新麦全部被蜀军割走。他心有不甘，便与副都督郭淮商议偷袭卤城，企图夺回麦子，活捉诸葛亮。不承想，诸葛亮早已料到司马懿会来偷袭，于是命姜维、魏延、马忠、马岱四将各带两千人马潜伏于卤城东西两面的麦田里。待魏军抵临卤城城下时，一声炮响，伏兵四起，诸葛亮大开城门，杀出城来，司马懿经过殊死奋战，才侥幸逃脱。

司马懿连吃两次败仗，决定据险固守，拒不出战。诸葛亮求战不得，抢来的麦子眼看就要吃完，无奈之下只好下令退兵。司马懿命魏将张郃趁蜀军退兵之机，率兵追击。当追至剑阁木门道时，只闻一声梆响，悬崖峭壁上立时万箭齐发，张郃及其百余名部将几乎全部惨死于乱箭之中。

诸葛亮第五次伐魏虽然没有达到目的，但他采用"务食于敌"的策略，不仅没有受到粮草短缺的影响，反而抢割了魏国陇上的新麦扩充了自己的军粮，还射死了魏国一员能征善战的大将，并带领魏军全军而退，最终有惊无险。三国大小战争中，各方都非常重视粮草问题，粮草是军队作战的必备物资，失去了粮草无异于打了败仗，所以历来交战国都十分重视粮草供给。

## 周亚夫荥阳败刘濞

公元前154年，吴王刘濞串通楚、赵、胶东等七国诸侯王，联合发兵叛乱。汉景帝派周亚夫率三十万大军平叛。出兵前，汉景帝问周亚夫如何退敌。周亚夫说："叛军远离属地，粮草供应一定特别困难，我们如能断其粮道，叛军定会不战自退。"

荥阳是扼守东西二路的要冲，地理位置十分重要。周亚夫首先派重兵控制了荥阳，然后兵分两路袭击叛军后方：一路负责切断吴、楚等国粮草供应线；一路由自己亲自率领，攻打叛军后方重镇冒邑。周亚夫占据冒邑后，下令加固营寨，准备坚守。当刘濞率数十万大军气势汹汹地向冒邑扑来时，周亚夫避其锋芒，坚守城池，拒不出战。叛军数次攻城，都被城上的乱箭射回。刘濞无计可施，数十万大军只得驻扎城外，几天后，粮草断绝。就这样又对峙了几天，周亚夫见叛军已饥饿不堪，丧失了战斗力，于是发起猛攻，大败叛军，斩杀了刘濞。

周亚夫果断地采取了避敌锋芒、切断其供给来源的战略对策，使敌人士气衰弱、不堪一击。

# 取敌之利者

**【原典】**

故杀敌者，怒也；取敌之利者，货也①。故车战得车十乘已上，赏其先得者。而更其旌旗，车杂而乘之②，卒善而养之③，是谓胜敌而益强④。

**【注释】**

①取敌之利者，货也：货，用财物鼓励。梅尧臣曰："取敌则利吾人以货。"对夺取敌人资财者要给以实物奖励。

②车杂而乘之：杂，混杂，混编。意指将缴获的敌人战车混编入己军使用。

③卒善而养之：善，动词，善待。指善待被俘的敌军士兵，给以供养。

④胜敌而益强：杜牧注："得敌卒也，因敌之资，益己之强。"意为战胜敌人而使自己更加强大。

**【译文】**

激励士卒奋勇杀敌，要激发出他们同仇敌忾的士气，要使之威怒；要使将士勇于夺取敌人物资，必须用财物奖励。因此在车战中，凡缴获战车十辆以上的，就要奖赏最先夺得战车的士卒，并且更换战车上的旌旗，将其混合编入自己的车阵之中；对于俘虏，则给予优待，保障他们的生活供给，任用他们为己方作战，这就是所谓战胜敌人，也使自己变得更加强大的道理。

**【读解】**

这一段是对上节"务食于敌"原则的进一步补充，强调要就地获取物资，对于先缴获和多缴获敌方物资的士卒要给予物质奖励。被我军俘虏的敌国士兵，我方要给予妥善的安排照顾，化敌为我，以补充我军实力。所缴获敌人的战车和士兵也就成了我军的战车和士兵，这也就是所谓的"以战养战"的思想。利用敌国的物力和人力，满足我军的需要，壮大我军的实力，这不仅减轻了本国的负担，还可以削弱敌国的力量，导致他们人力、物力短缺，进而使自己更加强大。这就是孙子强调的"胜敌而益强"的战略思想。

**【实例】**

## 曹操大破乌桓

汉献帝建安五年（200年），曹操在官渡打败袁绍。两年后，袁绍病亡。汉献帝建安九年（204年），曹操攻下邺城后，次年正月斩袁绍长子袁谭于南皮。

袁谭的弟弟袁熙、袁尚北逃至辽西乌桓，积蓄实力，以图东山再起。曹操为了彻底铲除袁绍残余势力，巩固北方的统治，在平定并州、幽州大部后，又于建安十一年（206年），由董昭负责开凿了两条漕运：平虏渠和泉州渠（均在今天津境内）。开通平虏渠、泉州渠是为了便于运粮北上。

在北上之前，曹军很多将领提出了异议。他们认为，袁尚已经构不成威胁了，就如秋后的蚂蚱蹦跶不了几天了。假如己方孤军深入，荆州的刘备肯定会劝刘表趁机进攻许都。那时候恐怕就会腹背受敌了。针对这种言论，曹操的谋臣郭嘉作了精辟的分析，他认为："乌桓恃其边远，肯定不会做准备，我们应该出其不意攻打他，这样胜算较大。况且袁氏与乌桓关系非同一般，而河北百姓对袁家还有一些感情，一旦今天我们放过袁尚，等到来日他养成气候，则'民夷俱应'，到那时再想制住他就难啦！所以一定要迅速消灭袁尚。至于刘备，更不足虑。现在他依附刘表，刘表不会重用他，所以，即使是'虚国远征'也不用担心刘表会趁机来犯。"

建安十二年（207年），在做好充分准备之后，曹操终于发动了乌桓之战。五月，曹操先率军至易水（今河北雄县西北），然后采纳谋士郭嘉之计，令全军轻装上阵，急行数日到达无终（今天津蓟州）。但之后因遇连日大雨，道路泥泞不堪，海滨地区又有乌桓军驻守，曹军一度受阻。

后来，曹操听从当地谋士田畴的建议，以他为向导官，避开滨海道，改走200年来无人行走的旧道——卢龙塞（今喜峰口至冷口一带）。曹操还故意放出消息，说是先班师回朝，待到秋冬之际再来讨伐乌桓。乌桓军信以为真，就放松了戒备。七月，曹军一路开山辟路，长途奔波，上徐无山（今河北玉田北），出卢龙塞，北行500余里。经平冈（今平泉北），直至离柳城不足200里的时候，乌桓王蹋顿才得知曹军到来。蹋顿、辽西乌桓单于楼班与袁熙、袁尚率数万骑兵仓促应战。八月，两军在白狼山（今辽宁喀喇沁左翼蒙古族自治县东）相遇。曹操登高远望，发现乌桓军阵形错乱，就将帅旗授予张辽，命其为先锋，率军出击。张辽在凡城将乌桓军一举击溃。曹操随后率军追击，直至柳城。结果蹋顿被斩，乌桓军溃败。袁熙、袁尚与辽东乌桓单于苏仆延等率数千骑突围，逃至辽东太守公孙康处。此战曹军共收降乌桓军二十余万，将他们全部编入自己军队，壮大了自身实力。九月，曹军从柳城返回。公孙康为讨好曹操，斩袁氏兄弟，并将他们的首级送与曹操。曹操大喜，奖赏了公孙康。十一

公孙康派人献上袁氏兄弟的头，对曹操说："此乃袁氏兄弟的首级，请丞相笑纳。"

月，曹操经海滨到达易水，代郡、上郡乌桓单于都来为他庆贺。次年正月，曹操领兵凯旋，返回邺城。

曹操在远征前进行了周密部署，作战时又能抓住时机，攻其不备；在攻下柳城之后立即回师，随后重组乌桓军，将原来的俘虏重新编排，增强了自身的骑兵力量，即"胜敌而益强"；曹操深解论功行赏的好处，对献计献策者大加犒赏，这有利于调动士卒将帅的作战积极性和忠诚度。这就是孙子所谓"取敌之利者，货也"的妙用。

## 勾践还粮做手脚

勾践是春秋时越国国君，越王允常之子。勾践即位不久，吴王阖闾乘机攻越。越军于槜李大败吴军，阖闾被创身亡。阖闾临终前嘱咐其子夫差："必毋忘越！"吴王夫差励精图治，准备攻越报仇。勾践不听范蠡劝阻，仓促之下抢先出兵攻吴，于夫椒大败。吴军乘胜占领越都会稽，将勾践围困在会稽山。范蠡提出屈辱求全，主张用卑辞厚礼向吴求降，如若不允，就由勾践亲自去吴国做人质。勾践采纳了这一建议，一面准备死战，一面派文种去向吴求和，并用美女、财宝贿赂吴太宰伯嚭。不久，夫差答应越国议和，率军返回吴国。勾践下诏罪己，去吴国给夫差做奴仆，最终骗得夫差的信任，于三年后被释放回国。

越王勾践回国后，卧薪尝胆，图谋灭吴。他鼓励农业生产，实行轻徭薄税的政策，国力渐强，老百姓吃穿不愁，家家积蓄余粮。为了麻痹吴国，勾践派文种求见伯嚭，向吴国求借一万石粮食，说越国遇到了灾荒，并允诺第二年一定将借的粮食全数归还。夫差听信伯嚭之言，打算借粮给越国。伍子胥得知此事，立即进宫劝阻，说越国并非真的遇到了灾荒，而是想借以盗空我国粮库。夫差不听，说越国已臣服吴国，肯定不会使诈。伯嚭也在一旁添油加醋，说只要要求越国按时还粮即可。最后，夫差还是将粮食借给了越国。

次年，越国粮食大丰收。到了归还粮食的日期，越王勾践征求大臣文种的意见，说："如果不还粮食，吴国可能会借口讨伐我们；如果把粮食归还，就会有利于吴国而不利于越国。怎样才能两全其美呢？"文种献计道："粮食还是要还的，但我们可以在其中做手脚，从粮食中精选出一部分，蒸熟了还给吴国。"勾践听后，依计行事。

夫差见越国按时还粮，而且还回的粮食粒大饱满（其实已被蒸过了），大为满意。第二年春天，他命人把越国还回的粮食当作良种播种到了地里。结果可想而知，种子没有发芽，秋天颗粒无收，吴国发生了大饥荒，国力大大减弱。

国以民为本，民以食为天。勾践还蒸熟之粮，使吴国发生饥荒，真可谓釜底抽薪，从根本上削弱了吴国的实力，为他最终消灭吴国提供了条件。

# 兵贵胜

**【原典】**

故兵贵胜，不贵久①。

**【注释】**

①兵贵胜，不贵久：贵，重在。曹操注："久则不利，兵犹火也，不戢将自焚也。"意谓用兵作战贵在速战速决，久战则不利。

**【译文】**

所以，用兵作战最重要的是速胜，最不宜进行持久战。

**【读解】**

军队作战时，凭的是一股士气，士气一旦低落，就会丧失战斗意志，就连后期补给也会拖延怠慢。故曹刿论战时说："一鼓作气，再而衰，三而竭。"孙子也在这里强调"兵贵胜，不贵久"，意指战争以速战速决最有利，不要让战事持久未果。

此前，孙子已提到战事持久未果，会带来三种不利的后果：一是"钝兵挫锐"，军心士气受挫；二是"国用不足"，国家财政吃紧，国力不支，国家经济瘫痪，民众受苦；三是"诸侯乘其弊而起"，内患迭起，其他国家会趁机入侵，使国家陷于内外交困之境。因此，战争拖延过久，则有百弊而无一利。

需要说明的是，孙子极力倡导"速胜论"，是从进攻一方的角度而言的，《作战篇》从始至终说的都是在境外对敌国实行战略进攻，并没有包括、更没有否定在战略防御中应该采取的相应策略。实行战略防御的一方，无疑可以采用持久抗击的战术，切不可急于求成；而实行战略进攻的一方，主张速战速决，反对旷日持久，无疑是明智的。

**【实例】**

### 司马懿神速灭孟达

孟达，字子度。他最初在益州牧刘璋手下做事，后归附刘备，成为一员蜀将。魏黄初元年（220年），关羽失荆州后，曾向孟达求

此为距堙复原图。距堙即土山，是攻城一方靠近敌城所筑的土丘，借以观察城内虚实，并可伺机登城。山顶有用牛皮做成的小屋，将其四面蒙起来，此屋用作保护运土的士兵躲避箭矢。

救，孟达未出兵救援。关羽被杀后，刘备对其恨之入骨。七月，孟达叛蜀归魏，被曹丕任命为新城太守，驻兵上庸城。曹丕死后，孟达失去庇护，遭到群臣排挤，心中深感不安。此时，蜀主刘备已亡，诸葛亮平定南方胜利而归，正准备北伐，因此孟达决定背叛魏国。诸葛亮唯恐孟达反复无常，日后又有所变，于是暗中派人向与孟达不和的魏将申仪透漏消息，以迫使孟达速反。申仪即刻将此事禀报了司马懿，司马懿遂决定讨伐孟达。

出兵之前，司马懿曾举棋不定。司马懿驻守在宛城，宛城距离洛阳800里，离新城1200里。如果要讨伐孟达，必须要先上奏表给洛阳的魏明帝。待皇上批复回来，自己再率军前去，至少需要一个月的时间。若到那时，孟达早已加固城防，并部署好军队，自己再去讨伐就会困难得多。为了能速战速决，司马懿最终决定先斩后奏，不想因此错失了良机。于是写信安抚孟达，信中说："将军昔弃刘备，托身国家，国家委将军以疆场之任，任将军以图蜀之事，可谓心贯白日。蜀人愚智，莫不切齿于将军。诸葛亮欲相破，惟苦无路耳。模之所言，非小事也，亮岂轻之而令宣露，此殆易知耳。"（《晋书·宣帝纪》）之后又写信禀报魏明帝讨伐孟达之事，这样两方面都不耽误。孟达接到司马懿的信后，就放松了戒备，对是否谋反也举棋不定。与此同时，司马懿已亲率大军日夜兼程，并于八日后抵达上庸城下。

此时，吴、蜀两国的援兵还在路上，司马懿又分别派兵对吴、蜀两国援军予以牵制。上庸城三面环水，地势险要，孟达仅在城外构筑了木栅加强防御。司马懿大军很快渡过河，捣毁了木栅，直抵城下，然后兵分八路攻城。仅仅围攻了16天，孟达外甥邓贤、部将李辅等人就杀死孟达，开城投降，传首京师，俘获万余人。

此次长途征战，从起军到攻占上庸，不足一个月，可谓速战速决的典型战例。司马懿审时度势，正确分析了交战双方的基本情况，采取灵活机动的战术，把握住战争的先机，快速出击，这无疑是其速战取胜的重要原因。试想，如果司马懿按章办事，那么必定会延误战机，战机延误了，小则打败仗，大则丢掉性命。从这个实例上可以看出，"兵贵胜，不贵久"确有其理。

## 柏乡之役

李存勖是唐末将领李克用的长子，少年时曾随父作战，骁勇异常。唐朝末年，军阀混战，李克用领兵长期割据河东（今称山西），称晋王，与割据河南的朱全忠对峙，战争连年。天祐四年（907年），朱全忠代唐称帝，国号梁，改元开平。李克用仍用天祐年号，以复兴唐朝为名义讨伐朱全忠。

天祐五年（908年）正月，李克用病死。同月，其长子李存勖袭晋王位。葬事完毕，李存勖先是设计除掉了企图篡夺王位的叔父李克宁，以稳固政权，然后又率军在潞州（山西上党）打败梁军，解除了河东的危机。潞州大战之后，李此为钩撞车复原图。钩撞车是古代的一种攻城兵器，内部分为上下两层，上层放兵器，下层藏士兵，可在攻城时防止石头和飞箭的袭击。

存勖威名远播，连控制镇州的王镕和控制定州的王处直，也动摇了附梁的决心，纷纷与李存勖结盟共同对付后梁。后梁为保住河北，倾其所有，出兵再战。天佑七年（910年）十二月至次年正月，李存勖与后梁在柏乡（今属河北）展开大战。

此次战役，晋军由周德威等率领三千骑兵，还有部分镇州、定州兵组成；梁军则有王景仁率领的禁军和魏博兵共八万。梁军驻守柏乡，以逸待劳，在地形、兵力、兵器上均有优势；而晋军主要是骑兵，机动性和攻击能力较强，对梁军构成威胁。战役开始后，李存勖采用周德威速战速决的建议，先让晋军故意后撤，引诱梁军出城，然后聚而歼之。梁军大将王景仁果然中计，倾巢出动。晋军骑兵趁机猛烈突击梁军，周德威攻右翼，李嗣源攻左翼。不久，晋军李存璋的骑兵也赶上，梁军在晋军数路军队的夹击之下，丢盔弃甲，纷纷逃窜，死伤无数。

这次战役使梁军丧失了河北的统治权。李存勖却进一步稳固了河东局势。之后，他息战生产，举荐贤能，宽刑减赋，整顿吏治，河东大治。

# 知兵之将

【原典】

故知兵之将①，生民之司命②，国家安危之主③也。

【注释】

①知兵之将：知，真正懂得。郑玄注："知，明于事。"意指懂得用兵、善于用兵的将帅。

②司命：指民众命运的掌握者。司，《诗经·羔裘》："邦之司直。"毛亨传："司，主也。"

③主：这里是"主宰"的意思。《管子·形势解》："主者，人之所仰而生也。"曹操注："将贤则国安。"这里指国家安危的主宰。

【译文】

因此深谙用兵之法的将帅，是民众命运的掌握者，是国家安危的主宰者。

【读解】

上节谈到"兵贵胜，不贵久"，这是基于战争对经济力量的依赖和对战争利害关系的分析得出的必然结论。但是，要真正做到"速战速决"，成功地实施"以战养战"的策略，实现"胜敌而益强"的思想，关键的因素在领兵打仗的将帅。没有深知用兵之利害、正确执行既定方针并在特殊时候能灵活应变的将帅，不仅不能"速战速决"，反而可能输掉战争，给人民和国家带来灾难。这里，孙子强调将帅的作用，是在"五事七计"强调将帅"五德"和才能的基础上的新的拓展，他把将帅在作战中的作用单独提出来，强调了其重要性。

【实例】

## 垂惠之战

西汉末年，王莽篡权，一时间天下大乱，群雄并起。梁王刘永的部将周建在齐山割据一方。东汉建立之后，建武四年（28年），光武帝刘秀派偏将王霸与捕虏将军马武，共同领兵征讨周建。

王霸是东汉名将，新莽末年随刘秀起兵，屡立战功，后被封为淮陵侯。奉命讨伐周建时，他还是偏将军。

战争伊始，刘永部将苏茂带领四千余士兵增援周建。他先派一支精锐骑兵前去拦截马武部下的军粮，马武闻讯后带兵前去救援。此时，周建从垂惠城出

孙子兵法

作战篇

知兵之将

公元前8年，王莽接受孺子婴"禅让"后称帝，改国号为"新"，改长安为常安，开了中国历史上通过篡位当上皇帝的先河。

兵欲与苏茂的精骑前后策应，共同夹击马武。马武自认为有王霸做后援，与敌人交战时并未用尽全力，结果轻易就被苏茂打败了。马武率军仓皇逃至王霸军营，并高呼求援。但王霸出营答道："敌人兵力过猛，我若出兵救援，必将与你一样遭受惨败。如若你们拼死奋战，或许能够战胜，同时我们也能保存实力！"说罢进入营内闭门不出。

王霸的部下都极力主张出兵援救马武，王霸耐心地解释说："苏茂军都是精锐骑兵，况且人数众多。我军士兵心存恐慌，况且捕虏将军马武对我心存依赖，两军的想法并不一致。如若前去救援，定会失败。现在我们全军闭营固守，故作不愿救援，敌兵必会乘胜贸然轻进。马武军在没有外援可以依赖的情况下，必会与敌军多番周旋，拼死抗争。待到苏茂军疲惫困顿之时，我军再趁机出兵袭击，定能将其击败。"

苏茂、周建见王霸不出营援救马武，果然倾其所有兵力进攻马武。双方激战良久，王霸部下的数十名部将不断催他下令出战，王霸知道此时全军上下士气正盛，出兵时机成熟，于是下令精锐骑兵从背后突袭敌军。结果苏茂、周建军队在汉军的前后夹击下，大败而逃。

此战中，王霸根据敌我实际情况，采取诱敌轻进、激友奋起的作战策略，诱使苏茂、周建倾其全力进攻，马武率军奋战不退。在苏茂、周建军疲惫之时，王霸亲率精锐骑兵袭击对方侧翼，最后配合马武，前后夹击，大败苏茂、周建，遂平定了割据势力。

孙子在不同的篇章里都论述过将帅对战争的作用，《作战篇》里强调懂得用兵之道的将帅在作战中的作用，他以人民和国家的命运掌握在将帅手里来突出其重要性。大凡与敌作战，将帅的智慧与武力同等重要。历史上文武双全的将帅不多，深谙兵法、懂得谋略的将帅就更不多了。正是因为如此，才使本篇所述将领王霸显得难能可贵。他懂得作战必先激起将士的士气，同仇敌忾，然后方可出阵杀敌，这才称得上"生民之司命，国家安危之主"。

四四

# 谋攻篇

## 本经通读

孙子曰：凡用兵之法，全国为上，破国次之；全军为上，破军次之；全旅为上，破旅次之；全卒为上，破卒次之；全伍为上，破伍次之。是故百战百胜，非善之善者也；不战而屈人之兵，善之善者也。

故上兵伐谋，其次伐交，其次伐兵，其下攻城。攻城之法为不得已。修橹轒辒，具器械，三月而后成；距闉，又三月而后已。将不胜其忿而蚁附之，杀士三分之一而城不拔者，此攻之灾也。

故善用兵者，屈人之兵而非战也，拔人之城而非攻也，毁人之国而非久也，必以全争于天下，故兵不顿而利可全，此谋攻之法也。

故用兵之法，十则围之，五则攻之，倍则分之，敌则能战之，少则能逃之，不若则能避之。故小敌之坚，大敌之擒也。

夫将者，国之辅也。辅周，则国必强；辅隙，则国必弱。

故君之所以患于军者三：不知军之不可以进而谓之进，不知军之不可以退而谓之退，是谓縻军；不知三军之事而同三军之政者，则军士惑矣；不知三军之权而同三军之任，则军士疑矣。三军既惑且疑，则诸侯之难至矣，是谓乱军引胜。

故知胜有五：知可以战与不可以战者胜，识众寡之用者胜，上下同欲者胜，以虞待不虞者胜，将能而君不御者胜。此五者，知胜之道也。

故曰：知彼知己者，百战不殆；不知彼而知己，一胜一负；不知彼不知己，每战必殆。

## 本篇旨要

《作战篇》研究的是用兵之前的战略决策问题，而《谋攻篇》分析的是在用兵决策做出之后，用兵者必须深入思考战略思想和战术原则。"谋攻"是谋略攻取的意思。《谋攻篇》在总体上论述了用谋略攻敌制胜的战略战术问题，提出了"全胜论"的战略法则；又在"全胜论"的指导下论述了如何灵活机动地运用战术、国君与将帅在战争中的作用和深入了解作战双方情况的重要性等具体策略。篇末，孙子用简洁明确的语言总结了一个对任何战争都具有指导意义的规律："知己知彼，百战不殆。"

# 善之善者

【原典】

孙子曰：凡用兵之法，全国为上，破国次之①；全军为上，破军次之；全旅为上，破旅次之；全卒为上，破卒次之；全伍为上，破伍次之②。是故百战百胜，非善之善者也③；不战而屈④人之兵，善之善者也。

【注释】

①全国为上，破国次之：破，攻破、击破。曹操注："兴师深入长驱，距其城廓、绝其内外，敌举国来服为上；以兵击破，败而得之，其次也。"此句意思是未使用一兵一刃而使敌国屈服是上等用兵策略，经过交战攻破敌国使之降服是次等用兵策略。

②军、旅、卒、伍：均是古代军队的编制单位。按《周礼》所记军制，12500人为军，500人为旅，100人为卒，5人为伍。

③百战百胜，非善之善者也：百战百胜，不是最好的策略。

④屈：屈服，这里意指使敌人屈服。

【译文】

孙子说：大凡用兵的原则，使敌人举国不战而降是上策，击败敌国使之降服是次等的用兵策略；使敌人全军不战而降是上策，击败敌军而取胜是次等的用兵策略；使敌人全旅不战而降是上策，击破敌人一个旅而取胜是次等的用兵策略；使敌人全卒不战而降是上策，击破敌人一个卒使之降服是次等的策略；使敌人全伍不战而降是上策，击破敌人一个伍而取胜是次等的策略。因此，百战百胜并非最好的用兵策略；不交战而使敌人屈服，才是用兵策略中最好的。

【读解】

孙子的这段语录流传千年而不衰。此节中他反对以流血牺牲为代价换取战争的胜利。"百战百胜，非善之善者也；不战而屈人之兵，善之善者也"这句话的核心在讲非攻的战争原则，即不通过武力交锋而达到战争的目的才是最圆满的胜利，这也是战略家所追求的最高目标和完美境界。

"不战而屈人之兵"是《孙子兵法》中一再强调的原则。此原则可以通过以下两种情况理解：其一，对方确有实力，我方无法硬拼，此时可以文会战，以策略取胜；其二，我方实力明显优于对方，在政治、军事上都处于主动地位，对方被迫屈从。但不管哪种情况，要想"不战而屈人之兵"，都需要自己国家拥有强大的经济、军事实力，政治上处于主动地位，只有这样才能通过外交途径达到不战而胜的目的。

【实例】

## 蒯通妙计破秦城

蒯通，秦朝范阳（今河北范阳）人，擅长纵横之谋略，能言善辩。秦朝统一后，蒯通虽隐居乡里，却时刻关注着天下大势。

秦朝末年，陈胜、吴广揭竿而起，建立了"张楚"政权。部将张耳、陈余向陈胜建议出兵赵地。陈胜应允，遂命武臣为将军出兵赵地。

武臣率军来到赵地境内的范阳后，蒯通认为自己出山的时机已经成熟。于是，他直奔范阳县衙，要求拜见县令徐公。蒯通见到徐公后说："秦朝法令严苛，您接任范阳县令已十年有余。十年间您'杀人之父，孤人之子，断人之足，黥人之首'，在您手中死去的人不可胜数。范阳民众之所以没有手刃您，是因为畏惧秦朝法令。如今天下豪杰纷起，秦朝覆灭是迟早之事。天下大乱之际，纲纪自然不存，百姓此刻都想手刃您，为亲人报仇。此外，武臣率大军兵临城下，您若还忠于秦朝，坚守范阳，则城内百姓必将杀您以应武臣。您若信任在下，愿意听从我的计谋，即刻派我前去与武臣交涉。我保证能为您化解此劫，使您转危为安。"

徐公听他说得十分在理，立即起身敬拜，将蒯通奉为座上宾，对蒯通言听计从。

蒯通来到武臣军中拜见了武臣，对他说："自将军入赵以来，攻城略地，战事连连。在下认为这样的作战方式并非最佳。将军若愿听从在下之计，则可不费一兵一卒，即刻占领城池，传檄而定千里。"武臣听后，很感兴趣地问："不知此话怎讲？"蒯通说："将军如今要攻打范阳城，范阳县令徐公正整顿士卒，准备守城。但徐公贪生怕死，原想投靠将军，又怕被将军诛杀，左右为难。同时，范阳城内又有一些不法之徒，想趁混乱之机制造事端，杀掉徐公，然后控制范阳守军与将军对抗。揣度目前局势，将军何不将列侯之印交给在下，使在下持侯印封赏徐公。徐公受封后，定会开城归降，不法之徒也不敢胡乱造次。范阳降后，将军再派徐公做说客，去燕、赵各地游说劝降。各地官员看见徐公投降后被封为列侯，个个都会不战而降。这就是

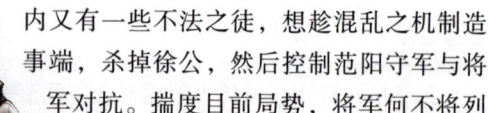

蒯通对武臣说："将军若愿听从在下之计，则可不费一兵一卒，即刻占领城池，传檄而定千里。"

在下所说的传檄而定千里之计。"武臣采纳蒯通之计，命蒯通为使者持侯印赐封徐公。一切果真如蒯通预料的那样，燕、赵各地的秦郡官员纷纷放下武器，归降了武臣，大量的秦军将士也投降了武臣军，成为后来武臣政权和赵国军队的一股重要力量。

蒯通长于分析时局，善用谋略，他恰当地运用了"不战而屈人之兵"的战略思想，使武臣未动一兵一卒且不费吹灰之力就拿下三十多座城池，广为后人称道。

## 烛之武退秦师

晋文公在城濮之战中战胜楚国之后，在诸侯国中赢得了霸主地位。由于晋文公流亡时曾经经过郑国，受到郑国国君的无礼对待，而且，郑国在城濮之战中还作为楚国的盟国出兵参战，与晋国为敌，所以晋文公对此一直耿耿于怀，想伺机攻下郑国。公元前630年，晋文公联合秦穆公一起攻打郑国。晋军抵达郑国的函陵（今河南新郑北），秦军则驻扎在氾南（今河南中牟县南），两军对郑国都城形成了包围。

郑国是一个小国，面对秦、晋两大国兵临城下的境况，难以招架。危急之时，郑文公召集大臣商议对策，大臣佚之狐对郑文公说："郑国现在处于危险之中，若用武力抵抗肯定不能获胜。最好的办法是派出使者去游说秦穆公，争取秦国撤兵，秦军一旦撤兵回国，晋军也会撤退。如果能派能言善辩的烛之武去见秦穆公，一定能说服他撤军。"郑文公接受了佚之狐的建议。

当时，秦军驻扎在城东，晋军驻扎在城西，这使烛之武无法经由城门出城。郑文公命士兵趁夜用绳子系住烛之武，把他从城上放下去。烛之武出城后，直奔秦军营前，要求面见秦穆公。烛之武对秦穆公说："秦、晋两国军队围攻郑国都城，郑国知道自己就要灭亡了。但大王您觉得拿下郑国对您有什么好处吗？您知道，我们郑国在晋国的东边，你们秦国在晋国的西边。郑国灭亡后，秦国能越过晋国的国土来占领郑国吗？这是非常困难的。晋国一旦得到了郑国的土地，它的国力肯定大增，甚至会超过秦国。您协助晋国来攻打郑国，结果是帮助晋国强大起来，这样做不但对您没有任何帮助，而且有朝一日还会反受其害。而且，晋国从来都是言而无信的，您想想当年晋惠公逃亡到秦国，请求您帮助他复国，答应在事成之后将焦、瑕二邑（在今河南陕县一带）割让给您作为酬谢。可是，当您帮助晋惠公回国做了国君以后，他不但不遵守约定割地给您，还筑城墙来抗拒秦国。现在，晋国在不断扩军备战，既想得到东部的土地，又想扩张西部的疆域，包括秦国的土地，晋国也早已觊觎多时了。您如果肯解除对郑国的包围，我们郑国将与秦国世代结好。今后，贵国使者经过郑国的时候，我们也一定好好招待他们，待他们如上宾。孰利孰弊，请大王仔细考虑考虑吧！"

烛之武对秦穆公说："您如果肯解除对郑国的包围,我们郑国将与秦国世代结好。孰利孰弊,请大王仔细考虑考虑吧!"

烛之武一番话,使得秦穆公幡然醒悟,意识到助晋灭郑确实于己无利。于是,秦穆公答应立即撤兵,并且和郑国订立了盟约。秦穆公留下杞子、逢孙、杨孙三位将军带领两千士兵帮助郑国守城,自己则率领大队秦军班师回朝了。

见秦穆公撤走军队,还转而扶持郑国,晋文公不由得大怒,但又无可奈何,只得撤离了郑国。

"烛之武退秦师"是中国古代历史上不战而胜的典型范例。郑国凭借良臣烛之武的才智,利用交战国间微妙的利害关系,成功地瓦解了秦、晋联盟,使即将亡国的郑国转危为安,达到了使秦、晋两国不战而退的最终结果。

## 唐太宗便桥会盟

唐武德九年六月初四(626年7月2日),秦王李世民率部在玄武门杀死太子李建成、齐王李元吉,夺取了皇位继承权。初七,唐高祖李渊立李世民为皇太子。八月初八,李渊退位。初九,李世民登基,是为唐太宗。

此时,突厥颉利可汗见唐太宗李世民刚刚即位,政局不稳,唐朝内部种种矛盾尚未解决,统治秩序尚未安定,就与突利可汗联盟,率兵20万,大举入侵关中。当时,唐朝长安的兵力远不及突厥,各地援军又无法迅速赶来救援。危急之时,时任泾州道行军总管的尉迟敬德临危受命,前去抵挡突厥兵。八月二十六日,双方在泾阳(今属陕西)展开大战。结果,突厥大败,突厥俟斤(官名)阿史德乌没啜被擒,千余名突厥兵被杀。但这一战并未损伤突厥主力,颉利可汗率军南下。二十八日,颉利可汗率军抵达渭水便桥北岸,命大将执失思力入朝,刺探唐廷虚实。

面对这种严峻形势,李世民认为,如若一味守而不攻,就是向敌示弱,这样不仅有损唐朝威严,也会使颉利可汗更加肆无忌惮。他果断下令将执失思力扣押,然后亲自率高士廉、房玄龄等六位大臣,出玄武门直驰至渭水河边。在河岸站定,李世民即大声斥责颉利可汗不守信用,背弃盟约。很快,各路唐军也陆续赶到,旌旗覆云遮日。李世民一面命令后方军队迅速布阵,一面仍继续与颉利可汗交谈。颉利可汗见执失思力仍未返回,李世民又亲临阵前,他身后唐军阵容严整,似早已备阵临敌,不禁大为恐慌,忙请求议和。突厥众将领纷纷下马,参拜马上的李世民。李世民考虑到自己登基不久,国内纷争未平,百姓还不富足,此时应以休养生息、抚慰民心为重。若双方就此开战，必有死伤，百姓便会无辜遭殃；即使赢得了战争，也不能令突厥彻底臣服，他们定会想方设法图谋报复，后患无穷。因此李世民果断采取了"将欲取之，必先与之"的策略，先安定突厥，待日后兵力强盛之时，再一举灭之。于是，他就答应了颉利可汗的议和请求。八月三十日，李世民与颉利可汗在便桥歃血为盟，唐朝赠给突厥大量金帛，颉利可汗随后率军北撤。

此次便桥会盟，虽然当时唐朝国内内乱未平，国力不强，不利于与突厥开战，但刚即帝位的李世民临危不乱，最终仍能以强硬姿态威震突厥，使其率先提出议和请求，并全军撤退，扭转了局面。这样做不仅解除了京城之危，又为日后彻底反击突厥赢得了时间。

## 马燧攻心降叛将

马燧是唐朝幽州经略军使，他博学多才，通晓兵法，文武双全。

784年，原朔方节度使李怀光兴兵造反，以河中为据点，派遣部将徐廷光重兵把守长春宫（位于陕西朝邑）。长春宫与河中遥遥相对，中间隔着黄河，如果攻不下长春宫，唐军就不能渡过黄河攻克河中。于是，马燧带兵驻扎到长春宫附近后，便一个人骑马来到城下，大声呼喊长春宫守将徐廷光的名字。

徐廷光向来敬重马燧，听到马燧高呼自己的名字，便在城上对其施礼。马燧说道："尔等都是朔方将士，自安史之乱以来的四十余年中，立下了汗马功劳，现在为何背弃祖宗的功德，起兵造反呢？这是株连九族之罪啊！"徐廷光和部下听到这番话都缄默不语。马燧接着说："如果你们觉得我说的话不在理，我现在就在你们城下，你们可以放箭射杀我。"说完，马燧扯开上衣，做出任凭其射杀的样子。徐廷光见状，感动不已，哭着跪倒在地上，其余的将士也深受感染。最终，徐廷光带兵出城投降，马燧为了避免徐廷光等人起疑心，只带了几名亲信进城。就这样，唐军没费一兵一卒，轻松拿下长春宫。正是因为马燧首先攻破了守将徐廷光的心理防线，所以才能"不战而屈人之兵"。

# 上兵伐谋

【原典】

故上兵伐谋①，其次伐交②，其次伐兵，其下攻城。攻城之法为不得已。修橹轒辒③，具器械④，三月而后成；距闉⑤，又三月而后已。将不胜其忿而蚁附⑥之，杀士三分之一而城不拔⑦者，此攻之灾也⑧。

【注释】

①上兵伐谋：上兵，用兵作战的上策。张预注："兵之上也。"伐谋，用智谋使敌人请降。此句的意思是上等的用兵之道，是以谋略取得胜利。

②伐交：以外交途径战胜敌人，解散敌军联盟，巩固自己的交好国，亦为"不战而屈人之兵"。交，这里指外交。

③修橹轒辒（fén wēn）：修，修整、建造。橹，一种用藤草制成的大盾牌。轒辒，即古时战争中攻城用的大型排车。杜牧注："轒辒，四轮车，排大木为之，上蒙以生牛皮，下可容十人，往来运土填堑，木石所不能伤，今俗所谓木驴是也。"

④具器械：具，修置、准备。这里指置备攻城的各种器具、军械装备。

⑤距闉（yīn）：距，通"具"，准备。闉，通"堙"，积土为山曰堙。杜佑注："距闉者，踊土积高而前，以附于城也。积土为山曰堙，以距敌城，以观虚实。"为攻城而堆积的土丘，用来观察敌情，攻击守城之敌，既可于其上施放火器，又便于登城，是古代攻城必修之工事。

⑥蚁附：蚁，名词用如状语，意为"如蚁一样……"，指士兵像蚂蚁一般爬梯攻城。曹操注云："使士卒缘城而上，如蚁缘墙。"

⑦拔：破城而取之曰拔。

⑧此攻之灾也：这是攻城可能造成的灾难。

【译文】

因而，最好的用兵策略是以谋略胜敌，其次是以外交手段胜敌，再其次是通过野战而胜敌，最下等的计策是攻城。攻城是在不得已的情况下才采取的办法。为了攻城，修造轒辒、大盾，准备各种攻城器械，这些三个月才能完成；堆积攻城的土丘，又需三个月才能完成。这时，将帅们已焦躁异常了，驱

此为轒辒车复原图。轒辒车是中国古代战争中用以掩护攻城人员抵近城池的攻城器械，下面虚空，中间可容纳士兵着地推车。上有盖子，车盖外蒙着牛皮，可防敌军箭矢以及攻击。此车可容纳十人，从高处推下，直到城墙底下攻城。

赶着士兵像蚂蚁一样去攻城，士卒伤亡三分之一而城还不能攻下，这便是攻城带来的灾难啊！

【读解】

孙子在这里划分了克敌制胜的几种策略，重点比较了这些策略的优劣。"上兵伐谋"是指既能赢得胜利，又不使自己的军队受到损伤，是为上上策。孙子强调要采用政治、外交等手段，加强自己的实力，削弱敌国的势力；依靠自身强大的国力，威慑对方，令其臣服，避免兵戎相见。随后，孙子论述了"攻城之灾"，说明强攻所带来的实际危害比预想的要大得多，这从反面衬托了"伐谋""伐交"的高明之处。"伐谋""伐交"要以强大的军事实力作为后盾，否则就会处于"弱国无外交"的尴尬境地，这对后人启发极大。

【实例】

## 李左车献计

李左车是赵国大将李牧之孙，也是秦汉之际赵国的谋士。秦朝末年，李左车辅佐赵王歇作战，立下赫赫战功，被赵王歇封为广武君。公元前204年，汉高祖刘邦派大将韩信、张耳率军攻打赵国。赵亡后，韩信悬赏千金捉拿李左车。李左车被捕后，韩信亲自为他松绑，并以礼相待，向他请教灭燕、齐之策。

李左车辞谢说："我听说，败军之将不可言勇，亡国之臣不敢语政，现在，身为败军之将，阶下之囚，我还有什么资格与您探讨国家大事呢？"韩信听罢不以为然地说："我听说百里奚辅佐虞国时虞国灭亡，辅佐秦国而秦能称霸。这不是因为身在虞国的他愚蠢，而到了秦国就变聪明了，关键在于国君是否信任他，愿不愿意听从他的计谋。赵军主帅成安君陈余若能听从你的计策，如今身为阶下之囚的就应该是我韩信了。现在，我诚心向你求教，请勿推辞。"

李左车见韩信态度诚恳，就说道："古人言，'智者千虑，必有一失；愚者千虑，必有一得'。因此，即便是犯人所提的建议也有参考的价值。也许我所献之计未必能用得上，但我愿将我的愚见告之于您。成安君虽有百战百胜之计，但一招之失，便让他兵败郎下。将军渡西河，虏魏王豹，擒国相夏说于阏与，诛成安君，声名大振，威慑天下。但现在，您面临的实际情况却是将士疲惫，难以用兵。将军要率领疲惫的士兵去攻打有强兵坚守的城池，想要速战速决几乎不可能。但如若战事拖得太久，耗尽兵力仍未能破城，就会暴露汉军虚实。那时，即便弱小的燕国也不愿降服，齐国见之必定也固守边境以求自保。将军与燕、齐相持不下，那么刘邦和项羽也就无法分出胜负。所以，我认为现在不宜急于'北攻燕、东伐齐'。将军此刻如果按兵不动，一面休整军队，稳定赵地，安抚遗孤，每日用美酒犒劳将士，作出要攻打燕国的样子，一面派辩士前去游说燕国，故意在燕国面前夸大自己的实力，燕国一定不敢违背您的旨意。一旦燕国被降服，再派使者前去齐国，齐必闻风而降。如此一来，平定天下就容易得多了。"韩信依计行事，派使者游说燕国，燕国果真立即投降。

在此战中，假设韩信以武力攻打燕国，可能也会成功，但必定会造成士兵伤亡，且耗费大量的物力、财力。韩信听取李左车的计策，不仅安抚了自己的队伍，而且以和平的方式征服了燕国，可谓一箭双雕。这就是孙子所说的"上兵伐谋"。

## 张仪连横战六国

战国时期，秦、楚、赵、燕、韩、魏、齐七国竞相争雄，战乱不已，其中就有合纵与连横之间针锋相对的较量。合纵即楚、赵、燕、韩、魏、齐六国联合抗秦；连横则是秦国用远交近攻的策略来拆散六国联盟。当时的两位战略家——为合纵抗秦奔走呼号的苏秦和为推行连横之远交近攻战略而游说六国的张仪，皆是通晓华夏地理与天下大势的智者，更是深谙地缘谋略的高手。他们凭着三寸不烂之舌，奔波于七国之间，斗谋略、论纵横，对战国的形势影响深远。

韩信，西汉开国名将，汉初三杰之一。韩信为汉朝的建立立下了汗马功劳，留下许多著名战例，却也因军事才能引起猜忌而最终招致杀身之祸。

自从商鞅变法以来，秦国凭借强大的国力成为战国七雄之首。其他六国面对强秦的进攻，均难以抵挡。洛阳人苏秦从六国唇亡齿寒的利害关系出发，提出了合纵抗秦的战略。公元前333年，苏秦凭借自己出色的辩才，游说六国国君取得了成功，促成六国使节在洹水（今河南安阳）会盟，结成抗秦联盟。苏秦被封为六国联盟的纵约长。六国因此制订了联合抗秦的行动方案。

张仪与苏秦同为纵横家鬼谷子的学生，都精通纵横捭阖之术，但张仪是"连横说"的代表，数年来为连横策略呕心沥血，为瓦解合纵联盟而四处游说。他认为，由于六国与秦国的地理位置远近不同，在联盟中的积极程度也不同，因而用远交近攻的连横谋略就可以瓦解这个脆弱的六国联盟。张仪的主张得到了秦惠文王的支持。

《战国策》中记载，张仪对秦惠文王陈述对抗合纵的连横谋略："今秦地形，断长续短，方数千里，名师数百万，秦之号令赏罚，地形利害，天下莫如也。以此与天下，天下不足兼而有也。"他认为要想瓦解六国联盟，应该"举赵亡韩，臣荆（楚）、魏，亲齐、燕，以成伯（霸）王之名，朝四邻诸侯之道"。此番见解深得秦惠文王的赏识，秦惠文王于是重用张仪推行连横谋略，最初目标是结齐楚、攻韩魏。因为韩、魏两国与秦国相毗邻，且实力相对弱小，而楚国实力雄厚，齐国又远在东方。

公元前328年，秦王派张仪与公子华带兵进攻魏国，秦军所向披靡，一举拿下魏国的蒲阳城。张仪趁机用自己的连横政策说服秦王，把攻下的蒲阳归还给了魏国，并把秦国的公子繇留在魏国做人质，向魏王表示愿与魏国结成世代友好的"诚意"。他利用护送公子繇进入魏国的机会，游说魏王投靠秦国。

来到魏国后，张仪趁机对魏王说："秦国对待魏王可是宅心仁厚啊！拿到蒲阳城后不但不要，反而又送公子繇到您这儿当人质，此番厚遇魏王您也不能失去礼节呀，应该有所报答吧？"魏王觉得张仪的话有些道理，便问他如何报答。张仪见魏王上钩，便说："您知道秦王只喜欢土地，如果魏国能赠送一些地方给秦国，秦王肯定非常满意，此后一定会把魏国视为兄弟之国。如果秦魏结成联盟，合兵讨伐其他诸侯国，一定胜券在握。魏国助秦有功，魏王您从他国得到的土地数量一定比送给秦国的土地还要多数倍。"魏王被张仪一番话说动了心，于是把上郡十五县和河西重镇少梁献给了秦国，从此秦魏和好。张仪的连横政策首战告捷。秦国的国土面积大增，黄河以西地区全部都归秦国所有。

首战告捷的张仪回到秦国，立即被秦王提拔为相，并且取代了公孙衍的大良造职位。公孙衍遂愤而离开秦国，投奔魏国。公元前326年，秦王任命张仪为大将，率兵攻取魏国的陕城，并将在此定居的魏国人赶走，同时又在上郡筑起了关塞。这一事件引起魏国的极大惶恐，于是魏王接连两次与齐威王相会，企图依靠齐国的势力来对抗秦国。由于张仪从中挑拨离间，又极力拉拢齐国和楚国，为秦国说尽好话，齐国不仅不帮助魏国，反而联合楚国共同进攻魏国。投奔魏国的公孙衍趁机发动"五国相王"，使魏、韩、赵、燕、中山五国之间互相尊重，同时称王，并且结成联盟，以此增强魏国的防御力量。就在"五国相王"的同年，楚国集中兵力攻打魏国，不仅在襄陵大败魏军，还占领了魏国八个城邑。由于齐、楚两国从中作梗，"五国相王"并没有达到预期效果。

公元前323年，张仪约集齐、楚、魏三国执政大臣在啮桑相会，充当和事佬，为魏国战事调停，以讨好和拉拢魏国。这次会谈之后，魏王便放弃了公孙衍的合纵政策，而接受了张仪的联合秦、韩以对付齐、楚的政策。次年，魏国太子和韩国太子入秦朝见，张仪也被魏王任命为相。为了使魏国更加相信秦国并进一步臣服于秦国，公元前322年张仪辞掉了秦国相位，前往魏国。张仪当上魏相国以后，便寻机为秦国拉拢魏王。张仪对魏王说："魏国只是一个小国，又与楚、韩、赵、齐四国相邻，一旦处理不好与周边诸侯国的关系，就会陷入诸国的战争包围中。大王如果不依附秦国，秦国出兵攻打黄河以南，胁迫卫国，夺取

张仪对魏王说："此番厚遇魏王您也不能失去礼节呀，应该有所报答吧？"

孙子兵法

谋攻篇

上兵伐谋

五五

阳晋，那么赵国不能向南支援魏国，魏国也不能向北联系赵国，那么合纵联盟的通路就断了。一旦合纵联盟解体，我国肯定陷入危险境地。如果秦国说服韩国来攻打魏国，秦、韩两国一致对付魏国，魏国灭亡就是迟早的事了，这正是我替大王担忧的问题啊。"张仪又说，"依我看，不如现在归顺秦国。归顺秦国之后，楚、韩两国一定不敢侵犯，没有楚、韩两国的危害，大王便可高枕无忧，国家也没有了忧患。秦国恨楚，而只有魏国可以削弱楚国。楚国虽声名在外，但外强中干；士卒虽多，但士气涣散。如果出动魏国的全部军队，向南攻打楚国，一定胜券在握。这样不但可以增强魏国的实力，还能使秦国满意，这可是一举两得的大好事。大王如果不听取我的意见，秦国派精兵强将向东进攻之时，即使大王有心归顺秦国，也是不可能的事了。"

魏王觉得张仪言之有理，同意了张仪的建议。不久，魏王派太子入秦朝见，向秦王表示归顺。公元前318年，在魏国担任了四年相国后，张仪又回到了秦国，秦惠文王仍然十分重视他，起用他为相国。公元前316年，张仪与司马错带兵进入蜀地，灭蜀设郡，接着又攻灭苴国和巴国。

公元前317年，韩、赵、魏等国联军伐秦，结果在修鱼被秦军打败。修鱼之战后，齐、楚两国结成联盟，成了秦国的心腹之患。如何离间破坏齐楚联盟，削弱齐楚的实力，决定着秦国能否顺利东扩。

公元前313年，张仪前去拜见楚王。到楚国后，他首先派人买通了楚怀王的宠臣靳尚，利用靳尚的关系取得了怀王的信任，开始着手实施离间计。他对怀王说："我们秦王所敬重的人只有您一个，就连我这个做臣子的也十分崇拜您；我们秦王所憎恶的莫过于齐王，就是我张仪也最憎恨齐王。齐国和秦国虽是联姻之国，然而齐国对不住秦国的地方太多了。现在秦王想征讨齐国，所以此时秦王也不能侍奉您，我张仪也没法做大王您的臣子。如果大王能够与齐国断绝关系，微臣将请求秦王把商于600里地方献给楚国。这样，齐国的力量就会被大大削弱，终有一日臣服于您。这可是一件北上削弱齐国、施德于秦、于己得商于的大好事啊。"楚王分析利弊后，十分高兴地应允了他。朝中群臣都向楚王庆贺，楚国上下皆大欢喜。

张仪虽然说服了楚怀王，但楚国朝中也有有识之士看破了张仪的计谋。原在秦国谋事的陈轸在张仪为相后，甚是不得志，遂来到了楚国。他对张仪的意图非常清楚，就劝怀王不要轻信张仪所言，以防被欺骗，痛失齐国这样的战略伙伴。但是利欲熏心的楚怀王早已被张仪的巧言令色所迷惑，根本听不进陈轸的意见，并把楚国相印交给了张仪，接着一面遣使到齐国宣布断交，一面又派人跟随张仪去接收赠予的土地。

三个月后仍不见秦国赠地的消息，楚怀王还以为秦国嫌自己与齐国藕断丝连，因此专门派了勇士前去齐国辱骂齐王。齐王极为震怒，马上宣布与楚彻底断交，又派人到秦国与秦王商议共同伐楚。张仪见目的达到，便面见楚国使者，告诉他"从某至某，广袤六里"送给楚王。楚使回去后如实禀报怀王。楚怀王暴跳如雷，大骂张仪是出尔反尔的小人，怒气冲冲地要兴兵伐秦。陈轸此时又建议楚怀王要联合齐国对抗秦国。一心只想报复张仪的楚怀王盛怒之下，根本不理睬陈轸的提议。楚怀王派大将军屈匄与裨将军逢侯丑等率兵讨伐秦国。

公元前312年，秦军大败楚军于丹阳。屈匄、逢侯丑等七十余名将领被生擒，八万楚军被杀，汉中郡也被秦国抢占。听闻战败的消息，楚怀王怒不可遏，调集全国大军对秦发动了复仇之战。准备仓促的楚军再次惨败于蓝田。韩、魏两国也趁楚国主力伐秦之机，向南进攻楚国，一直攻到邓邑。楚军腹背受敌，急忙撤军回朝，被迫割了两个城邑向秦国求和。

此为云梯复原图。云梯，古代战争中用以攀登城墙的攻城器械，相传是春秋时鲁班发明的。其底部"以大木为床，下置六轮"，上面树立有两个梯子，长两丈多，两个梯子之间装有转轴。车的四面用生牛皮作为屏蔽，以保护车内士兵的安全。此车需要人工推动，到达城下后，放下车尾的绳索，则飞梯立于云梯之上，可窥见城中情况，亦可攀梯入城。

大败楚国之后，能与秦分庭抗礼的只有齐国了。为了牵制齐国，公元前311年秦国遣使与楚国谈判：愿分汉中之地与楚，以同楚结盟。然而，吃过亏的楚怀王对张仪耿耿于怀，说宁可不要汉中之地，而要杀张仪以泄私愤。张仪从容赴楚。张仪刚到楚国，就被楚怀王派人囚禁起来，准备杀掉以祭祀先祖。但张仪使用种种手段，先通过楚国宠臣靳尚向怀王的夫人郑袖说情，请求怀王把张仪放掉，与秦国结亲。楚怀王经不住夫人的请求，加之其仍贪恋土地，权衡再三，最后下令把张仪释放，并且还以礼相待。

张仪见时机已到，便游说楚怀王道："论当今天下强国，非秦即楚，两强相争，当势不两立。大王若不肯亲附于秦国，秦国必将出兵占领宜阳，则韩国的土地就会被割断。秦国攻下河东，一举夺取成皋，韩国到时必会投降，魏国也会闻风而动。届时由秦国攻打楚国的西面，韩魏攻打楚国的北面，楚国怎能不危险？"张仪见楚怀王似有所心动，便又接着说："秦国现在占据着巴蜀，战船顺江而下，一日能行五百余里，用不了十天就可以到达扞关。若是扞关受到威胁，楚国的东部地区也就很难保住，西部地区的黔中、巫郡也就不归楚了。秦军要是出武关，楚北地区也会断送。秦国占领楚国全境只需三个月，而楚国要想得到诸侯的援救却至少得半年，所以，楚国不与秦国亲善是不行的。再说，坐等弱国的救援而忽视强秦的威胁，这正是微臣为大王所担心的事情。秦国出兵攻打卫都和阳晋，一定会造成天下大乱。大王出动全部军队去攻打宋国，不需几月便可将宋国拿下；再向东行进，泗水边的众多小国就全归大王所有了。秦国和楚国接境连界，本就是地缘亲近的邻国。大王若是不相信臣下的话，我请求秦王与大王互换太子做人质，而且与贵国联姻，进献万户居民的都邑给大王，此后两国友邦长存，永世互不讨伐。难道还有比这更好的计策吗？"楚怀王面露喜色，连连称

孙子兵法

谋攻篇

上兵伐谋

五七

是，马上同意与秦国结盟，并送走了张仪。

顺利归秦的张仪向秦惠文王如实禀报了情况，秦惠文王大喜，念其功劳卓著，封张仪为"武信君"，并赐给他五座城邑作为奖赏。

张仪为达到彻底分裂六国的目的，再次离开秦国，前往韩国并游说韩王道："贵国的土地面积不足900里，屯粮维持不了两年，大王的全部兵力加起来勉强才有30万。而秦国战备充足，战车战马成千上万，士兵数量更是百余万，个个神勇善战。当年与山东各国的战争中，山东诸国士兵还身披铁甲头戴盔帽，秦国士兵根本不用这些，直接猛冲上去，就把对方杀得片甲不留。与骁勇的秦兵相比，那些小国兵将简直不值一提。让孟贲、乌获这样的勇士去攻打不服从的弱国，一举歼灭他们，就像捏碎鸡蛋一般易如反掌。"韩王听了不禁吓出一身冷汗。张仪一面察言观色，一面接着说："大王若一意孤行不肯归顺秦国，秦王必将出兵攻占宜阳，占领韩国的土地，那么成皋、荥阳、鸿台的宫殿以及桑林的苑囿都统统不再是大王的领地了。一旦秦军阻塞成皋，隔断楚国的土地，大王的国土将不复完整啊。顺秦者昌，逆秦者亡，这么浅显的道理，大王应该明白吧。"张仪接着说道："我不忍看到韩、秦两国决裂，危害大王的利益，所以我替大王着想。韩国应该帮助秦国才是，秦国所希望的莫过于削弱楚国的势力，而如今能够削弱楚国的又莫过于韩国。韩国虽无楚国之强大，但胜在地势占优。如果大王肯归顺秦国，助其攻打楚国，夺取楚国的土地，转嫁祸害于楚，秦王大悦而对大王感恩，这不是两全其美的妙计吗？"张仪先恐吓后安抚，一席话说得韩王心服口服。韩王采纳了张仪的计策，与秦通好。

在成功降服韩、魏两国，离间齐楚联盟之后，张仪又来到齐国拜见了齐闵王，并对他说："大王，您认为齐国的土地是否有秦国广？齐国的军队是否比秦国强？有人认为，齐国距离秦国何其遥远，秦王奈何不了齐国，这样一来齐国便可以高枕无忧了。这不过是自欺欺人、目光短浅的说法。纵观时局，秦楚两强联姻，势力越发强大，韩、赵、魏三国都十分畏惧，争相割地讨好秦国，以求自保。唯独齐国与秦国结仇，这对大王有何益处？假使一日，秦王使韩国、魏国攻打齐国的南部边境，使赵国横渡黄河乘虚进攻临淄、即墨，齐国四面受敌，到时大王就是想侍奉秦国，恐怕也没有机会了！依我看，当今之势，事秦者可自安，背秦者有危难……"张仪的话说得齐闵王不寒而栗，随即答应臣服于秦国。

接着，张仪往西来到了赵国，对赵武灵王说："秦、楚两国已经联姻，齐国奉

张仪对韩王说："大王若一意孤行不肯归顺秦国，秦王必将出兵攻占宜阳，占领韩国的土地，那么成皋、荥阳、鸿台的宫殿以及桑林的范围都统统不再是大王的领地了。"

献鱼塘之地给秦国，韩、魏两国也自称是秦国的东藩之臣，五国已经连为一体。大王想用赵国一国的兵力与五国抗衡，恐怕要灾祸临头了！如今，秦王向西攻伐蜀国，兼并了汉中地区，又往东收复了周国等地，现在准备联合其他四国来攻打赵国，一旦攻破赵国，四国将平分赵国的土地。我实在不愿看到赵国得此亡国的下场，于是来禀告大王确实的消息。依我看，大王要从赵国的利益出发，不如约秦王在渑池会面，到时表示愿意归顺秦国，这样大王的国家才能保住啊。"张仪的恐吓使赵王心惊胆寒，立即答应与秦国通好，主动侍奉秦国。赵王来到渑池拜见秦王称臣，并且割让了河间之地给秦。张仪趁热打铁，前往燕国，威胁燕王说："现在，赵王已经向秦国献地请罪，去渑池朝见秦王了。如果大王仍然不肯臣服于秦，有朝一日，秦王迫使赵国攻打燕国，那易水、长城一带恐怕再也不归燕国所有了。"燕王听后献出恒山以东五座城池与秦国讲和，臣服于秦。

　　巧舌如簧的张仪运用纵横之术，游说于魏、楚、韩、齐、赵、燕等国之间，利用各个诸侯国之间的矛盾，或为秦国拉拢，使其归附于秦；或拆散其联盟，使其力量削弱。在整个秦惠文王时期，张仪根据不同对象的不同心理，采用不同策略，不费一兵一卒，不动一刀一枪，就接连降服了六国，帮助秦国开拓了疆土，为秦国的强大和以后统一中国立下了汗马功劳，并由此确立了秦国在各诸侯国中的霸主地位。

此为钓桥复原图，桥由榆槐木制成，桥上设置三个铁环，上面有两根铁索，辅以麻绳，系到城楼之上。桥后距城约三步，设有两根长约二丈五尺的大柱子。上有山口，用熟铁制成槽，以架铁索和麻绳。若城外有敌人攻城，守城士兵就会将钓桥挽起，以断敌人后路，同时也能够保护城门。

# 谋攻之法

【原典】

故善用兵者，屈人之兵而非战①也，拔人之城而非攻②也，毁人之国而非久也③，必以全争于天下④，故兵不顿⑤而利可全，此谋攻⑥之法也。

【注释】

①非战：指不借用战争的形式来迫使敌人降服。
②非攻：指不用强攻的方法来击破敌国之城。
③毁：摧毁，毁灭。非久：指不通过旷日持久的战争灭亡敌国。
④必以全争于天下：全，完整、完全，这里意指全国、全军。意指要用全胜的战略争胜于天下。
⑤兵不顿：顿，通"钝"，这里指兵刃不钝，兵锋未损。军队战斗力没有遭受损失，士气也没有受挫。
⑥谋攻：用谋略征战。

【译文】

因此，精于用兵的人，使敌人的军队屈服并不是通过战场上杀戮的方式，攻取敌人的城池也不用强攻的手段，摧毁敌国的势力也不用旷日持久的战争。他们一定本着不付诸兵刃就能使敌军完全屈服的原则争霸天下，做到军队不受挫而胜利可全得，这便是谋攻的原则。

【读解】

战争的理想境界，无非是以最小的代价换取最大的胜利，最大限度地消灭敌人，最大限度地保存和壮大自己。正是从这个意义上讲，孙子以"屈人之兵而非战"这一思想作为战争胜利的上上策。这一节是对孙子的"全胜""非攻""兵不贵久"战略思想的概括与总结。"屈人之兵而非战也，拔人之城而非攻也，毁人之国而非久也"，可以说是《孙子兵法》的精髓，是孙子所向往的用兵作战的最高境界。

【实例】

## 赵匡胤"杯酒释兵权"

赵匡胤，涿州人。他幼年时就喜骑射，周游四方。948年，赵匡胤北上投靠正在招贤纳士的后汉枢密使郭威。后来，郭威逐渐掌握了后汉的军权。951

年，郭威谎称北方契丹侵汉，遂统兵出征抗辽，途中部下给郭威披上黄袍，拥立他为帝，后周建立。后周世宗柴荣登基时，赵匡胤任殿前都点检，握有后周兵权。后周显德六年（959年），周世宗柴荣去世，其子柴宗训即位。次年，赵匡胤效法郭威，发动陈桥兵变，夺取了后周政权，自建宋王朝，史称"宋太祖"。

赵匡胤称帝后，有一次跟大臣赵普谈话，问他说："自从唐朝末年以来，朝代更替频繁，没完没了地打仗，不知道死了多少老百姓。这到底是什么原因呢？"赵普回答说："道理很简单。国家混乱，毛病就出在藩镇权力太大。如果把兵权集中到朝廷，天下自然就太平无事了。"宋太祖连连点头，表示赞同。后来，赵普又对宋太祖说："禁军大将石守信、王审琦两个人兵权太大，还是将他们的兵权收回为好。"宋太祖说："这一点可以放心，这两个人是我的好朋友，不会造反。"赵普说："我并不担心他们造反。据我看来，这两个人并没有统帅的才能，管不住下面的将士。有朝一日下面的人闹起事来，只怕他们也身不由己呀！想想郭威就知道了。"宋太祖拍拍自己的额头说："幸亏你提醒啊！"

依靠"黄袍加身"登上帝位的赵匡胤与赵普谈话后，渐渐感到兵权对皇权的威胁，担心权臣抢夺帝位的历史重演，于是开始设法解除那些统兵将领的兵权。一日，他设下宴席，将石守信、高怀德、王审琦、张令锋、赵彦徽等曾拥护他登上帝位的大将请入宫中饮酒。席间，众人觥筹交错，好不酣畅。酒至三巡，宋太祖忧心忡忡地说："我如今能坐上皇位，全仰仗各位的拥护。当皇帝前，我于军营中尚能夜夜酣睡。可自从当了皇帝，晚上却经常失眠。"石守信等忙问缘故。宋太祖答道："你们都对我忠心耿耿，这点我毫不怀疑。我担心的是，如果你们的部下有贪图富贵之人，有朝一日也将黄袍强加于你们身上，那时你们就是不想当皇帝也不行了。"石守信等人立刻明白其意。太祖又委婉地诱导他们交出兵权，多购良田美宅，为子孙谋求永久家业，还可多养些歌姬舞女，每日饮酒作乐，以尽天年。若能如此，君臣之间互不猜疑，上下相安。

第二天，石守信、高怀德、王审琦、张令锋、赵彦徽等上表声称自己有病，纷纷要求解甲归田。宋太祖欣然同意，解除了他们兵权，派他们到地方任节度使，并废除了殿前都点检和侍卫亲军马步军都指挥司两职。禁军分别由殿前都指挥司、侍卫马军都指挥司和侍卫步军都指挥司，即所谓"三衙"统领。在解除石守信等宿将的兵权后，宋太祖另选一些资历浅、个人威望不高、容易控制的人担任禁军将领。禁军领兵权一分为三，以名位较低的将领掌握三衙，这意味着皇帝加强了对军队的控制。

"杯酒释兵权"是宋朝加强中央集权制度的集中反映。从谋略上来说，赵匡胤实现了"屈人之兵而非战"的理想用兵之策，不费一兵一卒，不伤君臣和气，就成功消除了禁军将领夺权的威胁，稳定了新建立的宋王朝，也避免了给后世留下"狡兔死，走狗烹"的骂名，手段非常高明。

## 城濮之战

　　春秋时期，晋国和楚国为了争夺霸主地位，进行了一次大规模的征战，这就是"城濮之战"。当时，楚国通过不断侵略扩张，基本征服了中原地区的各个弱小国家，除了晋、齐、秦三国外，中原地区实际已成了楚国的势力范围。公元前634年，鲁国因和曹、卫两国结盟，几次遭到齐国的进攻，便向楚国请求援助。而宋国因在泓水之战中被楚国击败，襄公受伤而死，之后即位的宋成公不甘心臣服于楚国，转而投靠晋国。楚国为了保持自己在中原的优势地位，便出兵攻打齐国、宋国，并希望借此制止晋国进一步向南扩张。极力扩张的晋国，也抓住这一有利机会，以救宋国为名，出兵中原。这样一来，城濮之战就成为一次以晋、楚为首的多国混战。

　　公元前633年冬，楚成王因为宋国背楚亲齐，率领楚、陈、郑、蔡等多国联军进攻宋国，围困宋都商丘。宋国派司马公孙固到晋国求援。楚军在商丘周围筑起围墙，企图困死宋军，逼其投降，正在此时却听闻卫国派使者告急求救。原来晋国没有出兵援宋，而是将军队集中在晋国和卫国的边境上，想从卫国借道去攻打曹国。借道的要求遭到卫国拒绝后，晋军又把军队调回，改道渡过黄河向东行进，出其不意地袭占了卫国的重镇五鹿（今河南濮阳市南）。主力大军攻下五鹿后继续东进，集中开向卫、齐、曹、鲁四国边界的战略要地敛盂，并且很快占领此地，严重威胁到卫国首都楚丘（今河南滑县）的安全。

　　看到情形不利于己，卫成公表示屈服，愿意与晋国议和，但被晋国拒绝。卫成公便派人向楚国告急求援，但遭到本国民众的反对，卫成公因此流亡在外。晋国又派使臣到齐国谈和，重修旧好，双方结为友好同盟，这更加壮大了晋军的声威。鲁僖公见晋国实力强大，齐晋两国又在自己国境边上结盟，形势对自己很不利，他既想缓和与齐晋两国的矛盾，又怕得罪楚成王。明哲保身的鲁僖公先是派兵杀了戍守卫国的楚大夫公子贾，以讨好晋国，同时又借口楚大夫公子贾戍守边防不利，替楚诛之，来安抚楚国。晋国看到鲁国威胁不了自己，于是从敛盂直攻曹国都城陶丘（山东定陶西南）。经过一个多月的殊死搏斗，虽然晋军死伤众多，但曹军因势孤力单，结果陶丘失陷，曹共公被生擒。

　　楚成王接到卫国的告急求援后就指示楚

此为扬尘车复原图。扬尘车的主要作用是驱赶敌军的守城官兵，所扬的多是石灰，目的并不是杀伤敌军，而是散播石灰使敌军口眼无法张开，当敌军回避一边，离开防守岗位时，攻城人则利用云梯蜂拥而上。扬尘车必须是二三十辆同时使用，风向也必须合适，有的则装置鼓风设备。

军统帅成得臣和大夫斗越椒、斗勃、宛春等一班将领留守，然后又派楚申、息二镇的军队和各路诸侯继续围攻宋国。楚成王则亲自统帅芳吕臣、斗宜申等将领，率中军前去救卫。四路诸侯担心本国遭到晋国的进攻，各自告辞回国，只留下他们的将领继续带兵跟进。四国将领分别是陈国辕选、蔡国公子印、郑国石癸以及许国百畴，听从楚军统帅成得臣的调遣。

晋军进攻卫、曹两国，本意是打算诱使楚军分散精力转而北上和晋国一决雌雄，好解救宋国于危难之中。然而楚国继续围攻宋国，宋国那边连连告急。如果晋文公此时不予救援，非但不能报答宋襄公曾经施与自己的恩惠，而且宋国失守将对全局形势不利；如果直接发兵救援宋国，向楚国宣战，则又违背了引楚军于曹魏之野决战的战略，而目前联合齐、秦尚未成功，迎战楚国的胜算不大。晋文公又刚失去邵谷这样的良将，更加犹豫万分，下不了救宋战楚的决心。正在晋文公为难之时，大夫先轸分析了当下的情况，向晋文公献计：一是让宋国假意疏离晋国，并用重礼贿赂齐国和秦国，由他们出面调解宋楚战争，请求楚国撤兵；二是将曹、卫两国的大块土地赠送给宋国，弥补宋国的损失，激励宋国军民的斗志，继续坚守抗楚。曹、卫两国与楚国是盟友关系，楚国决不允许曹、卫的土地为宋所占，必定会拒绝齐、秦的调解，这样便会触怒齐国和秦国，再加上宋国给齐、秦赠送了厚礼，齐、秦必然同情宋国并站在晋国这边，与晋结成反楚军事同盟，从而使楚国陷入更加孤立的境地。晋文公十分赞赏此计，便马上着手施行。事态的发展果真像先轸分析的一样。齐、秦的加盟，使晋、楚双方的力量对比发生了根本性的变化。

楚成王得知齐、秦与晋结成了联盟，担心自己腹背受敌，于是下令楚军从前线撤退到国内，日后再与晋国对战。楚王举兵回撤，把侵占宋国的土地交还给宋国，与宋国议和，并下令成得臣统帅的楚军和各路诸侯的军队取消围攻，各自回国。成得臣拒绝听从楚成王的命令撤军，尽管其他各路大军都已回国，自己只剩下少量兵力，成得臣还是请求楚成王增兵力，必要时和晋军决一死战。楚成王对成得臣不执行命令表示不满，同时又存在侥幸心理希望攻下宋国，所以没有再坚持让成得臣撤兵，只派出了近千人的少量兵力增援他。楚成王又特别派人告诫成得臣，不要刚愎自用，不要主动进逼晋军，敌我实力相当，若是明知不能取胜，就应当知难而退。

成得臣派宛春到晋营中说："晋军撤出曹、卫，让曹、卫复国，楚军则解除对宋都的围困，撤离宋国。"先轸看出了成

晋军将领下令退避三舍，以实践晋文公当年对楚王许下的诺言：如果晋楚交战，晋军定会先"退让三舍"。

孙子兵法

谋攻篇

谋攻之法

六三

得臣的阴谋，对晋文公说："如果我们不答应楚军的这个要求，势必将三国都得罪，而楚军又获得美名。不如我们以曹、卫与楚绝交为前提私下允许曹、卫复国，同时把楚使宛春扣押起来，以激怒楚国，这样可以一举两得。"晋文公采纳了先轸的建议。曹国和卫国一复国，就立即和楚断绝了关系。成得臣果然被这一举措激怒，撤出围攻宋都的军队，集结全部兵力攻向曹国境内，准备直接进攻晋军。

楚军撤出围宋的军力，正中晋文公下怀，援宋的战略目的达到。在楚军全力猛攻下，晋军先是"退避三舍"，不予应战，以实践晋文公当年对楚王许下的诺言：如果晋楚一旦发生交战，晋军定会先"退让三舍"。晋军此举正是要达到麻痹楚军和取信于诸侯的目的，既实践了自己当年许下的诺言，又激励了晋军和各国军队的士气，如若楚军再行逼近，就只好被迫交战了。实际上，晋军退避三舍之后，既躲避了楚军的锋锐进攻，又靠近了距离晋国比较近的卫国的城濮，这里后勤补给、粮草供应都十分方便。晋军选择了有利时机、有利地形与楚决战，可谓一退得先机，占尽了天时、地利、人和的有利因素。

交战即将开始，楚方聚集了楚、陈、蔡、郑、许五国军队，晋方则率晋、齐、秦三大国和宋国援兵。

楚军到达城濮后先占据有利地形，派使节斗勃送战书挑战，言辞狂妄，极度轻视晋军。晋文公很有礼貌地派了晋使回复说："晋侯只因不敢忘记楚王的恩惠，所以'退避三舍'到这里。既然这样仍得不到大夫谅解，不肯停战，那也只好决战一场了。"于是双方约定了决战的时间。

公元前632年春天，晋、楚两军决战开始。晋军针对楚军中军强大、左右两翼薄弱的特点，以及楚军统帅骄傲轻敌、不谙虚实的弱点，制定了相应的战术，发起了有针对性的攻击。晋下军佐将胥臣给驾车的马蒙上虎皮，首先向楚军战斗力最差的右军——陈、蔡联军发起了出其不意的进攻。陈、蔡联军遭到这一突如其来的进攻，战马因恐惧不敢前进，士兵惊慌失措弃阵逃跑。晋军乘胜追击，陈、蔡士兵死伤无数，楚军右翼迅速瓦解了。

与此同时，晋军对楚左军也发起了进攻。晋上军主将狐毛故意在指挥车上竖起两面大旗，与许、郑联军交战，就引车回撤，装作退却的样子。晋下军将领栾枝驾车拖着树枝向北急驰，掀起了遮天沙尘。楚帅成得臣和将领斗宜申都以为晋军溃不成军，慌忙命令左军加紧攻击。楚军向举大旗的晋军指挥车奋起追杀。先轸见楚军中计，立即让将领祁瞒虚举帅旗，坚守中军阵地；中军主力则向右旋回，攻楚左军侧翼。晋中军主力突然从侧翼攻出，把楚左翼军队冲成南北两部分。晋上军立即停止往后撤退，马上投入到攻战中去。中军、上军互相呼应，齐心作战，经过一番激烈交战，郑、许两国军队首先溃败，随后楚军也支撑不住，陷于重围。斗宜申欲率军突出重围，却遭到晋军堵击，楚左翼军队完全崩溃。楚军在左右两军发起进攻后，中军紧接着向晋中军发起猛攻。晋将祁瞒惊慌失措，举不稳帅旗，几乎扰乱了全军的阵势。司马赵衰见状立即斩杀了祁瞒，命大夫茅筏举起帅旗，方才稳住阵脚；击破楚右军的晋中军此时也回师援助，此时楚军的左、右军已完全溃败，中军的两翼暴露在晋军眼前。晋方的上军、下军战斗胜利后，也分别加入了主力会战，三军对楚军形成合围之势。成得臣见大势已去，在晋军尚未形成合围前，慌忙带兵撤退，逃出包围圈。晋军获得了整场战役的胜利。

　　成得臣在率兵返回楚国的途中受到楚王严厉训责，羞愤不已，以死谢罪。楚方联盟也因战役的失败而宣告解散，而大获全胜的晋文公成为霸主。

　　城濮之战是春秋时期晋、楚争霸中原的具有决定意义的战争。在这场战役中，晋军采用的"围曹卫而救宋""退避三舍"等战略战术，都是我国古代军事思想的重要体现。虽然晋国在初期居于劣势地位，但其正确地分析了当时的客观形势，恰当地选择了战场，建立强大的政治外交联盟，从而掌握主动权，使自身处于有利的战略地位，为自己赢得转弱为强的有利时机，并且运用避其锋芒、诱敌深入、合兵突击等一系列的作战策略，最终取得胜利。

此为象车复原图。象车，一种四轮进攻车，车身相对较宽。前面安装有挡板，车厢也比独轮车大很多。车的前端安插有大量的枪锋。此车多用于野战，在旷野中以成百上千辆布置成车阵，由大量士兵推着蜂拥向前，冲击敌军的前阵，配合步兵和骑兵的进攻。

孙子兵法

谋攻篇

谋攻之法

# 用兵之法

**【原典】**

故用兵之法，十则围之①，五则攻之②，倍则分之③，敌则能战之④，少则能逃之⑤，不若则能避之⑥。故小敌之坚，大敌之擒也⑦。

**【注释】**

①十则围之：此句中的"十"与以下几句中的"五""倍"皆言己方与敌方比较，己方所处的力量地位。泛指具有绝对优势，有十倍于敌的兵力，就要四面包围，迫敌降服。之，代词，泛指敌人、敌军。

②五则攻之：有五倍于敌的优势兵力，就要展开对敌攻击。

③倍则分之：多一倍于敌人之力量，则可分割敌人而消灭之。

④敌则能战之：敌，即匹敌，势均力敌。双方势力大体相当时，则可以抗击并且设法战胜敌人。

⑤少则能逃之：少，兵力不如敌人。逃，与下文"避"异文同义，指主动地采取不与敌人争锋的办法，并非消极地逃跑。

⑥不若则能避之：各种条件均不如敌人时，就要设法避免与敌人争锋。

⑦小敌之坚，大敌之擒：之，此为"若"义。小敌，力量弱小的军队。大敌，力量强大的军队。擒，擒获，擒拿。此句的意思是：只知埋头硬拼的弱势军队，必为强敌所擒。

**【译文】**

所以，用兵打仗的战术原则是，当我方的兵力是敌方的十倍时，就把敌方团团围困，以人多势众迫使其降服；当我方的兵力是敌方的五倍时，可对敌方发起猛烈攻击；当我方的兵力是敌方的两倍时，应设法将敌军分散，然后以优势兵力各个击破；当敌我双方兵力相当时，则可与敌交战；当我方兵力少于敌方时，应该设法摆脱敌人；当我军实力明显弱于敌方时，则应尽量避免与其正面交锋。所以，实力弱小的一方若与强敌硬拼的话，无疑会被强敌所擒获。

**【读解】**

孙子认为，在运用战术时，要先对敌我双方的兵力进行分析，然后再确定运用哪种作战策略，是围堵、猛攻，还是各个击破，或者是避其锋芒从侧面出击，这些都因形势而定。面对各种复杂的情况，只有及时做出正确的决断才能取胜。

孙子总结的战略战术，都是建立在"知己知彼"基础之上的。战争主要是双方军事实力的较量,而双方的实力对比又不是一成不变的,因此,必须以主动的姿态投入战争,以灵活应变的战略战术适应易变的战场形势。

【实例】

## 陈霸先平定侯景之乱

陈霸先,字兴国,小字法生,曾辅佐南朝梁大将王僧辩平定"侯景之乱"。天成元年(555年),陈霸先杀了嫉贤妒能的王僧辩,立敬帝,自为相国,统领国政。后来率军打败北齐,杀掉王僧辩余党,颇受百姓的拥戴。后受禅为帝,国号"陈",都建业(今江苏南京),是为陈武帝。他志向宏远,勤俭爱民,属于一代英主。

侯景,原是东魏丞相高欢手下大将,爵封河南王,职任东南道大行台,都督十三州诸军事。高欢死后,他不服高欢之子高澄的统治,举兵反叛,并于梁太清元年(547年)投靠梁朝。梁武帝萧衍派侄子萧渊明领兵与东魏开战,接应侯景,但萧渊明与侯景都败于魏军,萧渊明被俘,侯景逃到了寿阳(今安徽寿县)。侯景在政界是一个无赖,他以寿阳为据点,于梁太清二年(548年)举兵反梁,以诛锄奸佞为借口来欺骗百姓。十月,侯景渡江包围了台城。梁国各路援军云集,但互相钩心斗角。第二年三月,侯景攻破宫城,梁武帝病饿而亡,太子萧纲被侯景扶为傀儡皇帝。侯景自封为大都督,专擅朝政。551年冬,侯景登基称帝,建国号"汉"。

552年,陈霸先率领南路征讨大军从豫章(今江西南昌)出发,带兵三万人,强弩5000张,舟舰2000艘,水陆俱下。另有前军5000名由骁将杜僧明统领,已抵达湓口(鄱阳湖入长江口)。不久,王僧辩等统领西路大军又从寻阳起行,在白茅湾(今安徽怀宁以东)与陈霸先会师。由于陈霸先足智多谋,为人大度,威信在王僧辩之上,故王僧辩心存畏忌。当时,王僧辩等西路各军正好缺粮,处境不妙,而陈霸先已贮有军粮50万石。在这紧要关头,陈霸先以大局为重,迅速馈送30万石给西路军,此举打消了王僧辩的顾忌,也在西路各军中赢得了威信。于是王僧辩与陈霸先登坛设誓,缔结了盟约。之后征讨大军沿路攻克芜湖、姑孰(今安徽当涂)。

梁军乘船顺江而下,大船上旌旗飘扬,颇有横断江面、遮天蔽日之势。侯景登临石头城观望,见梁军战船气势恢弘,势不可挡,懊丧地说:"敌军的气势如此壮大,看来这次不能掉以轻

此为斗舰复原图。斗舰是古代一种装备较好的战船,自三国时期一直使用到唐代。船身两旁开有插桨用的孔,船周围建有女墙,女墙上皆有箭孔,用以攻击敌人。船尾高台上有士兵负责观察水面情形。

心，要慎重对待啊。"侯景亲率万名精锐骑兵，擂动战鼓前来迎战。陈霸先见状对王僧辩说："精通兵法的人指挥作战时，必能使前后军队如同常山之蛇那样灵活自如，首尾可以相顾。如今，敌军舍身前来，企图拼死一战。我军众多而敌军寡少，我们应当采取分兵围之、各个击破的作战方法。"王僧辩采纳陈霸先的建议，命一支配有强弓硬弩的梁军在正面迎击敌人，又派一支精锐骑兵轻装上阵袭击敌人侧后，最后留下主力军队冲击敌军中部。结果叛军大败，侯景弃城逃去，梁军取得战争的胜利。

在这次讨伐战争中，陈霸先准确分析了敌我双方的实力，然后采用分兵击敌的战法，集中优势兵力，将敌人各个击破，从而取得了战争的胜利。此战例是对敌作战中分兵击敌指导原则的成功运用。而侯景不懂兵法，其兵少而且不能首尾相顾，面对王僧辩、陈霸先等人率领的强大军队，企图殊死一拼，这无疑是以卵击石。孙子有言"小敌之坚，大敌之擒"，侯景就败于此。

## 曹操轻兵败马超

东汉末年，马超跟随其父马腾起兵打仗，任偏将军、封都亭侯。建安十五年（210年），马腾被曹操设计杀害后，马超联合马腾结义兄弟韩遂，兴兵为父报仇。建安十六年（211年），马超、韩遂征调共计十部兵马，二十万大军浩浩荡荡地杀奔到潼关重镇。七月，曹操领兵前来应战。

来到潼关附近，曹操作出大战一场的攻势，私下却派徐晃、朱灵趁着夜色偷渡到了蒲阪津，并在西河驻营扎寨。接着，曹操带领士兵渡过大河向北挺进，占领渭口，他表面上设置疑兵，实则把兵力都集聚在了渭地。随后，曹操又命令士兵挖甬道、设鹿砦，作出防守的架势。马超多次挑衅都没得逞，再不敢轻易进攻，只得割地求和。曹操听取贾诩的建议，假装同意。

此时，韩遂前来拜见曹操，他们二人是同年举孝廉，曾一起在京中供职。曹操明知韩遂此次来的目的是说服自己撤兵，但他与其见面后，只说当年往事，不提军事。马超听说这件事后，对韩遂心生猜疑。几天后，曹操派人给韩遂送去了一封多处有涂抹改动的信，这更加重了马超的疑心。就在马超处处提防韩遂之际，曹操对马超发动了突然袭击，轻兵挑战加以重兵夹击，使之大败。

战后，有人向曹操询问相关战事。曹操说道："对方派兵镇守潼关，如果我方进入河东，对方必会派重兵把守各渡口，如此一来我方就无法渡过西河。我派重兵聚集潼关，以吸引对方的全部兵力，此时对方在西河的守备势必空虚，徐晃、朱灵即可轻易渡河。而我带领军队北渡时，因为徐晃、朱灵已经占有好地势，对方肯定不敢与我争夺西河。过河后再挖甬道、设鹿砦，并不出兵，这不过是向对方示弱，让他们轻敌。等他们求和时，我再假装同意，使他们毫无防备。这时，只要我们一发兵，他们便会丢盔弃甲、无从抵抗了。用兵之法贵在灵活多变，不可死守一道啊。"

# 国之辅

【原典】

夫将者，国之辅也①。辅周②，则国必强；辅隙③，则国必弱。

【注释】

①夫：语气助词，无实际意义。辅：辅佐、辅助。李筌注："辅，犹助也。"意为武将是国君的辅佐。

②周：周到、周全。

③隙：缺陷、疏漏之意。这里指将领的辅佐不周全，有疏漏之处。

【译文】

将帅的职责是辅佐国君。辅佐得周详严密，国家就必定走向强盛；辅佐得有疏漏，未尽其责，国家就必然逐渐衰弱。

【读解】

《计篇》《作战篇》和《谋攻篇》都讲到了将帅。《计篇》把将帅列为作战双方可供比较的"五事"之一，《作战篇》指出将帅能主宰人民和国家的命运，《谋攻篇》讲到将帅和国君在战争中的作用。将帅是辅佐国君的，在军事行动的筹划实施过程中，只要能做到周详严密，军队就会打胜仗，国家就会走向强盛；如若布置出现缺陷遗漏，军队就会打败仗，国家就会走向衰落。

【实例】

## 晏婴智挫范昭

齐桓公死后，齐国日趋衰落。国君平庸昏聩，骄奢淫逸，国外有秦、楚之患，国内民不聊生。为了重振齐国之威，齐景公任用晏婴等一大批贤臣进行改革，使齐国的国力得到了快速的恢复和发展。但是，齐国的复兴招致了意欲称霸中原的晋国的敌视。晋平公为了在诸侯中昭显自己的"霸主"之威，恢复晋国的霸主地位，决定征讨齐国。在讨伐之前，晋平公想了解齐国的国力究竟如何，于是就派大夫范昭出使齐国。

范昭来到齐国后，齐景公以上宾之礼相待，并设宴为他接风洗尘。宴会上，文臣武将都陪着他喝酒，晏婴也在其中。酒过三巡，众人均有几分醉意，范昭对齐景公说："鄙人想借大王的酒杯一用。"齐景公不解其意，没有多想便吩咐侍从："将寡人的酒杯斟满酒，敬给上国使者！"侍从将斟满酒的酒杯毕恭毕敬地献给范昭。范昭接过酒杯向众臣示意，便一饮而尽。晏婴看着范昭的举止和神色，知道这是范昭故意侮辱齐景公，顿时感到愤怒。他厉声命令斟酒的侍从："将这个酒杯扔掉！给大王重新拿一个干净的酒杯。"范昭听后，脸上失去了笑容，吃惊不已。接着范昭又假装喝醉酒的样子，起身在宴席间跳起舞来，边跳还边盼咐乐师："请为鄙人奏一曲成周之乐配舞，以助酒兴！"乐师看了他一眼，愤怒地答道："我不会奏成周之乐。"范昭知道这是乐师故意推辞，尴尬之余即借口喝醉，便请辞回驿馆歇息。

齐景公见范昭不欢而去，内心不安，对晏婴埋怨道："晋国是大国，范昭是晋国的使者，他来是要看我们的国政。现在惹恼了他，晋国要是以此为由来攻打我国，怎生是好？"晏婴答道："以范昭的为人，他不应该如此粗鄙，在宴席上狂放不羁，不识大体。他这样做分明是想借喝醉之名来刺探我国实力，查看我们君臣之间是否团结。微臣如此对他，正是想挫伤他的锐气，让他不敢小看我们！"

齐景公听罢连连点点头。又看了一眼乐师，责怪道："你为什么不给他奏成周之乐呢？"乐师回答说："成周之乐是专门供天子欣赏的。如要奏此乐，舞者必是君主。而范昭不过区区一个使者，起舞却想要配天子之乐，这不符合礼法，而且太狂妄了。"齐景公此时才幡然醒悟。

第二天一大早，范昭就请见齐景公，对之前宴席上发生的事再三表示歉意。齐景公不仅没有怪罪他，还宽慰他说："齐国对各国使者都以礼相待，宴席上使者喝醉了，寡人若计较，就显得度量太小了。况且这也不符合我们交往的原则，你不必在意。"范昭听后不禁觉得羞愧。随后，齐景公派晏婴带范昭去参观齐国的军营和闹市。范昭回国后，感慨地对晋平公说："不能讨伐齐国。我想羞辱他们的国君，被晏婴识破；我假装无礼，被乐师识破。他们群臣同心，上下一气，不可强图。"晋平公听后就放弃了征讨齐国的念头。

晏婴为上大夫，虽不是将帅，却起到与将帅在战争中一样的作用。外交战与攻伐战一样，都关系到国家的生死存亡。晏婴察言观色，在宴席上不仅维护了国君的尊严，而且挫败了范昭的嚣张之气，间接地免去了一场战事，取得了外交战的胜利。

范昭对齐景公说："鄙人想借大王的酒杯一用。"

# 乱军引胜

## 【原典】

故君之所以患于军①者三：不知军之不可以进而谓之进②，不知军之不可以退而谓之退，是谓縻军③；不知三军之事而同三军之政者④，则军士惑矣；不知三军之权⑤而同三军之任⑥，则军士疑矣。三军既惑且疑，则诸侯之难⑦至矣，是谓乱军引胜⑧。

## 【注释】

①患于军：危害军队。患，动词，危害、贻害的意思。

②谓之进：谓，可作"使"，见《广雅·释诂》。故"谓之进"可作"使之进"。即命令他们前进。

③縻（mí）军：縻，原意为牛辔，引申为羁绊、束缚。杜牧注："縻军，犹驾驭羁绊，使不自由也。"这里指束缚军队，使军队不能依据实情灵活应变。

④同三军之政：三军，原指上、中、下三军或左、中、右，后泛指军队。同，参与、干涉的意思。政，政事，指军中事务。梅尧臣注："不知治军之务而参其政，则众惑乱也。"

⑤权：权变、权谋。

⑥任：指挥、统率的意思。

⑦诸侯之难：诸侯国乘其军士疑惑之机，起而攻之的灾难。

⑧乱军引胜：引，导致。梅尧臣注："自乱其军，自去其胜。"意指扰乱自己的军队，而导致敌人的胜利。

## 【译文】

君主对军队造成危害的情况有三个方面：不懂得军队在什么情况下不可以出战而命令他们出战，不懂得军队在什么情况下不可以后退而命令他们后退，这叫束缚军队；不懂军中政务却干涉军中政务，将士就会迷惑而无所适从；不懂得军中的权谋机变而参与军队指挥，将士就会疑虑重重。如果三军将士既迷惑又疑虑，诸侯趁机群起而攻之，灾难就到来了。这就叫作自乱其军而丧失了胜利。

## 【读解】

自古以来，"将在外，君令有所不受"这一原则一直受到兵家的认可。因为战场上的局势瞬息万变，在古代由于交通不便等因素影响，往往一条命令从国君那里发出要经过数日甚至更久才能到达军中。如果不能准确把握战机而一味听从君主在后方的指令，则会丧失作战良机，错过大获全胜的机会，甚至会导致敌人反败为胜。古今中外，因贻误战机而反遭失败的战例不胜枚举。

【实例】

## 元嘉北伐

宋文帝刘义隆是南北朝时期刘宋开国皇帝宋武帝刘裕的第三子，年号元嘉。

当时，少数民族建立的北魏政权日渐强大，逐渐统一了我国北方，并开始蚕食中原地区。420年前后，北魏侵占了刘宋黄河以南的地区。

为收复失地，430年春，宋文帝命大将到彦之担任统帅，大举北伐。历史上把宋文帝的这次北伐称为"元嘉北伐"。当时正值春季，冰消雪融，北魏骑兵无法纵横驰骋，于是放弃了虎牢、洛阳等许多重镇。刘宋大军渡过黄河乘胜追击，将所失之地尽数收回。当时举国欢腾，其中以宋文帝刘义隆最为得意，因为他采用了一种新奇的遥控指挥法，并取得了巨大的成功。

从建康（今江苏南京）到洛阳，相隔一千四百公里左右，最快的加急驿马也要疾驰五六天时间才能到达，如此一来，远离战场指挥极易错失战机，导致战争失败。刘义隆处在深宫中却能直接指挥一千多公里以外的战斗，足见刘义隆确实天资聪颖，智慧过人。

但好景不长，冬天一到，黄河重新冰冻，北魏军队终于发起了猛烈反攻，此时刘义隆的遥控指挥失效，前线军队顿时陷入混乱之中。很快，刘宋军损兵折将，元气大伤，大败而归。

450年夏，刘义隆下令进行第二次北伐。任命其弟刘义恭为大将军，又命两位极力主战的大将萧斌与王玄谟分别出任北伐总指挥和先锋。大军很快攻破了碻磝（今山东茌平），而后王玄谟带兵西攻滑台（今河南滑县）。大军所过之地，百姓们箪食壶浆，有的送米面，有的送衣物。遗憾的是，王玄谟为人贪婪，想借讨伐北魏之机大发横财。他利用闲暇时间贩运大梨到江南去卖，当地百姓对其大失所望，已来的想要逃走，没有来的不再投奔。转眼严冬将至，北魏皇帝拓跋焘亲率大军从都城平城（今山西大同）出发，南下支援滑台。战鼓声混杂着胡笳声，在百余里外就能听到。王玄谟心惊胆战，不敢应战，忙率军后撤，却被赶来的北魏军追杀，几乎全军覆没。

这次北伐，刘义隆继续遥控指挥。他吸取上次失败的"教训"，指挥更加周详。在将领们出发之前，他就交代他们作战计划：两军交战的日期和交战时机都必须向他请示，听候他的命令。当前线早已崩溃之时，刘义隆仍命萧斌死守碻磝。前线的情况后方一无所知，这样的指挥哪里还有作用？刘义隆的第二次北伐宣告失败。

452年，北魏宦官宗爱杀死皇帝拓跋焘，致使北魏宫廷里爆发了一场夺位战，最后拓跋焘13岁的孙子拓跋余继位。刘义隆得知北魏发生内乱，认为此时必能攻其不备，收复故土。于是，他不顾众朝臣的反对，纠集残弱兵力，执意进行第三次北伐。他计划大军分三路进攻：东路攻碻磝，中路攻洛阳，西路攻潼关。各路军队仍旧听从他的遥控指挥。东路军在围攻碻磝时，被潜伏于地道中的北魏军一举击溃。其他两路大军便不敢再前进一步。第三次北伐就这样仓促结束。事后，刘义隆竟把责任推卸给前方将士，对将士们抱怨道："没有料到我的将领们竟如此不堪一击！只恨我不能手持白刃，逼迫你们上阵。"

孙子曾说："君之所以患于军者三。"这三患有一相通之处，即君主在不了解战场实际情况下指挥作战，则战争必败。刘义隆第一次北伐，占尽天时，因此取得胜利。而后两次北伐，他不了解两军交战的实际情况，继续遥控指挥，使前方将帅失去了自由调度权，从而导致战争失败。

## 秦桧罗罪陷岳飞

提起岳飞，几乎无人不晓。他之所以名垂青史，是因为他为保卫南宋的国土立下了汗马功劳，最后却被秦桧迫害致死。

当时，女真人南侵，占领了宋朝北方的大片土地，并建立了金朝。随后，女真人继续南下。为了"精忠报国"，年轻的岳飞应募从军，积极参加抗金斗争。很快，岳飞就成了一名能干的军官，并组建了"岳家军"。岳飞有句名言："冻死不拆屋，饿死不掳掠。"

不久，宋军从金兵手中收复大片土地。1140年秋，岳飞率领军队在河南大败金兵，正准备一鼓作气把金兵赶回东北老巢时，皇帝却连发12道金牌，急召他班师回朝。岳飞和手下将帅们收复国土的宏图大志被迫半途而废。

原来，这是当朝丞相秦桧在暗中做的手脚。当时宋朝内部分为主战、求和两派。秦桧是当朝最大的实权派，也是最富有的官僚。为了保住自己的财产与官职，秦桧极力主张同金兵讲和，而金兵和谈的先决条件是除掉主战派代表——岳飞。岳飞为国家出生入死、劳苦功高，秦桧苦于找不到给岳飞治罪的把柄。最后，秦桧绞尽脑汁，终于想出了一个歹毒的办法。

秦桧先是诬陷岳飞手下的将领张宪谋反，然后又诬陷岳飞之子岳云曾给张宪写过谋反信，是同谋。凭借这些捏造的罪名，岳飞与张宪被稀里糊涂地关进了监牢。为了掩人耳目，秦桧对外宣称岳飞、岳云和张宪共同策划谋反。抗金名将韩世忠对此愤愤不平，他前去质问秦桧："岳飞抗金，何罪之有？岳飞谋反，证据何在？"秦桧支支吾吾，作出了一个臭名昭著的回答："岳飞之子岳云与张宪书虽不明，其事体莫须有。""莫须有"的意思就是"大概有"。按照秦桧的授意，岳飞三人很快就被判处死刑。1142年除夕的前一个晚上，三人在杭州风波亭遇害，当时岳飞只有39岁。

秦桧为一己之私，颠倒黑白、诬陷忠良，实为千古罪人；岳飞为国为民、出生入死，却反遭奸人陷害。这一冤案的出现不但贻误了战机，且使抗金将士"既惑且疑"，而致"乱军引胜"，大好河山被这些奸臣贼子白白葬送。

## 隋灭陈建康之战

隋开皇九年、陈祯明三年（589年）正月，隋发起了攻占陈京师建康（今江苏南京）的战争。隋晋王杨广率领的军队，占取了长江中上游，夺得陈都建康，活捉了陈后主，陈灭亡。

对于这次夺取陈京师建康的战争，隋进行了详细的部署。开皇八年（588年）十月，隋主杨坚下诏在寿春（今安徽寿县）设立淮南行台中书省，命晋王杨广为行台尚书令。后隋以杨广为攻陈的最高统领，带领50余万大军，同时向长江中上游以及建康四周进军。隋的作战部署为：行军元帅杨素带领水军，出兵永安（今重庆奉节），沿江东下；将军刘仁恩出兵江陵（今湖北江陵），溯江西上，与杨素的军队相配合，共同夹击上游沿江各地的陈军，然后再转兵攻占湘州（今湖南长沙）；行军元帅杨俊带领水路大军，出兵襄阳（今湖北襄阳），占领汉口（今湖北武汉），阻止上游的陈军顺江而下支援建康；蕲州刺史王世积兵出蕲春，南下豫章（今江西南昌），夺占长江中游；将军韩擒虎兵出庐江（今安徽庐江），由横江（今安徽和县东南）渡江，攻夺姑熟（今安徽当涂），尔后右翼包围建康；将军贺若弼出兵广陵（今江苏扬州），从瓜洲渡江攻占京口（今江苏镇江），然后从左翼包围建康；杨广亲自带领主力军，出兵六合（今江苏六合），直接攻取建康；与此同时，为切断吴越等地与建康的联系，命令将军燕荣带领水军，从东海（今江苏连云港）起航，自水路攻占南沙（今江苏常熟西北）、吴州（今江苏苏州）。

隋将领贺若弼在广陵驻兵，为了欺骗陈军，掩人耳目，以顺利渡江，采取了一系列措施。他买船后将其隐藏起来，而将一些破旧的船泊在江水交汇的地方，使陈军误以为隋军无舰船可用。贺若弼命令其驻守在沿江的军队，在每次交接的时候，都集合于广陵，高举旌旗，并且设置军营帐幕，造成隋大军聚集的假象。陈军每次看到这种景象都确信不疑，赶紧调集军队严防。后来，陈军发觉隋军经常如此，以为这是正常的换防行动，便习以为常，不再调兵戒严。同时，隋军还经常出兵沿着江岸狩猎，人马喧哗、热闹非凡，这使得陈军渐渐失去了对隋军的戒备之心。

隋开皇九年、陈祯明三年正月初一，隋军趁着陈后主聚集满朝文武以庆贺元会（即春节）的时机，悄然渡江。贺若弼的军队之前的掩饰工作很成功，因此从广陵渡江时，

杨坚秘密召集各个亲信大臣，共商灭陈大计，对此进行周密的谋划。

陈的守军毫无察觉。韩擒虎带领五百士兵，利用黑夜作掩护也在当天夜里从横江渡过长江，进攻采石（今安徽当涂西北）。陈的守军醉成一片，采石被隋军轻而易举攻克。

采石的守将徐子建派手下赶紧上京奏报。陈后主与诸公卿商量后，在初四下诏：任命骠骑将军萧摩诃、护军将军樊毅、中领军鲁广达等为都督；司空司马消难、湘州刺史施文庆等为大监军，南豫州刺史樊猛带领水军自白下（今江苏南京北金川门外）出发，迎战隋军。

初六，贺若弼攻取了京口，活捉了陈南徐州刺史黄恪。贺军纪律严明，士兵凡去民间买酒的，一律斩杀，对俘虏的六千多士兵，则全部释放，让其劝降其他陈军，因此贺军到达的地方，陈军纷纷归顺。

隋将领韩擒虎带领的军队进攻姑孰，陈军兵败，姑孰守将樊猛的儿子樊巡被俘虏，散骑常侍皋文奏也逃到京城。江南的百姓纷纷投奔韩擒虎，其中鲁广达的两个儿子鲁世真、鲁世雄归降于韩擒虎后，转而劝降他们的父亲。

樊猛和左卫将军蒋元逊，带领八千艘青龙战船在白下一带巡查。这时，贺若弼率军自北路，韩擒虎率军由南路，一起进攻陈军，陈军沿江各戍守的将领见此情形都逃跑了。贺若弼得以顺利进驻，陈后主遂令司徒、豫章王陈叔英在朝堂驻守，萧摩诃在阁寺驻守，鲁广达在白土岗驻守，忠武将军孔范在宝田寺驻守。至此，隋、陈双方作战的态势已经形成。

初七，贺若弼攻占钟山（今南京紫金山），驻守于白土岗的东侧，总管杜彦、韩擒虎率领步骑兵两万，抵达新林（今南京西南）。陈京师建康此时有军队十多万。因为陈后主胆小怕事，又不懂军事，军国大事全部交给湘州刺史施文庆处理。施文庆知道诸将忌恨自己，很怕他们立功会对自己不利，因此，便将诸将上奏的各种报告扣留，不上报。

贺若弼进攻京口和钟山伊始，将军萧摩诃曾经两次请求趁着贺军没有立足稳定的机会，带兵出战，都被陈后主拒绝了，这使得陈军失去了最佳作战时机。十五日，镇东大将军任忠提出切断水上交通以阻断敌军前后联系，从而断其归途，使其不攻自退的建议，也被陈后主拒绝了。就在第二天，陈后主又突然命令萧摩诃等人由陆上出战，鲁广达布阵于白土岗，防守最南面；任忠在其后；樊毅、孔范又在其后；摩诃在最北面，大军各自排开，南北绵延二十余里，致使每个将领都不知道其他将领前后进退的情况。

隋将领贺若弼带领精锐骑兵抵达山顶，看见陈军的阵势，随即下山，带领杨牙、员明等七位总管和八千名士兵，也准备布阵迎战。过去，因为陈后主曾同萧摩诃的妻子私通，所以萧摩诃早已无心恋战，仅有鲁广达和任忠带兵和隋军对抗，战势激烈异常。隋军无力抵挡，遂败退，二百七十余人被杀。贺若弼放火以烟幕掩护军队，重新整顿队伍，转而向孔范的军队进攻。孔范的军队刚与隋军作战就败退了，其余的陈军看到这种情形，也纷纷撤退、溃逃，五千多人被杀。

萧摩诃被隋军活捉，陈将任忠归顺了隋军，负责防守朱雀航（今南京秦淮河上）的陈将领蔡徵率军惊慌撤退。任忠引领着韩擒虎的军队直接进入了朱雀门，一些陈军仍想反抗，都被任忠呵斥制止。陈朝的文武百官各自逃命，陈后主带着宠妃张丽华和孔贵嫔跳进宫里的井中，隋军冲进宫中后用绳子将三人吊了出来。陈后主见到贺若弼后，不停地跪拜。陈朝灭亡。

正月二十二日，隋晋王杨广抵达建康，将陈朝奸臣施文庆、沈客卿、阳慧朗、徐析等一律斩首。杨广因为贺若弼提前出兵，有违军令，将其交给刑部治罪。隋主杨坚听到消息后，赶紧下诏书赦免，并以贺若弼平定陈朝有功为由，大加赏赐。

驻守吴州（今江苏苏州）的陈朝吴州刺史萧瓛，坚决不降隋。二月，杨广命令右卫大将军宇文述带领行军总管元契、张默言等人前去讨伐。此时，隋落丛公燕荣也从东海带领水军前来会合。萧瓛在晋陵（今江苏常州）城东，修建了栅栏，以阻止宇文述的军队；并让手下将领王褒防守吴州；自己则带领军队从义兴（今江苏宜兴）进入太湖，想要从后面偷袭宇文述的军队。宇文述的军队一举攻破了萧军的栅栏，随后转而进攻萧瓛，萧军兵败。接着，宇文述又派兵经由另一条路偷袭吴州，守城的王褒装扮成道士逃走。萧瓛则带领残余的部队退守包山（今太湖中洞庭西山），后被燕荣大败生擒。陈东扬州刺史萧岩，拱手让出会稽（今浙江绍兴）投降隋。

虽然面对隋军的进攻，陈朝处于被动的守势状态，但隋军的总兵力不足六万人，而当时陈军的兵力有十万之多。如果陈能有效部署，合理调度，拼死一搏，鹿死谁手还不一定。然而，陈朝在战略上却步步走错，从而失去了最好的作战时机。隋将领贺若弼带领八千士兵进攻京口时，如果陈后主能采取萧摩诃的建议，让其带领军队反击，贺军一定是凶多吉少；而在隋军初步形成对建康的包围之势时，陈后主又否决了任忠、司马消难等人阻断敌军退路、坚守不战的建议；在与隋军的最后决战中，陈后主竟让十多万士兵排成一排，绵延二十余里，又没有统一的主帅，各个军队的信息互不相通，进退攻守的情况都不清楚。这使得陈军最终被隋军各个击破，如此优势众多的军队就这样战败了。

在灭陈之前，杨坚就秘密征集了各个亲信大臣的建议，进行了周密的谋划，陈步步中计，陷于被动。隋大臣高颎提出的破坏陈农业生产、派间谍潜入江南地区烧陈军储粮以及趁陈收割庄稼时，大肆调集军马假装渡江的建议，大大麻痹了陈军，在灭陈的战争中都起到了不可估量的作用。大臣崔仲方提出灭陈应分上中游和下游两个战略目标的作战方案，使得陈从战争伊始就陷于上中游地区与京师相互孤立、无法彼此救援的被动局面。将军贺若弼用演习以及沿江狩猎的策略成功地给陈军以错觉，更是取得了出其不意的效果。相比之下，陈军既不懂"兵不厌诈"的基本常识，又再三错过反击的好机会，最终导致兵败亡国，也是在所难免的。

# 知胜有五

【原典】

故知胜有五①：知可以战与不可以战者胜，识众寡之用②者胜，上下同欲③者胜，以虞④待不虞者胜，将能而君不御者胜⑤。此五者，知胜之道也。

【注释】

①知胜：预测胜利。有五：有五个方面。
②识众寡之用：识，了解。众寡，多和少。懂得根据兵力多或少，灵活运用战略战术。
③上下同欲：上下，即君主和将士。欲，意愿。此句意为君臣上下之间同心同德。
④虞：料想，引申为准备、将要。
⑤将能而君不御者胜：能，有指挥作战的能力。御，驾驭，引申为制约、牵制的意思。此句是说将领有才能，而君主不参与干涉。

【译文】

预测胜负有五条原则：懂得什么条件下可以战，什么条件下不可以战的，能够获胜；懂得根据兵力众寡而灵活运用战术的，能够获胜；将帅与士兵上下一心，同仇敌忾的，能够获胜；以有准备之师去攻打无准备之敌的，能够获胜；将领富有军事指挥才能而君主又不横加干预的，能够获胜。这五条就是预知胜负的方法。

【读解】

孙子提出的五条预测胜利的方法，在作战前和作战中都应该仔细考虑和分析。作战指挥，是将帅对整个战事的预测与估计以及因局势变化而作出的应变能力的综合考验。在整个作战过程中，将帅都起着举足轻重的作用。

战争的胜负不仅取决于作战双方的政治、军事、经济实力等物质条件，而且取决于作战将领的指挥才能。作战力量和作战物资为战争提供了物质基础，它们是固定不变的因素，而将领的指挥才能是作战中活的因素，是可人为变化的，它可随战事的变化和发展而灵活地发挥和应用。

【实例】

## 诸葛亮病死五丈原

蜀汉建兴十二年（234年），蜀相诸葛亮率领十万大军从汉中出发，经过斜谷，向魏境郿县进军。与此同时，东吴孙权也答应出兵攻魏，以使曹魏处于两面作战的不利态势中。四月，蜀军到达郿县，进驻渭水之南。此时魏将司马懿率军渡渭水，背水筑垒进行迎击。司马懿手下诸将认为应当驻军在渭北以与蜀军隔水相持，司马懿解释道："渭南是百姓积聚之地，所以也是兵家必争之地。"司马懿对诸将分析形势后说，"诸葛亮如果进驻五丈原（今陕西岐山西南），则我军无事矣。"

诸葛亮果真进军五丈原，因为司马懿背水设防，阻断了诸葛亮东进的道路，所以诸葛亮便渡过渭水，攻击北原（今陕西眉县北、渭河北岸）。此时，司马懿已派郭淮等率兵移屯北原。诸葛亮攻而未克，两军形成对峙状态。

五月，吴国出兵十万，分三路攻打魏国，策应蜀军。魏明帝忙派将领秦朗率领两万人马支援司马懿，自率主力阻击吴军。七月，吴军无功而撤。诸葛亮东进之路被司马懿堵死，北攻北原又有郭淮挡道，于是他决定先移军攻散关、陇城等地，最后再回师攻司马懿。

等到八月，司马懿与诸葛亮两军相持已百余日。期间，诸葛亮数次挑战魏军，司马懿始终坚守不出，想等蜀军粮尽之时再伺机反攻。诸葛亮就派使者给司马懿送去妇人服饰，以此羞辱司马懿，激他出战，但司马懿不为所动。司马懿的部下都对其按兵不动、甘愿受辱表示不满。为平息众怨，司马懿佯装大怒，上表魏明帝请战。明帝未准，还派来一位骨鲠之臣辛毗给司马懿做军师，以约束他。

辛毗一到，蜀将姜维便对诸葛亮说："辛毗到前线来了，司马懿更不会出战了。"诸葛亮则说："司马懿本无心作战，所以要上书请示，只是为了平息众怨。'将在外，君命有所不受。'如果他有必胜的把握，又怎么会拒战呢？"然后，诸葛亮就下令分兵屯田，准备长久屯驻五丈原。

不久，诸葛亮又派使求战，司马懿故意不谈军事，而问使者诸葛亮吃饭睡觉和每天处理军务的情况。使者说："丞相每日起床很早，睡得却晚。凡是责罚二十板以上的案件，他都要亲自阅览。每顿只吃三四升饭。"司马懿听后对众人说："诸葛亮如此疲劳，吃得却如此少，必定不能活得太久。"果不其然，当年八月，诸葛亮在五丈原军中病故。

蜀将依其遗言，秘不发丧，全军回撤。司马懿得到蜀军撤退的消息后，就带兵追击。蜀将杨仪返旗击鼓，故作回击之势。司马懿害怕中计，慌忙收兵返回营地。第二天，司马懿到蜀军驻地察看，至此方知诸葛亮已死，他赞诸葛亮为"天下奇才也"。诸葛亮伐魏历时七年，到死方告结束。

这个战例中，诸葛亮与司马懿作为战争双方的将领，斗智斗勇。司马懿"知可以战与不可以战"，灵活把握战机，以逸待劳，采取防御战略，最终使蜀军不战而退，赢得了胜利。诸葛亮此次北伐虽失败，但其"识众寡之用"，临终前就为蜀军安排好了退兵之计，使士卒安全退回蜀地，将损失降到了最低。

# 知彼知己

**【原典】**

故曰：知彼①知己者，百战不殆②；不知彼而知己，一胜一负；不知彼不知己，每战必殆。

**【注释】**

①彼：这里指敌人，即作战的对手。
②百战不殆：殆，失败、危险。意思是每战必胜而无危险。

**【译文】**

所以说，既了解对方情况，也了解我方情况，便能百战百胜；不了解对方情况，只了解我方情况，便会有时胜，有时败；既不了解对方情况，又不了解我方情况，每战都必定失败。

**【读解】**

本节中孙子从"全胜"的角度出发，提出"知彼知己，百战不殆"的著名论断，特别强调了"知"在用兵过程中的重要作用。认为作战时应准确了解敌我双方的实际情况，从实际出发制定自己的作战策略，以确保每战必胜。如果没有详细、准确、全面、深入地了解双方的实际情况，就不能制定出周密、切合实际、行之有效的策略，要想获得全胜便是痴人说梦，异想天开了。

**【实例】**

## 随何巧舌说英布

英布出身平民，陈胜、吴广起义爆发后，他先投靠番君吴芮，后又投靠项羽，为楚霸王帐下五大将之一，被封为九江王。

公元前205年，刘邦与项羽大战于彭城，结果兵败而归。刘邦对左右说道："谁能替我出使九江，说服九江王叛楚呢？如果能让他牵制齐地的项王，数月之后我便可夺得天下。"随何听后毛遂自荐，表示愿前去说服英布。随何到九江

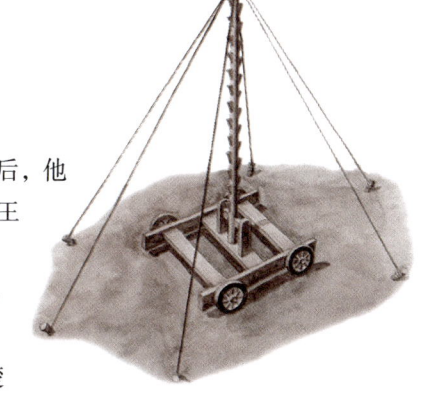

此为望楼车复原图，是用以登高观察敌情的车辆。其形制与望楼类似，只是底座是一个四轮车的车座。望楼车的车辕高一丈五尺，轮子的直径是三尺五寸，竖木的高度是四十五尺。

后，很快打通了九江王太宰的关节，但此后三天都未能受到英布的接见。随何就对太宰说："大王不愿见我，一定是因为楚国强大，汉国弱小。这倒不妨事，你先带我去见他。假如我说得对，大王绝对会同意归汉；假如我说错了，我随何甘愿在九江受死，这也能表明大王誓死效忠楚霸王的决心。"太宰将这些话转告给了英布。英布便答应见随何。

随何见到英布后，毫不胆怯地问："汉王派我来见大王，想知道大王为何如此忠于项王？"英布说："项王为君，我为臣，我自当效命项王。"随何听罢，说道："您与项王本来同为诸侯，地位相当，现在却以臣子的身份效忠于他，您一定认为楚国足够强大，可做日后依靠。但项王伐齐，能亲负墙板筑杵，身先士卒，您也应该率领九江之军，去做楚军的先锋，而实际上您却只派出四千兵士援助楚王。一个自称谨守臣礼的人，难道应当这样做吗？汉王与楚军在彭城交战，您应该派九江之军渡过淮河前去援助项王，与汉王对阵，决一死战。而如今您却坐拥万人之军，不出一兵一卒，袖手旁观。这是为臣者所应做的吗？您归顺楚国其实并非自己所愿，何况您这样做也并无好处。现在，您之所以不愿背叛楚国，是因为汉弱楚强。眼下楚军兵力的确强大，但项羽违背盟约，坑杀义帝，是个不义之人。面对世人的指责，他还自诩能百战百胜，兵强马壮，岂不惹人耻笑？而汉王降伏诸侯之后，回守成皋、荥阳，从蜀汉运来粟谷，挖深渠筑营垒，敬守边地。楚军如想调回军队，必经梁国。此时他们深入敌国八九百里，攻城后必无力再战，老弱残兵需从千里之外转运军粮。待到楚军抵达荥阳、成皋后，汉军坚守不出。那时，楚军进不能攻，退不能回，必将陷入两难境地。所以，依我之见，楚军是靠不住的。如果楚军战胜汉军，则诸侯必定人人自危而相互结盟。那时，楚国即便强盛起来，天下人也会群起而攻之。所以归楚是不明智的选择。您不愿归附前途无量的汉王，反而依靠岌岌可危的楚王，令我十分难解。我并不认为大王之军足以灭楚，但大王若背叛楚国，只需令楚王在齐国耽搁数月，汉王就可以稳拿天下。那时大王归附汉王，汉王到时必会封您为王，分封您的土地又何止九江！所以汉王派我向您献计，愿大王慎重考虑。"英布听罢，沉思良久，说道："我愿意归附汉王。"

随何为何能说服英布？这得益于他对敌我双方的深入了解，对天下形势的准确判断，所以他最终赢得了英布的信任。从此，英布投靠刘邦，为刘邦平定天下立下了汗马功劳。

## 宋辽三次大战

960年，后周大将赵匡胤发动陈桥兵变，建立宋朝，史称北宋。北宋自建国之初，就与北方的辽国频繁地发生战争。975年，宋、辽曾经达成和议。但双方仅相安四年，北宋在平定南方诸国后，又进兵北汉，准备统一中国。而北汉依附于辽，辽出兵援助，因此双方又展开了战争。

太平兴国四年（979年）三月，援助北汉的辽军将领耶律沙、塔尔部与宋军在白马岭（今山西盂县北）会战，结果辽军败退，无力再援助北汉。五月，宋降服北汉。至此，宋平定了各地的割据政权，开始着手准备收复幽云十六州（今北京、河北、山西北部、天津等地）。

在平定北汉时，宋、辽之间历经数月苦战，宋朝兵力消耗颇多，兵将们个个疲惫不堪，加上战后并未得到例行封赏，因此士气普遍低落。但宋太宗赵光义攻取幽云十六州心切，并未顾及将士们的情绪。同年六月，宋太宗下令乘胜进攻幽云等地。当时，诸将因师疲饷匮，加之天气炎热难耐，皆不愿行。唯一赞同太宗出兵的只有崔翰，他认为现在辽军刚刚战败，士气低落，正是攻取幽州的大好时机。于是，赵光义不顾诸将反对，毅然下令，即刻在镇州（今河北正定）集结兵力，出征幽州（今北京）。

赵光义不顾诸将反对，毅然下令，即刻在镇州（今河北正定）集结兵力，出征幽州（今北京）。

六月十三日，求战心切的宋太宗未等北伐大军全部抵达集结地，就急匆匆地率军北上。十九日，大军踏入辽境。次日，宋军在沙河（今河北易县易水北）击败辽军。辽易州刺史岐沟关（今河北涿州西南）守将刘禹开门降宋。二十一日，宋军进逼涿州（今河北涿州），辽涿州刺史刘原德也归降宋军。二十三日，宋太宗兵至幽州城南，击败在城北驻守的一万多名辽军。二十六日，赵光义命将领宋偓、崔彦进、刘遇、孟玄喆等率军从四面围攻幽州。辽将韩德让和耶律学古一边安抚民心，一边坚守城门，等待援军。辽国大将耶律斜轸率部驻军清沙河（今北京昌平境内）以北，以声援幽州。六月末，辽国拜耶律沙和耶律休哥为将，令其率领五院军援助幽州。当时，宋军攻城已十日有余，其间宋军虽曾登上过幽州城墙，但很快就被打退，攻城之战一时陷入僵局。

七月六日，耶律沙率领的辽军抵达幽州城下，与宋军在高梁河（今北京西直门外）边展开激战。交战之初，辽军小有失利，损耗了部分兵力。随后，耶律休哥和耶律斜轸率兵及时赶到，从左右两翼夹击宋军，幽州城内的辽军也冲出城门进行反击。在四面夹击之下宋军大败，赵光义也中箭，几乎丧命。宋军败走，辽军乘胜追击，直至涿州，缴获了宋军大量的军械资粮。

宋朝的第一次北伐以失败告终，宋军战败的主要原因在于将士们士气不足。宋太宗赵光义求战心切，不顾宋军刚刚经历数月苦战，率领疲惫之军，在没有充分休整的情况下，接连作战，大大削弱了宋军整体的战斗力。而反观辽军，他们兵多将广，且在白马岭一战并未出动所有兵力，所以，他们虽然战败，却并未伤及主力。宋太宗没有认真衡量双方的实力，一时被白马岭的胜利冲昏了头脑，犯了轻敌的错误，竟片面地认为借胜势能轻易收复幽云诸州。宋军在攻城时，面对顽强抵抗的辽军，既缺乏足够的攻城器械，又没有十足的攻城意志。更重要的是，他们忽略了部署兵力去阻击辽的援军，或是抢占阻击敌援的战略要地。因此，辽的援军得以长驱直入，顺利抵达幽州城下，迅速瓦解了围攻幽州的宋军。宋军疲劳，又无斗志；辽军勇猛，士气高昂，两军交战，其结果可想而知。

此为壕桥复原图。壕桥是用于跨越护城壕沟的一种器械，长短随壕沟宽窄而变，下面有两个巨大的轮子。此外，为了确保桥面的安定，壕桥的前端安置了两个小轮子。攻城时，将其推进壕沟，小轮陷进对岸的土壤，即可渡桥而过。唐以前的攻城战中，大都用草木土石等填埋壕沟进城，宋朝时发明了壕桥，将填沟改为搭桥，使得跨越壕沟更加简便。

高梁河之战后，辽军又数次越境南下。982年，辽景宗去世，辽军暂停南侵，两国处于休战状态。此间，宋太宗一直积极备战第二次北伐。他想平定幽州，以雪中箭之耻。雍熙三年（986年），宋雄州知州贺令图等上奏，称辽主年少登基，母后掌权，任用宠臣，民怨沸腾，建议乘此机会，直取幽云。其实当时辽国朝内君明臣服，并无矛盾，但赵光义在没有派人调查清楚的情况下，就轻信了贺令图等人的言语，不顾参知政事李至的劝阻，不考虑粮草、军械的短缺、北伐准备的不足以及开战之后胜算的多少等诸多实际问题，下令对辽开战。

此次北伐兵分三路。东路军是北伐的主力军，共有两支军队，十余万人。一支主帅为曹彬，副帅为崔彦进；另一支主帅为米信，副帅为杜彦圭。全军由雄州出发直取幽州。中路军主帅为田重进，他领兵从定州（今河北定州）进攻飞狐（今河北涞源）、蔚州（今河北蔚县）。西路军主帅为潘美，副帅杨业，他们领兵出雁门（今山西代县），进攻云（今山西大同）、朔（今山西朔州）、寰（今山西朔州东）、应（今山西应县）诸州。宋太宗的战略部署为：东路军佯装攻打幽州，持重缓行，以吸引辽军主力，使其无暇西顾。待中、西两路军队夺取诸州时，三路军马再相互配合，合力进攻幽州。

辽军的应对之策是，命南京留守耶律休哥部抵御宋朝的东路军，耶律斜轸部抵御宋朝的中路军和西路军，勤德部镇守平州（今河北卢龙），为辽国后方的安全提供保障。辽圣宗和萧太后则亲率战略预备队进驻幽州。他们派偏师牵制宋中路、西路军，先以主力军击败宋东路军，然后再逐个击退其他两路宋军。

作战之初，宋军中、西两路沿路势如破竹，接连攻取了飞狐、蔚、寰、朔、应、云诸州。东路军于三月初占领固安、新城（今河北新城东南），十三日攻陷涿州。耶律休哥并不与宋军大规模交锋，仅派小股军队侵扰宋军，断其粮道。东路军主帅曹彬攻下涿州后，持重不前。十几天后，因粮草短缺，又退回雄州。赵光义闻讯后，认为与敌作战回军取粮乃兵家之大忌，因此下令东路军停止撤退，也暂停前进。他让曹彬率军沿白沟西进会合米信部，待中、西二路攻下山地后，再挥师北上。但曹彬部诸将闻听中、西二路连战连捷，生怕军功被抢，都拒绝西进，极力主张北上抗敌。曹彬无奈，只好再次率部北上，途中频遇辽军，边战边行。

萧太后和辽圣宗率领部分辽军从幽州北郊赶往涿州以东25公里处的驼罗口，占领固安。辽将耶律休哥部奉命负责从正面抵抗曹彬主力。当时，曹彬部自带粮草所剩无几，后援粮草还未送到，因此无法坚守拒战，于是率军向西南方撤退。五月三日，辽军追击宋东路军至岐沟关，大败曹彬、米信军，将他们赶至拒马河。宋军溺死无数，残余军队逃奔高阳。在高阳，宋军又遭遇了辽军骑兵的袭击，死伤数万，战甲堆砌如山。辽军取得岐沟关大捷后，继续向西驰驱，将飞狐和蔚、寰、应诸州尽数收复，还擒获了身受重伤的宋将杨业，杨业不屈而死。

宋朝的第二次北伐再次以惨败告终。这次失败的原因在于，宋太宗在没有深入调查、妥善准备的情况下，便下令北进。同时，宋朝没有一支强大的骑军，无法抵抗辽军主力，而汉族的步兵，显然无法对抗辽的骑兵。最后，宋太宗虽然有一套不错的战略部署，可惜任用了曹彬这样缺乏作战经验的庸将。综上所述，宋军此次失败是必然的。

而辽军之所以能够取胜，关键在于其上下一心，指挥得当，骑兵骁勇，战马强壮；同时又能抓住战机，在宋军还未形成合击之势前，就集中兵力在平原开阔地带发挥骑兵的优势，将宋军各个击破。

此后，辽由被动地抗宋，转入了主动攻宋。999年，辽国大军南侵，前锋抵达邢（今河北邢台）、洺（今河北永年东南）、淄（今山东淄博南）、齐（今山东济南）一线。景德元年（1004年）闰九月，萧太后和辽圣宗亲率辽军再次南下。辽军在侵入宋境后，即派使者前来请和，宋军未应。十月，辽军击败了在边境防御的宋军主力后，又移兵东攻瀛州（今河北河间）。宋知州李延渥率众守城。辽军昼夜猛攻多日，死伤达三万余人，仍无法攻破，

此为折叠桥复原图，为一种攻城过护城河的器械。攻城时，如果壕沟宽阔，即用折叠桥，将两座壕桥相接以补足长度。折叠桥由转关（销轴）和辘轳（绞车）两大部分组成，转关用于连接桥面，辘轳用于控制补足桥面的俯仰度。

只好移军南下，再次派使者请和，宋军依然未应。十一月，辽军抵达澶州（今河南濮阳），大将萧挞凛战死。辽军屯兵澶州城下，与宋真宗所率宋军主力遥相对峙。此时，辽军再次请和。当时，辽军虽然击溃了第一线的宋军主力，得以长驱直入，占领了祁（今河北安国）、德清军（今河南清丰）和通利军（今河南浚县）三城，但河北地区的大部分领土仍在宋朝的掌握之中。辽军正面面对的是宋朝牢不可破的坚城以及宋军主力，背后则是伺机而动的河北军民，辽军腹背受敌，进退维谷。此外，辽军在瀛州之战后，实力受损，将帅阵亡，士气大挫，因此进攻宋朝的胜算并不大。假若战败，后果不堪设想。所以，辽军也不敢孤注一掷地与士气高昂的宋军一较高下，他们频频请求议和，以化解争端，脱离困境。宋真宗因连年对辽苦战，都无法击退辽军，继而心灰意冷不愿再战，于是答应议和。

十二月，宋、辽达成和议。两国约为盟国，宋承认边界事实，并每年赠辽白银10万两，绢20万匹，史称"澶渊之盟"。从此，宋辽两国相安百余年。

## 孔明添灶巧退敌

三国时，孔明为了复兴汉室，统一中原，先后六出祁山（今甘肃礼县东，三国时魏、蜀的必争之地），挥师北上，讨伐曹魏。

四出祁山时，孔明本来已经大获全胜，司马懿用了一个反间计，使后主刘禅轻信谗言，下诏命令孔明班师。孔明接到诏书后，仰天长叹道："主上年幼，身边必有奸臣。我正要建立大功，为什么让我班师回朝？我若不回去，便是轻视幼主；我若奉命退兵，恐怕日后再难得到这样的好机会了。"姜维问："如果大军撤退，司马懿乘势追杀上来，该怎么办才好呢？"孔明说："我们这次撤军，可分为五路。如果营内只有1000名士兵，就掘2000人的灶；若是今天掘了3000人的灶，明日就掘4000人的。每天退军，都要添灶之后再出发。"杨仪问："当年孙膑擒庞涓，用添兵减灶的办法，现在丞相退兵，为什么要增灶？"孔明说："司马懿善于用兵，如果他知道我们撤退，必然会追赶，而且他一定会在旧营地根据我们留下的灶的数量估计我们的兵力。看到咱们每天增灶，他就不能确定咱们的兵到底是退还是没退，便会因怀疑我们在设计埋伏而不敢追赶，这样一来，我们便不会因退兵而遭受损失了。"计划制订好后，孔明便传令退兵。

司马懿料到他的反间计已经奏效，只等蜀兵一开始撤退便全力追杀。正当他踌躇满志时，忽闻蜀军大营内人马都已撤去。司马懿知道孔明足智多谋，不敢轻易追赶，便亲率百余骑兵前往蜀营察看，并让士兵记下当天蜀营内的灶数。第二天，司马懿又向前追了一截，再次让士兵查点灶数，士兵回来报告说营内灶数比原来多。司马懿对众位将领说："我猜到孔明足智多谋，现在果然添兵增灶，我若追赶他们，必然中了他的计；不如暂且退军，再作打算。"在"添灶即增兵"的迷惑下，司马懿思量再三，最终退军回师。孔明只添灶、不增兵，这样示多隐少的疑兵之计让蜀军未损一兵一卒便安全撤回成都。

# 形篇

## 本经通读

孙子曰：昔之善战者，先为不可胜，以待敌之可胜。不可胜在己，可胜在敌。故善战者，能为不可胜，不能使敌之必可胜。故曰：胜可知而不可为。

不可胜者，守也；可胜者，攻也。守则不足，攻则有余。善守者藏于九地之下；善攻者动于九天之上，故能自保而全胜也。

见胜不过众人之所知，非善之善者也；战胜而天下曰善，非善之善者也。故举秋毫不为多力，见日月不为明目，闻雷霆不为聪耳。古之所谓善战者，胜于易胜者也。故善战者之胜也，无智名，无勇功，故其战胜不忒。不忒者，其所措必胜，胜已败者也。故善战者，立于不败之地，而不失敌之败也。是故胜兵先胜而后求战，败兵先战而后求胜。善用兵者，修道而保法，故能为胜败之政。

兵法：一曰度，二曰量，三曰数，四曰称，五曰胜。地生度，度生量，量生数，数生称，称生胜。故胜兵若以镒称铢，败兵若以铢称镒。胜者之战民也，若决积水于千仞之谿者，形也。

## 本篇旨要

"形"，本指物质的形状、形态，这里特指作战双方的军事实力。《形篇》研究的是作战双方军事实力对比的问题，并通过对比，进而预测战争胜负的状况。军事实力是作战的基础，善于用兵的将帅总能尽力争取军事力量上的优势，然后等待时机，抓住敌人的弱点，发起攻击，最终取得胜利。孙子还提出了依据实力对比而灵活运用"攻守"方略的具体原则，并阐述了"自保"和"全胜"的关系，最后对善战者遵循的基本原则和具体测算军事实力的科学方法作了具体、详细的说明。

# 胜可知而不可为

## 【原典】

孙子曰：昔①之善战者，先为不可胜②，以待敌之可胜③。不可胜在④己，可胜在敌。故善战者，能为不可胜⑤，不能使敌之必可胜。故曰：胜可知而不可为⑥。

## 【注释】

①昔：曾经，过去。

②先为不可胜：王皙曰："不可胜者，修道保法也。"此句的意思是先做到自己不被别人战胜。

③以待敌之可胜：待，等待。可胜，指敌方可能被战胜的机会或条件。即等待敌军可能被我方战胜的较好时机。

④在：在于，决定于。

⑤能为不可胜：能创造出自己不被敌人战胜的条件。

⑥胜可知而不可为：知，预见。张预注："己有备则胜可知，敌有备则不可为。"此句的意思是胜利可以预见，但却不可强求。

## 【译文】

孙子说：古代善于指挥作战的人，总是先创造条件使自己处于不可战胜的地位，然后再等待可以战胜敌人的时机。自己不可战胜，关键在于自己创造有利的条件；能战胜敌人，关键在于敌人是否有隙可乘。因而善于用兵作战的人，能做到不被敌人战胜，而不能使敌人一定被我战胜。所以说，胜利可以预测，但不可强求。

## 【读解】

孙子在前面几节就提到，战争乃"国之大事，死生之地，存亡之道"。他认为，善于用兵的人，一定在战前精密谋划，既不给对方以可乘之机，也绝不打无准备之仗；只要我方形成了对敌的整体优势，敌方必然陷入被动受制的境地。因此，战争胜负的整体形势在战前就已注定，而非在开战后才形成。

## 【实例】

### 伍子胥疲楚败楚

公元前515年，公子光以庆贺吴王僚伐楚班师回朝为由设宴，并于席间命勇士专诸刺杀吴王僚后夺得吴国王位，史称吴王阖闾。

**孙子兵法** 形篇 胜可知而不可为

阖闾登基后，重用孙武、伍子胥、伯嚭等人。在他们的辅佐下，吴国国力大增。

公元前512年，阖闾认为以吴国的现有实力，应该能与楚国争雄天下了。于是，他便召集孙武、伍子胥、伯嚭商议攻楚之事。

孙武说道："大王想远征楚国，但吴国现在还没有这样雄厚的实力。楚国地大物博，兵多将广，而吴国只是一个小国，人口稀少，物产贫乏。若想打败楚国，我们至少还要准备几年。"

伍子胥本为楚国人，他的父、兄因遭楚太子少傅费无忌的陷害，均为楚平王所杀，他也被迫出逃吴国。他发誓倾覆楚国，以报杀亲之仇。所以，伍子胥见吴王有伐楚之意，心下大喜。

伍子胥知道孙武所说确是实情，于是向阖闾提出一条"疲楚"之计，以促使伐楚之机尽快到来。他建议阖闾将吴

*伍子胥献计说："臣建议大王将士兵分为三军，每次派一军去侵扰楚国的边境。一军返回，一军再去侵扰。这样，我们的军队能得到充分的休整，而楚国的军队却疲于奔命，劳苦不堪。"*

国的士兵分为三军，每次派一军去侵扰楚国的边境。一军返回，一军再去侵扰，这样，自己的军队能得到充分的休整，而楚国的军队却疲于奔命，劳苦不堪。

孙武和伯嚭也都认为此计确实能消耗楚军实力。第二年，阖闾就开始实施伍子胥的"疲楚"计划。

他先派一支军队去偷袭楚国的六城和潜城（均在安徽境内），楚国闻讯，忙调兵来援助潜城。待楚兵一到，吴兵早已退出潜城攻破了六城。过了一段时间，吴军又袭击楚国的弦（河南境内），楚王忙从数百里之外调兵去援救弦。然而援兵还未到达，吴军就已撤回了国。这样，吴国一直与楚国周旋了六年，使楚国士卒疲于奔走，消耗了大量军力。

公元前506年，楚国令尹囊瓦进攻蔡国，蔡国联合唐国向吴国求救，阖闾认为出兵攻楚的时机终于到了。于是，他召集伍子胥、孙武和伯嚭商议出兵计划，伍、孙、伯三人也都赞成阖闾此时攻打楚国。这年冬天，阖闾集结全国军队共约六万多人，亲自率军伐楚。

楚军前几年连续奔走作战，早已疲惫不堪，无力抵挡吴军的进攻，吴军所到之处几乎毫无阻碍。吴军长驱直入，直到汉水才遇到囊瓦的阻挡。

决战时刻，吴军士气高昂，而楚军士气低落，勉强应战。两军一交手，楚军就土崩瓦解。囊瓦率先奔逃，大夫史皇战死。吴军随后乘胜追击，横渡汉水，很快占领了楚国都城郢（今湖北江陵）。楚昭王跑得快，才侥幸留得一命。

这个战例中，战事一开始，楚国处于强势而吴国处于弱势，伍子胥的"疲

楚"计划就是依据当时吴国的国情，先让楚国军队频繁奔波于各地战场，致使楚军疲惫，士气低落，从而无力应战。而吴国利用这个机会争取了时间，不断增强国力。吴国在壮大自己的同时，耐心等待时机成熟，一举攻破楚军，赢得了吴、楚之战的胜利。正如孙子所说："胜可知而不可为。"吴国在战前就做好了充分的准备，具备了胜利的条件，所以取胜是可以预测到的。

## 麻隧之战

麻隧之战发生于公元前578年，是春秋时期晋国为重振霸业而对秦发动的蓄谋已久的战争。其实早在公元前627年殽之战发生后，晋国就已经在为这场战争作着积极的准备。

公元前627年，晋文公、郑文公相继病逝。秦国国君秦穆公想趁乱发兵攻打郑国。新即位的晋襄公想维护霸业，决心在秦军回师经过晋国时，趁机袭击。秦国的攻郑计划被郑人弦高获悉，弦高巧妙地使秦国以为郑国早有准备，秦军不敢冒进，只得改换目标，灭掉滑国后，班师回朝。孰料回国途中，晋国在殽山埋下伏兵，结果秦军大败，三帅被掳。这就是殽之战。

殽之战后，秦、楚两国联合起来对抗晋国，晋国的霸业受阻，陷入两面作战的被动局面。因此，晋灵公和晋成公在位期间，晋国的霸主地位日渐衰微，楚国取而代之，逐渐取得了中原的霸主地位。

晋景公继位后，调整了晋国的战略部署。他首先率兵征服赤狄，使晋国的战略地位得到改善。其次，晋国在公元前589年的鞌之战中打败齐国，破坏了齐楚联盟，拉拢了齐国。再次，他又派巫臣与吴国沟通，与吴联合制楚，在楚侧翼扶植一股势力。最后，他又瓦解秦楚联盟，以便各个击破。这样一来，中原的战略形势十分有利于晋国。

公元前582年冬，晋景公主动释放了楚国战俘钟仪，令其回国为晋通好。楚共王也以公子辰为使者，前来与晋国结交。

次年春，晋大夫籴茷又来楚报答公子辰之聘。晋、楚之间一时出现了媾和的局面。

夏初，晋景公猝然病故，继位的晋厉公仍然奉行和楚政策。

公元前580年，在宋大夫华元的撮合下，晋、楚两国终于达成和议。次年夏，晋大夫士燮和楚大夫公子罢、许偃在宋国西门之外会盟，晋、楚两国首次结盟。晋大夫郤至到楚，楚大夫公子罢至晋，彼此聘问。

公元前579年，晋大夫士燮和楚大夫公子罢、许偃在宋国西门之外会盟。

孙子兵法 形篇 胜可知而不可为

晋、楚结盟，实质上是晋国为瓦解秦楚联盟，实施各个击破战略所走的一步棋。在晋、楚两国商议谋和的时候，晋厉公也对与秦谋和作了初步试探。两君曾约定在令狐（今山西省临猗西）会盟。

公元前580年冬，晋厉公先抵达会所，但秦桓公不愿渡河，只派大夫史颗到河东会见晋侯。晋也只好派大夫郤犨到河西会见秦伯。秦伯本就无心与晋结盟，桓公归国后就背叛了令狐之盟，与楚国还有狄人商议伐晋。楚共王拒绝与秦一起伐晋，并将这一消息通报给了晋国。晋见秦楚之间关系破裂，便立刻抓住时机，集中精力向西对付秦与白狄。晋秦之间的麻隧之战，就此爆发。

公元前579年秋，秦人联合白狄进攻晋国，晋国在交刚大败白狄。次年，晋厉公一边派使臣向各诸侯国征集军队，准备伐秦；一边派大夫吕相（即魏相）赴秦，宣布与秦断绝往来。

吕相的说辞可谓春秋史上最长的一篇外交文告，也是一篇讨秦檄文。该文用极其犀利的文笔，极富煽动性的言语，将晋、秦之间数十年的积怨尽数罗列，并巧妙地将责任全部推卸给秦国，将秦国刻画成一个见风使舵、背信弃义的国家。因此，它坚定了诸侯参与伐秦的决心，也使楚国彻底失去了联秦、救秦的理由。

公元前578年，晋厉公率领晋军，联合齐、鲁、宋、卫、郑、曹、邾、滕八国大军逼入秦境，麻隧之战正式爆发。

晋厉公亲自带领晋国四军：中军将栾书，中军佐荀庚；上军将士燮，上军佐郤锜；下军将韩厥，下军佐荀罃；新军将赵旃，新军佐郤至。郤至的弟弟郤毅为晋厉公驾驭战车，栾针坐于车右。

秦军见诸侯联军攻来，也出兵进至泾水以东布阵迎战。当年夏初，双方在麻隧（今陕西泾阳北）展开对决，联军大败秦军，俘获了秦将成差及大夫女（女，姓，音rǔ）父。诸侯中，曹宣公死于军中。秦军残部败退，晋厉公带领诸侯联军渡过泾河追至侯丽（今陕西省礼泉县境），然后回师。秦国自麻隧战败之后，数世不振，晋国就此解除了西部边境的大患。

晋联合诸侯在麻隧战胜秦之后，实现了"秦、狄、齐"三强服晋的战略目标，然后又转而全力制楚。公元前575年，晋厉公在鄢陵之战中大败楚国，终于实现了晋景公称霸中原的遗愿。

公元前578年，晋厉公与齐、鲁、宋、卫、郑等八国结为同盟，共同讨伐秦国。

# 自保而全胜

【原典】

不可胜者，守也①；可胜者，攻也。守则不足②，攻则有余③。善守者藏于九地之下④；善攻者动于九天之上⑤，故能自保⑥而全胜也。

【注释】

①不可胜者，守也：张预注云："知己未可以胜，则守其气而待之。"此句指如果有不可战胜的条件，则可以防守。

②守则不足：采取守势，是因为取胜条件不足。

③攻则有余：采取攻势，是由于具备了取胜条件。

④善守者藏于九地之下：善，善于。九，古代用作虚词，极言其数之多。梅尧臣注："言深不可知也。"这里指军队隐藏自己的实力和行踪，让敌人摸不清虚实状况。

⑤动于九天之上：九天，梅尧臣注谓指"高不可测"。此句指善攻者进攻的态势如神兵天降异常迅捷，既出其不意又势不可挡。

⑥保：保全。

【译文】

如果敌方不可战胜，我方就做好防守的准备；可以战胜对方，就去发动进攻。防守，是由于自己实力不强，取胜的条件不充分；攻，是由于自己实力强大，条件充裕，举兵必克。善于防守的人，如同深藏于地底，使敌人无形可窥；善于进攻的人，如同神兵自九天而降，使敌措手不及。因此，善攻善守的人，既能有效地保全自己，又能获取全面的胜利。

【读解】

孙子在前面提出"先为不可胜，以待敌之可胜"的观点。那么，怎样才能做到"不可胜"和"可胜"呢？用他的话来说就是："不可胜者，守也；可胜者，攻也。"孙子认为不被敌人打败的最好作战形式便是防守，只有采取主动的防御态势，积极弥补自己的弱点，不给敌方可乘之机，才能在战略上赢得主动。

"善守者藏于九地之下；善攻者动于九天之上，故能自保而全胜也"，充分体现了孙武在防御战中"自保而全胜"的思想。这种思想在全书中反复出现，对后代的军事家影响深远。

要做到"自保而全胜"，关键在于把握好进攻与防御的度。积极进攻当然是夺取胜利的主要手段，但也不能不顾客观形势而片面地强调进攻；同样，防御也不是一味奉行的准则，一切行动要以易变的战争形势为转移。

【实例】

## 邯郸之战

秦昭襄王四十七（前260年），历时一年的秦、赵长平大战以赵国的惨败而告终。十月底，秦王派大将白起再次攻打赵国。赵国统治者决定不惜一切代价实现与秦国停战的目的。赵孝成王向周围诸侯国征询计策，最后决定实施虞卿的缓兵之策，以求达到同秦国议和的目的。十一月，赵国和韩国合谋，派出著名合纵家苏代，让他携带重金前往秦国游说秦相范雎。苏代在范雎和白起之间挑拨，最终致使两人不和，白起被迫撤军。

赵国深知秦国不会因此善罢甘休，必然会进行报复，便积极进行抗秦的战争准备。秦昭襄王得知赵国和其他诸侯国结盟反秦，震怒之下决定命白起为将大举伐赵。而此时白起断然拒绝领兵，劝说道："长平大败后，赵国君臣吸取教训，勤于国政，积极治理国家，发展生产，增强国力，而且还成功游说了五国国君结成反秦同盟。秦国这时执意伐赵，既不得民心，又必将遭遇顽抗，恐怕胜算不大。"白起力劝秦王慎重考虑攻赵事宜，但秦王不听。

同年九月，秦国大举伐赵。赵国吸取了长平大败的教训，不与秦国正面对抗，而是采取了持久防御、以待外援的战略方针，于是赵军退回了都城邯郸。在积极防御的过程中，赵国派人去威胁秦国，若不肯停止攻城，必将斩杀人质子赢、子楚全家。秦昭襄王不但不为所动，反而命大将王龁率军增援，加大攻势，下令不惜一切代价攻下邯郸。赵国都城内的精兵强将展开猛烈的反攻，赵国各地的留守军队也配合主力，不断打击秦军的侧翼与其运输线。

这场大战从公元前259年秋一直持续到次年夏，经过九个月的殊死战斗，秦国仍然没有攻克邯郸。此时，秦军伤亡惨重，军队士气低落，疲惫不堪。赵军虽伤亡过半，消耗很大，但军民一心，仍然坚守着邯郸。

赵国一面积极抗秦，固守邯郸，一面又四处寻求诸国的支援。为了帮助邯郸解围，魏国信陵君与楚国春申君率领两国联军赶到邯郸的外围；秦国也不断增兵汾城（今山西侯马西北）作为声援，并命郑安平率军增援邯郸。双方的决战一触即发。

魏、楚两国联军和赵军分三路内外夹击秦军。魏军从西面攻击，楚军从东面攻击，赵

秦昭襄王命大将王龁率军增援，加大攻势，下令不惜一切代价攻下邯郸。与此同时，赵国都城内的精兵强将顽强防守，打退了秦军的一次次进攻。

军在中间策应。秦军三面受敌，全线崩溃，损失惨重。秦将王龁率领主力撤退了数百里，一路逃回了汾城。赵、魏、楚三国联军乘胜追击，进攻汾城，秦军大败，被迫撤至河西，双方隔岸对峙。三国联军乘机收复了河东六百里失地，声威大震。至此，邯郸之战以秦国的失败宣告结束。

这个战例为"攻守"策略做了很好的说明。在内政方面，赵国利用战前宝贵的时间来发展生产，增强国力；在外交方面，赵国派人离间秦朝文臣武将的关系，这些都为战争取胜奠定了基础。面对秦国大举进犯，赵军没有采取硬拼策略，而是集中主力坚守邯郸，使得秦军强攻的计划未能实现，"故能自保而全胜也"。秦国在赵国内部团结、外部合纵抗秦的形势下，单纯依靠兵力的强大坚持攻赵，已是极大的失策；秦国在初战失利时，又迎来魏、楚两国援军的夹击，这时仍然坚持强攻，从而导致了最后的失败。

## 萨尔浒之战

1619年发生的萨尔浒之战，是明朝与后金政权在辽东地区进行的一次极为重要的决战。在此次战役中，后金大军在战略战术的指挥上运用了集中兵力、逐个击破的方针，短短五天之内连续击破了三路明朝军队，歼灭明军约五万人，一举缴获大量军备物资，完胜明军。

北宋晚期，女真完颜部建立了金朝政权，而后从东北逐渐进入到黄河流域，但还有另外一些部落生活在东北地区。明朝初年，这些留在东北的部落分成海西、建州、东海三大部落。明神宗万历十一年至十六年（1583—1588年），建州女真首领努尔哈赤（姓爱新觉罗）统一了建州各个部落，同时又合并了海西与东海诸部，控制了东临大海（今日本海）、西以明朝辽东都司辖区为界、南到鸭绿江、北至黑龙江以北外兴安岭的广大地区。努尔哈赤在统一女真各部的过程中，建立了兼有军事、行政、生产三方面职能的八旗制度。八旗士兵战时打仗则为兵，平日耕作则为民。刚开始时只分为黄、白、红、蓝四色旗帜，到万历四十二年（1614年）又增编镶黄、镶白、镶红、镶蓝四旗，共为八旗。女真人分编在八旗中，每旗可以出兵7500人，共有兵力六万余人，主要由骑兵构成。此外，努尔哈赤还修筑了赫图阿拉（今辽宁新宾）等城堡补充马匹和战备，屯田积粮。万历四十四年（1616年），努尔哈赤统一了建州各部，建立了后金政权，年号天命，自称金国汗，建都赫图阿拉。

此为清朝八旗甲胄。古代武士护头用具称盔，护身用具称甲，披于肩臂者称掩膊，护胸者称甲或铠，贴于两腋者称护腋，垂于两腿之外者称腿裙。

明朝统一全国后，在东北设官置治，建卫设防；洪武四年（1371年）又在辽阳设立定辽都卫，后改为辽东都指挥使司；永乐元年（1403年）置建州卫；永乐七年（1409年）在黑龙江口附近的特林设置奴儿干都指挥使司，而后又陆续在这些地方设置卫所。万历时，从鸭绿江至嘉峪关设置"九边"，即九个重镇，其中辽东管辖今辽宁大部分的地区。明朝中后期，朝政混乱，经济停滞不前，军事防备松懈，大明王朝正在逐渐走向没落。明朝一面对女真各部落首领加官晋爵，封赏金银珠宝，笼络人心；一面离间各部落，让他们互相分裂对立，削弱彼此势力，分而治之。明朝后期对女真的政治压迫和经济剥削不断加剧，引起了女真人民的强烈不满和反抗。在此背景下，努尔哈赤建立后金政权后，利用民众的这种不满情绪，对明朝辽东都司进行袭扰，明与后金的矛盾不断激化。

在明朝与后金的对抗中，居住在开原附近的女真族叶赫部，为避免被努尔哈赤吞并，依附于明朝，对抗后金。鸭绿江以东的朝鲜李氏王朝，也依附于大明。蒙古察哈尔部，居于归化城（今内蒙古呼和浩特）与承德之间，与后金势不两立，但同明朝的关系时好时坏。居于大兴安岭南部的蒙古科尔沁部与处于大凌河以北的蒙古喀尔喀部，与后金的关系良好，常与后金配合，袭扰辽东地区。在此形势之下，明朝虽然可以借叶赫部来包围辽东，利用朝鲜李氏王朝的关系来牵制后金，但终因叶赫部人少力弱不成气候，朝鲜李氏王朝也因遭到倭寇的侵略和后金的不断袭扰，无力助大明一臂之力。这样一来，明朝与后金在争夺辽东的战争中，一开始就处于下风。

万历后期，国内局势动荡，朝廷忙于镇压关内人民起义，无暇顾及辽东地区的防务。驻守辽东的明军，由于长期处在安定和平的环境中，疏于练兵，军心涣散，粮饷缺乏，军备不足，现有的装备也破败不堪，虽号称10万军力，但实际上也就数万人罢了。万历四十六年（1618年）正月，努尔哈赤趁明朝内讧不断、防务松弛的有利时机，决定对明朝发动进攻。二月，努尔哈赤召集诸臣讨论出兵征讨的方案，决定先行攻打驻守辽东地区的明军，然后吞并叶赫部，最后夺取整个辽东地区。从三月开始，后金加紧招兵买马，扩充军备，修整装备，并且收买明将刺探明军的具体情况。在经过一系列的认真准备和精心筹划之后，努尔哈赤在四月十三日举起反明大旗，率领两万步骑对辽东发起进攻。次日，后金大军兵分两路出发，努尔哈赤亲自率右四旗大军及八旗精锐护军向抚顺所（今辽宁抚顺）进发，又命左四旗兵进取东州堡（今辽宁抚顺县）。十五日清晨，两军围攻抚顺城，贪生怕死的明军守将李永芳不战而降。后金军随后又占领了明军驻扎在抚顺城周围的堡寨。战事传至朝廷，明神宗派总兵张承荫率一万援军从广宁（今辽宁北镇）赶赴救援，四月二十一日，双方展开激战，明军大败，守将张承荫战死。

四月二十六日，大战告捷的后金军队先撤回都城修整待发。五月，后金军再次穿越边墙，连续攻克明驻防堡寨大小11个。七月，后金军攻陷清河堡（今辽宁本溪东北）。至此，抚顺城以东的堡寨，大部分都被后金军攻克了。后金军一路袭占了抚顺、清河后，本想乘胜拿下沈阳和辽阳，但军队侧翼遭到叶赫部的袭扰，同时又探知明王朝已经决定增兵辽东，感到自己兵力不足，便于九月主动撤退。休整一段时间后，次年正月，努尔哈赤再次亲率大军猛攻叶赫部，极大地破坏了叶赫部的军力，使自己的侧翼不再受扰，然后集中兵力，一心一意地对付明朝。明朝在辽东覆军殒将、抚顺等地接连失陷之后，明神宗感到事态严重，决定派大军进攻后金，企图一举消灭建立不久而势力日益强劲的后金政权。他任命杨镐为辽东经略，调兵遣将，充粮买饷，做好战争准备。次年二月，明各路大军数十万云集辽沈。杨镐制定了作战方案：兵分四路，分进合击，直取后金政治中心赫图阿拉，一举围歼后金军。其具体部署是：以总兵杜松为主力，出抚顺关，从西面进攻；总兵马林会合叶赫部的军队，出靖安堡从北面进攻；总兵李如柏领兵经清河堡，出鸦鹘关，从南面进攻；总兵刘綎会合朝鲜军，出宽甸由东进攻；总兵官秉忠率军一部驻扎辽阳，作为机动；总兵李光荣率军驻广宁，保障后方交通。杨镐本人则坐镇沈阳，居中指挥，同时，限令四路明军于三月初二会攻赫图阿拉。在明军出动之前，后金间谍已探知了明军的作战方案和时间安排。

　　努尔哈赤在连续攻破抚顺、清河之后，分析当前的战况，觉得和明军交战路途遥远，需要在明辽东都司交界地设一个基地，以便军队歇息调整。于是，努尔哈赤在吉林崖（今辽宁抚顺市东）筑城屯兵，派兵守卫于此，扼守住明军经过此地东来的要道。此时，努尔哈赤已探明明军的行动计划，认为明军兵分几路进军的道路都十分险要，不可能很快就能赶到，遂决定采取"凭尔几路来，我只一路去"的集中兵力、逐路击破的作战方针，集中十万兵力准备迎战。二月二十九日，后金军发现刘綎军先头部队从宽甸向北行进，西路的杜松军已出抚顺关往东行进了，努尔哈赤决定用驻防在赫图阿拉南的一队五百骑兵围困住刘綎军队，趁着其他明军缓慢进军之时，集中全部兵力，一举歼灭杜松军。三月初一，杜松所率军队已经来到萨尔浒（今辽宁抚顺东大伙房水库附近），然后兵分两路，留下主力军驻扎萨尔浒，杜松亲自率万人进攻吉林崖。努尔哈赤见杜松分兵两路，便命部下率军增援吉林崖，截击杜松，自己亲率六旗兵力进攻萨尔浒的杜松军主力，两面同时攻战，使杜松两部都无法轻易抽身，互相之间不能救援。努尔哈赤指挥旗兵趁天色昏暗能辨度不高，杜松军高举火把恰好暴露自身的时机，发起猛烈攻击，一时间万箭齐发，明军死伤甚多。经过激战，萨尔浒的明军被击溃。吉林崖的后金守军在援军的配合下，也打败了杜松的军队，杜松阵亡。明西路军全军覆没。

　　明军主力被歼灭后，南北两路明军形孤势单，互相不能照应，处境十分不利。当夜，马林军行进到尚间崖（在萨尔浒东北），得知杜松军已然溃败，就命令军队分三处驻扎进行防御，不敢再贸然前行。马林为保存实力，围绕着营寨挖了三层深沟，派火器军队列于沟堑之外，骑兵跟在后面。又命部将潘宗颜、龚念遂各率数万人聚集在营寨周边，形成掎角之势，阻挡后金军的突袭。

此为弩台复原图。其上窄下宽，与城墙的形制一样，高度也和城墙一般高，宽有一丈六尺，与城墙相接。上面有宽阔的通道，台上架有房屋，与敌棚形制类似，三面都垂下了濡毡，以遮蔽住垂钟板。屋子可容纳弓弩手一二十个人，屋中备有绳梯，以使士兵上下。

歼灭杜松军之后，努尔哈赤即将八旗主力聚集起来向北进攻，迎击马林军。三月初三，后金军一支骑兵军队冲破了龚念遂的营阵，用成排的步兵直攻龚军，攻破了明军车阵，龚军被击败。后金主力进攻尚间崖后，马林率军迎战。后金以骑兵一部迂回到马军阵后，两面夹攻，大败马林军，夺取尚间崖。努尔哈赤接着率兵击破潘宗颜部，北路明军大部被歼。

对于前方军队已经失利的战况，刘綎并不知情，仍然率领南路军按原计划向北开进，但因山路险恶，影响了进程，没能如期抵达赫图阿拉。努尔哈赤击败马林军后，马上移兵南下，迎击刘军。为全歼刘綎东路军，努尔哈赤制定了诱其速进、设伏聚歼的对策，先派遣主力埋伏在阿布达里岗（赫图阿拉南），又派出另一支小军队冒充明军，穿着明军战甲，打着明军大旗，将领则持着杜松令箭，诈称杜松军队已经赶往赫图阿拉，要求刘綎率部速来接应。信以为真的刘綎，立刻下令轻装急进。三月初五，刘綎先头军队行进到阿布达里岗的时候，突然遭到后金军的伏击，明军仓皇应战，结果全军覆没，无一幸免。努尔哈赤趁机又对刘军的后续军队发起了猛攻。坐镇沈阳的统帅杨镐，掌握着一支机动军队，对进攻的三路明军没有做任何策应。等到杜松、马林两军全军覆没之后，才急忙通知李如柏撤军回师。李如柏闻讯调军回营，军队阵容松散，行动迟缓，走了半天才来到虎拦岗（在清河堡东）一带。

李如柏军在班师回营的路上，被驻扎在附近的后金哨所的金兵发现。后金哨探在山上鸣螺发出冲击信号。明军的士兵以为后金主力发起攻击，惊慌失措，仓皇撤退。在四散逃命中，士兵们自相践踏，死伤千余人。李如柏率领剩余明军一路狼狈逃窜，撤军回师。

历时五天的萨尔浒之战，最终以明军的失败而告终。总结明军失败的原因，大致如下：一是对后金军的作战能力估计不足。在策划不周、准备不足、尚未了解敌情的不利条件下，仓促应战，没有根据战况制定相应的战略战术，分进而不能合击，不但没有集中兵力优势，反被对方逐个击破。二是主力军突出冒进，没有与各路明军配合作战。主力明军孤军深入，陷入重围，从而导致了全军覆没，不但使自己的作战力量大为减弱，而且使得南北两路也陷入力单势孤的险境，为后金军从容转移兵力、逐个击破造成了有利战机。三是杨镐掌握的机动部队驻守辽阳，远离前方战线，既不能及时增援前军，又不能起到掩护撤退的作用。再加上杨镐身为统帅却远离一线，不但对战况一无所知，而且不能随时指挥协调各路军队，致使群龙无首，盲从作战。另外，明军的作战计划、意图已被对方探明，使得后金早有准备，整个战争陷入被动，也是失败的一个重要原因。后金方面，努尔哈赤充分展现了其卓越的军事才能，整场战役集中兵力、连续作战、速战速决、逐个击破、战法灵活，从而以少胜多，大获全胜。分析其胜因：首先，及时探明敌情，判定明军进攻的主次方向，从容作出对策，成功反击了威胁最大却又孤军而进的杜松军，一举击破了明军的主力。其次，善于集中使用兵力，除留下一支兵力扼守据点外，集中八旗兵力合攻一处，从而在总兵力处于弱势的情况下，仍能集中反击，保证成功。再次，充分发挥骑兵灵活机动的特点，迅速转移兵力，既弥补了兵力不足的劣势，又使明军措手不及。此外，努尔哈赤善用计谋，事先获取了情报，这也是胜利的一个重要因素。

萨尔浒之战是一场对双方而言都有着重大意义的战役。此战之后，后金军乘势攻占了开原、铁岭，征服了叶赫部，势力更加强大，政权日趋稳固，并且从此夺取了辽东战场的主动权，为日后进一步扩张创造了有利条件。而明军遭此惨败，对辽东地区的控制权逐渐减弱，明朝统治者也从狂妄自大变为软弱妥协，此后一直采用谨慎保守的战略，由积极进攻转为消极防守，直至最后清军叩关攻入，明朝灭亡。

## 冒顿灭东胡

公元前209年，冒顿杀其父头曼单于取得政权后，北方的东胡国恃其强盛，派使臣前往索要千里马。冒顿采用欲取先与之计，将匈奴的宝马给了他。没过多久，东胡人又向冒顿提出，想得到单于的一个美女。冒顿又故意示弱，将自己最心爱的美女给了东胡。冒顿之所以一直忍让，是因为他深知匈奴此时实力不足，取胜的条件也不充分，暂且只能防守。

东胡王认定匈奴不足为惧后，夜夜笙箫，军队不再训练，边防也松懈下来。而此时，冒顿单于却开始悄悄练兵，加强生产，匈奴国力一天天强盛。

后来，东胡首领再次向匈奴索要与其接壤的大片土地，并在冒顿同意之前就派兵加以侵占。此时，冒顿见灭敌时机已经成熟，便率兵东进，抗击东胡入侵。东胡占领匈奴边界一带土地后，毫无戒备，遭冒顿突然猛击，顷刻瓦解，被匈奴所灭。

紧接着，冒顿单于又乘胜赶走了西方的月氏，吞并了楼烦和白羊，收复了被秦将蒙恬夺去的匈奴土地。这时，中原正困于楚汉相争的战火之中，因此冒顿单于的军队得以不断发展，兵力达到了三十多万。冒顿单于的一系列胜利无不与他奉行"守则不足，攻则有余"的战略方针有着密切关系。

# 修道而保法

【原典】

见胜不过众人之所知①,非善之善者②也;战胜而天下曰善,非善之善者也③。故举秋毫④不为多力,见日月不为明目,闻雷霆不为聪耳⑤。古之所谓善战者,胜于易胜者也。故善战者之胜也,无智名,无勇功⑥,故其战胜不忒⑦。不忒者,其所措必胜,胜已败者⑧也。故善战者,立于不败之地,而不失敌之败⑨也。是故胜兵先胜而后求战,败兵先战而后求胜⑩。善用兵者,修道而保法⑪,故能为胜败之政⑫。

【注释】

①见胜不过众人之所知:见胜,预见到胜利。不过,不超过。众人,常人,一般人。此句指预见胜负不超过常人的水准。

②善之善者:最理想的。

③战胜而天下曰善,非善之善者也:力战而胜之,天下人都说好,不算最好的。王皙曰:"以谋屈人则善矣。"

④秋毫:兽类在秋天新长的极纤细的毛,用来比喻非常轻微细小的事物。

⑤聪耳:耳朵的听觉很灵敏。聪,听觉灵敏。

⑥无智名,无勇功:杜牧注:"胜于未萌,天下不知,故无智名;曾不血刃,敌国已服,故无勇功也。"

⑦战胜不忒(tè):忒,差错。这里指确有打胜仗的把握。

⑧胜已败者:战胜已经处于必败之地的敌人。

⑨不失敌之败:失,丧失。杜牧注:"窥伺敌人可败之形,不失毫发也。"王皙曰:"常为不可胜,待敌可胜,不失时机。"不放过任何一个打败敌人的时机。

⑩胜兵先胜而后求战,败兵先战而后求胜:指取胜的军队,总是先创造取胜的条件,然后才同敌人交战;打败仗的军队,是因为先打仗,然后再去谋求胜利。

⑪修道而保法:道,政治。法,法令制度。意思为修明政治,确保法令制度的贯彻实行。

⑫为胜败之政:为,成为。政,主宰。意为政治清明、制度严谨的一方将主宰着战争的胜负。

【译文】

预见胜利不超过一般人的见识,不算最高明的。力战而胜,天下人都说好,也不算好中最好的。这就像举起纤细的毫毛不算力大,看见太阳、月亮不算眼明，听见雷霆不算耳聪一样。古代善战的人，总是取胜于容易战胜的敌人。因此这些善战者取得的胜利，既没有善智谋的名声，也没有勇武的功劳。因为他们所取得的战争的胜利是意料之中的。之所以不出意料，是因为他们所进行的战争是有必胜的基础的，是战胜那些已处于失败境地的敌人。善于作战的人，总是自己先立于不败之地，然后不放过任何一个打败敌人的时机。因此，胜利之师是先具备必胜的条件后再去交战，失败之师总是先同敌人交战，然后希望从苦战中求取胜利。善于用兵的人，总是注意内部团结，严明军纪，所以能成为战争胜负的主宰。

【读解】

"故善战者，立于不败之地，而不失敌之败也。"这是对善战将领的精彩描述，也是贯穿《形篇》的灵魂。要想"立于不败之地"，重在做好战前筹划工作。战前准备要周全而详密，要多收集对方的情况，然后对比自身，分析我方、对方各自的优势、劣势。还要对可能出现的情况做出最佳的预测，以便采取应急的对策，从而制定出一套周密的计划。"胜兵先胜而后求战，败兵先战而后求胜"，这和开头说的要打有把握之仗是相呼应的。孙子认为，一旦出兵，要么不打，要打就要打胜。而如果在战前没有充分谋划就贸然出兵，企图侥幸获胜的话，必然会失败。

【实例】

## 柏壁之战

刘武周原是马邑（今山西朔州东北）校尉。隋末天下大乱之时，刘武周杀掉马邑太守王仁恭，开仓赈济百姓，并征兵万余人，自封太守。唐武德二年（619年）三月，刘武周乘唐军主力进驻关中，河东空虚之时，封部将宋金刚为西南道大行台，率领本部兵两万余人，直逼河东。

同年十一月，李世民领兵在柏壁（今山西新绛西南）安营扎寨，并与驻守绛州（今山西新绛）的唐军联合，牵制住刘武周军的主力宋金刚部。当时，李世民帐下诸将都极力主张迅速出战，但深谙兵法的李世民却并不急于出兵。他对将士们分析道："领兵打仗，一条最重要的原则就是避敌主力，击其薄弱。现刘武周领兵据守太原，而其主力宋金刚孤军深入，所带粮草必定不多，如果我们现在出兵，正中其下怀。所以，我们应闭营休整，避其锋芒，然后不时以小股兵力偷袭，以疲敌军。当敌军粮草殆尽、疲于应战之时，我们再出兵袭击，定能获胜。"众将听了李世民的分析，无不叹服。

十二月，高祖李渊又命永安王李孝基领兵攻打夏县（今山西夏县）。夏县守将吕崇茂向宋金刚求救，宋金刚派尉迟敬德、寻相前去支援。尉迟敬德等还未出浍州（今山西翼城），李世民便派兵部尚书殷开山等拦截，结果尉迟敬德大败。

后来，尉迟敬德又率部前去救援王行本，李世民亲率三千骑兵夜奔安邑（今山西运城东北）进行拦阻，再次大败尉迟敬德。尉迟敬德、寻相弃军而逃。

此时，唐军诸将又请求乘胜出击，李世民却说："宋金刚带的兵个个骁勇善战。刘武周之所以据守太原，正是因为他知道宋金刚手下兵将的勇猛。现在宋金刚领兵孤军深入，求的就是速战。我们不可上当，应当厉兵秣马，等待时机。"于是，李世民仍然让军队闭营休整，只等敌军疲惫不堪，又无粮草供给之时，方领兵出击。

武德三年二三月间，唐将张德政又斩杀了刘武周军的粮草官黄子英，切断了宋金刚的粮道。因为缺乏粮草供给，宋金刚军在与唐军对峙约五个月后，被迫在寻相的掩护下撤退。李世民率军一路追杀，大败宋金刚主力。

在本战中，李世民在战前先积极筹划，做好应战的各项准备工作，而后对比敌我双方的实际情况，采用疲敌策略，以小股兵力频繁侵扰敌军，让自己的主力部队养精蓄锐，静待时机。之后派兵切断敌方粮道，制造战机，待敌无粮可食、疲于应战之时，下令军队集中兵力，接连猛攻，最终使唐军大获全胜。

## 度尚烧营平乱

东汉桓帝在位时期，由于政治腐败，朝政混乱，国内战乱不断，烽火四起。荆州一带更是盗贼出没，抢掠不断，搅得当地百姓怨声载道，苦不堪言。

为了维护地方治安，当时任荆州刺史的度尚招募当地乡勇组建了一支州兵，用以巡逻防卫。

有一年，一伙盗贼沿途抢掠而来，他们个个怀中都揣满了掠夺来的金银财宝。度尚带领乡勇前去围剿，结果大获全胜。乡勇们全都是本地民众，纪律观念不强，杀死敌兵后纷纷把那些财物据为己有。这样几次胜仗下来，灭了不少盗贼，同时乡勇们也都富裕起来了。乡勇们有了钱后，都不愿再去拼命，因此与敌人交手时，也没有往日勇猛。

度尚看在眼中，急在心里。他冥思苦想却不得良策。常言道"法不治众"，乡勇们个个如此，总不能治罪于每个人吧。但是，该怎样调动乡勇们的积极性呢？度尚思考了许久，想到乡勇们丧失斗志的原因，就是有了钱财，假如他们失去这些钱财，就会重新斗志昂扬。思及此，度尚眉头一皱，想出一计。

度尚站出来，对乡勇们说："盗贼乘我外出，前来烧我营房，使大家损失了所有财物。可恨不可恨？"

第二天，他下令让大家休息一天，但不准回家，而是让他们出外打猎，用野味充口粮。乡勇们听后都很兴奋，呼朋引伴地全体出动了。

度尚见他们走远，就命手下亲信放了一把火把军营给烧掉了。乡勇除了随身兵器因打猎走没有烧毁外，其余都烧了个精光，他们掠获的钱财也在大火中化为灰烬。

乡勇们返回营地后，看到军营变成了一片灰烬，都心疼不已。度尚趁机站出来说："盗贼乘我外出，前来烧我营房，使大家损失了所有财物。可恨不可恨？""可恨！"大伙齐声喊了一声。度尚又说："金银财宝，绫罗绸缎，盗贼那里多的是。众弟兄如果想要，我们可以去夺。"大伙高喊一声"好"，就掉头向盗贼营冲杀去，个个以一当十。盗贼被杀得人仰马翻，逃出百里之外。他们的财物辎重，都被荆州乡勇所获。自此，再也无人敢来荆州一带劫掠了。

## 公孙鞅诈和取吴城

战国时期，秦王派公孙鞅为大将，命其领兵攻打魏国。于是公孙鞅率领大军直抵魏国吴城城下。

吴城地势险要，工事坚固，正面进攻很难攻克。正在公孙鞅为攻城而愁眉不展时，他探察到魏国守将是与自己曾经有过交往的公子行，不禁心中大喜，计上心来。

公孙鞅马上修书一封，主动与公子行套近乎，信中说："虽然我们现在各为其主，但考虑到我们过去的交情，还是两国罢兵，订立和约为好。"他还在信中建议约定时间会谈议和大事。信送出后，公孙鞅便摆出主动撤兵的姿态，命令秦军前锋立即撤回。公子行看罢来信，又见秦军开始退兵，便马上回信约定会谈日期。

会谈那天，公子行带了300名随从到达约定地点，见公孙鞅带的随从更少，而且全都没带兵器，更加相信对方的诚意。

会谈气氛十分融洽，公孙鞅还特意摆宴款待公子行。公子行兴冲冲地入席，但还未坐定，就听到一声号令，伏兵从四面包围过来，公子行和300名随从反应不及，全部被擒。公孙鞅利用被俘的随从骗开了吴城城门，占领了吴城。就这样，公孙鞅用诈和之计轻取吴城。

此为陷马坑复原图。其为一种防御工事，在要塞处挖土为坑，用以陷敌方人马。坑中放进鹿角枪、竹签两种东西，皆削尖，用火烤过以使其坚利。坑上盖上稻草，或者种上草苗，使敌人不易察觉。凡是敌人的来路以及城门内外，皆设之。

# 胜兵若以镒称铢

【原典】

兵法：一曰度①，二曰量②，三曰数③，四曰称④，五曰胜⑤。地生度⑥，度生量⑦，量生数⑧，数生称⑨，称生胜⑩。故胜兵若以镒称铢⑪，败兵若以铢称镒。胜者之战民⑫也，若决积水于千仞之谿者⑬，形⑭也。

【注释】

①度：《礼记·明堂位》："度为丈尺、高卑、广狭也。"原指衡量长短的尺寸，这里指土地幅员大小。

②量：《汉书·律历志》："量者，禽、合、升、斗、斛也，所以量多少也。"原指计算粮食容积的升、斗等，这里指人口和物资数量。

③数：贾林注："算数也。以数推之，则众寡可知，虚实可见。"指数目的多少。指军队实力的强弱，以及将投入的兵力数量。

④称：原意指称量轻重，引申为权衡，即对敌我双方的实力作出衡量。

⑤胜：推算胜负的情况。

⑥地生度：曹操注："因地形势而度之。"此指敌我交战，必先衡量双方所拥有的土地大小作为作战基础。

⑦度生量：意思是基于双方拥有"地利"状况，可以知道其物质资源之储备及国力之强弱。

⑧量生数：梅尧臣注："因量以得众寡之数。"意思是说计算了敌国物质资源状况，可以知道其所拥兵员之众寡。

⑨数生称：王晳注："喻强弱之形势也。"意思是由兵员之众寡可以对比出双方兵力的强弱。

⑩称生胜：曹操注："称量之数，知其胜负所在。"意思是说对比衡量了双方的强弱形势，就可以知道其优劣胜负的实况。

⑪以镒（yì）称铢（zhū）：镒、铢，都是古代的重量单位，二十四铢为一两，二十四两为一镒，一镒合五百七十六铢。以镒称铢，指以很重的事物去称量很轻的事物，比喻兵力众寡的悬殊。

⑫胜者之战民：民作"人"解，这里指士卒。战民，《尉缭子·战威》："夫将之所以战者，民也。"意指统帅指挥部众参加作战。

⑬决积水于千仞之谿：决开积水使之从极高的山顶冲下来。仞，古代长度单位之一，一仞等于七尺，千仞形容非常之高。

⑭形：这里指由双方实力对比悬殊而造成的形势。

【译文】

　　用兵时必须注意的要素有：一是土地面积，二是军赋物资，三是军队兵员战斗实力，四是双方力量对比，五是胜负优劣。地形自然条件的优劣决定可利用土地面积的广狭，土地面积决定军赋物资的多少，军赋物资的多少决定兵员的质量，兵员质量决定军队的战斗力，军队的战斗力决定战争的胜负。所以胜利之师如同以镒对铢，是以强大的军事实力取胜于弱小的敌方，而败亡之师如同以铢对镒，是以弱小的军事实力对抗强大的敌方。打胜仗的军队作战，就像决开千仞之高的山涧积水冲下来，形成一种压倒一切的力量。

【读解】

　　在用兵作战时孙子提出了五项要素，即："度""量""数""称""胜"。它们之间一环扣着一环，前者决定或影响着后者，"地生度，度生量，量生数，数生称，称生胜"。这五项要素的优化组合，能使战争顺利取胜，所以这也给人们提出了预测战争胜负的依据。

【实例】

## 司马炎灭吴

　　司马炎是三国时期曹魏晋王司马昭的长子。265年秋天，司马昭去世，世子司马炎继承晋王爵位。次年春，司马炎逼迫魏元帝曹奂禅让，即位称帝，国号为晋，是为晋武帝。

　　司马炎称帝后，为了巩固帝位，大肆分封宗室，以增强宗室力量。仅几年时间，他就封了57个王，500多个公侯。

　　同时，为了稳定刚灭亡不久的蜀汉之地的局势，收买人心，他将一批原在蜀汉供职的官吏起用为朝官，借以安抚各级官吏，以维护社会稳定。当时，蜀汉虽亡，但东吴仍在，全国仍处于分裂局面。为了征服东吴，统一天下，晋武帝开始运筹帷幄。

　　而此时，东吴的君主孙皓却过着荒淫无度的生活。他命令大臣们先将女儿送进皇宫供他挑选，他认为漂亮的就统统纳入后宫，其余的方允许婚嫁。对此，中书令贺邵曾进行劝谏，但结果不仅没有成功，反而被孙皓用烧红的锯条残忍地锯下了舌头。除此之外，孙皓还热衷于其他各种惨不忍睹的酷刑，例如剜眼、剥皮和砍掉双足等。

司马炎逼迫魏元帝曹奂禅让，即位称帝，国号为晋，是为晋武帝。

孙皓脱下龙袍，让人反缚双手，率文武百官投降晋朝。

西晋大臣们见吴国国力日衰，政局动荡，纷纷劝说司马炎趁机灭吴。

其实，早在269年，晋武帝就已经开始为消灭吴国、统一天下做准备工作。他将大将羊祜调往军事重镇荆州驻守，并开始实施对吴军的策反工作。

羊祜接管荆州后，轻徭薄赋，安抚民心。羊祜还对与荆州相距最近的东吴石城（今湖北钟祥）实施以善取胜的策略，向吴军广施恩惠。

吴帝孙皓自己过着奢侈淫靡的生活，却常常不给士兵发放军饷，吴国士兵有时甚至要饿肚子。羊祜知道这种情况后，就派人给吴军送去酒肉，以此来拉拢吴军将士。

天长日久，常有吴兵前来归降。羊祜对吴兵的"厚"爱，使东吴将领们发自内心地感激晋军。

其实这正是晋武帝对吴军施以仁德、加以感化的一个策略。他一面向吴军示好，一面加紧在长江上游的益州训练水军，建造船只。

历经十年，万事俱备的晋武帝终于在279年正式出兵东吴。

为了速战速决，晋军五路兵马，沿长江北岸，向吴进发。另有一路晋军由巴东、益州出发，沿江东下，直攻吴国都城建业（今江苏南京）。

六路大军，共20万人浩浩荡荡地进攻东吴。东吴守军试图予以阻挡，在巫峡处钉了无数个长十余丈的锋利铁锥，并用粗大的铁链在江面狭窄处进行封锁。

晋军先将大竹排放入江面，然后将筏上载的无数根数丈长的、用麻油浇灌的火炬点燃，熊熊烈火熔化了粗大的铁链。就这样，东吴的长江防御设施被逐个摧毁。

当晋军攻取吴国都城建业时，为了分散、吸引防守建业城的吴军兵力，安东将军王浑带领一路晋军由北向南，进攻建业。

孙皓急派丞相张悌率主力军队渡江拦击王浑，沿江东下的晋军趁机占领了建业，东吴灭亡。

孙子说："胜兵若以镒称铢。"从此战例中可以看出，晋国国土面积广大，又处于中原地区；司马炎励精图治，发展生产，使晋国积累了丰富的军需物资；他优待士兵，广施"厚"爱，笼络了大量吴国的士兵；晋军上下一心，勤于操练，战斗力强。晋国拥有这些有利因素，又做了充分的作战准备，选择了恰当的时机，最终战胜吴国，可谓顺理成章。

# 势篇

## 本经通读

孙子曰：凡治众如治寡，分数是也；斗众如斗寡，形名是也；三军之众，可使毕受敌而无败者，奇正是也；兵之所加，如以碫投卵者，虚实是也。

凡战者，以正合，以奇胜。故善出奇者，无穷如天地，不竭如江河。终而复始，日月是也。死而复生，四时是也。声不过五，五声之变，不可胜听也；色不过五，五色之变，不可胜观也；味不过五，五味之变，不可胜尝也。战势不过奇正，奇正之变，不可胜穷也。奇正相生，如循环之无端，孰能穷之？

激水之疾，至于漂石者，势也；鸷鸟之疾，至于毁折者，节也。是故善战者，其势险，其节短。势如彍弩，节如发机。

纷纷纭纭，斗乱而不可乱也；浑浑沌沌，形圆而不可败也。乱生于治，怯生于勇，弱生于强。治乱，数也；勇怯，势也；强弱，形也。故善动敌者，形之，敌必从之；予之，敌必取之。以利动之，以卒待之。

故善战者，求之于势，不责于人，故能择人而任势。任势者，其战人也如转木石。木石之性，安则静，危则动，方则止，圆则行。故善战人之势，如转圆石于千仞之山者，势也。

## 本篇旨要

《势篇》和《形篇》是姊妹篇，《形篇》研究的是作战双方的军事实力，《势篇》论述的是作战将领的指挥能力。《势篇》首先站在战略进攻的角度，分析了将帅对战术原则的运用和创造必胜态势两个方面的内容，强调了将帅发挥主观能动作用的重要性；其次，提出了"以正合，以奇胜"的重要命题，深入论述了奇正相互依存、相互转化的微妙关系；最后谈到恰当选择作战指挥将领的重要性。在此篇中，孙子欲说明：将领在有了军事实力之"形"后，还需要具备善于造势、用势的才能，只有如此，才能将处于优势的军事实力转化成必然胜利之"势"。

# 治众如治寡

【原典】

孙子曰：凡治众①如治寡，分数②是也；斗众③如斗寡，形名④是也；三军之众，可使毕受敌⑤而无败者，奇正⑥是也；兵之所加，如以碬投卵⑦者，虚实⑧是也。

【注释】

①治众：治，治理、管理。治众这里指管理军队。

②分数：曹操注："部曲为分，什伍为数。"这里指军队的编制和员额。

③斗众：斗，使动用法。指挥众多军队作战。

④形名：曹操注："旌旗曰形，金鼓曰名。"原指古时候军队作战用的指挥工具、联络信号，这里引申为指挥。

⑤毕受敌：这里指全部军队遭受敌军的攻击。毕，引申为全部。

⑥奇正：古代兵法常用术语。一般说来，常规的为正，特殊的为奇；战术上先出为正，后出为奇；正面为正，侧击为奇；明战为正，暗袭为奇；在人们意料之中为正，出乎人们的意料为奇。

⑦以碬（duàn）投卵：碬，磨刀石，此指坚硬的石块。卵，鸡蛋。以碬投卵比喻以强攻弱，就像用石头砸鸡蛋一样，不堪一击。

⑧虚实：有备为实，无备为虚。这里指用兵时两军的强弱、众寡等的对比情况。

【译文】

孙子说：治理大部队与治理小部队的原理是一样的，都要依靠合理的编制、组织和机构；指挥大部队作战与指挥小部队作战的基本原理是一样的，都要依靠合理的通信联络系统。统帅三军将士，能让他们立于受到进攻而不败的地位，就在于巧妙地运用奇正的变化；攻击敌军像以石击卵一样容易，就在于灵活运用虚实，以实击虚。

【读解】

这一段讲述的是军队治理和战术运用的问题。自古以来，军队都有一定的编制，以便能够统一部署和管理，使得军令能够快速有效地传到下级，方便军队的整体调度。在具体运用战术时，要讲求出奇制胜，虚实结合。两方交战，既要按照常规出兵，做到有章可循，又要突破常规，使用奇巧战术，给对方造成各种假象，令其无法摸清我方的真实意图，以寻找可乘之机，夺取胜利。这也就是寻找机会制造有利于我军的"势"。

【实例】

## 长平之战

公元前261年，秦昭襄王根据丞相范雎"远交近攻"的战略思想，决定先攻打韩国。韩国愿意割上党郡以求和解。然而，韩国太守冯亭却不愿意献地给秦国，反而自作主张把上党地区献给了赵国。这引起了秦国的强烈不满，秦、赵之间的矛盾由此全面激化，秦国决定攻打上党。赵王得知秦军东进攻占上党，遂派遣大将廉颇率赵军主力前往长平，企图夺回上党。规模空前的长平之战由此拉开了序幕。

廉颇率军抵达长平后，分析了敌我双方的实际情况，决定采取以防守为主的策略，以逸待劳，用疲敌术拖垮秦军。但秦国的战略智囊团棋高一筹，利用赵国内部矛盾实施离间计，让只会纸上谈兵的赵括取代了廉颇出任赵军统帅。

赵括刚上任，就一改廉颇的做法，更换各部将领，改变军规制度，搞得全军上下离心离德，斗志消沉。他还改变了廉颇原先的战略防守方针，准备主动进攻，妄图一举打败秦军，夺回上党。

秦国任用英勇善战的武安君白起为上将军，统率秦军。白起针对赵括没有实战经验、求胜心切、鲁莽轻敌等弱点，采取了诱敌深入、分割包围、围困聚歼的作战策略，对兵力作了周密详细的部署，营造了"以石击卵"的强大阵势。

公元前260年8月，对秦军动态不甚清楚的赵括率主力向秦军发起了大规模的猛攻。两军刚刚交锋，秦军就佯败后退。赵括不问虚实，率军跟进追击。赵军行进到长壁后，突遭秦军的顽强抗击，攻势受挫，赵军被堵在坚壁之下。赵括欲退兵，此时事先埋伏在此的两万多秦军迅速出击，及时穿插到赵军的侧后，抢占了西壁垒（今山西高平北的韩王山高地），截断了赵军归路，对赵军形成包围之势。另外，秦军的五千精骑也迅速插向赵军的营垒，牵制了留在营垒中的赵军，并切断了赵军的粮道。白起又下令突击队不断进攻被困的赵军，被围困的赵军几次想突围出去，但都失败了。

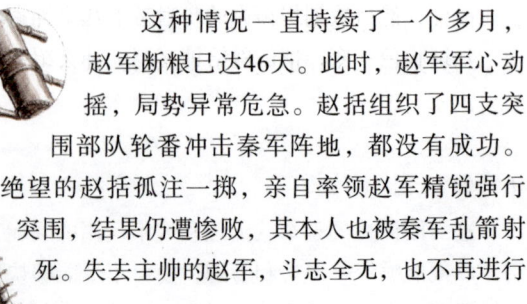

这种情况一直持续了一个多月，赵军断粮已达46天。此时，赵军军心动摇，局势异常危急。赵括组织了四支突围部队轮番冲击秦军阵地，都没有成功。绝望的赵括孤注一掷，亲自率领赵军精锐强行突围，结果仍遭惨败，其本人也被秦军乱箭射死。失去主帅的赵军，斗志全无，也不再进行

左图为飞梯复原图，右为竹飞梯。飞梯是古代战争中攻城用的长梯，木制，长二三丈，梯子前端装有两个小轮子，攀附城墙时用轮子紧贴墙推进竖起。竹飞梯为竹制的飞梯，中间是一根独竿的大竹子，两旁装上若干横档，以便脚蹬。

抵抗，40万饥疲之师集体解甲投降，全部被坑杀了。秦军取得了长平之战的彻底胜利。

在这个战例中，秦军大胜的原因在于其选才得当，起用了善于指挥、英武善战的白起为统帅——白起军律严明，指挥得力，将适当的战术用在适当的战场，灵活作战，最终赢得了胜利。而赵军的惨败在于其临阵易将，让毫无实战经验的赵括出任主将。他既没有制订正确的作战方案，又不清楚对方虚实，导致赵军始终处于被动，最后以惨败告终。

## 刘坦布阵退叛军

南北朝时，萧齐的始兴内史王僧粲起兵造反，领兵进袭长沙。长沙太守刘坦一边调兵迎敌，一边注意内部动向。

长沙城外有个大家族很有势力，族长名钟玄绍，他准备响应王僧粲起事。密探把这事报告给了刘坦，并打听到钟玄绍将在第二天夜晚动手。可这时，大军在远离长沙的边防阻击王僧粲大军，一时间根本抽调不回来，而城内守兵又尽是老弱病残，不是钟玄绍一伙儿的对手。手下人都着了慌，刘坦沉吟了半响，说："没关系，我们来个疑兵之计。"

刘坦一面派人火速往前线送信，抽调人马回城，一面让手下老弱残兵各处调防。到了傍晚时分，刘坦一反常规，吩咐手下人大开城门。钟玄绍等人夜深人静时果然悄然来到城门外，准备偷袭守门兵，却见城门大开，悄无人声。钟玄绍一下子疑惑起来，早探听到城中白天调动兵马，自己原想偷袭不成就硬攻的，哪料到城门竟然大开！莫非里面有埋伏？为了慎重起见，他令手下退回。

第二天，钟玄绍装作没事，来到城中刘坦衙中，像往常那样与刘坦攀谈，准备探点口风。刘坦早看透了钟玄绍的诡计，他一边与钟玄绍虚言周旋，一边暗中派人去查抄钟玄绍的家。钟氏家人突见官兵到来，又没见钟玄绍的面，一个个不知怎么办才好，只得任凭官兵抄查。不一会儿，官兵便查到了钟玄绍与王僧粲的来往信件，然后按刘坦预先的吩咐带上几个钟家主要人物回到衙门。官兵呈上密信，刘坦脸色一变，把信甩给钟玄绍。钟玄绍一看无话可说，手下人又不在，没办法，只好听凭抓捕。

刘坦公布了钟玄绍通敌谋反之罪，杀了钟玄绍和几个主要人物，然后当众烧了钟玄绍的党羽名单，安定了民心。接着，又派人传令回救部队半路返回前线。就这样，刘坦巧用疑兵之计，一反常规，开城迎敌，吓得敌人推迟起事时间，为平定叛乱争得了时间。

# 奇正相生

【原典】

凡战者，以正合①，以奇胜②。故善出奇者③，无穷如天地，不竭如江河④。终而复始，日月是也。死而复生，四时是也。声不过五，五声⑤之变，不可胜听⑥也；色不过五，五色⑦之变，不可胜观也；味不过五，五味⑧之变，不可胜尝也。战势⑨不过奇正，奇正之变，不可胜穷⑩也。奇正相生⑪，如循环之无端⑫，孰能穷之？

【注释】

①以正合：合，会合、交战。曹操注："正者当敌。"这里指以正兵与敌人正面交战。

②以奇胜：曹操注："奇兵从傍击不备也。"这里指以奇兵取胜，出奇制胜。

③善出奇者：善于出奇制胜的人。

④无穷如天地，不竭如江河：竭，枯竭。指出奇制胜的策略像天地万物一样变化无穷，像江河的水那样长流不息。

⑤五声：古代的五个音阶宫、商、角、徵、羽，合称五声。

⑥不可胜听：这里指听不尽的音乐。胜，这里作"尽"解。

⑦五色：我国古代以青、黄、赤、白、黑五种颜色为原色，称为正色，其他为间色（即由两种或两种以上正色混合而成的颜色）。

⑧五味：古代味分酸、甜、苦、辣、咸五种，以此五味为原味。

⑨战势：指因具体的兵力部署和作战方法而形成的战争态势。

⑩不可胜穷：此言无穷无尽之意。

⑪奇正相生：指奇和正相互依存、相互转化。

⑫如循环之无端：像顺着圆环旋转一样没有尽头，比喻事物的变化无穷。

【译文】

大凡指挥作战，总是正面迎敌，而以奇兵取胜。善于出奇制胜的人，他的战法是丰富多样、层出不穷的，就像天地万物的变化无穷无尽，就像江河流水奔腾不息。周而复始，日月运行就是这样；去了又来，四季更替就是这样。音阶不过五个，但五个音阶编制出的音乐却是无穷无尽的；原色不过五种，但五种颜色调配绘成的图画之美是观赏不完的；原味不过五种，但五味调和出的味道却是品尝不尽的。作战的基本方式不外乎奇、正两种，但奇、正的变化运用是无穷无尽的。奇与正相互转化，就像循环旋转一样没有始终，有谁能使它穷尽呢！

【读解】

"凡战者，以正合，以奇胜"，这是孙子对战争的总结，得到了历代兵家的认可。但是对于何为正，何为奇，各家的说法却莫衷一是。有人认为"先出为正，后出为奇"；有人认为"明战为正，暗攻为奇"；也有人认为"正面作战为正，侧翼作战为奇"；还有人认为"静为正，动为奇"。虽然说法不一，但有一点是共通的，那就是以一般的用兵常识部署、交战，然后根据战争形势的变化，以奇兵取胜。

【实例】

## 官渡之战

建安四年（199年）六月，袁绍精挑强兵十万，战马万匹，欲南下进攻许昌，官渡之战由此开始。

建安五年（200年）正月，袁绍发布征曹檄文。二月，袁绍大军准备渡河，企图与曹军主力决战。他派大将颜良率军进攻白马，企图夺取黄河南岸要点，以保障主力顺利渡河。四月，曹操率兵北上解救白马。这时，谋士荀攸提出应设计分散袁军兵力，伺机偷袭，各个击破，曹操予以采纳。袁军果然中计，曹操顺利解了白马之围。解围后，曹操西撤，袁绍派大将文丑率兵追击。曹操见袁军追来，便命士卒解鞍放马，故意将辎重丢弃。袁军果然上当，纷纷上去哄抢财物。曹操突然发起猛攻，击败毫无防范的袁军，杀了大将文丑，顺利退回官渡。

虽然袁军初战失利，但兵力仍占优势。七月，袁绍进军阳武（今河南中牟北），准备再次南下进攻许昌。九月，曹军向袁军发动进攻，但没有获胜，便退回营垒坚守不出。袁绍见诱敌不出，便下令在曹营之外构筑楼橹，堆成高台，用箭向曹军射击。曹军针锋相对，随即制作了一种抛石用的霹雳车，发射石块击毁了袁军的楼橹。随后袁军又挖地道准备偷袭曹军，曹军也在军营内挖掘长沟对抗袁军。双方你攻我打，一直相持了三个月。

十月，袁绍派校尉淳于琼率兵万人护送运粮车队，将粮食囤积到乌巢（今河南延津东南）。恰在这时，袁绍谋士许攸因犯法被袁绍关押起来，许攸不服袁绍，便出逃投靠了曹操。在许攸的建议下，曹操派兵袭击袁绍的囤粮基地。袁绍听说后，只派了一小部兵力前去救援，却集中主力猛攻官渡曹军营垒。然而曹营异常坚固，一时无法攻克。而另一方面，袁绍增援的军队赶到了乌巢，同那里的曹军展开了殊死决战，结果大败，那里的全部粮草被烧。乌巢粮草被烧的消息传到袁军前线，袁军

四月，曹操率兵北上解救白马。

上下顿时军心动摇，内讧不断。曹军乘其混乱，果断发动全面猛攻，一举大败袁军。

此战中，曹操根据敌强我弱的情况，采取了以逸待劳、后发制人的策略。在防御作战中，他指挥灵活，变被动为主动；他还善于捕捉战机，善于听取部属意见，出奇制胜。孙子指出，兵法有"奇、正"二术，二者相互变化运用，可发挥出无穷无尽的效果。曹操深谙此意，所以在作战中取得了胜利。

袁绍的军队赶到了乌巢，同曹军展开了殊死决战，结果大败。

## 刘锜奇招败兀术

1140年，刘锜率兵赴任东京（今河南开封）副留守，行至顺昌（今安徽阜阳）时，听闻东京沦陷，金兵正杀向南方。刘锜遂决定驻扎顺昌，以阻挡金兵。

他命人日夜不休地赶修工事，工事刚完成，金兵就杀来了。刘锜命部下将城门打开，以此迷惑敌人。金军怕有埋伏，不敢贸然进城，只在远处向城中射箭。因为刘锜提前修有避箭矢的工事，所以金军的箭攻并没有给宋军造成什么伤亡。而宋兵也从外城墙的洞口中向敌人放箭，射杀了很多金兵。金兵见很吃亏，连忙后撤。刘锜则趁机率兵杀出城，把敌人杀得四处逃散，很多溺死在颍水中。

金军不甘心，退到20里外安营扎寨，企图再攻。刘锜先发制人，在一个雷雨交加的夜晚，令部将阎充率500名勇士偷袭金军大营，金军又被迫退后了30里。第二天又是雷雨夜，刘锜命百余名将士身穿黑衣偷袭敌人。他们一边猛杀敌人，一边吹响竹哨子，电光一灭就伏身。金军以为是闹鬼，便再次后退了50里安营。

金军主帅金兀术闻知后，便带领十余万人从开封赶来援救。刘锜为了引敌轻进，便让两个士兵故意摔下战马，让金兵掳走。金兀术提审他们时，他们就按刘锜交代的说，刘锜根本不懂带兵打仗。与此同时，刘锜又命人沿颍水河南岸撒了大量的毒药，然后送信给金兀术，挑衅说："你敢不敢过颍水来打我？你要是敢，我就搭建五座浮桥在颍水上迎接你。"金兀术大怒，立即带兵来到颍水边。果然看到了五座浮桥。金兀术当即命部下上桥杀过河，进入了宋军的"毒药区"，致使大量的人、马中毒。这时，刘锜命部下携带水和粮食，杀进"毒药区"，上午坚守不出，等到下午金军被晒得头昏脑涨时再小股偷袭。这种捉迷藏的战术，把金兵打得叫苦不迭，又找不到宋军的主力，只得狼狈而逃。

# 善战者势险、节短

【原典】

激水之疾①，至于漂石②者，势③也；鸷鸟④之疾，至于毁折⑤者，节⑥也。是故善战者，其势险，其节短。势如彍弩⑦，节如发机⑧。

【注释】

①激水之疾：指湍急的流水急速奔泻而下。激水，湍急的水流。疾，迅猛、快速。

②漂石：把石头冲走。漂，浮、漂移。

③势：这里指居高临下的具有巨大冲击力的态势。

④鸷鸟：指鹰、鹫之类的猛禽。

⑤毁折：毁伤，捕杀。这里是猛禽捕杀鸟雀的意思。

⑥节：节奏，时机。指动作爆发得既迅捷、猛烈，又恰到好处。

⑦彍（guō）弩：指拉满待发的弓箭。

⑧发机：扣动弓弩，让弩箭瞬间射出。机，《说文》："主发之为机。"

【译文】

湍急的流水疾速奔泻，以至于能冲走石头，这便是势；苍鹰疾飞，能捕杀鸟雀，这是由于时机掌握得准确。因此，善于作战的人，他所造成的态势是险峻的，他发动攻势的节奏是迅猛的。造成的态势就像蓄势待发的弓弩，节奏急骤得像触发弩机。

【读解】

孙子在这里所阐述的意思类似于现在我们常说的"形势"二字。"形"指的是呈现出的静态，是力量尚未爆发之前的状态；"势"指的是呈现出的动态，是力量瞬间爆发所产生的威力。孙子以形象的事例论述了"形"与"势"之间的关系。细静的水流呈现出的是一种静态的感觉，没有丝毫威力可言，这就是一种"形"。但是在堤坝决口处，迅猛而下的水流却能将石头冲走，这种巨大的威力就是"势"；猛禽在攻击前的状态是"形"，捕杀猎物的瞬间便形成了"势"。

【实例】

## 张飞沉着退曹兵

汉献帝建安十三年（208年）七月，曹操在平定河北之后，率领大军南伐荆州。八月，荆州牧刘表病死。刘表的妻弟蔡瑁等人拥立刘表的次子刘琮出任荆州牧。刘琮见曹操来势凶猛，便不战而降。九月，刘琮迎曹操入荆州。当时刘备屯兵于樊城（今湖北襄阳北），闻听刘琮降曹，加上自己兵少将寡，只好率部退往江陵。曹操探得刘备动向，于是亲自率兵急追一天一夜，至当阳长坂坡（今湖北当阳东北），双方展开血战。刘备大败，在张飞的拼死保护下边战边退。破晓之后，刘备等人发现曹军尚未追来，才下马暂作歇息。此时，他身边仅余百名骑兵，部将赵云、糜竺、简雍等均失去联络。刘备正暗自叹息，只见一人身中数箭，踉跄而来。近前一看，却是大将糜芳。糜芳告诉刘备，赵云已经降曹。刘备不信，张飞却生气地说："他见我们大势已去，所以降曹，谋求富贵。我现在就去找他。假如让我遇到他，定一枪将他刺死。"说罢，张飞飞身上马，也不顾刘备阻拦，领了二十多个骑兵，向着长坂桥疾驰而去。行至桥前，张飞看到桥东有一片茂密的树林，心生一计。他让那二十多名骑兵在林中砍伐树枝，并将砍下的树枝系于马尾，然后骑马在树林中急速奔驰，以搅起尘土，迷惑敌兵。自己则单枪匹马，立于桥上。

事实上，赵云并未降曹。撤退时，赵云奉刘备之命保护刘备家室。在长坂坡，赵云与刘备被曹军冲散，他在曹军重重包围之中孤身奋战，不仅杀出一条血路，还先后救出简雍、糜竺、甘夫人和阿斗等人。赵云杀死曹营名将五十多员后，冲出重围，行至长坂桥边。此时他已体力不支，忽见张飞立于桥上，便大呼："翼德救我！"张飞离开刘备后，从简雍那里知道了赵云并未降曹，于是大声说道："子龙快走，我来阻拦追兵。"待赵云纵马过桥，张飞又屹立桥上。曹军大将文聘领兵追至桥边，见张飞双目圆睁，虎须倒竖，虽是单枪匹马立于桥上，但他身后桥东的树林里尘土翻滚，仿佛埋有伏兵，于是便勒马不前。很快，曹仁、李典、张辽、许褚等曹军大将陆续赶到这里，见到这种情况，也都不敢近前，马上派人速报曹操。曹操闻报，便骑马赶来。张飞见曹操已到，便大喝道："我是燕人张翼德，谁敢与我决一死战？"张飞声如洪钟，便听得曹军个个心惊胆寒。

曹操环顾左右道："以前曾听关云长描绘他这三弟勇猛，说他在百万军中取上

赵云在曹军重重包围之中孤身奋战，杀出一条血路，先后救出简雍、糜竺、甘夫人和阿斗等人。

将首级，犹如探囊取物。今日一见，果真不同凡响！你们切不可轻敌。"话音未落，只听张飞又大声喝道："燕人张翼德在此，谁敢与我决一死战？"曹操见张飞如此气势，心下已有退兵之意。张飞发现曹军阵脚略有松动，随即挺矛喝道："既不战，又不退，却是何缘故？"喊声未绝，只见曹操身后将领夏侯杰一头栽在马下，原来竟是被张飞吓得肝胆俱裂，坠马而死。曹操见状，叹息一声，率领众将一齐回撤。

张飞勇猛而不失谋略，在长坂桥以万夫不当之勇吓退曹军，名震一时。此战中，张飞利用曹操生性多疑的性格特点，先在自己身后的树林中布下疑阵，而后自己孤身骑马立于桥前，大声叫阵，以威慑敌人。张飞面对众敌，从容不迫，以足以震天的喝声吓死一员曹将，最终逼迫曹操撤兵。孙子说："善战者，其势险，其节短。"张飞利用自己的威名以及当时的地势条件制造出了令敌人闻风丧胆的气势，使得敌人士气消尽，仓皇而逃，从而取得速胜。

张飞站在长坂桥头，挺矛喝道："既不战，又不退，却是何缘故？"曹将夏侯杰闻言，吓得一头栽在马下，坠马而死。

## 俞大猷围歼倭寇

倭寇，一般指13世纪至16世纪期间，以日本为基地，活跃于朝鲜半岛及中国东南沿海的海上入侵者。他们的抢掠对象并不是船只，而是陆上城市。倭寇的组成并非仅限于日本海盗，只是由于这批海盗最初都来自日本（当时称为"倭国"），所以被统称为"倭寇"。

明嘉靖三十三年（1554年），两万多名倭寇聚集于柘林，骚扰沿海。右都御史张经受明世宗之命前往柘林剿灭倭寇。苏松副总兵俞大猷对张经说："柘林地势险要，且倭寇擅长流动作战，如果我们与其正面交锋，他们定会乘船逃往海上。我军集合不久，恐怕不是他们的对手。不妨先将倭寇外逃的必经之地予以封锁，再派部分人马包抄到敌后，堵死水路。这样，形成包围之势，定能将其一网打尽。"张经依计而行，命俞大猷、邹继芳和汤克宽分别镇守金山卫、闵港和乍浦，又令永顺军和保靖军联合围剿。

一声炮响之后，各路人马一起杀向倭寇，将他们包围在王江泾。最终，两千余名倭寇被剿灭，其余的落荒而逃。

在这场战斗中，俞大猷深谙"势"的重要性，扬长避短，设计造"势"，一举击溃倭寇，不愧为"善战者"。

# 以利动之

【原典】

纷纷纭纭①，斗乱②而不可乱也；浑浑沌沌③，形圆④而不可败也。乱生于治，怯生于勇，弱生于强⑤。治乱，数也⑥；勇怯，势也⑦；强弱，形也⑧。故善动敌者，形之，敌必从之⑨；予之，敌必取之⑩。以利动之，以卒待之⑪。

【注释】

①纷纷纭纭：此指战争场面极为混乱。纷纷，混乱的样子。纭纭，多而杂乱的样子。

②斗乱：在混乱状态中指挥战斗。

③浑浑沌沌：杜牧注："浑浑，车轮转行；沌沌，步骤奔驰。"意指敌情不清。

④形圆：行阵形制为圆形，即圆阵。圆阵首尾相接，四面外向，旋转应敌，是利于坚守，难以攻败的军阵。

⑤乱生于治，怯生于勇，弱生于强：梅尧臣注："治，则能伪为乱；勇，则能伪为怯；强，则能伪为弱。"此句意为，军队要使敌军阵形混乱，己方必须严整；军队要让敌军惧怕，本身必须勇敢；军队要让敌军软弱，己方必须坚强。

⑥治乱，数也：数，即"分数"，指军队的编制和组织。此句意为，军队的编制和治军是否合理严整决定军队的严整或混乱。

⑦勇怯，势也：士卒的勇敢或怯懦，是由战争态势的优劣决定的。

⑧强弱，形也：军队战斗力的强弱，是由双方的实力决定的。

⑨形之，敌必从之：高明的统帅故意在战争中示敌人以假象，迷惑敌军作出错误的举动。形，向敌人示以军形。

⑩予之，敌必取之：给敌人以小利，引诱其上钩。予，给、施与。

⑪以利动之，以卒待之：以小利引诱敌人中计，以伏兵伺机歼敌。

【译文】

人马攒动，纷纭交错，在混战中指挥战斗，一定不可使自己的军队混乱；浑浑沌沌，敌情不明，要布阵严整，四面八方都能应付自如，就不会战败。战场上，混乱有时从严整中产生，怯懦会从勇敢中产生，弱小也会从强大中产生。或严整或混乱，是由军队的组织编制的优劣决定的；或勇敢或怯懦，是由所处态势的好坏决定的；或强大或弱小，是由军队实力对比表现出来的。因此，善于调动敌人的将领，以假象迷惑敌人，敌人就会信从；以利益来引诱敌人，敌人就一定来夺取。以假象调动敌人，以小利来引诱，而以伏兵来等待敌人进入圈套，进而歼灭敌人。

【读解】

本段中，孙子分述了"数""势""形"，特别强调了在战场上隐藏自身实力的重要性，故意做出假象，使敌方感到我方不具有威胁性而产生轻视的心理。这样，敌人在进攻时，必然会大意而为，我军再找准机会重拳出击，定可一举击垮对方。"予之，敌必取之"，这就是说，在战场上也要懂得牺牲，以舍小利获大益。

【实例】

## 耿弇神速平张步

耿弇，东汉中兴时期名将。西汉末年，耿弇跟随刘秀起兵，时任大将军。公元25年，刘秀称帝，建立东汉，改元"建武"。耿弇被任命为建威大将军。

建武二年（26年），耿弇向光武帝请求攻齐。建武五年（29年）十月，刘秀命耿弇前去征讨齐地的张步。张步听闻汉军前来征讨，忙命人在泰山钟城（今山东禹城东南）布营，防范汉军。耿弇渡河后，率先向祝阿（今山东济南长清东北）发起进攻。汉军将士个个士气高昂，不到一日便攻破了城池。耿弇在攻城时故意敞开城墙一角，以便让敌军部分士兵潜逃。那些逃出的士兵纷纷逃奔钟城，向钟城守军大肆渲染汉军的盛大气势。正如耿弇所料，钟城守军听后万分恐惧，弃城而逃。耿弇毫不费力地拿下了钟城。

耿弇攻下钟城后，又得到了济南。

以剧县（今山东寿光东南）为都的张步得知济南失守的消息，忙派弟弟张蓝率两万精兵进驻西安（今山东淄博市东北），同时又命附近诸郡太守集合万余人，进驻西安40里外的临淄，以便与张蓝部相呼应。耿弇派人暗地勘察，发现西安城虽小，但张蓝所率俱是精锐，所以很难迅速攻破；临淄城虽然大，却相对容易攻克。于是，他下令全军整顿，五日后攻西安。张蓝探听到这个消息后，马上下令巩固城防，并派重兵日夜把守。耿弇护军荀梁等人建议他先取西安。耿弇解释说："西安守军听说我要攻打他们后，已经日夜防备；而临淄此刻的防备必然不严，我们出其不意，突然攻打，一日之内必能攻克。攻克临淄后，西安城就陷入孤立无援的境地。张蓝与张步被隔绝，必然无力互相救援，这样西安也就好攻了。这是一石二鸟之法。假如我们先攻西安，如果攻克不下，两军激战，死伤必多。"将士们听后都赞他高明。耿弇率兵趁夜袭击临淄，不到半日，就将其攻陷。张蓝闻知临淄失陷，惊惶失措，最终率兵弃城而逃，直奔剧县。随后，耿弇顺利攻下了西安。

临淄和西安失守后，张步仍然自信满满，他兵多，因而多有傲气。他嘲笑耿弇说："以前尤来、大彤（西汉末年的农民起义领袖）有十余万兵马，我大败他们尚且易如反掌，如今耿弇的兵力少于他们，且又是些疲劳之兵，有何可惧？"于是，张步与张蓝、张弘、张寿兄弟四人和大将重异等人，发兵数万，号称二十万，大举反攻临淄城。

此为塞门刀车复原图。所谓的塞门刀车，是在一辆木车前面装上数层枪刀，如果敌人破坏城门，可用其直接堵住城门，使敌人无法前行。这是一种专门的对付敌军攻入城门的防御武器。

张步军虽有士气但缺乏灵活性，结果中了耿弇的诱敌之计，战斗力大减，最终被打败。耿弇料想张步战败后定会带兵逃离，于是便事先在其左右翼暗藏伏兵。半夜时分，张步果然率军撤退，耿弇伏兵一路追杀，缴获张步军辎重无数。张步逃到平寿（在今山东潍坊西南），走投无路，只得肉袒负斧，到耿弇营中请罪。耿弇让他前去谒见光武帝，自己则领兵收降了张步的十余万士兵。至此，齐地完全平定。

耿弇善用计谋，指挥得当。他在钟城之战中，巧用计策，顺利取得胜利；在攻打西安时，采用声东击西之策，巧取两座城池；在临淄之战中，又诱敌深入从而形成包围之势将敌歼灭；张步败兵逃跑之时，又中了耿弇的埋伏，最后不得不投降。耿弇善于选择时机，不与强敌硬拼，等到时机成熟，便一举歼灭敌军，不给敌人反击的机会。张步骄傲自满，不辨虚实，处处中计，从而导致最后的失败。

## 班超假退平叛乱

东汉时期，班超出使西域。当时，地处大漠西缘的莎车国煽动周边小国归附匈奴、反抗汉朝。班超决定征讨莎车国。莎车国王向北方的龟兹国求援，龟兹王亲率五万人马，前来援救莎车国。

当时，班超为了迷惑敌人，他派人在军中散布对自己的不满言论，制造打不赢龟兹国遂撤退的迹象，并故意让莎车国的俘虏听得一清二楚。这天黄昏，班超命于阗大军向东撤退，自己则率部向西撤退，表面上显得十分慌乱，并有意让俘虏趁机脱逃。俘虏逃回莎车国大营中，急忙报告汉军慌忙撤退的消息。龟兹王大喜，立刻下令兵分两路追击逃敌。龟兹王亲自率领一万精兵向西追杀班超军队。班超趁夜幕笼罩大漠，仅撤退十里便下令就地隐蔽起来。龟兹王求胜心切，率领追兵从班超隐蔽处飞驰而过而未察觉。班超遂集合部队，迅速回师杀向莎车国。莎车国猝不及防，顷刻间瓦解。莎车王没来得及逃走，只得请降。龟兹王追赶一夜，仍未见班超部队踪影，后来听说莎车国已被平定，自知大势已去，只好悻悻地返回龟兹国。

鉴于敌众己寡，班超采用了即打即离的策略，制造假象，引诱敌人作出错误判断，然后趁机回师，一举平定了叛乱。

# 求之于势

【原典】

故善战者，求之于势①，不责于人②，故能择人而任势③。任势者，其战人④也如转木石。木石之性，安则静⑤，危则动⑥，方则止⑦，圆则行⑧。故善战人之势⑨，如转圆石于千仞之山者⑩，势也。

【注释】

①求之于势：寻求有利于己的态势。求：寻求，利用。

②不责于人：责，《说文》："责，求也。"原意为责备，这里指苛求。不责于人，意为不苛求部下。

③择人而任势：择，选择。任，任用。此句指挑选合适的人才，充分利用有利的形势。

④战人：指挥军队与敌人作战。

⑤安则静：把它们放在平坦安稳的地方，它们就能静止不动。

⑥危则动：危，危险，这里指地势倾斜。此句意指将木头和石块放在险峻的高处，它们就会自行滚动。

⑦方则止：方形的木石静止不动。

⑧圆则行：圆形的木石滚动自如。

⑨势：趋势，态势。

⑩转圆石于千仞之山者：千，数词，特指非常高。仞，量词，一仞为七尺。从万丈峰顶向下滚动圆石。

【译文】

因此，善于打仗的人，总是从自己造"势"中去追求胜利，而不苛求部下以苦战取胜。因此，他们能恰当地选择人才，巧妙地利用有利的态势。善于创造和利用态势的人，他们指挥军队作战，就像转动木料、石头一样。木、石的禀性是，置于平地则静止，置于倾斜之地则滚动；方形的木石容易静止，圆形的则会滚动。所以，能够充分利用有利态势的将领、善于指挥作战的人，所造成的有利态势就像从千仞之高的山上滚下来的圆石一样，其势不可阻挡，威力无比。

【读解】

孙子认为，高明的用兵者，总是力求创造有利的战争态势。他把这比喻为转动圆石，将圆石从千仞之高的山上滚下来，它就会以愈来愈快的速度摧毁途中的一切，爆发出巨大的威力。将这种"势"运用在人身上，就是极大地调动人的积极性，鼓舞己方的士气，打击对方的气焰，把将士的士气激发出来，付诸战斗。精明的将帅会"择人而任势"，力图制造对己方有利、对敌方不利的形势，来获取成功。孙子明白地表示，人的因素第一，将帅起决定作用。善于指挥打仗的将帅，"求势"而不"责人"，"择人而任势"。

【实例】

## 甘宁百骑袭曹营

甘宁，字兴霸，东汉巴郡临江（今重庆忠县）人。甘宁少时不务正业，常与轻薄之徒聚首，并自任首领。待年长后，他钻研诸子百家，想要建功立业。起初，甘宁率众投靠荆州牧刘表，不为重用。想要归附东吴，途中却被江夏太守黄祖劝留，但黄祖对其也不加重用。建安十三年（208年），甘宁弃黄祖转投孙权，孙权对其十分器重。甘宁在东吴屡立战功，被拜为西陵太守，统阳新、下雉两县。

建安十八年（213年）正月，曹操率领40万大军进攻濡须口（今安徽巢县南），孙权领兵7万迎击，派甘宁率3000人为前部。孙权打算趁曹军尚未站稳脚跟之际派兵抢先进攻，以挫其锐气。大将凌统请求出战，孙权应允。凌统率3000人杀向曹营，曹军先锋大将张辽前来迎战。二人激战了50多个回合，仍未分出胜负。孙权担心再战下去对凌统不利，于是让吕蒙掩护其退回。这先头仗虽未分出输赢，但也给了曹军一点威慑。甘宁见凌统抢了头功，于是请求孙权应允他带百名士兵夜袭曹营，并立下军令状："如损一马一卒，甘愿受罚！"孙权见甘宁有如此斗志，当下应允，并特赐他米酒数十坛。

甘宁精选了100名士兵，出发前备下酒宴，与众将士同食。宴席结束，甘宁用银碗斟酒，自己先饮两碗，然后亲自为将士们斟酒，同时说道："我们今夜要偷袭魏营，在此请大家与我同饮此酒，然后我们共同杀敌！"将士们跪伏地上，并不接酒。甘宁拔出腰刀，厉声喝道："你们现在的地位哪个比我尊贵？我尚且不怕死，尔等何以惧死？"众将士见甘宁变色，纷纷起身行礼道："属下愿誓死追随将军。"说完恭敬地接过酒一饮而尽。

饮罢酒，甘宁又让每位士兵在头盔上插一根白鹅翎作为标志。一切准备就绪，三更时分，甘宁率众人披甲上马，向曹营杀去。

甘宁一马当先，杀入曹营。曹军将士慌乱之中早已没了方寸，只顾四处逃窜。

黑夜中，甘宁一马当先，杀入曹营。曹军将士慌乱之中早已没了方寸，不知道有多少兵马杀来，只顾四处奔逃，好不狼狈。甘宁与那百名士兵趁乱在曹军营中纵横驰骋，遇人便杀，很快从南营门杀了出来。曹操唯恐这是吴军的诱敌之计，怕前去追击正中埋伏，于是任其离去。

甘宁胜利回营后，孙权大喜，赏甘宁绢1000匹，战刀100口，并增兵2000名。从此，孙权对甘宁更加器重。经过此事，曹操见难以取胜，驻扎了一个多月，便退回北方去了。

甘宁夜袭曹营获得成功，百名士卒全部安全回营。此战中，甘宁表现出高明的用兵之术，他知道曹军刚驻扎下来，一切防备还未稳妥，于是利用这个有利时机实施偷袭，使敌人乱了方寸，任其宰割，从而把握住了战争的主动权。另外，甘宁智勇双全，粗中有细，他利用"兵不厌诈"之策给敌人以心理威胁，使曹军不敢贸然追击。吴军通过这次成功的偷袭，激发了将士的士气，打击了对方的气焰，创造了对自身有利的作战形势；而曹军被偷袭之后，全军将士大为震惊，士气低落，战斗力大大降低。

## 田单妙计败燕军

战国中期，著名军事家乐毅率领燕国大军攻打齐国，接连攻下七十余城，齐国集中兵力坚守仅剩的莒和即墨两城。乐毅乘胜追击，围困莒和即墨。齐国军民拼死抵抗，燕军久攻不下。齐国守将田单派人入燕行反间计，诈称乐毅名为攻齐，实欲在齐国称王；若燕王另派大将，则灭齐国指日可待。新即位的燕惠王很不信任乐毅，果然中计，以自己的亲信骑劫取代了乐毅。

田单深知骑劫根本不是将才，虽然燕军强大，但只要自己计谋得当，就一定可以击败对方。田单利用两国士兵都有的迷信心理，要求齐国百姓每天饭前要拿食物到门前空地上祭祀祖先。这样，成群的乌鸦、麻雀赶来争食。城外燕军一看，以为齐国有神相助，连飞鸟每天都定时朝拜。燕军人心惶惶，非常害怕。田单还派人放话，说骑劫过于仁慈，谁也不怕他，如果燕军割下齐军俘虏的鼻子，刨了齐人在城外的祖坟，齐人肯定会吓破胆。骑劫果然下令割下俘虏的鼻子，挖了城外齐人的坟墓，这些残暴的行为激起了齐国军民的义愤。齐军将士纷纷向田单请求，要与燕军决一死战。田单一看

火牛，古代的一种火攻法，将枪绑在牛的前蹄上，刀刃向外，然后将桦树皮、细草等绑到牛尾上，将其驱逐到敌军方向，射火箭，牛因惊吓势必向前奔跑，敌军必定乱作一团，可以趁机进攻。古时所用的"燧象""火马"，与这种方法相同，效果也一样。

孙子兵法

势 篇

求之于势

时机成熟，就决定出城反击，但齐军人数太少，正面进攻很难取胜。于是他把城中的一千多头牛集中起来，在牛角上绑上尖刀，牛身上披上画有五颜六色龙形图案的深红色衣服，牛尾巴上绑上一大把浸了油的麻苇。又另外选了5000名精壮士兵，穿上五色花衣，脸上绘上五颜六色的图案，手持兵器，跟在牛的后面。这天夜晚，田单命令把牛从新挖的城塘洞中放出，并点燃麻苇。牛受了惊，直冲燕军军营。燕军猝不及防，被火牛阵势吓得惊慌失措，夺路而逃。齐军5000名勇士接着冲杀过来，燕军死伤无数，骑劫也在乱军中被杀。齐军乘胜追击，收复了七十余城，使齐国转危为安。

田单采用了多种战术。运用各种因素壮大了自己声势，最后打败燕军，取得了辉煌的胜利。

## 曹操借头稳军心

东汉末年，军阀割据，出身于贵族世家的袁术占据了淮南，并于197年在寿春称帝。袁术的做法引起了各路军阀的普遍不满。割据兖州的曹操首先兴兵讨伐袁术。

这一年，曹操与袁术在寿春一带相持达几个月之久，战争处于胶着状态。由于曹操远离后方，旷日持久的对峙使其军中粮草马上就要用尽了。为节省现存的一点粮食，曹操把典仓吏王垕召来，命他用小斗付粮以拖延时日。

过了几日，士卒因口粮不足，心生不满。曹操知道：军心不稳，必败无疑。于是，曹操把王垕叫到帐内，对他说："我想向你借一样东西稳定军心，不知你是否肯借？"王垕说："只要丞相需要，我在所不惜！"曹操陡然变色，厉声说："就是你的项上人头！"王垕大惊失色，说："我无罪！"曹操说："我也知道你无罪，但若不杀你，恐怕军心就难以稳定。"说完，曹操手起刀落，王垕的头就落在了曹操手中。

曹操走出营帐，通告全军："典仓吏王垕故意克扣军粮，现已查实，特斩首示众。"士卒们都不知道其中详情，见到王垕的头，都认为曹操公正无私，不满情绪很快就消失了。

兵怨平息后，曹操下令全力攻打寿春，临阵脱逃者斩。经过全力一拼，寿春城破，曹操将守将李丰、乐就、梁刚、陈纪四人处斩。就在众将欢庆胜利时，曹操突然大声哭喊道："王垕将军，你没有白死。"然后他将那日的事告诉了大家，众人闻之无不落泪。

在军心不稳的紧要时刻，曹操以粮官人头造势，借此来稳定军心，最终取得战争的胜利。虽说其行事残忍，但也的确称得上是大谋略家。

# 虚实篇

## 本经通读

孙子曰：凡先处战地而待敌者佚，后处战地而趋战者劳。故善战者，致人而不致于人。

能使敌人自至者，利之也；能使敌人不得至者，害之也。故敌佚能劳之，饱能饥之，安能动之。

出其所必趋，趋其所不意。行千里而不劳者，行于无人之地也；攻而必胜者，攻其所不守也。守而必固者，守其所不攻也。故善攻者，敌不知其所守；善守者，敌不知其所攻。微乎微乎，至于无形，神乎神乎，至于无声，故能为敌之司命。

进而不可御者，冲其虚也；退而不可追者，速而不可及也。故我欲战，敌虽高垒深沟，不得不与我战者，攻其所必救也。我不欲战，画地而守之，敌不得与我战者，乖其所之也。

故形人而我无形，则我专而敌分。我专为一，敌分为十，是以十攻其一也，则我众而敌寡。能以众击寡者，则吾之所与战者约矣。吾所与战之地不可知，不可知则敌所备者多。敌所备者多，则吾所与战者寡矣。故备前则后寡，备后则前寡，备左则右寡，备右则左寡，无所不备，则无所不寡。寡者，备人者也；众者，使人备己者也。

故知战之地，知战之日，则可千里而会战；不知战地，不知战日，则左不能救右，右不能救左，前不能救后，后不能救前，而况远者数十里，近者数里乎？

以吾度之，越人之兵虽多，亦奚益于胜哉？故曰：胜可为也。敌虽众，可使无斗。

故策之而知得失之计，作之而知动静之理，形之而知死生之地，角之而知有余不足之处。

故形兵之极，至于无形。无形，则深间不能窥，智者不能谋。因形而错胜于众，众不能知；人皆知我所以胜之形，而莫知吾所以制胜之形。故其战胜不复，而应形于无穷。

夫兵形象水。水之形，避高而趋下；兵之形，避实而击虚。水因地而制流，兵因敌而制胜。故兵无常势，水无常形。能因敌变化而取胜者，谓之神。

故五行无常胜，四时无常位，日有短长，月有死生。

## 本篇旨要

"虚"，在这里特指作战一方兵力的分散和薄弱；"实"，特指作战一方兵力的集中和强大。虚实不仅仅指兵力的强弱，其中还包括作战中双方的主动与被动、有备与无备、整治与混乱、勇敢与怯懦、温饱与饥寒等方面内容。孙子在《虚实篇》里总结了各种取胜的战略战术，科学地提出了"避实击虚""出其所不趋，趋其所不意""攻其所不守"的原则。他还特别强调了在军事实力基础上，指挥者发挥主观能动性的重要性。其中"致人而不致于人""因敌而制胜"，是对《形篇》中把握攻守主动权和《势篇》中奇正结合、出奇制胜思想的进一步展开和深化。

# 善战者致人

【原典】

孙子曰：凡先处战地而待敌者佚①，后处战地而趋战者劳②。故善战者，致人而不致于人③。

【注释】

①先处战地而待敌者佚：处，占据。佚，安逸、从容。贾林注："先处形胜之地以待敌者，则有备豫，士马闲逸。"此句意为：作战中，若能率先到达战地，就能使自己处于以逸待劳的有利地位。

②后处战地而趋战者劳：趋，原义奔赶，此处为"促"，仓促。劳，疲劳被动。张预注："便利之地，彼已据之，我方趋彼以战，则士马劳倦而力不足。"此句意为：作战中，若后占据战地仓促应战，则疲劳被动。

③致人而不致于人：致，招致、引来。致人，这里指引诱、调动敌人。此句意为：应该调动敌人而不宜被敌人调动。

【译文】

孙子说：大凡先到达战场等待敌人到来的一方，就显得沉稳安逸，后到达战场仓促应战的一方，就显得疲劳被动。因而，善于指挥作战的人，总是设法调动敌人而自己不为敌人所调动。

【读解】

孙子在这里强调的是在作战中要争取主动权。要在战争中争取"致人"，也就是调动敌人，让我方占有主动，以我方调动敌方，使其按照我方的意图行动。他认为，在战争中，最重要的一点便是要掌握战争的主动权。这种主动权可以体现在作战前的准备阶段，我方先于敌方进入阵地，作好战略部署，这就已占有了优势，可以以逸待劳，在敌方疲惫之际，先发起攻击。

【实例】

## 王翦灭楚

王翦，战国时期秦国大将。据史书记载，在秦统一六国的战争中，除韩国外，其余五国均为王翦和其子王贲所灭。

公元前236年，秦将王翦带兵攻占了赵国的漳水流域。公元前229年，他又带兵攻打赵国，一年之后，攻下了赵国国都邯郸。第二年，燕太子丹派刺客荆

轲刺杀秦王，结果行动失败，秦王嬴政很是恼怒，于是派王翦带大军攻打燕国，秦军全胜而归。

后来，平定魏国后，秦国下一步准备灭楚。秦王嬴政以灭楚之事询问老将王翦和年轻将领李信。老将王翦说需60万大军方能灭楚，而李信说只需20万。秦王嬴政没有采纳王翦的建议，而是遣部将李信、蒙武率军20万攻楚，结果秦军大败。

秦军大败的消息传到了秦王那里，秦王大怒。同时秦王也明白了还是老将王翦有远见，于是他亲自到王翦家谢罪，说："我当时没有听从您的话，最终致使我军大败而归，而今天楚军正一点一点向西进发，威胁着我国。我知道王将军疾病缠身，但是您不能在这个时候弃我不顾啊！"王翦婉言谢绝

大军一到营地，王翦就紧闭营门，拒不出战。

了秦王的要求："老臣疲弱多病，昏聩无能，希望大王另择良将。"但是秦王坚持要请王翦出山，王翦最后提出了一个要求："若非要用老臣不可，必给我60万大军。"秦王答应了他。于是，王翦带领60万秦军去迎战楚军，出征时，秦王还亲自送王翦和他的大军到达灞上。王翦受命出发后，又反复要求秦王在他取胜后给他封地，赏赐他良田美宅，部下皆不解其意。王翦解释说："秦王的性格粗暴又多疑，很难相信别人，如今他让我统率全国的大军，我只能以多求田宅作为子孙基业的做法来打消秦王对我的猜忌和怀疑，以求得自保。"

王翦继李信之后第二次攻楚。为了对付王翦的60万大军，楚国也出动全部兵力进行抵抗。根据敌情，王翦制定了坚壁固守、避免作战、养精蓄锐、伺机出击的作战方针。大军一到营地，王翦就紧闭营门，拒不出战。楚军屡次挑战，秦军一直不为所动。王翦每日让士兵休息沐浴，并用美酒佳肴来安抚他们，他本人也放下将军的架子，与士卒同饭同食。就这样过了一段时间，楚军由于求战不得，士气日益松懈。当时又正值秋收季节，楚军将士归心似箭，无心再战。而秦军将士则个个精神饱满，斗志昂扬。王翦见时机成熟，果断下令出兵，结果大胜楚军。楚将项燕兵败自杀。秦军士气旺盛，于是乘胜追击，不到一年时间就消灭了楚国，还生擒了楚王负刍。之后王翦又带兵南下，制服了百越。因为他功勋卓著，秦王封他为武成侯。

王翦灭楚之战，是中国战争史上疲敌制胜的典型战例。从中可以看出，王翦一直掌握着战争主动权，说防即防，说攻即攻，指挥作战可谓出神入化。王翦善于从细处着眼，观察敌方的行动，能根据实际的情况作出相应的对策。王翦虽率领大军攻楚，但并未采取强攻的策略，他一边坚持防守，拒不出战，挫敌锐气；

反叛。尔朱荣的侄子尔朱兆很快领兵攻陷北魏都城洛阳，杀死孝庄帝，另立广陵王元恭为帝，元恭就是魏节闵帝。531年秋，尔朱荣原部将高欢起兵反抗尔朱氏，立安定王元朗为帝，意欲与尔朱氏争夺天下。

面对强大的尔朱氏，高欢在敌众我寡的情况下，沉着应战，针对敌方的实际情况采取了一系列措施。他先巧施反间计，促使尔朱氏集团内部互相猜忌，从而分散其兵力，自己得以占领邺城，击败尔朱氏。然后他又于532年春攻入洛阳，先后杀死元恭、元朗二帝，又立平阳王元脩为帝，元脩即为魏孝武帝。

532年，即北魏孝武帝永熙元年，高欢与尔朱兆两军对垒，结果高欢大胜。尔朱兆退守秀容（今山西朔县），休整三军，同时他不敢懈怠，不时派出探子探听驻守在晋阳（今山西太原）的高欢的行动。

一天，尔朱兆突然接到探子回报，说高欢已率大军从晋阳向秀容开来，不出几日就能到达。当时，尔朱兆军刚被高欢击败，得知这个消息后个个惊慌失措，异常恐惧。尔朱兆赶忙加派兵士修筑防御工事。但过了一段时间，高欢大军并没有来秀容。原来那个消息有诈，事实是高欢带兵出城进行军事演习，却被误认为来攻打秀容，如今高欢大军已撤兵回营了。虚惊一场之后，尔朱兆长出了一口气。

但好景不长，刚平静下来没几天，探子来报，说高欢又带领大军出晋阳了，并且向着秀容方向杀来。尔朱兆的部将们一听，面面相觑，说道："该不会又是演习吧？"尔朱兆不敢大意，说："我们还是小心为好。"他立即下令将士进入备战状态。结果和上次一样，空等了几天，高欢又回晋阳了，尔朱兆气得浑身颤抖。如此反复折腾了四次，尔朱兆和他的将士们疲惫不堪，再也不把高欢带兵出晋阳的消息当一回事了。尔朱兆虽然担心中了高欢的疲敌战术，但连续四次空等，心里也慢慢地松懈了下来。

驻守晋阳的高欢听闻探子回报这些情况后，觉得时机已经成熟了。此时正好临近新年，高欢又放出风，说连续征战，将士们都很辛苦，全军休息十天，高高兴兴过个年，年后再集中力量与尔朱兆一较高下。听完探子的这些消息，尔朱兆松了一口气，让将士们准备过年。除夕夜，高欢却悄悄集合起精锐骑兵，命令军士们不得出声，夜奔数百里，天明时就赶到了秀容城下。稍事休息，高欢军开始向秀容发动猛攻。秀容的守城哨兵还没明白过来发生了什么事，高欢的兵士就已经抢占了城头。

城中的尔朱兆军正在高兴地庆祝春节，没有料到高欢兵已经攻入秀容城。尔朱兆军仓促应战，结果被杀得溃不成军。尔朱兆率亲信逃至赤谷共岭，自知很难有生路，便让部下割下自己的头颅去投降高欢。他的部下个个忠心耿耿，誓死不从，尔朱兆就挥刀斩杀了自己的坐骑，之后在一棵大树上自缢而亡。

这个战例生动地阐释了"致人而不致于人"的思想，强调了掌握战争主动权的重要性。机智过人的高欢以虚实相间的策略不停地惊扰敌军，使他们分辨不出实情，最终拖垮了敌人，彻底打乱了对方的作战计划，使其陷入被动之中。在恰当时机，高欢率军攻敌不备，出其不意，从而一举夺得战争的胜利。

## 绞城之战

春秋战国是我国历史上的第一次大动荡时期，各诸侯国之间战火不断。

公元前700年，楚国出兵攻打位于湖北郧地的绞国，很快兵临绞国的都城，将其合围。绞侯看到楚国兵强马壮、士气旺盛，自知如果贸然出战，必然凶多吉少，只能凭借绞城易守难攻的有利地形，紧闭城门，坚守不出，以待战机。楚军数次进攻，均没能得手。

如此对峙了一个多月后，楚国大夫屈瑕认真分析了敌我双方情况，提出绞城只能智取，不可强攻。他想出了一条"以鱼饵钓大鱼"的诱敌之计。屈瑕对楚王说："攻城不下，不如利而诱之。"楚王很感兴趣，就问他有何诱敌之法。屈瑕建议说："趁绞城被围月余、城中缺少柴草的机会，派些士兵乔装成樵夫上山打柴运回来，敌军一定会出城抢夺柴草。先让他们得手几次，给他们些小利，等他们放松了戒备，麻痹大意后，就会疏于防范，那时必定会派出大批士兵出城劫夺柴草。我们再设伏兵断其后路，一举将其歼灭，然后乘势攻城。"楚王担心绞国不会轻易中计，屈瑕胸有成竹地说："大王请放心，绞国小而轻躁，轻躁就会缺少谋略，有这么诱人的钓饵，不愁鱼不上钩。"

楚王下令按照屈瑕的计谋行事，派一些士兵乔装成樵夫上山打柴。绞侯听探子报告说有楚国樵夫进山打柴，忙问这些樵夫是否有楚军的保护。探子回报说，他们进山的人数很少，而且没有士兵跟随。绞侯马上派出人马，等到樵夫背着柴草出山的时候发动突然袭击，顺利得手，抓了几十个樵夫，劫夺了不少柴草。

这样反复得手几次之后，绞国收获颇大。见到有利可图，还没有风险，绞国士兵出城劫夺柴草的越来越多。

楚王见对手已经中计，决定迅速收网出击。绞国士兵仍像以前那样出城劫掠，楚兵装成的樵夫们装作非常害怕，没命地逃跑。绞国士兵紧追不舍，逐渐被引入了楚军预设的埋伏圈内。一时间伏兵四起，杀声震天。绞国士兵顿时慌了手脚，纷纷弃刀丢枪，四散溃逃，损失惨重。楚王随后亲率大军攻城，绞城无力抵抗，只好投降。

交战时要看透对手的心态，再以小利诱之；或者准确地觉察敌人的动机，不受其诱，这是兵法中非常微妙的谋术。绞国就是因为贪图"柴饵"这一小利，而亡了国。

楚兵扮成的樵夫假装很害怕，没命地逃跑。绞国士兵紧追不舍，逐渐被引入了楚军预设的埋伏圈内。

## 攻其所不守

【原典】

出其所必趋①，趋其所不意②。行千里而不劳者，行于无人之地③也；攻而必胜者，攻其所不守也④。守而必固者，守其所不攻也。故善攻者，敌不知其所守⑤；善守者，敌不知其所攻。微乎⑥微乎，至于无形⑦；神乎⑧神乎，至于无声，故能为敌之司命⑨。

【注释】

①出其所必趋：出，出兵、出击。趋，疾走。此句意为进攻要选择敌军兵力无法顾及的地方，也就是攻其空虚。

②趋其所不意：意，意料。此句意为进攻要出乎敌方意料之外。

③无人之地：敌人没有设防的地区。

④攻而必胜者，攻其所不守：我军出击必能取胜的原因，是由于攻击敌军戒备虚懈之处。

⑤善攻者，敌不知其所守：善于进攻的军队，令敌军不知道应该防守何处。

⑥微乎：微妙。乎，语气词。

⑦无形：不留行踪。

⑧神乎：神奇。

⑨故能为敌之司命：司命，主宰命运者。张预注："攻守之术，微妙神秘，至于无形之可睹，无声之可闻。故敌人死生之命，皆主于我也。"此句指虚实运用出神入化，可使自己立于不败之地，成为主宰敌人命运的人。

【译文】

出兵要攻击敌人必定救援的地方，在敌人意想不到的情况下进攻。行军千里而不劳顿的原因，是行进在敌人没有设防的地方；进攻而必然胜利的原因，是攻击敌人没有防备的地方；防守而一定稳固，是因为防守的是敌人无力攻取的地方。因而，善于进攻的人，总是让敌人不知道该在何处设防；善于防守的人，总是让敌人不知道该从何处进攻。微妙啊，微妙啊，达到了令敌人无形可窥的境界；神奇啊，神奇啊，达到了不露一点声息的程度。这样，才能成为敌人命运的主宰者。

【读解】

"攻其所不守""守其所不攻"是关于进攻和防守作战中应该注意的两点，也就是前边所说的"避实击虚"策略。"攻其所不守"是进攻战中的"避实击虚"，对于"不守"，不能片面理解为敌人没有防守的地方，而应理解为敌人防守能力薄弱的环节或地方；"守其所不攻"是防守战中的"避实击虚"，"不攻"，也不能片面地理解为敌人不会来进攻的地方，而是指在防守中没有漏洞、没有空隙可钻的地方。孙子认为，好的指挥家，在作战中能做到令敌人无形可窥，无声可寻，这样就能主宰敌人的命运。

【实例】

## 营州之战

武则天当朝期间，松漠都督契丹人李尽忠、归诚州刺史孙万荣两人举兵叛唐。叛军很快就攻陷了营州（今辽宁朝阳），武则天得知后大惊，遂派了曹仁师、张玄遇等二十余名大将领兵前去平叛。

唐朝派出的平叛大军浩浩荡荡开往营州。李尽忠自称可汗，以孙万荣为先锋，率数万精兵迎击唐军。两军在碛石谷相遇。见唐军声势浩大，李尽忠觉得自己无法力战而胜，只能以计谋攻取。当初李尽忠攻破营州时，俘获了数万唐军。他让看守对俘虏说："你们被俘在此，而你们的家属生活困苦不堪，快要活不下去了。只要唐军一到，我们就会投降，你们也赶紧做好出发的准备吧！"然后，李尽忠又下令把全部俘虏放了出来，并且用带糠的粥慰劳了他们一番，还对他们讲："我们不想放了你们，但是没有足够的粮食，我们自己都快没粮食吃了，恐怕等不到唐军来攻打就得投降啊！我们考虑过杀掉你们，但又不忍心，所以只好把你们放了。"

被释放的唐军心里暗自高兴，他们快速回到了唐朝大军中，还把契丹人现在的处境告诉了唐军将领。唐朝诸将听后信以为真，以为契丹军不堪一击，于是都开始掉以轻心，不再积极备战，并且争先恐后要求主动出战，都想早点遇到契丹兵，抢立战功。李尽忠发觉唐军中计之后，就在唐军进军的途中，派一些老弱残兵投降唐军，还故意把一些老牛瘦马放在大路旁边。唐军看到这种情况，心中暗喜，认为自己胜券在握，于是更加放松了警惕。曹仁师等人后来居然嫌步兵太慢，遂放弃了步兵，只带领骑兵孤军前进。李尽忠事先在一处山谷中设下伏兵，等曹仁师率领的骑兵进入包围圈后，突然发动袭击。由于孤军深入，又毫无防备，唐军很快被李尽忠的军队打得七零八落，溃不成军。张玄遇看情况不妙，想要逃跑，被李尽忠的兵士用飞索套住，成了俘虏。这一战下来，唐军将士尸横遍野，几乎全军覆没。

这一战，李尽忠的军队不仅生擒了唐朝的诸多将领，还夺得了唐军的帅印。李尽忠顿时又生出一计，他让手下伪造了一封书信，又命张玄遇等唐军将领在上面签字画押，然后派人送给唐军的另一员大将燕匪石。信上说："叛军已经被我们击败了，你们马上来会合。如果在规定日期内没有到达营州，按军法处置。"燕匪石接到信后，大喜，并没有考虑太多，就率领手下将士昼夜兼程，赶往营州，到达营州后人马都已疲惫不堪，根本无力应战。李尽忠以逸待劳，在险要之处设下伏兵，再次将唐军全部歼灭。

契丹军在这场战争中取胜的原因在于，主将李尽忠不仅亲临战场进行指挥，而且还对双方军情作了正确的分析。他放弃了直接进攻的方式，而采取避其锋芒的策略，将唐军兵力分散，并将其引诱到设定的圈套内，然后集中优势兵力，将其各个击破。所以说，善于进攻的指挥者，总是让敌人摸不清自己该在何处设防；善于防守的指挥者，总是让敌人摸不清自己在何处进攻。这也是"避实击虚"作战策略的具体发挥和运用。

## 张仁愿筑城御突厥

唐中宗神龙三年（707年），东突厥可汗默啜率军南侵，大败唐朝朔方军总管沙吒忠义所率唐军。唐中宗很是气愤，便诏命张仁愿接替沙吒忠义为朔方军总管，统率大军御敌。

张仁愿率军到达朔方时，突厥兵已经退走。他便率军前去追击突厥军，并大破突厥，夺回了被掠去的牧马和财物。张仁愿击溃突厥后，立即部署北疆防务，以防范突厥再次南侵。

唐中宗景龙二年（708年），东突厥可汗默啜率军攻打西突厥突骑施部落，营中兵力空虚。张仁愿趁机奏请中宗夺取漠南并沿黄河北岸修筑东、中、西三座"受降城"，彼此相应，以断绝突厥南侵之路。张仁愿的奏请遭到了尚书右仆射唐休璟的反对，唐休璟认为："两汉以来，历史上的中原国家在此地都是以黄河为国界，现在却要在敌人的腹地之中筑城，难免被敌军所占有，无法为我军所用。"

为了不坐失良机，张仁愿多次上书阐述自己的意见，唐中宗最终批准了他的请求。同时，张仁愿还请求把兵役期满即将回家的士兵留下来筑城，以使"受降城"尽快完工。当时咸阳籍镇兵200人怠工逃跑，很快被抓了回来，张仁愿下令将他们全部处死。从此全军上下再也不敢消极怠工，所有筑城的兵士都很卖力。60天后，三座城池建设完成。以拂云祠所在的城为中受降城，向南直通突厥军南下的誓师之地朔方镇。突厥首领每次率兵南下犯唐之前，必定先到拂云祠祈求神灵的庇佑，然后再引兵渡河南下。西受降城向南直通灵武镇。东受降城向南直通榆林

所有筑城的兵士都卖力筑城，再无人敢消极怠工。

镇。三座城池之间相距四百余里，占据黄河北岸险要之处，遥相呼应，构成一道坚固的防线。与此同时，张仁愿还向北拓地三百余里，在牛头朝那山北建立了一千八百个烽火台。

自此，突厥人再也不敢越过阴山放牧，朔方地区也不再有北方的敌人来犯。张仁愿此举每年可为朝廷节省很多军费，并且裁减了数万镇兵。

## 桂陵、马陵之战

战国初期，魏国在诸侯国中实力最为强盛。究其原因，除了在三家分晋时，魏国分得了富饶广袤、经济发展较好的河东地区，有着良好的国力基础之外，更重要的是此后其进行的一系列颇有成效的改革。公元前445年魏文侯即位后，起用李悝、吴起、西门豹、段干木等人，对国家进行全方位改革。在政治上，基本废除了世袭的禄位制度，推行因功授禄的政策，建立了健全的官僚体制；在经济上，废除井田旧制，创制了"平籴法"，兴修水利，鼓励开荒，促进了农业生产的发展；在军事上，加强军队建设，推行"武卒"选拔制度，挑选精勇之士充实队伍，重视军事训练，极大地提高了军队的战斗力。魏惠王即位之后，更积极推动向外扩张政策。魏国的兴盛与扩张，影响和损害了楚、齐、秦等其他大国的利益，其中以齐国和魏国的矛盾最为尖锐。

齐国也是一个实力雄厚的大国。公元前356年齐威王即位后，任用邹忌为相，改革内政，强化王权，加强防卫，国力逐渐强盛起来。面对魏国向东扩张的威胁，齐国趁机利用赵、韩等国对魏国的强烈不满，同魏国对抗。在诸国之间矛盾冲突日益激烈的背景下，公元前354年爆发了桂陵之战。

公元前356年，赵国国君赵成侯在平陆（今山东汶上）和齐威王、宋桓侯会面结盟，又与燕文公在鄡县（今河南南阳北50里）相会，积极拓展自己的外交关系，以达到摆脱魏国控制和扩张势力的目的。公元前354年，为了夺取与卫国交界的领土，赵国向卫国发动了战争。魏国对赵国的行为早已强烈不满，便以卫国是自己属国的借口，出兵攻打赵国。公元前353年，邯郸形势危急，由于赵国和齐国是同盟国，赵王遂遣使到齐国请求救援。

齐威王得知赵国危急后，召集朝中大臣商议此事。群臣意见不一，丞相邹忌反对出兵援赵。大将段干朋认为如果不救赵则会失去盟友的信任，而且魏国强大了也会威胁到齐国的利益，故应该救赵。但他又指出，分析目前的战略形势，也不适合出兵，应先让赵、魏两国继续交战，等到两国实力削弱、两败俱伤的时候，齐国再出兵救赵，到时齐国便可坐收渔翁之利了。段干朋的这一计策颇有用意：首先，牵制了魏国，使其陷入两面作战的窘境；其次，遵守了与赵国的盟约，维持了两国的友好关系，帮助赵国坚定抗魏的信心；最后，魏、赵两国持久作战，实力必将大为削弱，为齐国提供了战胜魏国和控制赵国的有利条件。

段干朋的分析与谋划正合齐威王的心意，他采纳了段干朋的建议，决定以少数兵力联合宋、卫两国南攻襄陵，牵制魏国，而主力军暂时按兵不动，静观事态发展，等待出兵的最佳时机，以求一举成功。

楚国对魏国的大肆扩张也非常不满。楚宣王趁着魏国攻打赵国，无暇顾及后方的时机，派将军景舍率军攻打魏国南部的睢、涉地区。秦国也趁势攻打魏国的少梁、安邑等要地。这时魏国实际上已处于四面作战的艰难境地，而大将庞涓决意攻赵，不被局势所动摇，主攻邯郸。由于魏国实力雄厚，所以勉强维持了下来。

赵国奋起抵抗，魏国主力强攻的局面相持了一年多。公元前353年，魏国攻破了赵都邯郸。齐威王认为出兵伐魏的时机到了，于是任命田忌为主将，孙膑为军师，率领齐军前往救赵。

孙膑，战国时期的军事家，今山东鄄城人，孙武后代。他曾与庞涓同学兵法，后庞涓为魏惠王将军，诳他到魏，处以膑刑（挖去膝盖骨），故称孙膑。后经齐国使者秘密接回，他被齐威王任为军师。马陵之战中，他身居辎车，计杀庞涓，大败魏军。

田忌和孙膑在策略上有一些不同意见。田忌计划直奔邯郸，同魏军主力正面交战，以解邯郸之围；孙膑则提出了"批亢捣虚""疾走大梁"的对策。孙膑认为："要解开乱成一团的丝线，不能用手硬扯；要劝架拦殴，就不能自己也进去打。同理，派兵解围，不能硬碰硬，要采取'批亢捣虚'的办法，就是躲强攻弱，避实击虚，直中要害，让敌人深感形势不利，有后顾之忧，自然就解围了。现在魏、赵两国相持了一年多，魏军的精锐军队全集中在赵国，留在国内的都是一些老弱残兵，应该趁势攻击其都城大梁，切断魏国的交通要道，这样一来，魏军肯定回师救国。这样既解了赵国之围，又让魏军疲于奔命，最后再合力打败它。"

田忌觉得孙膑的分析很精准，遂采纳了他的作战计划，率领大军迅速挺进魏都大梁。庞涓见国都有难，不得不留下少数兵力控制刚刚攻下的邯郸，自己亲率主力大军回救大梁。魏军行进到桂陵（今山东菏泽东北一带），被预先埋伏在那里的齐军截击。由于长期攻赵，兵力消耗太大，加上长途行军，疲惫不堪，魏军面对齐军的截击，顿时陷入被动挨打的困境，大败于此地。至此，被魏国占据的邯郸等地，也终于失而复得了。

当时，魏国的实力远高于齐国，军队规模甚为强大，荀子曾说"齐之技击不可遇魏之武卒"，然而在桂陵之战中，魏军却败于齐军。究其原因，就在于两军不同的战略。齐军大胜，靠的是齐国正确的战略方针和孙膑高明的作战指挥技巧。在战略上，齐国适时救赵，坚定了赵国顽抗魏军的信心，成功牵制了魏军；及时对襄陵方向实施佯攻，使魏军分心，陷入多方作战的被动局面；正确把握了赵、魏双方精疲力竭的有利战机，果断出击，从而制胜。在指挥作战方面，孙膑正确分析敌情，适时出击，进攻其薄弱环节，迫使魏军回军救援，然后从容不迫地予以截击，一举获胜。另外，齐国将帅一心，主将田忌虚心听取意见，从善如流，也为夺取此战的胜利提供了必要的保证。而魏国在交战前没有探明局势情况，长期屯兵攻城，造成将士疲累，后方空虚，结果陷入消极被动的境地，终于落得失败的下场。

　　魏国虽然大败于桂陵，但仍具有很强的实力，并不会因此而善罢甘休。公元前342年，魏国再次出兵攻打韩国，与魏国实力相差很大的韩国急忙遣使向齐国求救。齐威王再次召集群臣商议此事，丞相邹忌仍然反对出兵，田忌则认为如果现在不救的话，韩国必将被吞并，所以应该早日发兵救韩。而孙膑则既不同意不救，也不赞成早救，而是主张"深结韩之亲，而晚承魏之弊"。他认为："现在韩、魏两军均未疲惫，如果盲目出兵，不但政治上陷入被动之势，而且也无绝对获胜的把握。等到韩国真正处于危亡之际，再发兵救援，韩国必定非常感激齐国；而久陷战争泥潭的魏国也兵疲力衰，到时战胜它肯定不成问题。这样，齐国既能得到重利，又能获得尊名，可谓一举两得。"齐威王对孙膑的计策大为赞赏，遂依其计策行事。

　　齐国首先向韩国表示必定出兵救援，得到允诺的韩国人心振奋，竭尽全力抵抗魏军进攻，先后五次应战，但仍是屡战屡败，只好再次向齐国求救。齐威王抓住韩、魏双方疲弱之机，任命田忌为齐军主将，田婴为副将，孙膑为军师，率军直逼大梁，伐魏救韩。

　　魏国眼见胜利果实即将收入囊中的时候，齐国又从中作梗，愤懑难抑，决定把韩国放置一边，集中兵力攻打齐军，为日后的称霸扫除障碍。魏惠王随即任命太子申为上将军，庞涓为将，率领十万精兵，杀向齐军，欲与其决一胜负。

　　这时，齐军已经抢在魏军之前进入魏国境内，庞涓率军从后紧追而来。对于此战，孙膑胸有成竹地说："魏军向来英勇善战，看不起齐国。他们肯定会急于求战，冒进轻敌，这样我们可以佯装胆怯撤退的样子，诱敌深入，随后趁其不备，转而猛攻。兵法说，追赶敌人，如果超过50里，就会因为前后不能接应，只能有一半军队能够赶上。现在我军进入魏国境内已有很远，可用减灶之计诱惑敌人。在宿营地今日用10万个灶煮饭，明天只用5万个灶，后日再减至3万个灶，逐日递减，给魏军造成我军由于胆怯，士兵逃亡很多的假象。他们必然越发得意，日夜兼程前来追赶。这样，既消耗了他们的力量，又麻痹了他们的斗志，到时一举击败他们就不成问题。"田忌遂采纳其计，战争的进程完全符合孙膑的预想。

　　庞涓与孙膑师出同门，都是鬼谷子的学生，但是庞涓的兵法战术却远远不及孙膑。连续追赶了三天，庞涓看齐军日日减灶，避而不战，认定齐军惧怕魏军，斗志涣散，士卒逃亡大半，越发得意忘形起来。于是他甩掉步兵和辎重，只身携带一支轻装骑兵，日夜兼程地追赶齐军。

孙膑根据魏军行进的路程，断定庞涓必然于当晚到达马陵（今山东郯城一带）。马陵位于两山之间，路面狭窄，险阻重重，便于埋伏军队，是打伏击战的理想地形。孙膑让人把路旁一棵大树的皮剥掉，在上面书写下"庞涓死于此树之下"的字样。孙膑还抽调出最善于射箭的士卒一万人，分成两队埋伏在道路两旁，吩咐他们只要看到树下的火光一亮，就立即放箭。

当晚，庞涓果真率骑兵赶到了马陵。庞涓见前方一棵剥了皮的大树上依稀写着字，但又看不清楚，就命人点起火把照明。正欲看个真切，这边齐军就万箭齐发，纷纷射向魏军士兵。魏军顿时惊慌失措，被齐军杀得乱作一团。庞涓见中计上当，败局已定，遂羞愤自尽。齐军将士乘胜追击，连续攻破魏军，一举歼灭十万余人，生擒了魏军主帅太子申。

孙膑手指地图，对田忌说："根据魏军行进的路程，我们大可断定今晚庞涓必然会达到马陵。"

最终，马陵之战以魏军的惨败而告终。

齐军取得作战的胜利，除了把握适当的救韩时机，将帅之间同心协力，正确预测战场和作战时机之外，善于"示形"、巧设埋伏乃是关键性因素。战争中运用的"减灶"就是"示形"的主要方式，实际上也就是孙武"能而示之不能，用而示之不用"以及"以利动之，以卒待之"等"诡道"原则的实战体现。正是由于成功运用了正确的战略战术，最终成就了我国历史上这场"示假隐真"、欺敌误敌、设伏聚歼的典型战例——马陵之战。

桂陵、马陵之战中大获全胜的齐国，从根本上削弱了魏国的军事实力，挟着战果累累的国威，力量迅速发展起来，国力也不断增强，从而成为当时数一数二的强国。而接连战败的魏国则国力日渐衰退，失去了中原的霸权。战国的形势由此发生了重大的改变。

# 战必我所欲

【原典】

进而不可御者①，冲其虚②也；退而不可追③者，速而不可及也。故我欲战，敌虽高垒深沟④，不得不与我战者，攻其所必救⑤也。我不欲战，画地而守⑥之，敌不得与我战者，乖其所之⑦也。

【注释】

①进而不可御者：敌军对于我方的进攻无法抵挡。

②冲其虚：冲，冲击。虚，防守松懈之处。意为我军进攻的正是敌人防守松懈的地方。

③退：撤退。不可追：追不上。

④高垒深沟：高高的营垒，深深的沟堑。这里意指敌军坚守防备。

⑤攻其所必救：攻击敌人必须救援的要塞据点。

⑥画地而守：画地，指画出界限。画地而守意为据地而守。孟氏注云："以物画地而守，喻其易也。"这里指不设防就可轻松守住。

⑦乖其所之：乖，这里用做动词，违背，背离，引申为改变、调动。之，此为"往"。此句意为调动敌人，把他们引向别处。

【译文】

进攻而敌方不可抵挡，那是攻击敌人的薄弱环节；撤退而敌人追不上，那是行动神速，敌人追之不及。所以，我军若与敌交战，即使敌人高筑防御工事以坚守，也不得不出来与我交战，因为我攻击的是他必须要救援的地方；我军若不想同敌交战，只要在地上画条线便可防守，敌人也无法与我交锋，是因为我设法调动他，使他改变了所要进攻的方向。

【读解】

这段话讲述了在战争中应赢得主动权，战与不战都为我所欲，即使逃也要行动迅速，使敌人追之不及。"攻其所必救""乖其所之"都可以调动敌人，使其受我军挟制。在作战中要攻就攻其要害，或焚毁其粮草，或切断其退路，或掐断其援兵，从而牵制敌方军队，为我方军队制造有利的进攻态势，将难攻之敌转变为易攻之敌。

【实例】

# 于谦北京保卫战

明英宗正统年间，瓦剌势力发展迅猛，成为历史上元朝之后最强大的蒙古政权，与明朝分庭抗礼。

明正统十四年（1449年）七月，瓦剌首领也先以明朝侮辱瓦剌进贡的大使、压低马价、强拒联姻为由，率大军分四路南下，进逼大同。执掌军政大权的宦官王振怂恿明英宗亲自带兵迎战，英宗不听众臣劝阻，亲率50万大军出征。待英宗行至大同，王振听说前线明军接连败北，便慌忙劝英宗回师。退至土木堡（今河北怀来境内）时，也先追击而至，结果明军寡不敌众，伤亡惨重，英宗被俘。

"土木堡之变"传到北京，震惊朝野，有人甚至提出将都城南迁。兵部侍郎于谦坚决反对，他为皇太后分析了迁都利弊。皇太后便任命于谦出任兵部尚书，负责保卫北京。为应对当时的危急形势，于谦采取了一系列措施：首先，打击宦党，消除民愤；其次，拥立景泰帝，稳定政局；再次，举贤纳士，调兵遣将；最后，环绕北京城布置兵力，重兵把守九门，并加紧训练军队，以提高战斗力。这样全城上下以战为守，时刻准备在北京城下与瓦剌军展开对决。

十月一日，也先率瓦剌军经大同、阳和，攻占紫荆关后，直趋北京。十一日，瓦剌军抵达北京，并驻军西直门以西。于谦派兵与瓦剌军交战于彰义门，解救出被俘明军千余人。之后，于谦又派人夜袭瓦剌军，使其疲惫。十三日，风雨大作，瓦剌军趁机进攻德胜门。于谦命大将石亨事先带兵埋伏于城外民房内，然后让小股骑兵佯败诱敌。也先果然中计，率大军紧追不舍。待瓦剌军进入埋伏圈后，于谦当即发出信号，伏兵一起涌出。瓦剌军前后受敌，突围后仓皇逃去。后来，也先发现明军主力都集中在德胜门，于是移军转攻西直门。都督孙镗率军迎战，将瓦剌军击败。十四日，瓦剌军又进攻彰义门。于谦命守军堵塞城外的街巷，让短枪手埋伏在重要地带，然后派兵在彰义门外阻拦敌军。前边明军用火器轰击，后面用弓弩压阵。在猛烈的攻势下，瓦剌军再次败退。当也先得知明朝各路援军正陆续赶来后，他担心被切断退路，便在十五日夜，率军挟持明英宗朱祁镇从良乡（今北京房山东北）往紫荆关方向撤退了。于谦觉察出瓦剌军有撤退的迹象，立即下令让石亨等人集中炮火向瓦剌军营狂轰，炸死一万多瓦剌军。也先在撤兵途中，烧杀抢掠，掳走大量人口和物资，然后逃出了紫荆关，退居关外。几日之后，瓦剌派使臣来北京进贡，要求议和。至此，北京保卫战胜利结束。

此为铁链夹棒复原图。其出自西戎（古代华夏族人对西方少数民族的称呼），在马上使用，最早是西戎用来抵挡汉朝步兵的武器。其形状如农家打麦所用的连枷，铁制，用一根铁链将一根长棒和一根小棒头连接起来，适合从上击下。

孙子兵法

虚实篇 战必我所欲

一三九

北京保卫战能够取得胜利，应归功于于谦准确分析了敌我双方的优势和劣势，做到了知己知彼。瓦剌军的长处在于士兵善骑射，适合野外作战；短处是兵力有限，不善于攻坚，缺少火器等。而明军以城池为依靠，以战为守，充分发挥火器多、装备先进等优势。在抵抗敌军进攻时，先派精兵埋伏于城外，后用小股兵力佯败诱敌，待敌进入埋伏圈后，突然袭击敌人；冲垮敌人阵势后，又命步兵、骑兵猛攻。这样充分抑制了瓦剌军的优势，大大发挥了己之所长，从而化被动为主动，击退了瓦剌军的侵略，保卫了北京城。

## 诸葛亮连环胜司马

234年，诸葛亮领兵进军祁山。魏明帝命司马懿领兵至渭水之滨迎战。

由于蜀军劳师远来，粮草供应颇为困难。司马懿看准了蜀军的这一弱点，便想设法使蜀军断粮，从而乘机取胜。而诸葛亮为解决粮草问题则采取了一系列的措施，一是分兵屯田，一是令工匠造木牛流马，准备长途运粮。司马懿闻报大惊，企图破坏蜀军的计划。诸葛亮则抓住了司马懿的这一心理，一步步将其引入圈套：首先，诸葛亮故意制造出蜀兵分散结营的假象，然后下令在上方谷内两边的山坡上虚置许多屯粮的草屋，屋内布置伏兵，以引诱魏军前来劫营。随后，诸葛亮离开大营，引一支军马在上方谷附近安营，静待司马懿亲领精兵来上方谷烧粮时将其抓获。司马懿虽然烧粮心切，但也生怕被诸葛亮算计，于是他便使了个声东击西、调虎离山之计前来应战。司马懿亲领魏兵去劫蜀兵的祁山大营，让手下的部将冲锋在前、直扑蜀营，自己则在后方引援军接应。他这样做，一是担心中埋伏；二是此次劫蜀军大营本只是佯攻，他的真正目的是调动蜀军各营主力，想等诸葛亮领军前来营救时，自己趁机带领精兵奇袭上方谷，烧掉蜀军粮草。

然而，司马懿的这个调虎离山之计却未能得逞。诸葛亮早料到这一着。因而当魏军直扑蜀军大营时，只有一些诸葛亮预先安排好的蜀军在四处奔走呐喊，虚张声势，装作各路兵马齐来援救的态势；暗地里还有一支精兵直捣渭水南岸的魏营；而此时诸葛亮自己则在上方谷等待司马懿前来"烧粮"，以便"瓮中捉鳖"。司马懿果然中计。他见四处蜀军都奔向大营救援，便趁机急领司马师、司马昭及一支亲兵杀向上方谷。及至谷口，早已在此等候的蜀将魏延依诸葛亮的吩咐佯败退走，诱使司马懿进入谷中，并迅速截断谷口。一时间，山谷两旁火箭齐发，地雷突起，草房内干柴全部引燃，烈焰冲天。司马氏父子眼看就将葬身火海，幸亏突降一场倾盆大雨，他们才得以逃脱。

# 藏我而形人

## 【原典】

故形人而我无形①，则我专而敌分②。我专为一，敌分为十，是以十攻其一也，则我众而敌寡。能以众击寡者，则吾之所与战者约矣③。吾所与战之地不可知④，不可知则敌所备者多。敌所备者多，则吾所与战者寡矣⑤。故备前则后寡，备后则前寡，备左则右寡，备右则左寡，无所不备，则无所不寡⑥。寡者⑦，备人者也；众者，使人备己者也。

## 【注释】

①形人而我无形：形人，使敌人显露形迹。形，使动用法。我无形，隐藏我军的形迹。梅尧臣注："他人有形，我形不见。故敌分兵以备我。"全句意为，使敌军暴露行迹而我军却不暴露行迹。

②我专而敌分：专，专一、集中。分，分散。全句意为，我军能集中兵力，而敌军不得不分散兵力。

③吾之所与战者约矣：约，少、寡。全句意为，可造成我众敌寡的胜势。

④吾所与战之地不可知：所与战之地，准备与敌交战的地点。不可知，即敌不可知。此句意为，敌人无法知晓我军选择要与其开战的战场。

⑤不可知则敌所备者多。敌所备者多，则吾所与战者寡矣：张预注："不能测吾车果何出，骑果何来，徒果何从，故分离其众，所在辄为备，遂致众散而弱，势分而衰。是吾所与接战之处，以大众临孤军也。"所备者，需要防备的地方。此句意为，我方欲与敌交战之地敌人不知道，敌不得不多方设防，多防备我，兵力势必分散。兵力分散，我方与之交战则易取胜。

⑥无所不备，则无所不寡：备，防备。寡，少。若敌军处处设防，分散了兵力，就易陷于被动的境地。

⑦寡者：兵力少的原因。

## 【译文】

因此，使敌人暴露行迹而使我军的行迹隐藏得无影无迹，那么我军就可以集中兵力而敌人势必分散兵力。我军兵力集中为一处，敌军兵力分散为十处，这就

此为狼牙棒复原图。狼牙棒是宋代使用最为普遍的打击兵器，在纺锤的木制或铁制的锤头上，密密麻麻钉满铁钉，如狼牙一般，锤头安着长柄。最长的狼牙棒有170~190厘米，最短的大约1米左右，但锤子的长度都一样，在40~60厘米之间。狼牙棒威力很大，是战场上必不可少的武器之一。

形成局部的以十攻一的态势，那么就形成我众敌寡的形势了。以众击寡，与我交战的敌人就会陷入困境了。我军与敌交战的地点敌人是不知道的，那么他要防备的地方就多；敌人防备的地方多了，那么与我交战的敌兵就少了。敌军着重防备前方，后方就薄弱；着重防备后方，前方就薄弱；着重防备左翼，右翼就薄弱；着重防备右翼，左翼就薄弱；无处不防备，那就无处不薄弱。造成兵力薄弱的原因，就是处处设防；形成兵力集中的优势，在于迫使敌人处处防备我。

【读解】

"形人而我无形，则我专而敌分"，这是"兵者，诡道也"的具体应用，是孙子提出的又一战术。目的是使敌人暴露行迹，进而了解敌方的动机。但我方却要做到"无形"，向敌人暴露的也只是假象，而我方的真实意图则要隐藏得很深，不能被敌人看穿。孙子认为，达到以上两点，便可做到"我专而敌分"，以十倍于敌军的优势兵力攻打敌方，逐一歼灭。

【实例】

## 诸葛亮巧退五路大军

223年，蜀国先主刘备去世。曹丕趁蜀国国丧之机，组织五路大军攻打蜀国，企图完成统一大业。这五路大军分别是：西凉（今甘肃西部）羌人大军十万，从陆路攻打西平关；居于南面的蛮王孟获出兵十万，攻打益州（今四川西部）、永昌（今云南保山）；东吴孙权出兵十万，攻打两川的峡口，直奔涪城（今四川三台西北）；蜀国降将孟达从上庸出兵十万，向西攻打汉中；魏国大将军曹真领十万精兵，攻打蜀国的阳平关。

蜀国得知五路大军攻蜀，全国上下人心惶惶，亡国的危险迫在眉睫。此时，丞相诸葛亮却推托生病不去上朝。这可急坏了蜀国朝野。后主刘禅亲自去丞相府探望诸葛亮，却见诸葛亮正在池边悠闲地观鱼。原来，他这几天正在考虑退兵之计。诸葛亮告诉后主："陛下不必担忧，我已经有四路大军的退敌之策了。现在只有东吴一路，我正在想派谁做使者去比较合适。陛下不必担忧！"刘禅听诸葛亮这样一说，才放下心来。

诸葛亮果然计谋过人，他运筹帷幄，暗地里调动兵马，以不同的方法震慑住了

诸葛亮对后主说："陛下不必担忧，我已经有四路大军的退敌之策了。现在只有东吴一路，我正在想派谁做使者去比较合适。陛下不必担忧！"

来犯的各路兵马。

蜀国大将马超世居西凉，在羌人中威信很高，被尊称为"神威天将军"。诸葛亮加急传书，令其镇守西平关。羌人大军到了西平关，一见守关大将是马超，就不战而退了。

孟获的大军虽然异常强悍，但他生性多疑。诸葛亮派人告诉蜀国大将魏延，让他带领一队人马在孟获的军队附近反复出入，以疑兵之计阻止孟获进军。孟获果然中计，他见蜀兵频繁调动，以为蜀国的主力兵马悉数来此，于是也退军了。

再说叛将孟达。诸葛亮知道他与李严乃是生死之交，遂派人给孟达送去了一封李严的亲笔劝诫信。孟达看信之后，兵马只到了半路，就推托"染病不能行"，大军停滞不前。

曹真大军方面，阳平关易守难攻，素有"一夫当关，万夫莫开"之称。诸葛亮命大将赵云率军在此把守，只守不战。曹真的大军一直无法攻破此关，只好撤军。

最后只剩下东吴的大军。诸葛亮思虑再三，决定派邓芝为使者前去说和。邓芝从容不迫，向孙权讲明了与魏国联合攻打蜀国的利害，孙权认为邓芝言之有理，况且又见其他几路兵马都无功而返，干脆就没有发兵。

就这样，面对气势汹汹的五路来犯大军，蜀国丞相诸葛亮没有消耗一兵一卒，就轻而易举地化险为夷。

诸葛亮能退去五路大军，使蜀国平安，关键在于他十分了解敌方的作战动机。魏国想借五路军之力灭蜀国，诸葛亮就针对五路军各自的特点采取了分兵破之的计策；另外，护国成功也在于他了解五路军将领的个性特征，从而使"各个击破"的策略获得成功。诸葛亮征战多年，对五路兵马有全面的了解，例如孟获的多疑、羌人的敬马超如神、东吴的首鼠两端、孟达的叛将心理等，在此基础上，他攻其弱点，逐个击破。这很符合孙子作战的观点，他认为作战时应使敌人暴露行迹，进而了解敌方的动机。这是战争取胜的关键。

# 知战之地

【原典】

故知战之地，知战之日，则可千里而会战①；不知战地，不知战日，则左不能救右，右不能救左，前不能救后，后不能救前，而况远者数十里，近者数里乎？

【注释】

①故知战之地，知战之日，则可千里而会战：孟氏注曰："先知战地之形，又审必战之日，则可千里期会，先往以待之。"此句意为若事先就掌握了战场的地形条件与交战时间，则可以奔赴千里与敌人交战。

【译文】

因此，预先了解战场的地形条件、知道作战的时间，哪怕奔赴千里也可与敌人交战；不了解作战地点、不知作战时间，那就会陷入左翼难救右翼，右翼也难救左翼，前军难救后军，后军难救前军的被动局面，更何况远者相隔几十里、近者相隔几里的呢！

【读解】

作战时，指挥官要根据战争形势灵活把握战机，施用"我专而敌分"的战术，将敌方整体分割开来，我方就可主动确定作战时间和地点，即使是奔赴千里之外，也能与敌交战。敌人若被动受制，就会分兵设防，而且无法确定具体的作战时间和地点，即使是前、后、左、右各部之间，也难以相互救援，各部就变成了孤立分散的弱旅。这样，虽然敌方整体上兵力很多，但被分割为各个小块，与其中一部交锋时其他各部无法参与战斗，我方就赢得了优势。

【实例】

## 袁崇焕炮击努尔哈赤

1616年，女真首领努尔哈赤在赫图阿拉（今辽宁新宾附近）建立后金。当时的明王朝政治越来越腐败，边防也越来越松弛，后金趁机不断向明朝的边疆地区发动攻击。六年之后，明朝关外的大片国土都已经被后金占领，山海关成了边防第一站，并且危在旦夕。

当时明朝上下一片恐慌。大臣们对退守关内还是在关外拒敌，一直争论不休。朝廷想派人去关外督军作战，但是又没有好的人选。

正在朝廷一筹莫展的时候，兵部职方主事袁崇焕自告奋勇去镇守辽东。于是袁崇焕被破格提升为佥事，马上就赶赴关外去监督军事了。

袁崇焕到达驻地后，主张积极防御，"坚守关外，以捍关内"，还在山海关外的宁远（今辽宁兴城）筑造工事。袁崇焕之所以选择宁远，是因为宁远地势险要：东边是滔滔的渤海，西面是巍峨的群山，还能与峙立海中的觉华寺遥相呼应。此处是阻止女真人进犯大明的最佳地点。而辽东经略王在晋则主张"重点设险，卫山海以卫京师"，坚持要在山海关外数里的地方建造关卡。很明显，这是一种非常消极的防御策略。结果两人不能达成共识，袁崇焕就以书信形式请示朝廷。

此为狼牙拍复原图。拍用榆槐木制成，长五尺，宽四尺五寸，厚三寸。拍上钉有数百个长五寸、重六两的狼牙铁钉，出木三寸。狼牙拍四面装有刀刃，入木有半寸。前后各设有两个铁环，穿上麻绳，钩在城墙之上，若敌人攀援城墙，扯起拍子落下，自然使敌人难以进攻。

后来，朝廷派兵部尚书孙承宗来实地考察情况。孙承宗也是一个很聪明的人，他通过勘察地形和对敌我形势进行分析后，最终同意了袁崇焕的主张，并让袁崇焕去驻守宁远。

袁崇焕到任后，发现宁远的城墙只建了三分之一，而且厚度和高度都不合要求，就立即下令重修城墙，要求墙基宽三丈，墙头宽二丈四尺，墙高三丈三尺，并且在城墙头上修了六尺高的射箭护身墙。如此一来，宁远就变成了一个坚固的军事堡垒。

1624年，袁崇焕得到孙承宗的批准，又把防线向北推进二百里，形成了以宁远、锦州为龙头的宁锦防线。

就在这个时候，大明朝廷却派出了胸无大志的高第取代孙承宗。高第不顾袁崇焕的强烈反对，把锦州、右屯等地的明军全部调回了山海关，撤退的时候连军粮也没来得及带走。努尔哈赤得知明军前线换了将领之后，就立即调遣了十三万大军，向宁远城杀了过来。

努尔哈赤开始攻城。因为正值隆冬季节，袁崇焕让守城士兵把冷水泼在城墙上，冻成一层冰。大批骁勇的后金士兵头顶盾牌冒死攻城。袁崇焕则站在城头，指挥守城将士用石头、弓箭、火器等痛击攻城的后金兵士。但宁远城里炮石、火器数量有限，当时又没有援军，只能速战速决。袁崇焕让炮手对准后金兵最集中的地方开炮，致使后金军死伤惨重，努尔哈赤无奈之下只好收兵。

第二天，努尔哈赤加大了攻城力度。后金军的箭像急雨一样越过城墙，各处人马蜂拥而至，但袁崇焕就是不下令开炮。一直等到后金兵攻到了城下，他才下令开炮。一时间炮声如雷，后金兵死伤不计其数，没被炸死的士兵也惊慌地四散而逃，互相践踏。努尔哈赤自己也受了重伤，后金随即赶紧退兵。袁崇焕马上带领手下将士出城追杀后金兵，大胜而归。

宁远一战，袁崇焕带领明军大获全胜。他深知选择作战地点和时间对战争胜利的重要性，因此选择宁远这个地势险要的地方布置战场，并采取驻守城内、以守为攻的作战方针应敌；他还善于根据气候作战，利用隆冬时节滴水成冰的自然规律增强了城墙的防御力，最终使善于骑射而不善攻城作战的后金军队无计可施，陷于被动受制的境地。待到后金军集中城下、攻城无力之时，明军迅速以火炮轰击，此时后金军队只有退兵，因此必然溃败。

## 李秀成天京解围

太平天国后期，由于起义军内讧加剧，大大削弱了军队的战斗力。1860年，清军派和春率领数十万大军进攻太平天国的都城天京，清军层层包围，使天京成为一座孤城。

为了解救天京，天王洪秀全召集诸王众将商讨对策。忠王李秀成献上一计，说："清军人马众多，硬拼只会凶多吉少。请天王拨给我两万人马，乘夜突围，偷袭敌军囤积粮草的杭州。这样，敌人一定会分兵救援杭州。天王可趁此机会突围，这时我回兵天京，形成两面夹击之势，天京之围即可解。"翼王石达开急忙响应，并表示愿意带一支人马协同忠王作战。洪秀全采纳了这个计谋。

这年正月初二，正值过年之时，清军仗着围困了天京，开始略有松懈。半夜时分，李秀成、石达开各率一队人马，乘着夜色从清军封锁薄弱的东南角突围出去。清将和春见只是小股部队逃窜，便没有领兵追击。

二王突围成功后，兵分两路：李秀成直奔向杭州，石达开奔向湖州。李秀成抵达杭州后，几次下令士兵攻城，都被击退。原来，杭州是清军重要的粮草基地，城内守军达一万余人。他们只坚守城池，并不出城反攻，戒备森严。李秀成三天三夜仍未攻下杭州，不免心中焦急。这时突然天降大雨，城上守军纷纷躲进城堡休息，不久就酣睡入梦。李秀成趁着雨夜，派一千多名勇士借助云梯偷偷爬上城墙，待守城兵士惊醒，城门已经大开。李秀成率部冲入城内，攻占了杭州。为了吸引围困天京的清军，李秀成下令焚烧清军的粮仓。

和春获悉杭州遭袭，急令副将张玉良率十万人马火速回救杭州。洪秀全见清军正在调派兵马解救杭州，立刻下令全线出击。李秀成攻下杭州烧毁粮仓后，便迅速回兵天京；石达开也率部撤回天京。两路兵马会合一处，巧妙地绕道避开回救杭州的张玉良部队，顺利地赶回天京。此时城内城外的太平军对清军已形成了夹击之势，清军始料不及，阵势大乱，最后一败涂地。清军惨败后，天京之围即解。

# 胜可为也

【原典】

以吾度之①,越人②之兵虽多,亦奚益于胜哉③?故曰:胜可为④也。敌虽众,可使无斗⑤。

【注释】

①以吾度之:度,分析。依我的分析来看。

②越人:即越国军队。越,春秋时国名,建都会稽(今浙江绍兴)。

③亦奚(xī)益于胜哉:奚,疑问词,为何、何有的意思。益,补益、帮助。此句意为对战争的胜负没有什么帮助。

④胜可为:胜利是可以努力争取到的。

⑤可使无斗:斗,战斗、较量。张预注:"分散其势,不得齐力同进,则焉能与我争。"此句意为可以使敌人兵力分散,无法用全力与我军作战。

【译文】

依我推测,越国的兵力虽然众多,但对于胜利又有何益处呢?所以说,胜利是可以争取的。敌人兵力虽多,但可使他们失去战斗力。

【读解】

我国战争史上,以少胜多的战例不胜枚举,不以兵力而以智谋取胜的例子也很多,这就说明战争的胜负不仅取决于兵力的多寡,而且取决于将帅能否顺应形势采取灵活巧妙的战术或谋略。敌人的兵力多于我方,可用计谋搅乱敌方,使其内部分裂,不战而胜;也可以采取以防为攻的策略,敌人久攻不下,必败而返;还可以使他们的兵力分散,采取各个击破的策略。无论哪一种取胜之道,都依赖善于指挥、精于谋略的指挥家。

【实例】

## 墨子言语破云梯

春秋末战国初,楚惠王先后灭掉了蔡国和杞国,力图恢复楚国的霸主地位,于是继续扩建军队,准备讨伐宋国。

在讨伐宋国之前,楚惠王任命一个叫公输般(即鲁班)的鲁国人出任楚国的大夫,命他建造攻城的器具云梯。因为这种梯子高于楼车,站在上面似乎可以摸到天上的云彩,因此被称作云梯。楚惠王一边催促鲁班赶制云梯,一边积极筹备战事。

楚王命鲁班制造云梯的消息不胫而走，四方诸侯闻讯后感到十分不安。尤其是宋国，听闻楚国要来攻打，君臣上下都十分担忧。楚惠王欲攻打宋国的事遭到了一些人的反对，尤其是墨子。墨子是墨家学派的创始人。他主张"兼爱"和"非攻"，即要求君臣、父子、兄弟都要在平等的基础上相互友爱，认为天下间之所以有强凌弱、富侮贫、贵傲贱的现象，都是因为人们不相互友爱导致的。因此，他十分反对为争夺城池而使百姓遭殃的诸侯混战。当他得知楚国造出云梯要去攻打宋国时，就打算到楚国劝谏楚王。

墨子不辞辛苦地奔走了十个昼夜，终于到达了楚国的都城郢都。他先去劝说鲁班，让他不要帮助楚惠王攻打宋国。但是鲁班却为难地说："那怎么行呢，我已经答应楚王了。"墨子见劝说鲁班无效，就让鲁班带他去见楚惠王。鲁班带着墨子去拜见楚惠王，墨子诚恳地说："楚国幅员辽阔，纵横五千里，可谓地大物博；而宋国方圆不足五百里，且土地贫瘠，物产贫乏。大王为何拥有了华贵的马车之后，还要去掠夺别人的破车呢？为何要脱掉自己的绣花锦袍，去掠夺别人的破短褂呢？"

楚惠王虽然认为墨子说得不无道理，但仍不肯放弃攻打宋国的念头。鲁班也对用云梯攻城成竹在胸。墨子只得坦诚相告："不瞒你说，你能攻，我亦能守。所以你们不会成功的。"说罢他解下随身系的腰带，在地上围起当作城墙，又拿来几块小木板当作攻城的器具，让鲁班一起来做个演示，比试一下各自的本领。

鲁班每想出一种方法攻城，墨子就会用一种方法守城。一个用云梯攻，一个则用火箭烧云梯；一个推着撞车撞城门，一个则用滚石檑木砸撞车；一个挖地道，一个则在地道里放烟。鲁班一连使出九套攻城法，但都没有成功。最后，当他无计可施时，墨子却仍有很多守城的高招没有使出来。

鲁班震惊之余，心中却仍不服气，他对墨子说："我已经想到了对付你的办法，只是我现在不说。"墨子微微笑道："我知道你打算如何对付我，但是我也不说。"楚惠王听后却糊涂了，忙问墨子："你们到底在说什么？"墨子答道："鲁班心里在想什么其实很明显，他是想杀掉我，认为我死后就不会有人能帮宋国守城了。但是他错了，我来楚国之前，已经派禽滑鳌等300个徒弟前往宋国了，我给他们每个人都传授了一套守城方法。现在，即使你除掉我，楚国也依然攻不下宋国。"楚惠王听完墨子这番话，又亲眼看到方才墨子高强的守城本领，以为宋国早已做好了准备，只好说："先生说得很对，我决定不攻打宋国了。"

面对强敌的进攻，弱小一方可以造势以惧敌，或运用虚实之道化守为攻。墨子止楚伐宋就是一个典型的例子。当时宋国弱小而楚国强大，楚国要攻伐宋国易如反掌，可是傲慢的楚王经过墨子几番理论后，竟然发现伐宋如此艰难，遂放弃了这场战争，宋国免去了一场灭顶之灾。墨子究竟有何能耐抵御楚国强大的攻势呢？其实就是一个字——守。无论楚国以何种方法来攻，宋国都有一种针对其进攻的方法来防守，如果战争这样无限制地打下去，对双方都会造成极大的损害，所以楚国放弃了伐宋的计划。孙子说"敌虽众，可使无斗"，就是这个道理。

## 郭敬浴马占襄阳

330年，后赵荆州监军郭敬奉命攻打东晋襄阳。当时，驻守襄阳的东晋军队中个个都是精兵强将，长官东晋南中郎将周抚更是骁勇异常，因此，对后赵来说，敌众我寡的形势极为明显。

后赵主石勒一时派不出兵将支援郭敬，他想出了一条应急之计，连夜派人传令郭敬："如果周抚派人来观察樊城军情，你要想尽办法让他知道我们后赵军队先不跟你周抚打，等过了七八天，我们的大队骑兵就来了。"郭敬接到军令，计上心来，不禁自语道："制造声势，让周抚觉得我们好像大队骑兵来了，来他个'循环浴马计'！"

第二天，后赵士兵出动了。他们手执马鞭，吆喝着将成群战马赶到河边，让它们俯首饮水、涉水洗澡。不论白天黑夜，他们都不间断地将马群赶至河中洗澡。这军情被周抚派出的便衣游动哨发现了，他忙赶回襄阳，直奔周抚处，气喘吁吁地报告："周大人，后赵战马正在河边洗澡。白天洗，晚上也洗，马儿多得数不清。"

周抚心中惴惴不安，暗自寻思："莫非后赵援军到了？"思及此，他立即领兵连夜离开，逃奔武昌而去。郭敬采用制造声势、树上开花的计谋，没有损失一兵一卒，当夜就占领了襄阳城。

## 李世民分兵张声势

隋炀帝好巡游，出巡江南回来后，又去巡视塞北。突厥国始毕可汗早就想夺取大隋天下，便乘此机会秘密调兵数十万，把隋炀帝困在了雁门关。太原留守李渊之子李世民听到皇上有难，立即带领自己手下的几万人向雁门关进发。

离雁门关不远时，副将云定兴问："这仗怎么打呢？"李世民说："硬拼是不行的。突厥兵已将雁门关团团围住，他们肯定以为送不出消息，不会来救兵。咱们如果虚张声势，将队伍分成几股，然后每一股都多打旗帜、拉长队伍、高举大旗、鸣鼓进军，定能将敌人吓跑。"在李世民的指挥下，隋军队伍立时被分成数股，一时间皆举大旗，击鼓行进。

始毕可汗听得探马来报，说中原大军已分数股从关内杀来，忙爬上山头观望。只见隋军果然兵分多路，高举军旗，浩浩汤汤，直向雁门关包抄而来。他们的每一支队伍都绵延数十里，听着远远传来的鼓声、呐喊声，再看那些迎风招展的军旗，不难估计出每支队伍至少有数十万人。始毕可汗被这种阵势吓坏了，急忙指挥队伍迅速撤离，逃回了塞北大漠。

# 策之、作之、形之、角之

【原典】

故策之而知得失之计①,作之而知动静之理②,形之而知死生之地③,角之而知有余不足之处④。

【注释】

①策之而知得失之计:策,策度,筹算。此指根据情况分析判断。此句意为应当仔细筹算,以了解判断对敌作战计划之优劣。

②作之而知动静之理:作,兴起,这里指挑动。杜牧注:"言激作敌人,使其应我,然后观其动静理乱之形。"此句意为挑动敌人以了解敌人的活动规律。

③形之而知死生之地:形,这里作动词,伪形示敌的意思。此句是说以佯动示形,了解敌方的强弱之势。

④角之而知有余不足之处:角,较量,这里指进行试探性的进攻。有余不足,指敌人兵力的强弱。此句意为,与敌军进行试探性接触,以观虚实。

【译文】

因此,认真分析研究敌我双方的情况,可得知作战计划的优劣得失;挑动敌人使其活动,可以了解敌人的行动规律;用假象诱敌,可知敌人的优势及薄弱环节;用小规模的兵力对敌进行试探性进攻,可知敌人兵力部署的强处和不足。

【读解】

孙子告诉我们,可通过分析算计、挑动引逗、示形诱敌、小股试探来获知敌方的强弱虚实等情况,分析敌人的薄弱环节,掌握其行动规律,据此制定出克敌的作战计划。

【实例】

## 班超决断胜匈奴

班超出身史学世家,他的父亲班彪、兄长班固、妹妹班昭都是东汉时期著名的史学家。而班超却是东汉时期著名的军事家和外交家。班超自幼胸怀大志,不拘小节。他博览群书,学富五车,且能权衡利弊,顾全大局,是一个不可多得的军事人才。30岁时,其兄长班固被召入京师任校书郎,班超就与母亲随之迁居洛阳。因家境贫寒,班超曾替官府抄写文书,养家糊口。后来他因兄长班固之故,班超把笔掷在地上，说道："大丈夫应该像傅介子、张骞那样，在战场上立下功劳，怎么可以在这种抄抄写写的小事中浪费生命呢！"

被任命为兰台令史。但好景不长，不久就被罢了官。此后班超开始以文为生。

永平十六年（73年），奉车都尉窦固奉命领兵攻打匈奴，班超随军作了假司马（即副司马）。虽然假司马官职卑微，但却是班超弃文从武的开始。自此以后，班超开始了戎马倥偬的军旅生涯。班超刚刚随军，就展示了自己的过人才能。他曾领兵进攻伊吾（今新疆哈密西四堡），与匈奴兵在蒲类海（今新疆巴里昆湖）展开激战，大胜匈奴军，并俘虏了众多匈奴兵。他不凡的军事才能因此得到了大将窦固的青睐，于是窦固派班超与从事郭恂一同出使西域。

经过一番精心准备，班超和郭恂带领36名随从前往西域。他们先到达了鄯善（今新疆罗布泊西南）。鄯善王热情地招待了他们，对他们礼敬有加。但是没过几天，班超就察觉到鄯善王态度变成了有意疏远。班超认为其中定有内情。为了验证自己的猜测，班超叫来接待他们的鄯善侍者，故作知情状问："匈奴使者已经来了好多天了，现在还没走吗？"侍者听后大惊失色，他以为班超已知实情，便据实相告。班超证实了自己的猜测后，就把侍者关了起来。随后，他召集部下聚会饮酒。酒到酣处，班超故意用言语激怒众将士，他说："你们随我出使西域，想必都怀有建功立业、封妻荫子之心。但现在，匈奴使者已到数日，因此鄯善王对我们如此冷淡。假如鄯善将我们送给匈奴，那我们就只能做他人砧板上的鱼肉了。对此，我们应该怎么应对呢？"众人都说："现在身处危亡之地，我们誓死追随司马。"班超便趁机说道："先发制人，后发受制于人。现在我们的处境非常危险，为了扭转这种局面，我们不如趁夜火攻匈奴使团，对方不知我们的底细，必定惊慌失措。我们可乘乱将匈奴人杀死，到时鄯善人一定归顺汉朝！"此时有部下说："此事是否应当与从事商议一下？"班超听后大怒，说："是非成败就在今日一战。从事是文官，如果他知道我们要夜袭匈奴使者，必定惊慌无措，反而泄露军情，到时大家都难免一死。"部下听后，连连称是。

这天夜幕刚刚降临，班超就率众人潜伏在匈奴使者的驻地。此时月黑风高，班超命十名将士手持锣鼓伏于匈奴使节驻地之后，约定以火为信，火一起，他们就猛敲战鼓，高声呐喊。然后班超又安排其他人带着刀枪弓弩埋伏于匈奴使者驻地两侧。待一切准备就绪，班超就顺风点起了火。霎时间鼓声大作，震耳欲聋。被惊醒的匈奴人还未明白发生了什么事，已经就有几十人死于刀下了，其余的匈奴人也都葬身火海。这一战，匈奴使团130人，无一生还，班超一行大获全胜。天明之后，班超召来鄯善王，把匈奴使团首领的首级拿给他看。鄯善王吓得面如土色，赶忙伏地叩头，请罪听命，并以自己的儿子作人质，随班超前去汉朝。

　　此战中，班超敏锐地察觉到鄯善王态度的变化，并由此准确地推断出其原因在于匈奴使者的到来，随后他又用计证实了自己的猜测。找出问题的根源，班超接着就果断地采取对策。他没有强令鄯善王臣服汉朝，而是采取了以迂取直的办法，转而攻击自己的对手匈奴使臣，从而及时扭转了不利局面。班超这种长于分析研究复杂形势、从细微处探知敌方强弱虚实的能力，实在令人佩服。

班超召来鄯善王，对他说："我已经取下匈奴使团首领的首级。"鄯善王闻言，吓得面如土色，赶忙跪地请罪。

孙子兵法

虚实篇

策之、作之、形之、角之

一五二

# 形于无穷

【原典】

故形兵之极，至于无形①。无形，则深间②不能窥，智者③不能谋。因形而错胜于众，众不能知④；人皆知我所以胜之形，而莫知吾所以制胜之形。故其战胜不复⑤，而应形于无穷⑥。

【注释】

①故形兵之极，至于无形：形兵，伪装假象迷惑敌军。极，极点。此句意为，以假象迷惑敌人的用兵方法运用到极点，变化多端，达到使人无形可窥的境界。

②深间：深藏在我军内部的间谍。

③智者：智慧的人，这里指机智善谋的将领。

④因形而错胜于众，众不能知：错，同"措"，放置的意思。曹操注："因敌形而立胜。"此句意为将示形取得的胜利摆在众人面前，众人也不能知其原因。

⑤战胜不复：用以战胜的谋略方法不重复出现。

⑥应形于无穷：应，适应。形，形势。李筌注："不复前谋以取胜，随宜制变也。"杜牧注："敌每有形，我则始能随而应之以取胜。"此句意为战术不断适应客观实际情况，变化无穷无尽。

【译文】

因此，把以假象迷惑敌人的方法灵活运用得到了极点，不露一丝破绽，使人无形可寻。不露丝毫痕迹，即使深藏于我军内部的敌方间谍也不能窥测到实情，很有智谋的敌军将领也谋划不出对付我军的办法。把以假象迷惑敌人而取得的胜利摆在众人面前，众人也不能理解其中的奥秘所在；众人都知道我取胜的外在作战方法，却没有谁了解我制胜所用的内在方略。因为我取胜的谋略方法不会重复，而随着敌情变化灵活运用，无穷无尽。

【读解】

战争是一门艺术，既是诡秘的，又是善变的。一份好的作战计划，这次使战争取胜，但不一定适用于下一次战争。因为战事是千变万化的，这次战争与下次战争的形势是不同的。因此，孙子提出了"战胜不复"的思想，主张对待不同的战争采用不同的策略，要做到因形制胜，根据不同的战时、不同的战地、不同的敌人，采取不同的策略。在不同的作战环境中，制定适合本次战争的计划，灵活机动地指挥作战。

【实例】

## 草船借箭

汉献帝建安十三年（208年），曹操率领马步军83万，水陆并进，讨伐东吴。诸葛亮为刘备分析天下形势，建议他联合东吴抗曹，促使孙、曹南北相持，造成于己有利的局面。刘备依计而行，派诸葛亮去东吴游说。而心胸狭窄的周瑜对诸葛亮的才能非常妒忌，决心除掉他，以除后患。

时值孙、刘联合抗曹，周瑜心生一计，以对曹军作战急需军备为由，委托诸葛亮在十日之内督造出10万支箭。而诸葛亮早知周瑜要害他，但还是痛快地说，既然情况紧急，他只需三天便可造出10万支箭，并立下军令状。周瑜暗中吩咐工匠故意怠工拖延，并在物料方面给诸葛亮出难题，设置诸多障碍，以为这样就可以名正言顺地除掉诸葛亮。

随后，周瑜又派鲁肃到诸葛亮那里去打探虚实。诸葛亮看见鲁肃便摆出一副为难的样子，说："三日之内如何能造出10万支箭啊？子敬啊，你可得救救我！"鲁肃生性忠厚，说道："都是先生逞强，自取其祸，让我如何救你？"诸葛亮说："事到如今，只求你一件事，借给我20艘船，每艘船配备军士30人，船上一律用青布做成幔帐，并各扎稻草千余束，分立在船的两侧。我自有妙用，包管三天后缴纳10万支箭。但是请您千万不要告诉大都督，倘若被他知晓，必然坏我好事。"鲁肃虽然不明白诸葛亮要这些东西有何用处，但还是答应了他的请求。

鲁肃按照诸葛亮的要求给他准备了船只和兵卒之后，连着两天诸葛亮那边都毫无动静，而诸葛亮也不着急。直到第三天夜里四更时分，诸葛亮才秘密地把鲁肃请到船上，并告诉鲁肃要去取箭。见此情形，鲁肃大惑不解，但是又不好说什么，只能陪着诸葛亮前去看个究竟。

诸葛亮命令士卒把20艘船用长长的绳索连在一起，朝着北岸曹军的水寨驶去。这天晚上，大雾弥漫，长江上辨不清人影。诸葛亮也不多语，只是催促船队加速前进，船队很快靠近了曹军水寨。这时，诸葛亮吩咐军士把船掉过来，船头朝西，船尾朝东，一字摆开，横在曹军的水寨前，然后又命令士兵在船上擂鼓呐喊，制造出一种击鼓进兵的声势。鲁肃见状，吓得面如土色，慌忙说："先生这样击鼓呐喊，肯定要被曹军听到。若是曹操出兵来攻，我等如何是好？"诸葛

船外乱箭齐飞，诸葛亮与鲁肃在舱内把酒痛饮。日出雾散时，船上的草把上已密密麻麻排满了箭。

亮神情自若地回答道:"我料定曹操见浓雾弥漫,不辨虚实,断不会贸然出兵。你我只管饮酒取乐,等到天亮,再行返回。"

曹军听到江上擂鼓呐喊声,以为敌军来犯,但又担心雾重水深,遭到埋伏,不敢轻易出战。曹操下令急调旱寨的弓弩手6000人赶到江边,会同水军射手,共一万余人,一起向江中乱射。一时间,万箭齐发,纷纷射在船队的草把上。过了一阵,诸葛亮又下令船队调转方向,头东尾西,并让士卒加紧擂鼓呐喊。船外乱箭齐飞,舱内把酒痛饮。日出雾散时,船上的草把上已密密麻麻排满了箭。这时,诸葛亮才下令船队掉头返回,还命令所有士卒高声齐喊:"多谢曹丞相赐箭!"曹操发觉实情后,为时已晚。

船队顺利返营后,诸葛亮命士卒拔箭清查,结果共得箭十万余支。鲁肃佩服得五体投地,称诸葛亮为"神人"。周瑜得知后,不由得大惊失色,自叹弗如。

诸葛亮知天文,识地理,晓阴阳,更擅长行军作战中的布阵和兵势。他早知周瑜嫉贤妒能,有害他之意,所以处处留心观察天时、地利。他把一切作战方略都筹划妥当,只等时机成熟,便可随着实际情况而灵活运用。

## 朱棣虚实败强敌

建文元年(1399年),明朝开国皇帝朱元璋驾崩后不久,燕王朱棣兴兵造反,四年后攻破南京城。建文四年(1402年),朱棣登上王位,是为明成祖,年号永乐。这就是历史上的"靖难之役"。

在靖难之役中,朱棣欲带兵进攻真定。这时,明将耿炳文的部下张保前来投降燕王。朱棣重重赏赐了张保,并让他重新回到明军中。张保不解,朱棣说道:"你回到营中,就说你是被燕王俘虏后趁机逃跑的。然后你去拜见耿炳文,大肆渲染莫州兵败的消息,并说燕王的部队即刻就杀到真定了。"众将面面相觑,问道:"这乃是我军中的机密,您为何让张保向敌军泄露我们的计划呢?"朱棣笑着回答说:"战场上信息最重要,虚虚实实,实实虚虚,要让对方摸不清我军意图。耿炳文如果知道我军已经到了,势必会调集兵将,这样,我们就能将其一窝端。而且如果他们得知莫州惨败,肯定会士气不振,精神萎靡。而我军士气正旺,一定能一举消灭他们。"第二天,朱棣带兵进攻。耿炳文果然已把大军调往滹沱河北岸,朱棣令众将分几路同时进攻,明军恐慌不已,无心迎战,四散而逃。燕军士气正旺,一举歼灭了明军。

朱棣故意通过张保发布信息,引诱敌军中计,从而给自己制造机会,最终取得了胜利。

# 兵之形

【原典】

夫兵形象水①。水之形，避高而趋下；兵之形，避实而击虚②。水因③地而制流，兵因敌而制胜。故兵无常势④，水无常形。能因敌变化而取胜者，谓之神⑤。

【注释】

①兵形象水：兵，用兵打仗。形，方式，此指规律。孟氏注："兵之形势如水流，迅速之势无常也。"此言用兵的规律如水的运动规律一样。

②避实而击虚：避开敌人防守坚固的地方，攻击其防守松懈的地方。

③因：依据，随着。

④兵无常势：领兵打仗没有一成不变的态势。势，形势，规律。

⑤神：神奇、高明，此指用兵如神。

【译文】

用兵的规律犹如流水的规律。流水的规律是避开高处流向低处；用兵的规律是避开敌人的强处攻击其弱点。水流根据地形决定流向，用兵则根据敌情而采取制胜方略。因此，用兵作战无固定不变的模式，正如流水无固定不变的形态。能随着敌情发展变化而灵活采取战术取胜的人，才称得上是用兵如神。

【读解】

在这里，孙子以水作形象的比喻，指出能按照形势的变化而采取灵活应变措施的人，才能称得上用兵如神。"兵无常势，水无常形"，水会因地势的高低来决定其流向，用兵也应像流水一样，以实际作战的时间、地形、环境、敌我双方的军事实力情况等为根据，做出准确的判断，拿出切实的计划。但这种变化又不是没有依据随意变化的，自然界的水流总是自高而下，这是亘古不变的规律，同样，用兵也有章可循，那就是"因敌而制胜"，即避实而就虚。攻打对方就要避开其防备森严的部分，攻击其防卫薄弱的环节。

【实例】

## 李世民玄武门之变

唐高祖李渊建立唐朝后，立长子李建成为太子，封次子李世民为秦王，四子李元吉为齐王。太子李建成自知威信、才干比不上李世民，就和弟弟齐王李元吉联合，一起排挤李世民。李渊优柔寡断，也使朝中政令相互冲突，加速了诸子间

李世民勒停坐骑，一箭射出，当场将李建成射杀。

的兵戎相见。

后来，李建成向李渊建议由李元吉任统帅出征突厥，想借此控制秦王李世民的大军，然后趁机除掉李世民。李世民的谋臣尉迟敬德、长孙无忌都替李世民着急，说如果秦王再不动手，就会被两兄弟施奸计害死了。李世民见部下态度十分坚决，就下了发动兵变的决心。

当天夜里，李世民进宫向唐高祖告了一状，诉说太子跟齐王怎么谋害他。唐高祖听后，打算第二天一早让兄弟三人一起进宫接受查问。李建成获知阴谋败露，决定先入皇宫，逼李渊表态。第二天早上，李世民叫长孙无忌和尉迟敬德带了一支精兵，埋伏在皇宫北面的玄武门，只等建成、元吉进宫。建成、元吉骑马到了玄武门边，觉得周围的气氛有点反常，便拨转马头，准备回去。

此时，李世民正好从玄武门里出来。元吉转身拿箭，想射杀李世民，但心里一慌，连弓弦都拉不开。李世民眼疾手快，一箭射死了建成；此时尉迟敬德带兵冲了出来，一箭把元吉也射下马来。李建成的部将得到消息后前来营救李建成，和秦王的部队在玄武门外发生激战，尉迟敬德将李建成、李元吉二人的头割下示众，李建成的兵马才不得已散去。

然后，尉迟敬德气喘吁吁地冲进宫来，对高祖说："太子和齐王发动叛乱，秦王已经把他们杀了，特地派我来护驾。"到了这一步，唐高祖再反对也没用了，只好按照左右大臣的建议，宣布建成、元吉的罪状，并立秦王为太子，一切军国大事悉听太子裁决。过了两个月，唐高祖让位给李世民，自己做了太上皇。李世民即位，就是唐太宗。玄武门之变以李世民的胜利、李建成和李元吉的失败而告终。

中国历代因为王位继承权而发生的争斗不胜枚举，玄武门之变是其中最典型的一例。争夺王位之战和普通战争一样，都要依靠形势、顺应形势而夺取胜利。李建成和李元吉设法谋害李世民，但李世民没有坐以待毙，而是采取后发制人的策略。他听取了尉迟敬德等人的建议，先将利害关系禀明给李渊，取得了道义上的主动权，为后来夺取王位作好了准备。李元吉在玄武门发现情况不妙，先出箭伤人，李世民后发制人，又取得了道义上的主动权。李世民取得这两项道义上的主动权，就是顺应了形势。他根据实际情况的变化而采取相应的措施，确实做到了"因敌而制胜"。

# 五行无常胜

**【原典】**

故五行无常胜①，四时无常位②，日有短长③，月有死生④。

**【注释】**

①五行无常胜：五行，即金、木、水、火、土。古人把五行看作构成万物的基本元素，并认为它们之间"相生相胜（相胜，即相克之意）"。此指五行相生相克没有定数。

②四时无常位：四时，指春、夏、秋、冬四个季节。此指四季变化推移代谢，永无休止。

③日有短长：指一年中白天的时间有长有短。

④月有死生：死生，泛指月有朔望晦亏的变化。农历每月的最后一天为晦，"晦，月尽也"，即是月死。农历每月初一为朔，"朔，初也"，即是月生。意指世间万事都不是一成不变的，难有定数。

**【译文】**

金、木、水、火、土五行相生相克，没有哪一个能常胜；四季相继相代，没有哪一个固定不变；白天的时间有长有短；月亮有圆也有缺。万物皆处于流变状态。

**【读解】**

本节中孙子以"五行""四时""日月"来暗喻灵活、机智、变幻莫测的用兵之道。五行是指金、木、水、火、土五种物质。它们是相生相克的，而且永远都在发展变化，四季、昼夜、日月，也是如此。孙子是要以此说明在战场上，无论多么强大的对手，多么高明的智谋，都会有自己的弱点，所以，高明的将帅总能找到克敌制胜的方法。

**【实例】**

## 韩信佯攻擒魏豹

三秦战争，汉军大胜。汉王刘邦向东发展，主力军攻入西魏境内，西魏不战而降。魏豹率领西魏军随同汉军向东推进，但魏豹及其军队并未受到刘邦的重视，这使得魏豹心生不满。不久，魏豹趁刘邦彭城失败之机叛汉附楚。

魏豹的叛变使汉军的形势变得十分严峻。汉军在彭城大败后，刘邦重新编组军队与楚军对峙，当时荥阳以东的形势很不稳定，刘邦暂时无法抽调兵力进攻西魏。

于是刘邦派遣谋士郦食其去做魏豹的争取说服工作。魏豹因早已对汉王心怀不满，同时又慑于楚之强大，遂谢绝郦食其。无奈，刘邦只好派遣韩信率军进攻西魏。

大将军韩信受命率领大军进至黄河渡口临晋关（今陕西大荔东），魏豹获悉，派重兵把守临晋关对岸的蒲坂（今山西永济西），并凭借黄河天险，封锁临晋关河面，壁垒森严。

韩信深知，如果从临晋关渡河强攻，势必造成较大的损失，而且难以成功。于是，他决定再施暗度陈仓之计。韩信佯装准备从临晋关渡河决战，表面上调集人马赶造船只，命士兵推船入水，并不断擂鼓呐喊，似乎强攻之势一触即发。但暗地里，韩信却派人沿黄河上游察看地形。经过调查权衡，韩信决定从黄河上游夏阳（今陕西韩城南）渡河，因为那里地势险要，西魏的守兵守备空虚。西魏无论如何也没想到，就在汉军佯装准备在临晋关大举强渡的时候，另一支汉军已在韩信的率领下从夏阳渡河，并直取西魏都城平阳（今山西临汾）。等到魏豹得到消息派兵堵截汉军时，已经来不及了。最后，汉军生擒魏豹，占领了西魏。

大将军韩信在三秦作战时已经使用过暗度陈仓的计谋，一般来说，一个将领实施某一计谋成功之后，敌方会吸取教训，防止再次上当。但是韩信偏偏要故技重演，二施暗度陈仓，将敌人玩弄于股掌之上，显示了其非凡的军事才能，堪称一绝。

## 张巡草人借箭

唐玄宗天宝十四年（755年），"安史之乱"爆发，全国各地烽烟四起。次年，时任雍丘（今河南杞县）县令的令狐潮决定投降叛军，遂率军击败北上抗击叛军的淮阳（今河南淮阳）军队，并将所俘将士捆于庭院准备杀死。之后，令狐潮因故出城，被捆士兵趁机解开绳索，杀死看守，关闭城门，将令狐潮拒之城外。同时将真源县令张巡和单父县尉贾贲及其领导的平叛军队请入城内。贾贲、张巡入城后杀死令狐潮的妻子和儿女，据城自守。当时吴王李祗为灵昌（今河南滑县）太守，奉诏统率河南平叛军队，他得知贾贲、张巡进占雍丘后，即授贾贲为监察御史。不久，令狐潮率领四万大军进攻雍丘，想报仇夺城。贾贲率军出城抗击，结果战死。张巡将战况上报李祗后，李祗即委命张巡率雍丘军民抗击叛军。此后，张巡领导军民继续英勇杀敌，并因此赢得了军民的信任。

令狐潮在初攻雍丘失败后，又令叛将李廷望率众四万攻城，一时间雍丘城内人心震恐。但张巡沉着冷静，他先布置一些军队守城，然后将剩余部队分成几队，由他亲自率领向叛军发起突然攻击。叛军猝不及防，大败而逃。次日，叛军建造起与城同高的木楼百余座从四面攻城。张巡命人先在城上筑起栅栏加强防守，然后又捆草灌注膏油点火后向叛军木楼投掷，使叛军无法逼近雍丘城。

雍丘被围困了数十天，城中军备物资已经所剩无几，特别是箭即将用完，而箭是守城作战最好的防卫武器，箭一旦用完，城上士兵的战斗力就会大大减弱。张巡得知这个情况后非常着急。他深知，如果箭没有了，守城就会很困难。但现在制作箭，一来城内没有原料，二来时间上也来不及了。经过冥思苦想，张巡想到了当年诸葛亮"草船借箭"的往事，于是开始谋划向敌人"借"箭的策略。

经过一段时间观察，张巡发现，敌人不擅长夜战，一到天黑，就偃旗收兵，回营休息去了。张巡以前曾经派过一部分兵士去侵扰他们，但敌军只是放箭，并不出战。于是张巡决定利用敌人不敢夜战的弱点向敌人借箭。

敌人见城墙上下来许多人，以为张巡派人来偷袭，但又不敢贸然进兵，唯恐中计，于是连忙放箭。

张巡首先命城里的兵士收集稻草，扎成几千个草人，并给草人穿上军服。天黑之后，他又让士兵们站在城墙上击鼓摇旗，同时把草人从城墙上缒下。

夜色朦胧，看不清楚东西，敌人见城墙上下来许多"人"，以为张巡派人来偷袭，但又不敢贸然进兵，唯恐中计，于是连忙放箭。张巡的士兵们拉着草人一会儿拽上一会儿又放下，不到一个时辰，草人身上都插满了箭。张巡随即下令停止摇鼓，把草人拽上来收箭，经过统计得箭几十万支。张巡大军欢笑之声传到敌营，令狐潮才知道上了敌人的当，追悔莫及。

张巡知道草人借箭后，又能抵挡敌人一段时间，但这终究无法达到退兵的目的。他想到如果继续运用草人借箭方法，敌人肯定不会再上当，但是，可以用真人代替草人。将真人放下城去，即便敌人发现了，也会以为对方又在用计，定然不会理会，这时出城的官兵趁机钻进敌营，杀敌人一个措手不及定能取胜。

几天之后的一个夜里，张巡再次下令往下放草人。有了上次的教训，叛军再也不上当了，这次无一人放箭。张巡马上下令换上500名士兵，缒下城去。敌人还以为放下来的是草人，没有防备。结果这500名壮士钻进敌营混杀，把令狐潮的军队杀了个措手不及。张巡随后打开城门，带领大军杀出去，结果叛军大败，逃出十几里后才敢安营扎寨。

此战中，张巡认真观察敌方军事情况，积极寻找突破围攻的方法，这是其获胜的主要原因。他不仅利用敌人的作息规律，还从诸葛亮草船借箭的故事里得到启示，实施草人借箭的策略，因而大获成功，取得了作战物资，巩固了防守。随后他又利用敌人害怕再次上当的心理，将草人换做真人，潜入敌营，在敌人毫无防备的情况下，一举打败敌军。张巡采用灵活、机智的用兵之法打败敌人，不愧是克敌制胜的高明将帅。

# 军争篇

## 本经通读

孙子曰：凡用兵之法，将受命于君，合军聚众，交和而舍，莫难于军争。军争之难者，以迂为直，以患为利。故迂其途而诱之以利，后人发，先人至，此知迂直之计者也。

故军争为利，军争为危。举军而争利，则不及；委军而争利，则辎重捐。是故卷甲而趋，日夜不处，倍道兼行，百里而争利，则擒三军将，劲者先，疲者后，其法十一而至。五十里而争利，则蹶上将军，其法半至。三十里而争利，则三分之二至。是故军无辎重则亡，无粮食则亡，无委积则亡。

故不知诸侯之谋者，不能豫交；不知山林、险阻、沮泽之形者，不能行军；不用乡导者，不能得地利。故兵以诈立，以利动，以分合为变者也。

故其疾如风，其徐如林，侵掠如火，不动如山，难知如阴，动如雷震；掠乡分众，廓地分利，悬权而动。先知迂直之计者胜，此军争之法也。

《军政》曰："言不相闻，故为金鼓；视不相见，故为旌旗。"夫金鼓旌旗者，所以一人之耳目也。人既专一，则勇者不得独进，怯者不得独退，此用众之法也。故夜战多火鼓，昼战多旌旗，所以变人之耳目也。

三军可夺气，将军可夺心。是故朝气锐，昼气惰，暮气归。善用兵者，避其锐气，击其惰归，此治气者也。以治待乱，以静待哗，此治心者也。以近待远，以佚待劳，以饱待饥，此治力者也。无邀正正之旗，无击堂堂之陈，此治变者也。

故用兵之法，高陵勿向，背丘勿逆，佯北勿从，锐卒勿攻，饵兵勿食，归师勿遏，围师必阙，穷寇勿追。此用兵之法也。

## 本篇旨要

军争，是指两军对阵而争利。本篇主要论述了克敌取胜的条件以及争取战争主动权等内容，对军争的意义（谋取利益）、军争的利弊（尤其是弊端——损兵折将，全军覆灭）、军争的条件（知己知彼）和基本战术（八种状况下不能攻敌），做了系统、精辟的分析。孙子在论述了"奇正""虚实"的战术之后，进而阐释"迂直"的战略思想，并将其作为本篇的主旨，是有道理可循的。无论是出奇制胜，还是避实击虚，都必须以迂直之计为前提条件，因为它们本身就是迂直之计的组成部分，或者说是迂直之计的一种表现形式。所以，这三者之间蕴涵着极为严密的逻辑关系，并共同构成了战争取胜的基础。

# 迂直之计

【原典】

孙子曰：凡用兵之法，将受命于君，合军聚众①，交和而舍②，莫难于军争③。军争之难者，以迂为直，以患为利④。故迂其途而诱之以利⑤，后人发，先人至⑥，此知迂直之计者也。

【注释】

①合军聚众：聚集民众，组编军队。合，《诗·大雅·民劳》郑玄笺曰："合，聚也。"梅尧臣曰："聚国之众，合以为军。"

②交和而舍：交，交错相接。和，古时军队的营门称和门。舍，驻扎，《左传·庄公三年》："师行一宿为舍。"意为在战地，敌我对垒，各军诸部的营门交错相连。

③莫难于军争：曹操注："从始受命，至于交和，军争难也。"意指没有比两军对阵争夺制胜条件更难的事了。

④以迂为直，以患为利：迂，迂回、曲折。患，祸患、不利。张预注："变迂曲为近直，转患害为便利。"整句话意思是将迂回道路变为直达的道路，将患害变为有利。

⑤迂其途而诱之以利：贾林注："敌途本近，我能迂之者，或以赢兵，或以小利、以他道诱之，使不得以军争赴也。"意指以迂回绕道和小利引诱敌人，摆脱敌人。

⑥后人发，先人至：发，出发。至，到达。梅尧臣曰："远其途，诱以利，款之也。后其发，先其至，争之也。能知此者，变迂转害之谋也。"意指比敌人后出动，而要先到达战略要地。

【译文】

孙子说：根据一般战争规律，将帅接受君主的命令，召集民众，组编军队，直到与敌军两相对垒，没有什么比争夺制胜的主动权更难的了。夺取制胜的主动权之所以困难，难在以迂回曲折的手段更快达到预定的战争目的，变不利为有利。所以，设法迂回敌军的进军之路，对敌人诱以小利，这样就能使我军虽后于敌人出发，却先于敌人到达目的地，了解这个才是真正懂得迂直谋略的将帅。

【读解】

孙子在这里指出，用兵之难难在"军争"，用兵者要善于"以迂为直"。"迂"，即指在敌人的行军路线上做文章，给敌人以小利，使之疑惑停滞，从而达到转移敌人注意力的目的,使其摸不清我军意欲何为,这样就能做到在敌人后面出发,却在敌人前面到达目的地,从而在战争中取得主动。

【实例】

## 刘备夺取定军山

赤壁之战后,曹操扩张受挫,其势力被限制在黄河流域,刘备则趁机占据了荆州、益州地区,势力大增。曹、刘两家与占据江南的孙权形成了三足鼎立的格局。

当时,汉中地区于刘、曹双方都有着非常重要的军事意义。它不仅是巴蜀的东北,还是扼守关中的要塞。刘备若是占领此地,进可攻袭关中,威胁曹操根据地;退可据险而守,确保益州的安全。因此217年,刘备令诸葛亮留守成都,负责后勤保障,自己则亲率大军攻夺汉中。

刘备制定了攻占汉中的相应策略,其战争初期的首要任务是攻下阳平关。刘、曹双方都非常清楚,阳平关是汉中西北部的战略要地,地势险要,得阳平关就是得汉中之险。因此曹操派夏侯渊和张郃等人领重兵在此把守,对抗刘军。尽管刘备率万余精兵轮番攻打,但总是无功而返。双方在阳平关对峙了一年多。

刘备久久不能打破僵局,屡战屡败,后来他仔细分析了原因,发现因为曹军先已一步占据了地利,而刘军数次迎面而上,没有"引而去之",因而最终一无所获。之后,刘备改变了作战方针,他认为既然敌方已经占据地利,己方应当另辟蹊径,攻敌之必救之处以待敌来,以逸待劳,则敌军必败。那么,哪里是"敌之必救之处"呢?刘备的目光最后定在了汉中西面的门户——地势险要而曹军防守薄弱的定军山。

219年春,刘备率军避开地势险要、防守严密的阳平关,悄悄南渡汉水支流沔水,沿南岸山地向东行进,一举占领军事要地定军山。此举使刘备占尽优势:既打开了益州通往汉中的门户,又严重威胁到阳平关曹军的侧方。

夏侯渊被迫将防守阳平关的兵力东移,想要夺回定军山。为防止刘备北上进而继续东进,曹军在汉水南岸和定军山东侧建营垒、修围寨、设鹿角,以加强防御。对此早有预料的刘备军趁夜突袭曹营,放火烧了曹军南营鹿角。夏侯渊命张郃守东围,自己率轻骑军队回救南围,这正中了刘备的调虎离山之计。刘备趁夏侯渊不在,向东围发动猛攻,并派黄忠领精兵埋伏在东南围之间的险要地段。在刘备

对此早有预料的刘备军趁夜突袭曹营,放火烧了曹军南营鹿角。

的猛烈攻势之下，张郃部难以抵挡，夏侯渊只好又速回救援，回援途中，却落入黄忠埋伏圈中。居高临下的黄忠，以逸待劳，向夏侯渊发动突然袭击。夏侯渊猝不及防，想要逃脱已来不及，结果死于乱军之中。此后，刘备乘胜追击，扩大战果，最后占据了汉中西部各重要险地。

  定军山一役，刘备正是做到了"以迂为直，以患为利"才取得胜利。战役初期，刘备由于只把目光盯在阳平关，使己方与曹军久峙而未能取得突破性进展，长此下去，刘军必将陷入被动。此时，刘备及时改变错误的作战方针，占领定军山，争取到了战争主动权，同时采用了合理的战术，通过攻敌必救之所来调动敌军，使敌军疲于奔命，最终，刘备以逸待劳，取得定军山一役的胜利。

## 丁斐诱敌救曹操

  三国时，曹洪被马超战败，丢失潼关后，曹操率领后续部队赶至潼关。在曹操与马超的首次交锋中，曹操大军溃败。马超统领庞德、马岱等横冲直撞，想亲自捉拿曹操。马超的凌厉攻势迫使曹操"割须弃袍"，狼狈而逃。在这危急时刻，幸好曹洪及时赶到，才救了曹操的性命。曹操逃回大营后，一面传令坚守寨栅，不许出战；一面谋划击败马超、韩遂的计策。他责令徐晃引4000名精兵袭击潼关后路河西，自己则督军渡过渭水，准备两路夹击敌军后，再一举消灭马、韩诸部。得知曹军的意图后，韩遂建议马超按兵法中"兵半渡可击"的战术，陈兵南岸，待到曹军渡至一半时，乘机猛攻。他认为，此举足以使曹操大军死于渭河之中。马超依计而行。

  当曹操的部分精兵渡至北岸，曹操亲自带领百余名护卫军将坐于南岸观看大军渡河时，马超突然率军杀来，冲到离曹操仅有百步远的地方。在这生死关头，曹操的虎卫军骁将许褚迅速扶起曹操急奔河边，二人跃上离岸边一丈多远的船，撑船向河心划去。曹操趴在许褚的脚下不敢动弹，十分狼狈。马超赶到河边，见曹操已经撑船到了河心，就命令岸边的将士向曹操的座船射箭。刹那间，矢如急雨，船上的船夫和护卫士卒几十人都应弦而倒。许褚一边用左手举起马鞍挡住如飞蝗般的来箭，护卫着曹操，一边用双腿夹着船舵，以右手使篙撑船。正当二人拼命挣扎时，岸上射来的箭突然减少。于是，许褚乘机快速将船划至北岸，使曹操再次死里逃生。原来，当时的渭南县令丁斐正驻扎在南山上，当他看到曹操的境况十分危险时，就打开寨门，将所有的牛马都驱赶出来。一时间，漫山遍野到处是牛马，马超的手下士兵见状，都回过头来争抢牛马，无心追赶狂逃的曹操，曹操也因此化险为夷。

  曹操上岸后，连忙问是谁用"纵牛马以诱敌"的妙计救了他。有人报告说是渭南县令丁斐。曹操感慨地说："如果不是他用小利引诱敌人，我很可能会被俘虏啊！"于是，他立即提拔丁斐为典军校尉。

# 军 争

【原典】

故军争为利,军争为危①。举军而争利,则不及②;委军而争利,则辎重捐③。是故卷甲而趋④,日夜不处⑤,倍道兼行⑥,百里而争利,则擒三军将⑦,劲者⑧先,疲者后,其法十一而至⑨。五十里而争利,则蹶上将军⑩,其法半至。三十里而争利,则三分之二至。是故军无辎重则亡,无粮食则亡,无委积⑪则亡。

【注释】

①军争为利,军争为危:为,有。曹操注:"善者则以利,不善者则以危。"全句意为军争之事既有有利的一面,亦有不利的一面。

②举军而争利,则不及:举,全、皆。梅尧臣注:"举军中所有而行则迟缓。"此句意为携带全部装备辎重的军队前去争取先机之利,则不能按时到达。

③委军而争利,则辎重捐:委,抛弃,丢下。捐,损失。此句意为抛弃掉辎重,轻装前去争先机之利,则军备辎重就会损失。

④卷甲而趋:卷,收、藏。此句意为卷起铠甲,轻装上阵。

⑤处:休息。

⑥倍道兼行:夜以继日地急速赶路。倍,加倍。

⑦擒三军将:三军将领为敌所擒,即全军覆没的意思。三军将,泛指上、中、下三军将领。杜佑注:"欲从速疾,卷甲束杖,潜军夜行,若敌知其情,邀而击之,则三军之将为敌所擒也。"

⑧劲者:健壮的士卒。

⑨其法十一而至:如此前行,只有十分之一的士卒能够到达。

⑩蹶(jué)上将军:前军将领可能被挫败。蹶,表示被动,被挫败。上将军,前军的主将。

⑪委积:指物资储备。

【译文】

因此,军争之事既有有利的一面,亦有不利的一面。全军带着全部辎重去争利,就会行动迟缓而赶不上;舍弃辎重去争利,那么辎重又白白损失了。因此,如果让战士卷起铠甲,轻装快跑,

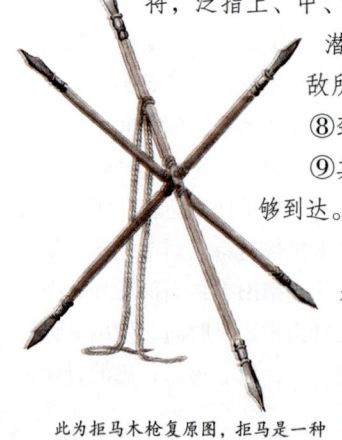

日夜不停，以加倍的速度兼程行进，奔袭百里去争利的话，那么三军将领都可能被敌军所擒。强壮的士卒在前面，疲弱的士卒在后面，按通常规律只有十分之一的人能如期到达目的地；像这样奔走五十里去争利的话，那么前军将领必然受挫，按通常规律只有一半人能到达；像这样急行三十里去争利的话，也只有三分之二的人能到达。所以，军队如果没有辎重就不能生存，军队没有粮食就无法生存，军队没有物资储备也不能生存。

【读解】

孙子在这里揭示了"军争"所带来的利与害。"军争为利""军争为危"二者之间是辩证统一的关系。利与害本来就是相依相存的，有利必有害。在战争中，对我方有利的，对于敌方则必然有害；对我方有害的，则对于敌方有利。所以这就要求我们在战争中，既要看到此种作战对我方有利的方面，又要看到它潜在的危害，反之亦然。我们要积极转化战争的利与害，施用灵活的战术，将我方的"利"发挥到极致，同时要减少它带来的危害。从敌方来说，要设法破坏敌方的有利因素，使其转化为不利因素，并将其扩大蔓延，对敌造成最大的危害。由此，将有利条件转向于我方，增大我方获胜的可能性。

【实例】

## 吕蒙"白衣渡江"袭荆州

三国时期，刘备从东吴"借"得荆州后，不仅没有归还之意，还派关羽率重兵镇守。因此，如何讨回荆州使得东吴君臣大伤脑筋。

鲁肃死后，大将吕蒙接替了他的职务。与鲁肃主张吴、蜀交好的政治意见截然相反，吕蒙认为关羽野心勃勃，对东吴一直有觊觎之心。因此他做了大将军之后，亲率军队驻扎陆口（在今湖北嘉鱼西南），并说服孙权出兵对付关羽。

此时，关羽刚在樊城战役中大败曹军，水淹七军，降于禁，斩庞德，威震天下。

曹操大惊之下，听从谋士之言，派使者前往东吴，与孙权商议联手夹攻关羽之事。孙权立刻回信，说愿意从背后偷袭关羽。曹操便派徐晃、吕建即日起兵，到阳陵坡驻扎，与东吴兵相呼应。

关羽虽然亲自率军攻打樊城，却未放松对吕蒙的警惕，他在蜀、吴交界之地布置了

吕蒙先将所有战船改装成商船模样，然后挑选了一批精锐士兵躲在船舱里。船上摇橹的士兵都换上白色衣服，扮作商人。

周密的防务。

吕蒙见此，便采用陆逊之计，装作旧病复发回家休养，并让孙权对外宣布陆逊接替吕蒙的职务，以麻痹关羽。

果然，关羽得知吕蒙病重、代替他的是无名小卒陆逊后，不由暗自窃喜，把原来防备吕蒙攻城的人马调到了樊城。

陆逊一见关羽调动人马，就马上报告孙权和吕蒙。此时，关羽在樊城接收了于禁十几万降兵，粮草一时供应不上，于是就抢了东吴贮藏在湘关的粮食。

孙权得知后，立即命吕蒙为大都督，让他迅速出兵袭击关羽后方。

吕蒙到了寻阳（今湖北黄梅西南）后，先将所有战船改装成商船模样，然后挑选了一批精锐士兵躲在船舱里。船上摇橹的士兵都换上白色衣服，扮作商人。就这样，一只只冒牌儿商船划向了北岸。

靠近北岸时，巡防的蜀军士兵一看是身穿白衣的商人，于是允许他们把船停在江边。到了晚上，躲在船舱里的士兵偷偷摸摸进江边的岗楼，活捉了蜀军的全部守军，占领了岗楼。吕蒙就这样"兵不血刃"地夺回了荆州。

关羽父子在临沮（今湖北远安）被东吴俘获，随即被处死。

之后，吕蒙又带领这支奇兵悄无声息地向公安进军。守护公安、江陵的蜀军将领本来就不服关羽的领导，吕蒙稍作游说，这些将领便纷纷倒戈投降。关羽得知吕蒙已夺回荆州，攻下公安、江陵，大为震惊。此时，徐晃又发动了攻击，一举击败关羽，关羽不得不解除对樊城的包围。

关羽这时才明白自己对东吴掉以轻心了，但为时已晚。他只好带领人马逃往麦城（今湖北当阳东南）。

孙权进攻麦城，派人去劝关羽归降。关羽断然拒绝，并带领十几名骑兵继续西逃。孙权派朱然、潘璋断了关羽的逃路，在临沮（今湖北远安）俘获关羽和其子关平，随即将他们处死。

关羽攻樊城本身就是一场冒险的战争，并没有十足的把握取胜。因为一旦曹、吴联手，关羽就会腹背受敌；而西蜀大军距离荆州遥远，不可能及时来救援，所以说"军争为利，军争为危"。为"利"还是为"危"，要看战前是否已经把握住取胜的大势。这一战中，关羽只看到攻城之"利"而忽略了失城之"危"，因此最终失败了。

# 兵以诈立

### 【原典】

故不知诸侯之谋①者，不能豫交②；不知山林、险阻、沮泽③之形者，不能行军；不用乡导④者，不能得地利。故兵以诈立⑤，以利动⑥，以分合为变⑦者也。

### 【注释】

①谋：谋略，战略意图。

②豫交：结交诸侯的意思。豫，通"与"。

③险阻：指山水险要阻隔的地方。沮泽：孔颖达疏引何胤云："沮泽，下湿地也。"指水草杂生的沼泽地带。

④乡导：乡，通"向"，即向导。熟悉该地区情况的带路人。

⑤以诈立：诈，使诈、诱骗。立，成功。杜牧注："诈敌人使不知我本情，然后能立胜也。"使计谋诱骗敌人而取得成功。

⑥以利动：根据是否有利于获胜而灵活采取行动。

⑦以分合为变：分，分散。合，集中。此指把分散与集中兵力作为变化手段。

### 【译文】

所以，不了解各诸侯国的战略企图，就不要预先和他们结成联盟；不知道山林、险阻和沼泽的地形分布，就不能领兵行军；不使用向导，就不能掌握和利用有利的地形。所以，用兵是凭借施诡诈、出奇兵而获胜的，根据是否有利于自己而决定行动，根据双方情势以分散或集中兵力的多种方式来变化战术。

### 【读解】

这段话主要强调了"以利动"的作战指导原则，即要根据能否获取特定的利益来制定所要采取的行动方针。两军交战，是以使对方屈服或消灭对方为最终目的的。因此，交战双方都想寻求、创造打败对方的机会。一方一旦稍有不慎，让对方感到有机可乘，另一方便会乘机而入，进攻对方。如果在没有发现有利可趋的情况下就贸然进兵，则属于盲目作战，必然会损失惨重。

"以利动"虽然理解起来很容易，但在实际应用当中却很难把握。在复杂而激烈的战事中，往往很难鉴别和把握其"利"。善于用兵打仗的将帅要具有敏锐的观察力、超前的预见力、综合的分析力、敏捷的应变力，要从多方面分析、思考、推测，才能做到避实就虚，趋利避害，把握先机。

【实例】

## 阏与之战

赵惠文王二十九年（前270年），在赵国举兵攻伐中山国之际，秦国派大将胡伤率八万大军前去攻赵。胡伤率秦军穿越韩国上党地区，直逼赵国阏与（今山西和顺西南）。阏与是赵国西部第一道险关，过了阏与百余里，便是邯郸西大门——武安（今河北武安西南）。武安一过，邯郸便近在咫尺。所以阏与历来是赵国重兵防护的地方。现如今秦军直逼阏与，对赵都邯郸构成了严重的威胁。接到紧急军报后，赵惠文王命赵奢为赵军主将，率领六万大军前往阏与救援。

但赵国援军还未到来，秦军就已攻占了阏与。攻城过程中，双方都伤亡惨重。

而赵奢临危受命，率领兵将前去解阏与之围。但是，赵奢带领军队没有往武安方向走。在出了邯郸城西北五十余里之后，赵奢便下令停止前进，就地驻扎。他还命士兵增修工事，建筑营垒，摆出一副要长期驻守的样子。这时，秦军已进至武安附近，并多次向赵军挑战。赵奢不为所动，一方面派人不断刺探情报，另一方面坚守不出。过了几日，秦军见赵军按兵不动，便派人化装成商人到赵军营中刺探虚实。赵奢装作不知，不仅设宴款待密探，还有意透露给他赵军的情报。

秦军密探返回营寨后，将赵军坚壁不出的情况向胡伤作了详细的汇报。胡伤闻之大喜，便决定集中兵力猛攻武安。赵将廉颇率三万步军镇守武安，兵强粮足，防守有力，因此秦军的猛攻丝毫没有效果。赵奢见秦军放松对阏与的防备并集中兵力攻打武安，便命全军轻装急进，奔赴阏与，意图切断秦军的后路。赵军避过正面的秦军，只用了一天一夜的工夫，就到达了阏与关的谷口。

听闻赵奢大军逼近阏与的消息，胡伤急忙率八千骑兵追赶赵军，又令武安方向的主力军回军阏与，准备一举歼灭赵奢的大军。秦军人马急行速进，很快尾随赵奢军而来。赵奢军的营垒刚刚修筑好，秦军就赶到了谷口，并排成整齐的队列，向赵奢军的军营不断逼近。

赵奢军中一个名叫许历的军士，向赵奢建议说："我军这次出其不意逼近阏与，秦军一定恼羞成怒，攻打的气势一定非常凶猛。将军必须严整军阵，集中兵力把守阵地，先挫秦军锐气，不然必败无疑。"赵奢对许历的见解深表赞同。许历又献计："北山的位置十分重要，这个制高点是决定战争胜负的关键，我们必须抢先占领。谁先占领了北山高地，谁就能处于有利地位。"

赵奢采纳了许历的建议，命令一万赵军抢先占据了北山。而同时，秦军马不停蹄地向赵军扑来，即将开战时，胡伤方明白卡在身后的这座山头的重要性，便急忙命大军抢占北山。但为时已晚，赵军已经占领此山，秦军只能陷于被动之中。战争开始后，山上的赵军依托有利地势对秦军进行反击，秦军死伤大半。

经此一役，秦军元气大伤，再加上久战疲惫，因此面对赵军犀利的攻势，渐渐失去了招架之功，不得已退到南谷与北山间的山谷中。赵军没有给秦军丝毫喘息的机会，再次发动进攻。结果秦军主将胡伤被杀，秦国的八万军队全军覆没。

赵奢大军凯旋。

阏与之战可称为"兵以诈立""示缓而先据要地"的成功战例。此战中，赵国大将赵奢成功隐藏了自己的作战意图，麻痹了敌人，促使其骄傲轻敌；而后，又出其不意，发动攻击，抢先占领了战略要地，使己方处于有利的地位。这正是阏与之战赵国获胜的主要原因。

## 檀道济唱筹退追兵

刘宋时，北魏发兵进攻济南，檀道济奉命前去抗击。宋军节节胜利，一直将魏兵驱逐至历城。

这时，檀道济开始骄傲起来，宋军的防备也开始松懈了。魏军趁机烧掉宋军的辎重粮草。檀道济手下的将士虽然英勇，但断了军粮，也只好退兵。于是北魏派出大军追剿围困宋军。宋军将士看到大批魏军围上来，不禁有些惊慌失措。檀道济却不慌不忙地命令将士就地扎营休息。

当天晚上，宋军军营里灯火通明，檀道济亲自带领一批管粮的兵士在一个营寨里查点粮食。一些兵士手里拿着竹筹高声唱念计数，另一些兵士用量斗忙着量米。有人偷偷地向营里望了一下，只见一只只米袋里面装满了雪白的大米。这个消息马上被魏兵的探子获悉并报告给魏将。魏将大惊，连夜退兵。

其实，魏将中了檀道济的计。檀道济在营寨里量的并不是白米，而是一斗斗的沙土，只是在沙土上覆盖了少量白米罢了。等到天色发白，檀道济命令将士戴盔披甲，自己则穿着便服，乘着一辆马车，从容不迫地沿着大路向南转移。

檀道济在粮草匮乏的情况下，"唱筹量沙"，伪装骗敌，成功地吓退了魏军。

檀道济亲自带领一批管粮的兵士在一个营寨里查点粮食。一些兵士手里拿着竹筹高声唱念计数，另一些兵士用量斗忙着量米。

# 先知迂直之计者胜

【原典】

故其疾如风①,其徐如林②,侵掠如火③,不动如山,难知如阴④,动如雷震;掠乡分众⑤,廓地分利⑥,悬权而动⑦。先知迂直之计者胜⑧,此军争之法也。

【注释】

①其疾如风:指军队行动迅速,如同疾风掠过一样。
②其徐如林:指军队行列整肃,像整齐的林木一样排列有序。
③侵掠如火:要像熊熊烈火一般猛烈地向敌军发起进攻。侵掠,指进攻。
④难知如阴:难以窥知实情,有如阴云蔽日。
⑤掠乡分众:此句意为分兵数路,掳掠敌国的乡野城邑。
⑥廓地分利:开拓领域,并依据利害关系而据以防守。廓,开拓。
⑦悬权而动:全句意为先权衡利害得失,而后决定采取相应行动。
⑧先知迂直之计者胜:事先懂得利用"以迂为直"战术的将领才会胜利。

【译文】

因此,按照战场形势的需要,军队迅速行动时犹如狂风劲吹;行进从容时犹如森林一样始终不乱;攻城略地时犹如烈火般迅猛;驻守防御时犹如大山一样岿然不动;军情隐蔽时如乌云蔽日,难见星辰;大军发动攻击时如雷霆万钧。夺取敌方的物资、掳掠百姓应分兵行动。开拓疆土、分夺利益应该分兵扼守要害。这些都应该比较利害、权衡轻重,根据实际情况,相机行事。只有事先知道"迂直之计"的将帅才能够获胜,这就是军争的原则。

【读解】

这里孙子连用了六个比喻来说明强大的军队应该具备的素质。这些素质表面上是军队要呈现给外人的,而实际上这段话是强调军队中从将帅到步卒都应具备灵活、迅速的特征。因为在面对强敌时,变幻莫测的战术以及神速的战略移动,都是提高军队作战取胜概率的因素。

【实例】

## 柏举之战

春秋后期,楚国开始走向衰败,吴国逐渐强盛起来。公元前512年,吴王阖闾首次提出兴兵伐楚的战略计划时,谋士孙武即以"民劳,未可,待之"的理由加以劝阻，阖闾采纳了他的意见。但阖闾并未消极地等待楚国自身瓦解，而是主动分析敌我形势，创造条件，从而实现敌我优劣对比的转化。在伐楚之前，吴国首先铲除了楚国的两个小的同盟国——徐和钟吾，这就为进一步实施伐楚大计扫清了道路。其次，吴王采纳了谋士伍子胥提出的"疲楚误楚"的战略方针，这也是决定这次吴楚决战胜负的关键所在。其具体做法是：将吴军分成三队，轮番出击，不停地骚扰楚军。这个战略共实行了六年多，吴军先后攻打了楚国的夷（今安徽涡阳附近）、潜（今安徽霍山东北）、六（今安徽六安北）等地区，使楚军疲惫不堪，士气低落。同时，吴军这种避敌主力、不作决战的行为，也达到了麻痹楚军的目的，使楚军误以为吴军的进攻仅仅是"骚扰"而已，并没有发现吴军这些小"骚扰"背后所隐藏的真实目的，从而轻视了吴国的实力，放松了警惕，导致了最终的战败。

公元前506年，吴王见起初的战略计策达到了预定目的，认为发动最后大决战的时机已经成熟了。这年秋天，楚国大举兴兵围攻蔡国，蔡国急忙向吴国求救。同时，唐国国君也对楚国的不断欺凌勒索很是不满，所以主动与吴国通交示好，表示愿意助吴攻楚。唐、蔡两国虽小，但位于楚国的北部侧背，对于吴国灭楚的大计来说，其战略位置非常重要。吴国答应了他们的请求，并与其结盟，从而避开了与楚国的正面交锋，制定了战略迂回、大举突袭、直捣腹心的攻楚计划。

同年冬天，吴王阖闾与其弟夫概和伍子胥、伯嚭、孙武等人，集合了全国三万多人马，趁楚军连年作战极度疲惫且东北部防御相对薄弱之机，对其发动突然袭击。吴军沿着河向西进军，以3500人的精锐军队作为前锋，很快杀到了汉水的东岸。而楚军在毫无准备的被动情况下仓促应战，楚昭王急令令尹囊瓦、左司马沈尹戌、武城大夫黑、大夫史皇等带领大军到汉水西岸迎击吴军。吴楚两军隔着汉水对峙。楚军统帅囊瓦急于立功，采取速战速决的战略方针，单独率领楚军主力渡过汉水，向吴军进攻。

楚军的主动出击，正中吴王和谋士们下怀，于是吴军采取后退疲敌、寻机决战的策略，主动从汉水东岸向后撤。囊瓦果然中计，命令楚军追击吴军。连续与吴军交战，致使楚军士气低落，战斗力大减。阖闾见楚军已完全陷入了被动的境地，当机立断，决定和楚军正式展开决战。随后，吴军在柏举（今湖北汉川北，一说湖北麻城）列阵迎战楚军。夫概带领自己手下的五千人马全力进攻囊瓦的军队。楚军阵势大乱，一触即溃。吴王看到夫概的突击取得了成功，就趁机把主力投入战场，结果大胜楚军。柏举一战，楚军主力遭到重创，侥幸逃脱的残军向西溃逃。吴军乘胜追击，一路杀进楚国境内，攻陷了郢都。楚昭王无力回天，便像丧家之犬一样逃往了随国（今湖北随州）。

柏举之战是春秋末期诸侯争霸战争中一次规模宏大且影响深远的经典战争。吴军灵活机动，因势利导，以迂回奔袭、后退疲敌、寻机决战、追击全歼的战法，一举战胜多年的强敌，为吴国日后的逐步崛起、称霸中原，奠定了坚实的基础。

## 浅水原之战

618年，李渊占领长安之后，趁王世充和瓦岗军交战之机，派次子李世民出潼关，欲取渔人之利。当时瓦岗军对洛阳的进攻并不积极。洛阳的隋朝残余势力看到李渊集团势盛，想做内应献城。李世民深谙"城有所不取"的战略原则，所以没有急于取洛阳，而是将下一阶段的战略目标放在了对北方割据势力的清剿上。在当时的北方，关中最大的威胁来自于陇西薛举集团。

薛举原是隋金城（今甘肃皋兰）府校尉。隋恭帝义宁元年（617年）四月，他与儿子薛仁杲等起兵反隋，招兵买马，势力大增，不久即夺取了陇西的大片土地，并拥兵十三万。七月，薛举在金城称帝，后又迁都天水。十二月，薛举派薛仁杲兼并了农民武装唐弼的十多万人，势力越来越强大，并谋图东进，以争夺关中。当时，长安已被李渊集团捷足先登。薛举便令其子薛仁杲率精兵十万攻打扶风，李世民率军打败了他们，斩杀万余人。

唐武德元年（618年），薛举派军又一次进攻关中。李渊任命李世民为元帅，率八总管军进驻高摭（今陕西长武西北）抵御。七月，薛举进逼高摭，正好赶上李世民患病，委军事于长史刘文静、司马殷开山。李世民告诫二人千万不能轻易出战，待劳其师以后再找机会击败他们。但刘、殷二人不以为意，轻率出击，在高摭西南的浅水原被薛军打败，损兵大半，李世民无奈之下只好带兵回长安休整。八月，薛举想乘胜攻打长安，却暴病而亡，其子薛仁杲继位，暂时停军折摭（今甘肃泾川）。同年冬，李渊再次任命李世民为元帅，带兵进击薛军，于是爆发了唐统一北方的关键性战役之一——浅水原之战。

是年十一月，唐军进至高摭，薛仁杲听说李世民进击浅水原，便派其大将宗罗睺率兵迎战。唐军很多大将多次请求出战，但李世民吸取第一次失败的教训，拒不出战。两军对峙了六十多天，薛军粮草逐渐耗尽，士气慢慢涣散，其将梁胡郎、翟长孙等先后率所部投降了李世民。李世民认为决战的时机到了，就命行军总管梁实率军布阵于浅水原，引诱薛军出战。宗罗睺求胜心切，派出所有精锐军队来攻，梁实则据险不出，在营中乏水、"人马不饮者数日"的情况下，顽强抗击薛军的进攻。李世民见薛军疲惫不堪，又派右武侯大将军庞玉挥师于薛军之右，在浅水原之南布阵，以进一步吸引薛军的兵力，自己则带领主力军队自浅水原北击其后。宗罗睺仓促率军迎战，在唐

此为木幔复原图。这是一种攻城车，上有盖子，用来抵挡城中的矢石攻击，以减少攀墙攻城者的伤亡。车中梯盘架空，人可着地推车，车下装有四个轮子，上面的盖子用一根绳子吊起，蒙上一层生牛皮革，中间可容纳十个人，猛烈推车，直到抵达城下攻城。

军的前后夹击下，薛军队形大乱，大败而逃。李世民带领两千多骑兵追击，傍晚追至折摭城下。薛仁杲先是背城列阵，见唐军攻势凌厉，就引兵入城据守，唐军随即将城合围。薛军见状，士气低落，纷纷投降。薛仁杲见大势已去，也只好投降了。唐军收编薛军万余人。

经过这一战，李渊集团一举歼灭了陇西最大的割据势力，巩固了在关中的地位。第一次浅水原之战，唐军由于轻敌，贸然出战，结果惨败。第二次浅水原之战，李世民吸取了前一次失败的教训，坚守不出，以挫敌锋，从而以逸待劳，为自己赢得了主动。而对方则由骄入疲，而且没有充足的后勤保障，禁不起长时间的相持，以致粮草耗尽，军心涣散。这充分说明了战争中审时度势、慎重选择决战时机的重要性。

## 诸葛亮巧计夺汉中

三国时，蜀兵挺进汉中，曹操亲率大军前来抵御。诸葛亮查看地势，发现汉水的上游有一带土山，可以埋伏千余人，于是就吩咐赵云带兵埋伏于此。

第二天，曹兵前来挑战，见蜀兵坚守不出，只好悻悻回营。晚上，诸葛亮在山上窥视，见敌军灯火熄灭，便命人放响号炮。赵云听到号炮声后，也吩咐手下擂起战鼓、吹响号角，顿时山中喊声震天，山谷也发出了回响。曹兵以为蜀兵来劫寨，都惊慌失措，急忙起床应战，但却未发现一个蜀兵。等到他们刚刚睡下，蜀兵那边又是鼓角齐鸣。一连三夜，夜夜如此，搞得曹兵筋疲力尽，彻夜难眠。曹操心里发怵，便退后30里扎寨。接着，诸葛亮又请刘备渡汉水后在岸边扎营。曹操见刘备背水安营扎寨，便派人来下战书。

次日，曹操领兵向刘备挑战，刘备派蜀将刘封出战，曹操便命部下徐晃出战。刘封战不过徐晃，拨马便跑，蜀兵也跟在后边往水边逃走，军器马匹散落满地。曹兵追赶过来，争相拾取，不战自乱。正在这时，只见诸葛亮号旗举起，刘备领兵杀回，黄忠、赵云也从两翼杀来。曹军被围攻，大溃而逃，退往阳平关。

诸葛亮抓住时机，急令张飞、魏延截断曹兵的粮道，又命黄忠、赵云去放火烧山。曹操在阳平关听说粮道被截，山也被烧，只得领兵出了阳平关，希望以一战之功杀败蜀兵。这一次蜀兵出阵的仍是刘封，他战了几个回合便败走了。曹操乘胜追赶，追了一阵后，他又害怕中埋伏，于是下令退回阳平关。可是这时蜀兵又返身杀了回来，包围了阳平关，在东门放火，西门呐喊，南门放火，北门擂鼓。曹操急忙弃城突围，最终逃到斜谷界口驻扎。随后，蜀兵又杀了过来，曹操只得仓皇率军逃奔许都，把整个汉中丢给了刘备。

此战中，诸葛亮几番用计都很精妙。他先是布置疑兵，擂鼓疲敌，迫使曹操退后30里。继而，又过河背水结营，引诱曹操来攻，然后设伏兵杀敌。之后，又运用釜底抽薪之计，放火烧山，截断粮道。再施敲山震虎之计，在阳平关四座城门放火呐喊，迫使曹操放弃阳平关和斜谷界口，整个汉中遂落入刘备之手。

# 用众之法

【原典】

《军政》①曰:"言不相闻,故为金鼓②;视不相见,故为旌旗。"夫金鼓旌旗者,所以一人之耳目也③。人既专一④,则勇者不得独进,怯者不得独退,此用众之法⑤也。故夜战多火鼓,昼战多旌旗,所以变⑥人之耳目也。

【注释】

①《军政》:梅尧臣曰:"军之旧典。"古兵书,已佚。
②金鼓:金,铜铎,闻铎即止。鼓,战鼓,闻鼓即进。金鼓是古代指挥军队进攻后退的号令。
③所以一人之耳目也:金鼓旌旗的号令是用来统一士卒们的视听,使士兵们的行动如一。
④人既专一:意指士卒行动既然得到了统一。
⑤用众之法:指挥大军作战的方法。
⑥变:此为适应的意思。

【译文】

《军政》中说:"在战场上用言语来指挥,相互听不清或听不见,所以设置了金鼓;用手势来指挥,相互看不清或看不见,所以设置了旌旗。"金鼓、旌旗是用来指挥军队统一作战行动的。既然全军的行动统一了,那么勇敢的将士不会单独前进,胆怯的也不会独自退却,这就是指挥大部队作战的方法。所以,夜间作战要以金鼓为主,白天打仗要多用旌旗。这些都是根据人们视听的需要而变换的。

【读解】

古时作战,常用金鼓和旌旗作为将帅意志或行为的延伸。将帅用击鼓的强弱快慢来引导士兵的进与退,用统一的旌旗来指导士兵的进攻方向、作战位置等。它们可以说是将帅指令的传达器。这种统一的传达,既取决于将帅敏锐的判断力,也取决于士兵的理解力和反应力。只有将二者协调统一起来,将帅的意志才能融合到士兵的行动中去,才能完成有效的指挥。士兵要对军令军规熟知于心,要精通各种变化的军阵,只有这样才能配合将帅的指挥,取得战争的胜利。

【实例】

## 李牧破匈奴之战

赵武灵王时期，赵国推行"胡服骑射"取得显著效果，其军事力量大大增强，屡败匈奴等北方胡人部落。但到了惠文王、孝成王时期，匈奴各部落再次强大起来，不断骚扰赵国北部边境。赵孝成王即位后，派大将李牧驻守北部边疆，防备匈奴入侵。

李牧到任后，采取了一系列措施来加强边防力量：根据边防需要设置官吏僚属，适于战备；将地方收入作为军费；厚待将士，每日宰杀数头牛犒劳士卒；"日习骑射"，加强训练，提高军队的战斗力；派大批谍报人员深入匈奴内部，及时掌握敌情；加强烽火报警、通信联络设施建设，提高军民的快速反应能力。

在作战方法上，李牧改变以往匈奴来犯即迎战的战术，采用坚壁自守、示弱避战、养精蓄锐、伺机反击的作战方针。为此，李牧与边境军民约定：一旦发现匈奴入侵，未得出击号令，即退入城内固守，避免与匈奴交战，坚壁清野。李牧还严令将士不得擅自出战。这样，匈奴骑兵既无攻坚器械攻城，又掠夺不到牲畜和粮食，只得退去。如此数年，边境损失极少，赵国也得到了休养生息的机会，为以后反击匈奴奠定了物质基础。在李牧作战方针的指导下，赵国逐渐建立起一支装备精良而且素质极高的边防军。

匈奴人认识不到李牧谋略的高明之处，简单地认为这是赵军胆怯的表现，甚至连李牧手下的兵士也觉得李牧胆小怕事。赵王因此指责了李牧，但李牧却不以为意，依然我行我素。赵王遂召回李牧，另选将军驻守。此后一年多的时间里，匈奴每次南下侵扰，赵军都出城迎战。由于匈奴骑兵极为强悍而机动性又强，赵军无力抵挡，屡次失利，伤亡很多。边境地区的百姓也无法按时耕种放牧。赵王只好再命李牧前去驻守，但李牧托病推辞，闭门不出。赵王再三下令，李牧方说："如果大王允许我还像以前那样驻守的话，臣才敢奉命前往。"赵王应允。

李牧回到边境后，仍按以前的方法行事，边境局势很快得到控制。匈奴军每次南侵都是无功而返，但仍觉得李牧胆小怯战。经过几年的训练，赵军的战斗力大为提高，求战欲望日益强烈。李牧觉得歼灭匈奴的时机已经成熟，便开始进行战争准备。赵悼襄王元年（前244年），李牧精选战车1300辆、骑兵1万余人、骁勇步兵5万人、弓弩兵10万人，总兵力约20万人，加紧进行临战前的战斗训练。同时，李牧又命边境百姓随意放牧。

匈奴人见有机可乘，即派小股兵力入侵。两军交战时，李牧军伪装战败，故意丢弃许多物资、牲畜让匈奴人抢掠。匈奴单于得知赵军溃逃，亲率10万大军入侵赵国。起初，李牧采取守势，以车阵从正面限制、阻碍匈奴骑兵的行动，将赵国的骑兵和精锐步兵隐藏于车阵后。当匈奴军攻击受挫后，李牧乘机命骑兵和精锐步兵自两翼加入战斗,将匈奴人团团围住。经过激烈战斗,赵军一举歼灭10万匈奴骑兵。李牧乘胜追击,灭襜褴,破东胡,降林胡,声威大震。此后十多年,赵国北部边境始终安宁无事。

此战中,李牧用兵得法,使全军上下团结一致;指挥得当,使匈奴骑兵善骑射的长处无从发挥,割断了匈奴的军需补给。待双方力量对比发生变化后,李牧趁机集中兵力,并充分发挥各兵种协同作战的威力,进行包围作战,从而战胜了匈奴大军。

## 养城之战

阖闾即位后,励精图治,使得吴国国内稳定,仓廪充足,军队精悍,他还广泛搜罗人才,任用文武双全的伍子胥为"行人"(掌朝觐聘问外交之官)。之后,伍子胥又向吴王阖闾推荐了正在隐居的孙武,并向吴王介绍孙武的家世、人品和才干,称赞孙武是个文能安邦、武能定国的盖世奇才。不久,吴王接见了孙武,并拜其为将军。在孙武的严格训练下,吴军的军事素质有了明显的提高。

公元前512年,阖闾为巩固自己的政权,清除叛党,决定追杀叛逃的前朝公子掩余和烛庸。二位公子在走投无路的情况下投奔了敌国楚国。楚王如获至宝,将他们安顿在养城(今河南沈丘东南),同时还为他们筑城,并把城父与胡(均在养之东)的土地送给二位公子,作为他们的封邑。楚国此举的用意,是想利用二位公子与吴王阖闾的矛盾,把养城作为牵制吴国的力量。

阖闾得知此事后,以孙武为将,决定攻克养城,以绝后患。这一仗是孙武初试锋芒的一场战斗,因此,孙武在战前认真分析了敌我双方的形势。孙武认为:养城一战,阖闾的目的一方面是擒杀掩余、烛庸二公子,剪除自己政权统治的隐患;另一方面还在于扫除淮水北岸的楚军势力,为日后破楚入郢扫清障碍。因此,孙武向阖闾提出了"肆楚疲楚、攻克养城"的战略方针。

在战术实施时,孙武将吴军分编成三军。孙武指挥第一军兵力向城父进军,在佯装攻克不下之后,吴军便兵锋一转,南下渡过淮水,直驱五百余里,攻打潜、六两地;当楚军的援兵即将到达时,孙武一声令下,吴军迅速撤退待命,不与楚军正面冲突。楚军见吴军撤走,便将部队驻扎在南冈(今安徽潜山)。孙武这时调动第二军人马沿淮水而上,快速行军数百里直扑楚国战略要地——弦邑。当楚军即将赶到弦邑时,孙武见已成功调动了敌人,便命军队撤退待命。由于吴军的两支部队成功地调动了敌军,使敌人疲惫不堪,士气低迷。这时,孙武乘楚军首尾不顾之机,派第三军进攻养城。吴军一举攻下养城,擒杀了二位公子,胜利地结束了这场战斗。吴国的内患已除,而楚军锐气大挫。

在这场战斗中,孙武调兵遣将,指挥得当,在运动中寻求到有利的战机,大获全胜,充分显示出他卓越的军事指挥才能。

# 将军可夺心

【原典】

三军可夺气①，将军可夺心②。是故朝气锐，昼气惰，暮气归③。善用兵者，避其锐气，击其惰归④，此治气⑤者也。以治待乱，以静待哗⑥，此治心⑦者也。以近待远，以佚待劳，以饱待饥，此治力者也。无邀正正之旗⑧，无击堂堂之陈⑨，此治变⑩者也。

【注释】

①夺气：夺，打击、挫伤，此为丧失、失去之意。气，士气。夺气意为挫伤敌军勇锐旺盛之气，使之衰竭。

②将军可夺心：张预注："心者，将之所主也。夫治乱勇怯，皆主于心。故善制敌者，挠之而使乱，激之而使惑，迫之而使惧，故彼之心谋可以夺也。"全句意为可以动摇将帅的决心。

③朝气锐，昼气惰，暮气归：锐，锐利、锐盛。惰，懒惰、懈怠。归，回去。梅尧臣注："朝，言其始也；昼，言其中也；暮，言其终也。"指军队刚征战时，士卒斗志旺盛；持续一段时间后，士气逐渐怠惰；到了末期，士气衰竭，将士有了归心。

④避其锐气，击其惰归：避，躲避、避开。击，攻击、打击。全句意为避开敌军初来时的锐气，等待敌人士气衰竭再进行攻击。

⑤气：士气，斗志。

⑥以治待乱，以静待哗：哗，喧哗，此指骚动不安。全句意为以己方的严整对付敌军的混乱，以己方的镇静对付敌方的轻躁。

⑦治心：心，心理。张预注曰："善治己之心以夺人之心。"即从心理上制伏、战胜敌人。

⑧无邀正正之旗：邀，遮留、截击。正正，曹操注："齐也。"此句意为勿发兵截击旗帜齐整、队伍整治之敌。

⑨无击堂堂之陈（zhèn）：堂堂，张预注："行阵广大。"陈，古"阵"字。全句意为不要攻击军力强大、阵势严整的敌军。

⑩治变：以权谋变化应付敌人。

【译文】

对于敌方三军，可以挫伤其锐气，可使其丧失士气；对于敌方的将帅，可以动摇他的决心，可使其丧失斗志。所以，一般来说，战争初期时士气饱满旺盛；等战争持续一段时间，则人力困倦而士气懈怠；战至后期，则人心思归，士气完全衰竭。善于用兵的人，总是避开敌人士气旺盛的时候，等敌人士气衰竭、消亡时才发起猛攻。这是从士气上制伏、战胜敌人的办法。以严整的我军来对付混乱的敌军，以我军沉着冷静来对付浮躁喧乱的敌人。这是从心理上制伏、战胜敌人的办法。以我就近进入战场而等待长途奔袭之敌，以我休整安逸对仓促疲劳之敌，以我饱食之师对饥饿之敌，这是从体力上制伏、战胜敌人的办法。不要去迎击旗帜整齐、步调统一的军队，不要去攻击阵容整肃、士气饱满的军阵，这是以权变灵活对付敌人的办法。

此为头车复原图。其出现于宋代，是一种组合式攻城车，用于掩护攻城士兵运土以及输送器材。头车身长九尺，宽、高各七尺，车顶中央设有出口，以便车内人员上下，车顶的前面有一扇天窗，窗前设有屏风，上有用于观察和射箭的箭窗；车身蒙着皮笆，外面涂有泥浆。绪棚后接在头车后面，其形制类似于头车。绪棚后方是"找车"，中间用大绳相连。攻城时，把头车推到城下，将屏风撤掉，使头车与城墙密接，士兵在头车的掩护下挖掘地道。

【读解】

一支战斗力很强的军队，首先从士气上就能表现出来。士气是军队精神和意志的集中体现。整个军队军心一致，锐气逼人，那么必定会在战争中有超强的表现，甚至会创造奇迹。因此，孙子很重视士气在作战中所起的作用。在本段中，孙子着重指出，当敌军士气高昂、精力旺盛的时候，就要避开其锋芒，不与之交战。同时，他还强调，我们要设法扰乱敌方军心，挫伤其锐气，动摇其将帅的决心。此外，在远途作战时还要注意，以逸待劳、以饱待饥，这样我军就能在体力上占有优势。

【实例】

## 长勺之战

公元前686年冬，齐国宫廷发生了一场内乱。公孙无知杀死了堂哥齐襄公，自立为王。数月后，大臣雍廪又杀死了公孙无知。之后，齐国的国君位置就空了。当时，流亡在外的公子小白和公子纠都想继承齐国王位，因此发生了一场争夺王位的斗争。结果，公子小白打败公子纠，继承了君位，他就是后来的齐桓公。

在齐国的这场内部斗争中，鲁国始终是支持公子纠的，还曾经公然出兵支持公子纠回国争夺王位。公子小白做了齐国国君之后，对此不肯善罢甘休，齐、鲁之间的矛盾因此激化，最终导致了"长勺之战"的爆发。

公元前684年春，齐桓公决定兴师伐鲁。此时，一位名叫曹刿的鲁国人认为当时的当政者庸碌无能，目光短浅，但他不想看到自己的国家被齐国军队所蹂躏，故而进见鲁庄公，请求参与战事。

曹刿问鲁庄公："您凭什么跟齐国打仗？"庄公说："衣食是使人生活安定的东西，我不敢独自占有，一定拿来分给别人。"曹刿说："这种小恩小惠不能遍及百姓，老百姓是不会听从您的。"庄公说："祭祀用的牛羊、玉帛之类，我从来不敢虚报数目，一定做到诚实可信。"曹刿说："这点诚意难以使人信服，神是不会保佑您的。"庄公说："大大小小的案件，虽然不能件件都了解得清楚，但一定要处理得合情合理。"曹刿说："这是（对人民）尽本职的事，可以凭这一点去打仗。作战时请允许我跟您去。"于是曹刿和鲁庄公同乘一车前往长勺。

开战之前，两军就已摆开了决战的阵势，等到布阵完毕后，鲁庄公准备下令擂鼓助威，攻击齐军。曹刿忙进行劝阻，并建议庄公坚守阵地，见机行事，鲁庄公采纳了曹刿的这一建议，暂时按兵不动。齐军求胜心切，凭借强大的兵力主动向鲁军发起了猛烈的进攻。但齐军连续三次出击都无功而返，将士斗志逐渐丧失。曹刿发现时机已经成熟，就果断建议庄公马上进行反击。庄公下令鲁军全线出击。接到命令的鲁军凭借高昂的斗志，一鼓作气、英勇无畏地杀向敌人，一举冲垮了齐军的车阵，取得了大胜。庄公见到齐军溃退，马上就要下令追击，曹刿又对其进行劝阻。紧接着，曹刿下了战车，到战场上仔细察看后，发现齐军的车辙杂乱无章；又登车远望，看见齐军的大旗东倒西歪，从而断定齐军真的是溃逃了，而非有诈，这才建议鲁庄公下令追击。庄公立刻下令追击齐军，结果进一步重创了齐军，将他们赶出了鲁国的土地，取得了长勺之战的最终胜利。

在长勺之战中，鲁庄公虚心听取曹刿的建议，遵循后发制人、挫其锐气、敌疲我打的策略，正确地选择了战场，把握住了反攻和追击的良好时机，从而掌握了整场战争的主动权，进而赢得了这场战争的胜利。

齐军连续三次击鼓后，曹刿对庄公说："可以进攻了。"

孙子兵法

军争篇

将军可夺心

一八一

# 穷寇勿追

【原典】

故用兵之法，高陵勿向①，背丘勿逆②，佯北勿从③，锐卒勿攻，饵兵④勿食，归师勿遏⑤，围师必阙⑥，穷寇勿追⑦。此用兵之法也。

【注释】

①高陵勿向：陵，丘陵、山陵。向，仰攻。梅尧臣注："敌处其高，不可仰击。"指不要去仰攻处于高地的敌人。

②背丘勿逆：背，背靠、倚靠。逆，迎击的意思。全句意为当敌军背倚丘陵险阻之地时，我军不可正面攻击。

③佯北勿从：佯，假装、伪装。北，败北、败逃。此句意为，若敌人假装败退，不要追击，以防中敌人的埋伏。

④饵兵：饵，鱼饵。饵兵即诱敌中计的小股军队。

⑤归师勿遏：遏，阻止、拦阻。全句意为敌军班师回国，不可正面阻截。

⑥围师必阙：阙，通"缺"。张预注："围其三面，开其一面，示以生路，使不坚战。"意指包围敌军应当留有缺口，瓦解其作战的决心。

⑦穷寇勿追：穷，尽、窘迫。寇，敌军，敌人。全句意为对于陷入绝境的敌人，不要过分以逼迫。

【译文】

所以，用兵的原则是：对于占据高地的敌人，不要去仰攻；对于背靠山丘的敌人，不要去正面迎击；对于假装败逃的敌人，不要去跟踪追击；敌人的士气正旺，不要强攻；敌人的诱饵，不要贪食；对正在向本土撤退的敌军不要正面去阻截；对被包围的敌军，要预留缺口；对于陷入绝境的敌人，不要逼迫太甚。这些都是用兵的基本原则。

【读解】

在本篇末尾，孙子提出了八大用兵原则，即"高陵勿向，背丘勿逆，佯北勿从，锐卒勿攻，饵兵勿食，归师勿遏，围师必阙，穷寇勿追"，意在向人们揭示：用兵作战要认清形势，辨别对方的真实意图，不要贪图小利，以免带来不必要的损失。另外，在攻击敌人时，还要做到合理安排，必要时得网开一面。这都需要根据不同的情形采取不同的行动。

【实例】

## 诸葛亮七擒孟获

公元225年前后，南中少数民族首领孟获趁刘备刚死，蜀汉政局混乱之机向蜀国发动进攻，诸葛亮当即率兵南征。

两军对阵，诸葛亮首战就大获全胜，生擒了孟获。但孟获却不服气，说"胜败乃兵家常事"，希望与诸葛亮再战。诸葛亮听后便放了他。

孟获回到南蛮后，诸葛亮找来他的副将，并对这名副将说孟获将此次叛乱的罪名都推到了他身上。副将听了十分气愤，大声喊冤，于是诸葛亮将他也放走了。副将回到南蛮后，心里一直愤愤不平，伺机捉住孟获交送给诸葛亮。但孟获却还说不服气，诸葛亮便又一次放了他。这让蜀营大将们都很不理解。他们认为大军远涉而来，怎能轻易地放走孟获。诸葛亮解释说："只有以德服人，才能真的让人心服口服；以力服人必有后患。"

孟获再次回到南蛮，他的弟弟孟优给他献了一计。子夜时分，孟优带人来到蜀营诈降，诸葛亮一眼就看穿了他的计策，于是将计就计，下令赏给南蛮兵大量美酒，结果孟优带来的人全都喝得酩酊大醉。孟获按计划前来劫营，不料却自投罗网，第三次被擒获。这回孟获仍是不甘心，诸葛亮就第三次放走了他。

孟获回到大营后，立即着手整顿军队，待机而发。忽有一探子来报：诸葛亮正独自在阵前察看地形。孟获听后很是高兴，马上带人赶去捉拿诸葛亮。不料这次还是诸葛亮设下的圈套，孟获第四次成了瓮中之鳖。诸葛亮知道他还不服气，就第四次放了他。

孟获躲入秃龙洞，向洞主朵思求援。这时，银冶洞洞主杨锋带三万兵来助战。孟获大喜，设宴招待。杨锋为感激诸葛亮日前不杀其族人之恩，于席间令其两个儿子趁敬酒时将孟获擒住，并押送给诸葛亮。孟获第五次被擒还是大喊不服，说是内贼陷害。诸葛亮便第五次放了他，命他再来交战。

这次，孟获回去后投奔了木鹿大王。木鹿大王的营地非常偏僻，诸葛亮带兵征讨，一路历尽艰险，加上蛮兵驱赶野兽交战，蜀军败下阵来。后来蜀军又碰上了几处毒泉，情况变得更加不利。不久，诸葛亮得到孟获的哥哥孟节的指点，才安全回到大营。此后，诸葛亮造出了比真兽大几倍的假兽，木鹿的人马见了假兽，十分害怕，便不战自退了。这次孟获虽然心里还是不服，但再也没理由开口了。诸葛亮看出他的心思，仍旧放了他。

孟获跪下，向诸葛亮起誓："丞相，我保证以后决不再谋反。"

孙子兵法

军争篇

穷寇勿追

一八三

孟获回去后又去投奔了乌戈国，想利用乌戈国的藤甲兵对付蜀军。诸葛亮却对此早有所备，用火攻的方法将藤甲兵烧死于一山谷中。孟获第七次被擒，诸葛亮还要再放了他。孟获忙跪下起誓：以后决不再谋反。诸葛亮见他已心悦诚服，便委派他掌管南蛮之地。

"穷寇勿追"，说的就是对于陷入绝境的敌人，不要逼迫太甚，必要时得网开一面，否则敌人会破釜沉舟，决一死战，这样对己方不利。诸葛亮七擒孟获就说明了这一点。诸葛亮的目的在于用德行感召孟获，让其心服口服。这样做不仅为蜀国轻松平定了南方少数民族的叛乱，稳定了后方，而且还拉近了双方关系，使其为蜀国效力。由此可见诸葛亮的高明之处。

## 李牧佯败灭蟾褴

战国后期，赵国北部经常受到匈奴蟾褴国的骚扰，边境不宁。赵王派大将李牧镇守北部门户雁门。李牧上任后，日日杀牛宰羊，犒赏将士，并下令只许坚壁自守，不许与敌交锋。匈奴摸不清李牧的底细，也不敢贸然进犯。李牧趁机加紧训练部队，几年后，李牧的军队兵强马壮，士气高昂。

公元前250年，李牧准备出击匈奴。他先派少数士兵保护边塞百姓出去放牧。匈奴人见状，立刻派出小股骑兵前去劫掠。李牧的士兵与匈奴骑兵刚一交手，便假装败退，丢下一些百姓和牲畜。匈奴人得胜而归。匈奴单于心想："原来这李牧也不过是一个胆小之辈！"于是，匈奴单于亲率大军直逼雁门。李牧料到自己的骄兵之计必能奏效，早就兵分三路，部署好了消灭匈奴单于的包围圈。匈奴军轻敌冒进，被李牧的兵阵分割成几处，最后被逐个围歼。单于兵败，落荒而逃，蟾褴国灭亡。

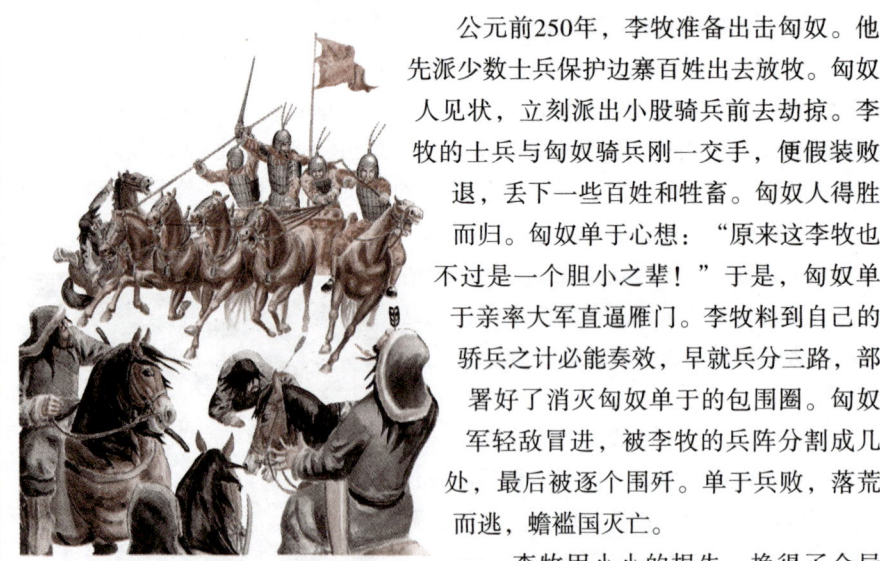

李牧用小小的损失，换得了全局的胜利，完全得益于弃子争先之谋。

李牧带兵紧追不舍，被分成小股的匈奴军无力招架，一一被消灭。

# 九变篇

## 本经通读

孙子曰：凡用兵之法，将受命于君，合军聚众，圮地无舍，衢地交合，绝地无留，围地则谋，死地则战。途有所不由，军有所不击，城有所不攻，地有所不争，君命有所不受。

故将通于九变之利者，知用兵矣；将不通于九变之利者，虽知地形，不能得地之利矣。治兵不知九变之术，虽知五利，不能得人之用矣。

是故智者之虑，必杂于利害。杂于利而务可信也，杂于害而患可解也。是故屈诸侯者以害，役诸侯者以业，趋诸侯者以利。

故用兵之法，无恃其不来，恃吾有以待也；无恃其不攻，恃吾有所不可攻也。

故将有五危：必死，可杀也；必生，可虏也；忿速，可侮也；廉洁，可辱也；爱民，可烦也。凡此五者，将之过也，用兵之灾也。覆军杀将，必以五危，不可不察也。

## 本篇旨要

在中国古代传统的计数观念中，人们常将"九"视作最大的数，用来形容事物的无穷无尽。《九变篇》中之"九"，也是形容极多的意思，而"变"指作战中将帅根据实际情形机智、灵活地运用相应的战略战术。孙子在此前对"奇正""虚实""众寡""迂直"等战略思想进行了论述，并作了深入的分析，而在《九变篇》中，孙子着重论述了地形在作战中的意义和将帅的素质两方面的内容。"君命有所不受"，强调将帅指挥作战的自主能力；"智者之力，必杂于利害"，要求将帅能够对作战双方的形势作客观的判断；为了更好地避害趋利，孙子在本篇最后指出"将有五危"，与《计篇》"将有五德"形成呼应。

# 君命有所不受

【原典】

孙子曰：凡用兵之法，将受命于君，合军聚众，圮地无舍①，衢地交合②，绝地无留③，围地则谋④，死地则战⑤。途有所不由⑥，军有所不击⑦，城有所不攻⑧，地有所不争，君命有所不受⑨。

【注释】

①圮（pǐ）地无舍：圮，倒塌、毁坏的意思。圮地，一般指难于通行的地区，如山林、沼泽、险滩之地。无，切勿、不要。舍，驻扎、屯兵。圮地无舍，就是说像山林、沼泽、险滩这样的难行之路不可屯兵驻扎。

②衢（qú）地交合：衢，大路，四通八达的道路。衢地，指四通八达的地区。交合：与诸侯结交互助。衢地交合，就是说在四通八达的地区要与周边的诸侯结交合作。

③绝地无留：绝地，在此指道路不通，又无粮草，难以生存的地区。无：千万不可。留：停留。

④围地则谋：指四面地形险恶，出入通路狭窄，极易被敌人围攻的地区。谋：原指考虑谋划。这里指谋划奇谋妙计。围地则谋，在四面险阻，易被敌人围攻之地，要出奇制胜，以免被袭。

⑤死地则战：此处指进退两难，唯有死战以求生存的地方。死地则战，在进退两难的境地一定要拼死力战，方可有出路。

⑥途有所不由：途，道路。由，通过。行军时，有些道路不能通过。

⑦军有所不击：军，这里指敌方军队。意思是指有的敌军不宜攻击。

⑧城有所不攻：有的城池不宜攻占。

⑨君命有所不受：受，接受、接纳，这里指执行。君主的命令在有些情况下是不能一味去执行的。

【译文】

孙子说：大凡用兵的原则，将领接受国君的命令，召集人马组建军队。在难以通行之地不要驻扎；在四通八达的交通要道应与邻国结交；在难以生存的地区不要停留，要赶快通过；在四周有险阻容易被包围的地方要精于谋划；误入死地则须坚决作战。有的道路不宜通过，有些敌军不要去攻击，有些城池不要去攻占，有些地域不要去争夺。即使是君主的命令，在某些情况下也不要盲目去执行。

【读解】

　　作战时会出现很多变数，这些变数往往非人力所能预测，因此在面对各种情形时，应灵活地思考问题，排疑解难，要做到"因地""因情""因势"而论。在本节中孙子指出了在各种情况下应采取的不同对策，并指出，在战争中要以全局、整体利益为重，要明确地分析"不由""不击""不攻""不争""不受"的各种情况，慎重而灵活地作出恰当的决定，这样才能实现目的，减少损失。

【实例】

## 周亚夫平七国之乱

　　刘邦建西汉王朝之初，大封同姓子弟为王，主要有齐、燕、赵、梁、代、淮阳、楚、吴等。这些掌握着全国一半疆土、拥有经济自主权的诸侯国日后逐渐强大，逐步摆脱了中央的控制，成为割据势力。

　　汉景帝时期，御史大夫晁错极力主张削弱诸侯国的势力，加强中央集权。景帝采纳了晁错的建议，先后削减了赵、楚、吴等诸侯国的统治权。这些举措引起了各个藩王的强烈不满，尤其是吴王刘濞听说这个消息后，十分恼怒。他早就蓄意谋取皇位，这次削藩正好给了他一个反叛的理由。他遂联合胶西、胶东、济南、济北、楚、赵等诸侯国打着"诛晁错"的幌子，共同起兵造反。

　　汉景帝任命周亚夫率30万大军东征平叛。周亚夫先急速赶到洛阳，抢先占领了荥阳一带的战略要地，还控制了洛阳的军械库。不久，他又率主力军向东北方向进发，攻占了昌邑（今山东巨野南），并在昌邑筑垒坚守。

　　吴、楚联军首先向西北进军，加紧围攻梁国（今河南商丘南）。梁王数次派人去向周亚夫求救，周亚夫均不救援。梁王又上书汉景帝，但周亚夫对汉景帝火速出兵救梁的命令无动于衷，依旧坚守营垒不肯发兵救援，只派弓高侯韩颓当等率轻装军队按照预定计划出淮泗口（今洪泽湖内），切断吴、楚联军的后路，以绝其粮道。梁王求援不成，只得竭力坚守。吴、楚联军被滞于梁城之下，逐渐丧失了往日的斗志。

　　为求速战速决，吴、楚联军转而进攻周亚夫的军队，两军相遇于下邑。吴、楚联军想采取声东击西的计策，佯攻汉军阵地东南角，实际主攻西北角，可惜被周亚夫识破——他加强了西北角的防御。当吴、楚联军猛攻西北角时，周亚夫大军已严阵以待，吴、楚联军的攻击因此失败，再加上吴、楚联军的粮食供应已被周亚夫的军队断绝，士卒

周亚夫，西汉名将，原籍沛（今江苏沛县）人。他是汉初大将周勃之子，少时喜读兵书，智谋过人，曾率军平定七国之乱。

们早已饥疲不堪，所以大军开始溃乱，吴王刘濞只得率军撤走。周亚夫则乘胜追击，大破吴、楚联军。刘濞丢弃军队，率亲信退至东越（古越人的一支，分布在浙江东南部、福建北部一带）后，开始招兵买马，收聚残部，企图东山再起。但是，汉军派人买通了东越人，使东越人以劳军的名义诱骗吴王刘濞出营，将其斩杀。其他几王，或畏罪自杀，或被汉军所杀，至此，七国叛乱彻底失败。

此战中，周亚夫在进军之前，就对敌方形势作了全面的分析。他针对叛乱主力剽悍矫捷的特点，制定了避其锋芒，以牺牲梁地拖住敌人，然后断敌粮道，待敌疲惫之后再行进攻的作战方针。显然，这一策略对战胜敌人起了关键性的作用。在作战过程中，周亚夫坚决贯彻预定的作战方针，没有听从后方皇帝不切实际的指挥，做到了"将在外，君命有所不受"。此外，周亚夫在作战中并不轻信敌军进攻或是不进攻的信息，而是在战争中敏锐地收集各种信息，作出正确判断，作好战争的准备，或坚守固防，或瞄准时机迅速出击，最终赢得了胜利。

## 夫概领兵败楚

公元前507年，吴王阖闾率领举国之兵与楚国隔江对峙。

楚国令尹子常作战缺乏耐心，贪功心切，就私自率领着军队度过江水来攻打吴军。吴军为了将楚军引诱至不利的局势以待最佳战机，于是从汉水东岸开始撤退。楚方子常并不知道这是对方所设下的圈套，穷追不舍。当楚军进入对于自身非常不利的地形之后，发现吴军突然停止后退，并开始大力反击。楚军抵挡不住，锐气大减。而此时，正是趁胜攻打楚军的好时机，但是吴王阖闾不这么认为，他认为此时攻击楚国为时尚早，很可能遭到楚军的重创。吴王的弟弟夫概认为，吴军和楚军在柏举的僵持，很可能让刚刚受到强烈攻击的楚军得到喘息的机会，从而重整旗鼓，这种形式对于吴军来说非常不利。当下，楚军连连受挫，士气不振，加之，子常虽为将领但不得人心，这对于吴军来说是最佳的出战时机，此时若不出战，只怕日后就难再有好的机会攻打楚军了。于是，夫概没有听从阖闾的命令，率领5000名兵士猛攻子常的军队，楚军不堪一击，当下大乱。而此时孙武指挥吴军也投入战斗之中，大败楚军。

战争中，吴王之弟夫概，认真地分析了当时的战争形势，把握有利时机，在遭到吴王阖闾的反对之后，并没有放弃机会，而是见机行事，最终击败楚军。

# 九变之利

【原典】

故将通于九变之利①者，知用兵矣；将不通于九变之利者，虽知地形，不能得地之利矣。治兵②不知九变之术，虽知五利③，不能得人之用④矣。

【注释】

①九变之利：九变，极其灵活的作战方法。"九"在中国古代文化里象征无限，为极数。利，在此指具体应用，即指将帅通晓利害关系、精通灵活作战方法的具体运用（就真正懂得用兵了）。

②治兵：指挥作战。

③五利：指上文的"圮地无舍，衢地交合，绝地无留，围地则谋，死地则战"。

④得人之用：人，这里指我军的士卒。用，作用，引申为战斗力。意为充分发挥全军将士的战斗力。

【译文】

所以将帅精通"九变"的具体运用，就是真正懂得用兵了；将帅不精通"九变"的具体运用，就算熟悉地形，也不能得到地利。指挥作战如果不懂"九变"的方法，即使知道"有的道路不宜通过"等"五利"也不能充分发挥军队的战斗力。

【读解】

孙子强调的"九变"并不能孤立地理解为九种变化的战术，而是泛指任何因势而变、机动灵活的行动举措。他指出"因势而变"是战争的根本指导原则，墨守成规只能导致失败。因此在交战之前，要对作战地形、敌我态势等情况进行认真的调查和分析，之后再采取相应的处理方式。将帅只有了解了机变的方法，才能在战斗中充分发挥士卒们的战斗力，否则，即使懂得"五利"也有失败的危险。

【实例】

## 陆逊从容退江东

三国时期，蜀国丞相诸葛亮曾联合东吴共同攻魏。吴主孙权派荆州牧陆逊和大将军诸葛瑾带领水军向襄阳发起进攻，自己则亲自率领十万大军进至巢湖口。魏明帝曹叡一面派兵迎击蜀国的军队，一面带领大军突袭巢湖口，射杀了吴军大将孙泰，打退了吴军。当时的吴军大都督为陆逊，此人足智多谋，善于用兵。在平定山越暴乱时，他巧设疑兵，乘夜进入山谷，到处鸣起军号鼓角之声，造成千军万马之势，从心理上瓦解了叛军，然后，他率军一鼓作气，勇猛进击，最终用很少的兵力平息了几万人发动的暴乱。荆州一战中，陆逊又利用关羽骄傲自大的弱点，以卑下的言辞写信吹捧关羽，使关羽完全丧失警惕，全力对付曹操。这样，吕蒙才得以兵不血刃地轻取荆州。

此次与蜀军联合伐魏，诸葛瑾在半路上忽然得知孙权已经退兵，知道战势不妙，便急忙派人给陆逊送去书信，建议陆逊不要恋战，应该迅速退兵。信使很快回报诸葛瑾：当时陆逊正在与部将下棋，看完信后，把信搁在一边，又继续下棋。诸葛瑾又问陆逊军队的情况，使者说陆逊军营秩序良好，他的士兵都在忙着种豆种菜，对魏军的行动并不上心。

诸葛瑾听后很不放心，就亲自带领随从乘船去见陆逊。他对陆逊说："如今主公都已经撤军了，魏军已经逼近，肯定会全力来对付我们，可将军似乎并不在意这件事，不知有何破敌良策？"陆逊说："现在魏军占有绝对的优势，如果我军迎战，不可能取胜，自然只有撤兵这一条路可走了。"

诸葛瑾诧异地问道："既然知道不能迎战，只能撤兵，你为何现在还按兵不动呢？"陆逊回答说："现在是敌强我弱，我军若明显摆出撤军的姿态，敌人肯定会立马追杀过来，那时候局面一定非常混乱，就不是你我能控制的了。"说到这里，陆逊屏退左右，悄声告诉了诸葛瑾自己的想法，诸葛瑾听后赞叹不已。

诸葛瑾离开军营之后，陆逊命令军队离船上岸，向襄阳进发，并放出大话：不攻下襄阳，绝不撤军。

魏军得知陆逊已弃船上岸，向襄阳开来，便立刻调集人马，准备在襄阳城外迎战吴军。一些将领对陆逊是不是真的会来进攻表示怀疑，但魏军统帅早已接到了密探传回的消息，说陆逊的军营整顿良好，作好了战斗的准备，而且他的军队在两岸种豆种菜，供应军粮，丝毫没有撤退之意。魏军内部统一了意见，认定陆逊一定会前来进攻，遂全力备战，要给陆逊毁灭性的打击。

陆逊率领大军行至中途时，突然下令停止进军，还把后队改成前队，调转方向，迅速向诸葛瑾的水军驻地进发。诸葛瑾当初离开陆逊军队回到水军大营后，就按陆逊的部署把撤退的船只准备好了。陆逊的军队一赶来，立即登船撤军，一艘艘战船就扬帆驶返江东。

魏军调集军队备战，却始终不见陆逊军队的影子，等他们发觉上当，挥师急追时，陆逊的全部人马都已平安撤走。魏军追到江边，也只好望"江"兴叹了。

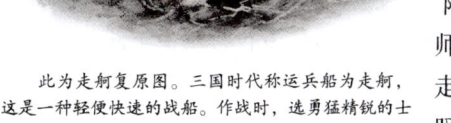

此为走舸复原图。三国时代称运兵船为走舸，这是一种轻便快速的战船。作战时，选勇猛精锐的士兵划桨，往返如飞鸥，趁敌人不及防备进行袭击。

孙子曾提出"因势而变"的战争指导原则，此战就为孙子这一战略原则作了很好的注释。陆逊在交战之前，对作战双方的形势进行了认真的分析和判断，魏军强大而吴军弱小，必然不能与敌正面厮杀，因此陆逊采取的策略是先稳住敌军，命士兵们种菜保障后勤，佯装欲久战，让魏军时刻处于作战的紧张状态中，而自己却暗中作好了回撤的准备。这样做不仅迷惑了敌人，抓住了战争的主动权，而且为吴国军队撤离赢得了时间。所以说将帅只有了解应时机变的权术，才能在战争中采取相应的应敌措施，最终赢得胜利。

## 朱元璋巧施诈降计

元朝末期，陈友谅盘踞江州（今江西九江）。他一直把朱元璋视为心腹大患，因而集合了所有人马顺流而下，准备剿灭朱元璋。元顺帝至正二十年（1360年），陈友谅攻占了采石（今安徽马鞍山长江东岸）和太平（今安徽当涂）之后，自立为帝，定国号为"汉"。随后，他又率领"江海鳌""混江龙""塞断江""撞倒山"等大型战舰，直奔应天（今江苏南京）而去。

在大军压境的形势下，朱元璋手下的将士们都有些紧张。因为陈友谅的水军在人数上是朱元璋的10倍之多，又比较善于水战，所以有些人竟然主张撤退或投降。朱元璋最终听取了谋士刘基的建议，决定诱敌深入，采取伏击战术消灭敌人。

朱元璋手下有个叫康茂才的人，本是陈友谅的老友，朱元璋便让他写一封诈降信给陈友谅。康茂才很爽快地就答应了，于是修书一封，信上说："建议兵分三路攻打应天，届时我会把守应天城外的江东桥，给你打开城门以做内应，然后直捣帅府，活捉朱元璋……"康茂才派一名陈友谅熟识的老仆去送信，以防被识破。

陈友谅接到康茂才的信非常高兴，心想："我的大军一路势如破竹，量他康茂才也不敢使诈。"但他还是反复盘问了送信的老仆人，老仆应对如流，言辞恳切，陈友谅就深信不疑了。他对老仆说："我马上兵分三路攻打应天，到时候以'老康'作为暗号，但不知茂才所守之桥是木桥还是石桥？""是木桥。"老仆答道。

第二天，陈友谅兵分三路，水陆并进。他亲率数百艘战舰顺江而下，其先头部队到大胜港（今南京西南）时遭到了朱元璋军队的顽强阻击，始终无法登岸，又见新河航道十分狭窄，他就下令部队直奔江东桥（今南京江东门附近），以便和康茂才里应外合夹击朱元璋。到了江东桥，陈友谅发现不是木桥，而是一座石桥，顿起疑心。原来，还是朱元璋老谋深算，他为了防备康茂才的假投降变成真投降，命人当天夜里把木桥改造成了石桥。陈友谅急命部下高喊暗号，但是喊了多时还是没有回应。此时，他才知道中计了，急令陈友仁带领水军冲向龙湾。几百艘战舰聚集于龙湾水面后，他又命令一万精兵登陆去修筑工事，想要水陆并进，强攻应天城。

此时，卢龙山（今南京狮子山）顶上马嘶人喊，战鼓齐鸣，朱元璋的大将徐达、常遇春带兵分别从左右两侧杀来，修筑工事的一万精兵顿时被杀得阵脚大乱，纷纷溃逃。败军逃到江边，蜂拥登船。陈友谅急令起锚开船，但是正赶上退潮之际，近百条战舰全部搁浅在岸边，无法动弹。徐达与常遇春趁机上船追杀，陈友谅军队再次大败，他也只好跳进小船逃跑了。

朱元璋采用诱敌深入的战术，战胜了十倍于己的敌人，从此改变了陈、朱力量的对比，争得了战争的主动权。

## 李存勖奇计退大军

五代十国时期，后梁、后晋这两大割据势力自唐末便结下了深仇。梁太祖朱温和晋王李存勖派兵交战多次，但谁也无法消灭对方。

乾化元年（911年），另一割据势力燕王刘守光进攻容城，结果被后晋军反攻至幽州城下，刘守光只得向朱温求救。朱温闻讯，尽起大军，号称50万，北上救燕。当时，后晋忻州刺史李存勖正驻守赵州，手下只有少数人马。面对浩浩荡荡杀奔而来的后梁军队，李存勖的部下建议他入城躲避。李存勖分析了形势，不同意这样做。他说：“虽然我们兵微将寡，但我们仍然要挡住敌人，否则，梁军攻入内地，就危险了。让我们想想办法，用奇计打败敌人。”

李存勖作出周密部署，他亲自驻守下博桥，然后命史建瑭、李嗣肱派出小股部队，深入后梁军占领区。小股部队避开后梁军大队人马进入了占领区，专捉打柴割草的散兵，共抓了几百人。之后，他们和李存勖在下博桥会合，李存勖将大部分俘虏杀掉，只留下少数人，砍掉胳膊，放了回去。走前，李存勖对他们说：“回去告诉朱温，晋王大军到了。”

此时，朱温率领大军已攻到了赵州，还没来得及安营。史建瑭、李嗣肱各带领300名奇兵，穿着后梁军的衣服，打着后梁军的旗号，和后梁军打柴的混杂在一起，向朱温大营开去。傍晚时分，他们到达大营门口，向后梁军发起突袭。敌人来袭，后梁军却毫无准备，又分不清敌我，局面立时变得混乱不堪。后晋军在朱温大营内如入无人之境，痛痛快快大杀了一回，一直杀到天黑。最后，他们在夜色的掩护下，带着捉到的俘虏，扬长而去。

后梁军遭到突然袭击，士兵们还惶惶不安之时，那些断臂的俘虏跑了回来。他们一入大营便大声喊叫：“晋王的大军到了。”朱温听后，也有些害怕，不等查明真相，便命令部队连夜后撤。后梁军一退而不可收，一口气跑了一百五十多里，直到退出了冀州城才停下来。这时，朱温派部下进行侦察。回来的人报告说：“晋王大军根本没来，袭击我们的只是几百人的小部队。”朱温闻言，又气又恨。

李存勖赵州一战，以区区几百人打败了朱温50万人的主力部队，创造了军事战争史上的奇迹。

# 智者之虑

【原典】

是故智者之虑①，必杂于利害②。杂于利而务可信也③，杂于害而患可解也④。是故屈诸侯者以害⑤，役诸侯者以业⑥，趋诸侯者以利⑦。

【注释】

①智者之虑：虑，思考、考虑。意为精明的将帅考虑问题。

②杂于利害：杂，混合、掺杂，这里指兼顾。利害，指利和弊两方面。意为应充分权衡利与弊两方面的关系。

③杂于利而务可信也：信，通"伸"，伸行、发展的意思。此句指在不利条件下考虑到有利的因素，战事就可顺利进行。

④杂于害而患可解也：患，祸患。此句是说在有利条件下能考虑到不利的因素，祸患就可以及早解除。

⑤屈诸侯者以害：屈，屈服、屈从，这里引申为制服。诸侯，指敌方，敌国。害，指害怕、忌讳、厌恶的事。此句是说要利用诸侯害怕的事使其屈服。

⑥役诸侯者以业：役，驱使。业，本业。意指以各种事情烦劳敌国，使之穷于应付，不得安宁。

⑦趋诸侯者以利：趋，归附。这句是说用利益使诸侯归附。

【译文】

所以，智慧明达的将帅考虑问题，必然把利与害一起权衡。在有利的条件下考虑到不利的一面，战事就可以顺利进行；在不利条件下考虑到有利的因素，祸患便可及早排除。用诸侯害怕的事使其屈服，用实力役使诸侯，用利益诱使诸侯归附。

【读解】

孙子在本节中指出，高明的将帅在考虑问题时一定会兼顾利与害两个方面。战争中的利与害是对立统一的关系，它们既相互制约，又相互依存，在一定条件下还会相互转化。如果将帅在作战中只考虑到害，则会畏首畏尾，坐失良机；如果只考虑到利，则会麻痹大意，中敌之计。

【实例】

# 唐击败突厥

渭水会盟后，唐太宗李世民为彻底消除突厥的威胁，在政治、经济上采取了一系列措施以增强国力，在军事上也积极备战。与此同时，突厥内部却由于连年征战和自然灾害，民不聊生，很多羊、马被冻死、饿死。薛延陀、回纥、拔也古、同罗等部落趁机起兵反对颉利可汗，共推薛延陀首领夷男为可汗，并接受唐王朝的册封；东突厥突利可汗由于一直受到颉利可汗的压制和排挤，也暗中与大唐联络，表示愿意归附。于是，李世民认为反击突厥的条件已经成熟。

629年，突厥军进扰大唐的河西地区，结果被肃州（治酒泉，今甘肃酒泉）、甘州（治张掖，今甘肃张掖）的守军击退。李世民便以这件事为借口，诏命并州（治太原，今山西太原）都督李绩为通汉道行军总管，兵部尚书李靖为定襄道行军总管，华州（治华州，今陕西华县）刺史柴绍为金河道行军总管，城王李道宗为大同道行军总管，检校幽州（治蓟城，今北京）都督卫孝杰为恒安道行军总管，灵州（治灵州，今宁夏灵武）大都督薛万彻为畅武道行军总管，总计十余万兵马，在李靖统一调配下，兵分六路反击突厥。

630年，李靖带领3000名精锐骑兵从马邑（今山西朔县）出发，翻过屯恶阳岭（今山西平鲁西北），夜袭占襄城（今内蒙古和林格尔西北土城子）。颉利可汗没想到唐军来得这么快，认为李靖敢孤军深入，其后必有唐军的主力，于是赶忙将牙帐撤到了碛口（今内蒙古善丁呼拉尔）。李靖随后又派出一些间谍来离间颉利军内部，颉利的心腹大将康苏密带着隋炀帝皇后萧氏及其孙杨政道来到定襄城，投降了唐军。颉利见到康苏密降唐了，自己也不敢停留，继续率部向阴山方向撤退，在白道（今内蒙古呼和浩特西北）遭到兵出云中（今山西大同）的李绩军队的截击，战败。颉利最后只好退到屯铁山（今内蒙古白云鄂博一带），此时他只剩下数万人马。

此战之后，颉利自觉已不是唐军的对手，就派执失思力为特使，去向唐太宗谢罪请降，表示愿归附大唐。实际上这只是他的缓兵之计，他是想等待草青马肥的时候，再转移到漠北，伺机东山再起。唐太宗派鸿胪卿唐俭等人去突厥受降，让李靖带兵接应。同年春，李靖引兵至白道与李绩会合，两人一商议，

颉利在白道遭到唐李绩军队的截击，大败，最后带着数万人马退到屯铁山。

孙子兵法 九变篇 智者之虑 一九五

认为颉利虽败，但是还有很多的人马，如果让他逃往漠北，归附了薛延陀等部，则很难追歼；今唐俭身在突厥，颉利肯定不加防备，如果现在选精骑发动突袭，就可不战而擒之。于是李靖令李绩率大军紧随自己身后，自己则带领数万名精锐骑兵，各备20天口粮，连夜出发，赶往屯铁山。李靖的军队到达阴山时，遇到突厥营帐千余，全部俘之。而颉利看到唐使前来受降后，以为没有什么危险了，就未加戒备。

随后，李靖让苏定方率领200名骑兵作为前锋军队，在浓雾的掩护下衔枚疾进，到距离颉利牙帐七里处被颉利发现，颉利连忙乘千里马奔逃。李靖率大军跟进，突厥军被打得溃不成军，唐军歼敌万余人，俘虏十余万。颉利带着残存人马想要逃过碛口，结果遭李绩军队堵截，其大酋长率众投降。颉利逃往灵州西北的沙钵罗部落，想要投奔吐谷浑，却被大同道行军副总管张宝相生擒，后被押往长安。

唐军与东突厥的这场战争，以唐军大胜、东突厥惨败而告终。孙子在兵法中曾指出，高明的将帅在考虑战争问题时一定会兼顾利与害两个方面。李世民在作战之前，对东突厥的情况有深入的了解：他深知东突厥内部正在作乱，这给他发起进攻提供了一个千载难逢的机会，如若抓住机会迅速出击，定能夺取胜利。所以他马上下令攻击东突厥，派李靖以精锐骑兵发起突袭，并与李绩包抄堵截敌人，最终全歼了颉利可汗人马，从而消灭了东突厥汗国。

## 晋献公假道伐虢

春秋时，晋国想吞并邻近的两个小国——虞国和虢国。但这两个国家之间关系不错，一旦一方遭受攻击，另一方就会出兵相助。于是，大夫荀息向晋献公献计说："要想攻占这两个国家，必须先离间他们，使他们互不支持。虞国的国君很贪心，我们可以投其所好。"他建议献公拿出心爱的两件宝物屈产良马和垂棘之璧送给虞公。献公便忍痛割爱，派荀息带着宝物去往虞国。

荀息面见虞公说："现在虢国野心勃勃，不断派部队滋扰我南方边境，所以贵国可不可以借出道路，让我们过去讨伐虢国。"虞公得到良马美璧，十分高兴，便答应了晋国的要求。虞国大夫宫子奇再三劝虞公说："虞虢两国，唇齿相依，虢国一亡，唇亡齿寒，晋国是不会放过虞国的。"但虞公得到了宝物，对宫子奇的话根本不以为然。

于是，晋军通过虞国道路，进攻虢国，很快就取得了胜利。班师回国时，晋国把劫夺的财产分了许多送给虞公，虞公更是大喜过望。这时，晋军大将里克称病重不能带兵回国，把部队驻扎在了虞国京城附近，而虞公对此却毫不怀疑。不久，晋献公亲率大军前去，虞公还亲自出城相迎。献公约虞公前去打猎，过了一会儿，只见虞国都城中火光冲天。当虞公赶到城外时，京城已被晋军里应外合强占了。就这样，晋国又轻而易举地灭了虞国。

# 用兵之法

**【原典】**

故用兵之法，无恃其不来①，恃吾有以待②也；无恃其不攻，恃吾有所不可攻③也。

**【注释】**

①无恃其不来：无，不要。恃，依赖、依靠，引申为寄希望。意为不要寄希望于敌军不来进犯。

②恃吾有以待：待，等待，引申为有准备。意为应该依仗我军已经做好充分准备。

③恃吾有所不可攻：依靠我军具备了使敌人无法攻破的充足条件。

**【译文】**

所以，用兵的原则是：不抱敌人不来进犯的侥幸心理，而要依靠我方有充分准备，严阵以待；不抱敌人不会攻击的侥幸心理，而要依靠我方坚不可摧的防御，使敌人无法进攻。

**【读解】**

这里要说明的是，在任何时候、任何情况下都不要存有侥幸心理，主观的猜想、预测往往会出现偏差，因而自身要具备积极的备战意识，做好充分的战斗准备，使敌人无机可乘。此处孙子再一次强调要发挥主动性，把主动权掌握在自己手中，这样一旦爆发战争才不会陷入被动的境地。

**【实例】**

## 东京保卫战

1125年，金朝统治者以宋朝破坏《海上之盟约》为由南下入侵宋朝。秋天时，金军兵分两路发动进攻：大将粘罕统领西路军，从大同直逼太原；斡离不统领东路军，从平州（今河北卢龙）攻大燕山。二者计划会师于宋朝都城开封。宋徽宗闻讯后，慌忙把皇位传给儿子赵桓（宋钦宗）后，向南逃去。西路金军在太原遭遇大宋军民誓死抵抗，停滞不前。东路金军则一路南下，包围了开封。在开封军民的强烈要求之下，钦宗任命李纲全权负责开封防务。李纲积极组织军民修城墙，储军粮，安炮座，设弩床，作好了长期固守的准备。靖康元年（1126年）正月初八，金军打到了开封城下。李纲登城督战，几次挫败了攻城的金军。金

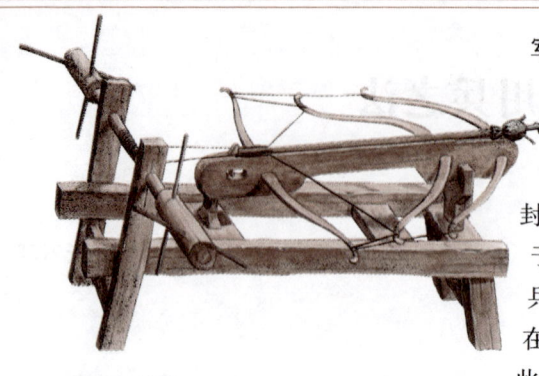

此为三弓床弩复原图。其又名八牛弩，为宋朝时用以防守的武器。其箭矢用坚硬的木头作为箭杆，以铁片为翎，人称"一枪三剑箭"。床弩也能够发射"踏橛箭"。其发射场面很壮观，好似标枪的箭支，近距离发射可直接钉入城墙，一齐发射可成行成排地钉进城墙，攻城的将士可借以攀援而上。

军撤退后，妥协派卷土重来，李纲被逼离开了开封。半年后，金军再次兵分两路直指宋都，开封沦陷。金军攻陷了开封后，在开封抢掠了四个多月，于靖康二年（1127年）四月撤兵北去，带走了包括徽、钦二帝在内的全部俘虏和大量财宝。至此，北宋宣告灭亡。这个事件史称"靖康之耻"。

五月，赵构在南京应天府（今河南商丘）做了皇帝，改年号为建炎，南宋由此开始。六月，老将宗泽赶赴开封担当东京留守。他深感责任重大，因此上任后马上下令整顿社会秩序，稳定市场物价，疏通河道，恢复交通，仅用了一个多月的时间，就把饱受战乱破坏的开封变成了堡垒坚固的抗金前哨。当开封的社会秩序趋于平稳以后，宗泽又下令巩固开封的防御设施。他认真总结了之前与金兵作战失利的原因，认为主要是宋军步兵禁不住金人骑兵的冲击，经常是一冲即溃。他在总结经验教训的基础上，专门制造了"决胜车"1200辆。每十车任命大使臣一员总领，编为一队。这种车队行则为阵，止则为营，专门阻挡敌人骑兵的进攻。

次年春，金军多次南渡黄河，骚扰临河百姓。宗泽坐镇开封，调兵遣将，接连打退进犯的金军。宗泽保卫开封的策略是决不坐守孤城，而是主动出击。金军渡过黄河，发现宗泽戒备森严，于是连夜切断了浮桥，仓皇北逃。金军不甘心就此失败，不久后又从郑州方向进犯，其前军一直打到了离开封只有几十里的白少镇。宗泽临危不乱，镇定自若，一面安定开封的民心，保持社会稳定，一面派遣精锐力量支援白少镇的守军。正月十五元宵之夜，宋军大败金兵于板桥，并乘胜收复了延津（今河南延津）、河阴（今河南郑州西北）、胙城（今河南胙城）等被金军占领的宋土，一直追杀金兵到滑州（今河南滑县）。这场保卫东京的战斗以宋军大获全胜而宣告结束。宋军趁机渡过黄河，收复了河东、河北地区。

宗泽在巩固开封防务的同时，积极联络北方抗金义军和各地农民起义军，准备把这些分散的爱国势力集合到一起，以发挥更大的作用。另外，他还在积极作渡河的准备。此时的宗泽已年近古稀，日夜等待着朝廷批准他渡河作战的消息，但朝廷一直没有批复。临终时，宗泽没有一句话提及家事，只是大声疾呼："过河！过河！过河！"

孙子早就说过"用兵之法，无恃其不来"。老将宗泽深知金军的作战规律，所以他认真总结了之前与金军作战失利的原因，从而积极发展生产，稳定物价，下令加强开封的防务，勤于练兵，提高士兵的作战技能，为抵御金军入侵做好了准备。他还对敌我双方军队作了比较研究，结论认为敌人的骑兵强悍，而宋军不敌，于是专门制造了"决胜车"来对抗敌方的骑兵。宗泽周密细致地规划好战前的应敌措施，使敌人在进攻的时候无处可击，从而真正将战争主动权掌握在自己手里，使敌人陷入被动挨打的境地。

## 李允则筑城御契丹

李允则是北宋名臣，出生于将门之家。真宗年间，李允则作为知州驻守雄州。由于城中地面狭窄，他打算向北扩展城墙，以防御北方契丹大军的突然进犯。但是此时的辽、宋正处于修好期间，边关安宁无战事，倘若公开修城筑墙，恐怕契丹会以此为借口进行武装挑衅。于是，李允则想出了一个"明修栈道，暗度陈仓"的办法。

李允则首先在城北修建东岳祠，并花费百两黄金购置了许多祭祀器具，同时让吹鼓手们在路旁吹吹打打，以引起当地百姓和契丹人的注意。过了几天，李允则暗中让手下人将东岳祠中的祭祀器具全部运走，然后放出风说这些器具被贼人盗走了。之后，李允则煞有介事地下令捉拿盗贼，一时间闹得满城风雨。最后，李允则表示：盗贼横行妄为，必须要筑起一道城墙来保护祠堂。于是，他开始大张旗鼓地修城筑墙，并把原来在旧城居住的人全都转移到新修的大城中。由于此前宣称城墙是为防盗而修，所以契丹人并没有起疑。

城墙筑好后，李允则又下令在城墙四周挖掘壕沟，筑起一道弯月形的堤防。每年的祭神大典，李允则都在边境的河道上组织划船比赛，并欢迎契丹人随便观看。这一举动，明里是举行划船比赛，实际上是在偷偷演习水战。

在雄州的北面曾挖有许多陷马坑，还有很多用来瞭望敌情的土堡。李允则对外宣称："宋与契丹既然已经讲和了，还留着这些东西做什么？"随后，他下令填平陷马坑，拆除土堡，让人在上面开垦菜田，在田地的四周还修建了一道道的矮墙并种植了大片的荆棘。于是，这个地方比以前更加难以行走了。

接着，李允则以理佛事之名在北部修建了一座高高的佛塔。在塔上，方圆三十里的景象可尽收眼底，李允则常常以拜佛为借口登塔眺望契丹人的动向。李允则还命令在两国的边界地区广种榆树，久而久之，这一地区树木林立。李允则曾暗地里对同僚说："长起来的榆树是最好的障碍物，即使敌人的骑兵来了也没有用武之地。"就这样，李允则把修筑战备工事巧妙地贯穿于生产、生活之中，使守御工事日臻完备。

李允则筑城设防可谓煞费苦心。他制造种种假象，使敌方认为他的所为仅是为了百姓有个良好的生活环境，而绝无其他企图。在这种迷雾的遮掩下，李允则公开筑城设防，在不知不觉中，一座足以与契丹对峙抗衡的防御堡垒便建成了。

# 将有五危

【原典】

故将有五危：必死，可杀也①；必生，可虏也②；忿速，可侮也③；廉洁，可辱也④；爱民，可烦也⑤。凡此五者，将之过也，用兵之灾也。覆军杀将⑥，必以五危⑦，不可不察⑧也。

【注释】

①必死，可杀也：必，固执的意思。杀，被动用法，被杀害。指将帅有勇无谋，固执硬拼，就有被杀的危险。

②必生，可虏也：虏，俘虏。指将帅如果一味贪生怕死，临阵畏怯，就可能被敌人俘虏。

③忿速，可侮也：忿，愤怒、愤懑。速，快捷、迅速，这里引申为急躁、偏激。指将帅性格急躁易怒，可能被敌人的侮辱所激怒，莽撞轻进，落入敌人的圈套。

④廉洁，可辱也：廉洁，这里指将帅爱好名声，过于自尊。指将帅如果自矜名节，则可能因不能忍受敌人的侮辱而贸然出战。

⑤爱民，可烦也：烦，困乏、烦扰，这里做动词，打击。指将帅如果一味爱护民众，不能审时度势，顾全大局，则可能顾此失彼，陷入被动。

⑥覆军杀将：指军队覆灭，将帅被杀。覆、杀均为使动用法。

⑦必以五危：以，因为、由于。都是由这五种危险（即必死、必生、忿速、廉洁、爱民）所引起的。

⑧察：调查、研究，这里指要足够重视。

【译文】

所以将领有五种弱点是致命的：勇而无谋，一味死拼，则可能被诱杀；临阵畏敌，贪生怕死，则可能被俘虏；性情暴躁偏激，则可能受敌欺侮而失去理智；过分洁身自好，珍惜声名，则可能被侮辱而上当；过于爱护民众，则可能因敌方扰民而陷于被动。上面这五种情况，都是将领素质上的缺陷，是用兵的大害。军队覆没，将领牺牲，必定是由这五种危害引起的，因此一定要认识到这五种危害的严重性。

【读解】

将帅在军队中起着极其重要的作用，孙子在开篇就曾提到："将者，国之辅也。辅周，则国必强；辅隙，则国必弱。"这里，孙子又指出了将帅身上可能具有的五种缺陷：有勇无谋、畏敌、浮躁易怒、矜于名节、过于仁慈。这些缺陷一旦被敌人利用，就会成为我方致命的弱点，给军队带来灾难，也必将导致战争的彻底失败。

【实例】

## 山海关之战

1644年，农民起义军领袖李自成率领大顺军攻陷北京，崇祯皇帝在煤山（今北京景山）自缢身亡，明朝灭亡。

早在李自成攻陷北京之前，清摄政王多尔衮看到明朝气数将尽，便打着清帝名义主动联系李自成，想同大顺军组成同盟，并取中原。李自成没有答应。于是，多尔衮放弃了拉拢大顺军的想法，并把他们看作争夺明朝天下的主要敌人。

当时，明辽东总兵吴三桂统领四万明军驻守在宁远（今辽宁兴城），目的是阻挡清军入关。李自成很清楚山海关的重要性，所以想引诱吴三桂归降大顺军，便派降将唐通拿着吴三桂父亲吴襄所写的亲笔信，前往山海关劝降吴三桂。吴三桂随即打算入京拜见李自成，但到达滦州时，遇见一名刚从北京逃出来的家人，得知其父亲在京遭大顺军严刑拷打，自己的爱妾陈圆圆也被李自成部将刘宗敏霸占。吴三桂顿时火冒三丈，拒降大顺军，返回了山海关。李自成知道后，于四月十三日亲自带领大军十万，押着吴三桂的父亲，去山海关讨伐吴三桂。

吴三桂自知实力有限，便急忙派人去向关外的清军乞师求救。多尔衮接到求救信，知道吴三桂无路可走了，遂带领八万精锐骑兵向山海关进发。

四月二十一日一大早，负责攻打山海关西罗城的大顺军与在石河西布阵的数万辽东兵及乡勇发生遭遇战，大顺军当时毫无防备，死伤惨重。吴三桂趁机派出骑兵从侧面进行攻击，结果这一路大顺军无力抵挡，大败而归。与此同时，大顺军以主力猛攻北翼城，恰好前来救援的清军及时赶到，打退了大顺军，保住关城。

二十一日晚，清军前锋与大顺军唐通部在九门口外一片石展开了激战。清军以久负盛名的铁骑击败了唐通的人马，使李自成包抄山海关的企图落空。李自成因攻城未果，便命令全军在石河以西，从北山至海边摆开一字长蛇阵，准备和吴三桂进行决战。多尔衮随即命令八万清军在李自成的阵尾相对薄弱处列阵。吴三桂因为有清军帮忙，也为了向多

多尔衮接到求救信，知道吴三桂无路可走了，遂带领八万精锐骑兵向山海关进发。

此为连弩复原图。连弩又叫作"诸葛弩",相传是三国时诸葛亮发明的,是一种利用机械力量可连续射箭的弓。连弩的箭是铁制的,极具杀伤力。其箭匣底部装有磁石,可将铁箭吸附在箭槽上,以避免箭支滑落。其容箭量达10支,矢长8寸,弩长65厘米,弓臂拉力150斤。铁矢射程为50米(其射程因弓臂力量大小不等而改变),普通的箭矢射程为120米,连发快射6秒即可射完10箭。

尔衮表示忠心,命令自己的人马首先发起攻击,而清军则按兵不动。李自成看不透清军的意图所在,就以主力攻击吴军。经过大顺军步骑两军的反复冲杀,吴军渐渐陷于劣势,被大顺军包围。正当吴军将要全军覆没,大顺军也人困马乏之时,一旁观战多时的多尔衮急令阿济格、多铎率两万骑兵从右侧加入战斗,直冲大顺军的中军。大顺军此时正在全力围歼吴军,突然遭到清军的袭击,阵脚渐乱。多尔衮随即指挥清军全面出战,吴军也趁机开始反扑。在内外夹击之下,大顺军坚持了没多久就全军溃败了。为保存实力,李自成令大顺军在三十日兵分两路撤往山西,退出了北京城。

经过山海关一战后,大顺军开始由全盛走向衰落。

大顺军纪律严明,斗争精神顽强,所以能攻进北京城。但李自成进京之后,被胜利冲昏了头脑,没有对当前的形势和己方的整体利益作出合理的判断和决策,因此导致了大顺军在清军与吴军联合进攻下大败。相反,多尔衮认清了当时联军作战的重要性,清军能迅速进取中原,与吴三桂的投降是分不开的。清军在争取吴三桂后,立即调整既定方案,将攻吴转为联吴,并趁此机会,一举击垮大顺军,进而从容入关,问鼎中原。

# 行军篇

## 本经通读

　　孙子曰：凡处军相敌，绝山依谷，视生处高，战隆无登，此处山之军也。绝水必远水；客绝水而来，勿迎之于水内，令半济而击之，利；欲战者，无附于水而迎客；视生处高，无迎水流，此处水上之军也。绝斥泽，惟亟去无留；若交军于斥泽之中，必依水草而背众树，此处斥泽之军也。平陆处易，而右背高，前死后生，此处平陆之军也。凡此四军之利，黄帝之所以胜四帝也。

　　凡军好高而恶下，贵阳而贱阴，养生而处实，军无百疾，是谓必胜。丘陵堤防，必处其阳而右背之，此兵之利，地之助也。上雨，水沫至，欲涉者，待其定也。凡地有绝涧、天井、天牢、天罗、天陷、天隙，必亟去之，勿近也。吾远之，敌近之；吾迎之，敌背之。军行有险阻、潢井、葭苇、山林、翳荟者，必谨复索之，此伏奸之所处也。

　　敌近而静者，恃其险也；远而挑战者，欲人之进也；其所居易者，利也；众树动者，来也；众草多障者，疑也；鸟起者，伏也；兽骇者，覆也；尘高而锐者，车来也；卑而广者，徒来也；散而条达者，樵采也；少而往来者，营军也；辞卑而益备者，进也；辞强而进驱者，退也；轻车先出居其侧者，陈也；无约而请和者，谋也；奔走而陈兵车者，期也；半进半退者，诱也。杖而立者，饥也；汲而先饮者，渴也；见利而不进者，劳也；鸟集者，虚也；夜呼者，恐也；军扰者，将不重也；旌旗动者，乱也；吏怒者，倦也；粟马肉食，军无悬甑，不返其舍者，穷寇也；谆谆翕翕，徐与人言者，失众也；数赏者，窘也；数罚者，困也；先暴而后畏其众者，不精之至也；来委谢者，欲休息也。兵怒而相迎，久而不合，又不相去，必谨察之。

　　兵非益多也，惟无武进，足以并力、料敌、取人而已；夫惟无虑而易敌者，必擒于人。

　　卒未亲附而罚之则不服，不服则难用也。卒已亲附而罚不行，则不可用也。故令之以文，齐之以武，是谓必取。令素行以教其民，则民服；令不素行以教其民，则民不服。令素行者，与众相得也。

## 本篇旨要

　　"行军"不是指现代意义上所说的军队转移、运动，而是指从事军事活动、用兵打仗。《行军篇》主要论述了军队在不同的地理环境和战争形势下，行军作战、安营扎寨、观察利用敌情和分析判断敌情、合理布置军队的基本原则，包含了"处军""相敌""治军附众"三个方面。"处军"讲的是军队在不同地形上行动应采取不同的方法，强调要善于利用地形作战；"相敌"讲的是对敌情进行周密细致的观察，通过对敌军暴露出来的各种形迹进行分析，从而作出准确的判断；"治军附众"讲的是严格管理军队，使将士团结，上下同心，从而形成强大的战斗力，共同赢取胜利。

# 四军之利

【原典】

孙子曰：凡处军①相敌②，绝山依谷③，视生处高④，战隆无登⑤，此处山之军也。绝水必远水⑥；客⑦绝水而来，勿迎之于水内，令半济而击之⑧，利；欲战者，无附于水而迎客⑨；视生处高，无迎水流⑩，此处水上之军也。绝斥泽，惟亟去无留⑪；若交军于斥泽之中，必依水草而背众树⑫，此处斥泽之军也。平陆处易⑬，而右背高⑭，前死后生⑮，此处平陆之军也。凡此四军之利⑯，黄帝之所以胜四帝也⑰。

【注释】

①处军：指在各种地形条件下行军、驻扎、作战的处置方法。

②相敌：观察、判断敌情。

③绝山依谷：绝，经过、通过。此句的意思是通过高山，要依溪谷而行。

④视生处高：视，此处是面向的意思。生，生处、生地，这里引申为向阳地带。处高，驻扎在高地。意思是说，要把军队驻扎于居高向阳的地方。

⑤战隆无登：隆，高地。登，攀登，这里指仰攻。敌人在高处，不宜仰攻。

⑥绝水必远水：绝水，横渡江河。远水，远离江河。横渡江河后一定要在远离水流的地方驻扎。

⑦客：指进攻自己的敌人。

⑧半济而击之：半济，渡水到了半途。让敌人渡河渡到一半时发起攻击，此时敌人首尾不接，队形混乱，攻击起来比较容易取胜。

⑨无附于水而迎客：无，勿、毋。附，靠近。不要在靠近水的地方结阵迎敌。

⑩无迎水流：迎，逆。不要把军队驻扎在江河的下游。

⑪绝斥泽，惟亟去无留：斥，盐碱地带。泽，沼泽。亟，迅速。留，滞留、逗留。通过盐碱沼泽地区，要迅速离开，不得滞留。

⑫必依水草而背众树：背，背靠、依靠。指军队扎营时必须靠近水草，背倚树林。

⑬平陆处易：平陆，开阔的平原地带。易，平坦。到了开阔地，应选择平坦之处安营扎寨。

⑭右背高：右背，右面、后面。高，指地势高。军队驻扎时应注意右面和背后地势要高。

⑮前死后生：死，这里是低的意思。生，这里是高的意思。《淮南子·地形训》："高者为生，下者为死。"此言地势应前低后高，也就是背靠高山而面向平地。

⑯四军之利：指上面四种处置军队的有利方法（处山、处水、处斥泽、处平陆）。

⑰黄帝：即轩辕，相传为部落联盟首领。四帝：指上古时期四方氏族的部落首领。

【译文】

孙子说，在各种不同地形上布置军队和观察、判断敌情时应该注意：穿越山岭行军，必须靠近有水草的山谷行进；驻扎军队，要选择居高向阳的地方；敌人占领高地，不要仰攻。这是在山地行军作战的处置原则。横渡江河后，应在离水流稍远的地方驻扎；敌人渡水来战，不要在江河中迎击，而要等他们渡过一半时再攻击，这样才有利；如果要同敌人决战，不要紧靠水边列阵，而要选择高而向阳处列阵，不要处于下游逆着水流布阵或驻扎。这是在江河地带对军队处置的原则。穿越盐碱沼泽地带，要迅速通过，不要滞留；如果同敌军相遇于盐碱沼泽地带，一定要近水草而背依树林。这是在盐碱沼泽地带行军作战的处置原则。在平原旷野上，要驻扎在平坦开阔地带，侧翼要依托高地，前低后高。这是在平原地带行军作战的处置原则。以上这四种"处军"原则的正确应用，就是黄帝之所以能战胜四方之帝的原因。

【读解】

本段强调的是在行军途中"处军相敌"所要依据的原则。孙子概括了四种常见的处置军队的原则，在四种不同地形的驻兵，所要依据的原则是不变的，即争取作战先机，依托有利地形，克服地形障碍与限制，争取有利的作战条件。

【实例】

## 虎牢之战

隋末唐初，李密领导的瓦岗起义军被占据洛阳的隋将王世充消灭。王世充趁机扩充地盘，建立郑国，成为中原地区的重要割据势力。此外，窦建德领导的河北起义军势力也比较强，窦建德还自称夏王。至此，唐、郑、夏成鼎立之势。

李唐统治集团经过具体分析，精心策划，决定先派使者去稳住窦建德，使其保持中立；然后令李世民挥师南下，出兵洛阳，集中主要兵力攻打王世充。

王世充获悉唐军将大举进犯，急忙把各个州的将士都集中于洛阳，死守城门。李世民率军迅速扫清了洛阳外围的各主要据点，形成了对洛阳的包围之势。

就在洛阳城粮尽兵疲、山穷水尽之时，战局突然发生了变化——窦建德率大军来支援王世充。窦建德一开始并不想出兵，但想到王世充被灭，自己就是李唐的下一个目标，这种"唇亡齿寒"的利害关系使他决心出兵救王世充。武德四年（621年）三月，窦建德亲率大军十余万人西援洛阳，很快推进到虎牢（今河南荥阳西北汜水）一带。

李世民亲率3500名精卒前往北邙山，抢先占领战略要地虎牢，以迎击窦军。到虎牢后，李世民首先率500名骑兵，东出20里侦察窦军情况。侦察之后，李世民设下埋伏，然后有意暴露自己，诱窦军出击。窦军果真上当，进入了李世民的埋伏圈，结果首战即受挫，于是不敢再迫近虎牢。

不久，李世民获悉窦建德要趁唐军草料用尽，在黄河北边放牧的时候袭击虎牢，遂决定将计就计。李世民特意率领一支军队过河，还故意在岸边留下1000余匹马，造成放牧的假象，以引诱窦建德出兵。窦建德果然中计。次日，窦军全部出动，在汜水东岸布阵，其战鼓敲得震天响，摆出一副全面进攻的架势。李世民一看暗自高兴，于是他一方面命令唐军先按兵不动，拖疲窦军；一方面紧急召回留在河北岸的诱兵，随时准备出击。窦军列阵以待，自清晨至中午，唐军竟无人迎战。士卒们渐渐疲惫松懈下来了，此时又饥又渴，便争抢饮水，窦军队伍开始混乱。李世民察觉后，命宇文士及沿着窦阵的西侧向南试行，果然引起窦军混乱，其队形也发生动摇，宇文士及见状便马上向东进攻。这时河岸的诱兵已经调回，李世民率轻骑冲锋在前，直扑窦建德的大本营。窦军还没来得及应战，队伍已被唐军冲乱。窦军见队形大乱，纷纷溃逃。唐军乘胜追击，窦建德被俘。至此，窦建德割据势力被李唐消灭。王世充见援兵被歼，突围无望，遂率军出城投降。至此，洛阳城破，王世充集团被消灭。

李世民在这场战役中突出地展现了他的军事才华。作为主帅，他机智而冷静。洛阳久攻不下，将士疲惫，他却能够看到我疲而敌更疲的形势，做到了准确"相敌"，因而坚持既定的战略方针。除此之外，李世民首先抢占战略要地虎牢；采用精锐的小股兵力主动出击，不但有效地阻止了窦军西进，还沉重打击了窦军士气；李世民懂得将计就计，诱敌决战，避开敌人锋芒，而待其"辙乱旗靡"时再出战。这些战术的运用深得兵法所谓"处军""行军"的精髓，非常值得称道。

## 郤至善察败楚军

公元前575年春，晋国召集齐、宋、鲁、卫国联合攻打郑国。作为郑国的盟国，楚国即刻出兵支援。两军相遇在鄢陵（今河南鄢陵西北）。

没等宋、齐、鲁、卫四国军队到来，晋厉公已亲率将士五万余人，兵车500乘先行到达鄢陵；相比之下由楚共王率领的楚郑联军则优势明显，有兵车530乘，将士九万余人。楚共王想趁诸侯各军来到前一举消灭晋军，故将军队陈列在晋军大营附近。

面对严阵以待的楚军，晋厉公立即召集众将商讨作战计划。晋将大都认为楚郑联军兵力太过强大，主张友军来到后再出战。晋军中军主将栾书发现敌军士气不高，故也主张几日后再战，一则损耗敌军士气，二则等待友军到来。唯有新军副将郤至主张迎战。

郤至说:"从敌军的布阵情况和我军所掌握的情报来看,楚郑联军有六个致命的弱点,此时出击定能获胜。其一,楚军虽然人数众多,但大都是行动迟缓的老兵,根本构不成任何威胁;其二,郑军的阵势很乱,足以证明其缺乏训练,势必不堪一击;其三,楚郑两军吵闹不休,丝毫没有打仗的紧张气氛;其四,据我所知,不但楚郑两军难以协调,连楚军内部中军和左军也存在分歧……"

郤至的分析有理有据,得到晋厉公和众将的一致赞同,于是晋厉公下令全军备战。

此时,将军苗贲皇又献一计。他原是楚国人,故深知楚军的情况。他说道:"中军是楚军的精锐,我军只要击溃其左、右两军,最后合力攻打中军,势必大败楚军。"

按照苗贲皇的建议,晋厉公首先挥军进击楚军的右军及郑军。不料战争刚开始,晋厉公的战车便陷进了泥沼无法动弹。见此情景,楚共王大喜,急忙带领一支人马冲杀过来,妄图擒住晋厉公。谁知"螳螂捕蝉,黄雀在后",楚共王的企图被晋将魏锜识破,只见他一箭射去,正中楚共王的左眼。看到楚共王负伤,楚军阵脚大乱。这时,晋厉公的战车也挣出泥沼。在晋厉公的指挥下,晋军向楚军掩杀过去,慌乱的楚军以为诸侯四国的军队到来了,吓得纷纷撤退,结果晋军不战而胜。

晋军此战之所以能以少胜多,关键在于郤至通过对敌情的仔细观察和认真分析,制定了迎敌策略,再加上将军苗贲皇对敌军实力的准确掌握,晋军不胜也难。

## 沙苑、渭曲之战

534年,北魏分裂为东魏和西魏两个政权。东魏建都邺(今河北临漳南),政权为丞相高欢把持;西魏建都长安(今陕西西安),政权由丞相宇文泰把持。为了扩充自己的势力范围,消灭对方,两个政权之间征战不休。

537年,东魏丞相高欢亲率20万大军进攻西魏,企图一举攻占西魏都城长安。当时,西魏丞相宇文泰正南攻恒农(今河南三门峡市)。高欢的幕僚并不同意这个举措,劝阻说:"西魏连年灾荒,民不聊生,我们何须主动出战,只要派兵把守关卡,阻断物资流通,等其秋收无着,自然会束手就擒。"但高欢好大喜功,以为胜券在握,根本听不进任何劝阻。同年秋,高欢率领军队自壶口(今山西吉县西)经蒲津(今陕西大荔东)渡黄河,过洛水,进屯许原(今陕西大荔南)西,兵锋直指长安。

宇文泰得知东魏军队大举进犯的消息,抽调近万人自恒农回师渭水南,准备亲自迎战。仅凭万人军队作战,西魏大多数将领认为寡不敌众,作战时机未到,应该等待高欢进一步西进,而西魏可以借机聚集征来的诸州兵,等与东魏军队数量平衡后再出击。但宇文泰认为："如果等高欢到了长安，一定会导致民心恐慌，军心涣散，不如趁其未到长安，将其攻破。"于是不待征调的军马聚齐，即做好战争的准备。他命令士兵在渭水上搭设浮桥，自己率领骑兵，携带三天的粮秣，渡过渭水，向东挺进，一个月后便进至沙苑（今陕西大荔南），此地与东魏军相距仅60里。到达沙苑后，宇文泰马上派人侦察敌情，经分析后，他认为东魏军队数量虽多，但战斗力不强。这极大地鼓舞了西魏军的士气。接着，宇文泰与诸将商议对敌之策。大将李弼认为："敌众我寡，难以与其争锋。离此地不远的渭曲分布着广阔的沼泽地，而且芦苇丛生，是设伏的好地方。我们应该诱敌深入，在那里埋伏，然后一举消灭敌人。"宇文泰非常赞同，于是设伏于渭曲，准备利用地形的优势打败敌人。部将赵贵、李弼分置两侧，其余的军队都静伏于芦苇之中，背水列阵等待敌军到来。

　　高欢听说宇文泰到达渭曲，急欲寻找宇文泰作战，便把军队也开进渭曲。当时就有人劝阻高欢："渭曲芦苇深密，沼泽遍地，无法展开军队作战。宇文泰进驻其间必有阴谋，切不可上当。不如只留一部分人马在此牵制宇文泰，另秘密派遣大军偷袭长安，一旦得手，宇文泰就如丧家之犬，我们也就没什么可畏惧的了。"但高欢自恃兵多将广，一心求胜，对此置若罔闻。随后，东魏军进入西魏军设有埋伏的地区，见西魏军队稀少，争功心切，未等列阵便争相前往进攻，一时乱作一团。宇文泰抓住时机，马上下令出击，伏兵骤起，个个都奋力拼杀。李弼带领骑兵从一侧发起猛烈的进攻，将东魏军截为两段。大将军于谨率军配合，乘势大破东魏军。东魏军或战死，或被俘，或逃散，溃不成军，高欢仓皇逃出重围。西魏军取得了渭曲之战的全面胜利。

　　从兵法来看，行军的关键在于"处军""相敌""治军附众"。宇文泰很好地领悟了这几点，趁敌军立足未稳时发动进攻，在险要地点设伏，最终以少胜多，打败了敌人。

# 地之助

【原典】

　　凡军好高而恶下①，贵阳而贱阴②，养生而处实③，军无百疾，是谓必胜。丘陵堤防，必处其阳而右背之④，此兵之利，地之助也⑤。上雨，水沫至⑥，欲涉者，待其定⑦也。凡地有绝涧、天井、天牢、天罗、天陷、天隙⑧，必亟去之，勿近也。吾远之，敌近之；吾迎之，敌背之⑨。军行有险阻、潢井、葭苇、山林、翳荟者⑩，必谨复索之⑪，此伏奸之所处也⑫。

【注释】

　　①好高而恶下：好，喜爱。恶，厌恶。这里指军队驻营时喜好高处而厌恶低处。

　　②贵阳而贱阴：贵，重视。阳，向阳的地方。贱，轻视。阴，背阴潮湿的地方。重视向阳的地方而轻视阴湿的地方。

　　③养生而处实：养生，指物产丰富，利于军队休养生息的地方。处实，这里指军需物资运输便利的地方。军队要选择水草和粮食充足、物资供给便利的地域驻扎。

　　④必处其阳而右背之：处，占据。右，指军队的主力侧翼。在丘陵堤防地带，必须占据它向阳的一面，且主力侧翼应背靠着它。

　　⑤地之助也：得到地形的辅助。

　　⑥上雨，水沫至：上，指上游。上游下大雨，洪水突至。

　　⑦定：指水流平稳。

　　⑧绝涧、天井、天牢、天罗、天陷、天隙：绝涧，指两岸峭壁、水横其中的地形。天井，指四周高峻如同井中的地形。天牢，指高山环绕、易进难出的地形。天罗，指荆棘丛生、难以通行的地形。天陷，指地势低洼、道路泥泞的地形。天隙，指两山相向、涧道狭窄险恶的地形。

　　⑨迎：正对、面向。背：接近、背靠。

　　⑩潢井、葭苇、山林、翳荟：潢井，指池沼、洼陷积水之地。葭苇，指芦苇，泛指水草聚集的地带。翳荟（yì huì），指草木繁茂。

　　⑪必谨复索之：复，反复。索，查看、搜索。意为必须仔细而谨慎地搜索查看。

　　⑫伏奸之所处：这往往是敌军埋伏、奸细隐藏的地方。

【译文】

　　大凡驻军，总是喜欢干燥的高地，厌恶潮湿的洼地；重视向阳之处，避开阴暗之地；靠近水草，军需供应充足，将士百病不生，这样就有了胜利的保证。在丘陵、堤防行军，必须占领它向阳的一面，并把主要侧翼背靠着它。这些对于用兵有利的措施，是利用地形作为辅助条件的。上游下雨，洪水突至，若要渡河，应等待水流稍平缓之后再过。凡是遇到或通过"绝涧""天井""天牢""天罗""天陷""天隙"等几种地形，则必须迅速离开，不要接近。我们应该远离这些地形，而让敌人去靠近它；我们应面向这些地形，而让敌人去背靠着它。军队行进中如果遇到艰难险阻的隘道、险象环生的沼泽、长满芦苇的低洼地、草木茂密的山林地，一定要仔细反复地搜索，因为这些地方往往是敌方伏兵和奸细的藏匿之处。

【读解】

这一段话讲述的是在行军途中要重视地形、熟悉地形、了解地形的利弊的重要性。孙子提示我们，军队在驻扎时，要选择干燥向阳的高地，有水源的话要靠近水草地区，因为这里物产丰富，供应充足，将士不易生病。占据了这些有利条件，就有了胜利的保证。在行进过程中，如遇到险峻的道路、低洼的湖沼、芦苇丛生或草木茂盛的地方，必须对四周反复谨慎地查探，因为这些地方容易埋设伏兵或隐藏奸细。

【实例】

## 关羽水淹七军

刘备占据益州后，东吴孙权派诸葛瑾向他讨还荆州，被刘备婉言拒绝。双方为了荆州争闹不休。后来听说曹操要进攻汉中，刘备感到益州受到威胁，便与孙权讲和，把荆州分为两部分，以湘水为界，湘水以西的土地归刘备，湘水以东的土地归东吴。刘备解决荆州一事后，就专心对付曹操。他派诸葛亮坐镇益州，自己则率领大军向汉中进兵。双方在汉中相持了一年。到了第二年，在阳平关的一次战役中，蜀军大胜，魏军主将夏侯渊被杀。曹操不得不退出汉中，令魏军撤退到长安。

蜀军在汉中一带大败曹操时，驻守荆州的关羽主动配合，带兵杀向樊城。樊城守将曹仁急忙向曹操求救。为解樊城之围，曹操派遣于禁、庞德两员大将率兵前去增援。几次交锋之后，两军仍分不出胜负。在一次与曹军作战时，关羽的左臂中了暗箭，两军僵持不下。

就在这时，樊城一带下起了连绵的秋雨，淅淅沥沥没完没了。蜀军毕竟是背井离乡，双方对峙，时间一长，势必粮草不足，难以迎战。为了战胜曹军，关羽边疗伤边冥思苦想快速破敌的策略。这天，关平（关羽的儿子）禀报关羽，说曹军驻扎在樊城以北。听到这个消息，关羽连忙登高观察敌情。此时，由于阴雨不停，导致河水猛涨，水势由此高了许多。而于禁、庞德的七路大军驻扎在城北的十里山谷处。细致地观察后，关羽大喜，兴奋地对部下说道："这下我能活捉于禁了！"

回到驻地后，关羽一面令兵卒紧急赶制一批船只和木筏，一面派遣军队在襄江上游的各谷口截流积水。而曹军对此毫无察觉，于禁和庞德依然按兵不动，静观蜀军动向。

这天夜里，天突降大雨，关羽趁机派遣兵将决口放水，霎时间水流如脱缰的野马，朝着山谷奔腾而去。眼看洪水汹涌而来，于禁、庞德急忙组织士卒阻挡。可在这迅猛的洪水面前，魏军哪有抵抗之力？一眨眼的工夫，大水便淹没了七路大军的军营。于禁和庞德不得不带兵寻找高地避水。正当他们疲于奔命之际，突然听到鼓声大作，原来是关羽率领水军杀过来了。而此时的魏军已无招架之力，眼见无路可退，于禁只好垂头丧气地举旗投降。庞德虽奋力抵抗，但身单力薄，终被关羽生擒。最后蜀军大胜，轻取樊城。

关羽率领水军杀过来，庞德奋力抵抗，但身单力薄，终被关羽生擒。

蜀国大将关羽深谙兵法之道，"水淹七军"便是他巧用天时地利获胜的实案。这一战中，关羽充分发挥了地形在作战中的作用，在深入观察了曹军驻扎营地的地形后，他恰当利用当时秋雨连绵这一天时条件，决定掘堤放水，以水攻敌。当大水迅速将曹军营地淹没时，关羽不费吹灰之力，坐收渔利，轻松取胜。孙子指出，军队在驻扎时，要选择干燥向阳的高地，以占据有利条件，唯有如此，才能免中敌人之计，保证战争取得胜利，而魏军恰恰忽视了这一点，导致了失败。

## 裴行俭果断转移扎营地

唐高宗调露元年（679年）十月，突厥的阿史德温傅举兵叛乱，高宗任命礼部尚书兼检校右卫大将军裴行俭为大总管，率兵北伐突厥。

第二年三月，裴行俭已率部进入突厥境内。当唐军到达单于都护府以北时，天已经黑了。军队随即安营扎寨，可挖掘堑壕等完成后，裴行俭突然下令军队立即驻扎到高冈。将士上报说："此时士兵们已扎营完毕，再动恐有不便。"裴行俭执意转移，强行将军队驻扎到了高冈处。深夜，狂风暴雨骤起，唐军原驻扎处顿时汪洋一片，水漫过地面一丈多。目睹这一状况，众将士无不暗暗佩服裴行俭。

由于裴行俭及时将军队转移到高冈上去，才避免了营寨被冲毁的厄运，确保了唐军征讨突厥的胜利。裴行俭这种根据天气变化和地形条件部署军队的做法，正是用兵者应该效法的。

## 石达开陈兵水陆洲

　　1852年秋，太平军进攻长沙，西王肖朝贵战死。太平军翼王石达开为替肖朝贵报仇，亲率大军抵达长沙。

　　长沙西面是湘江，江面很宽，江心有一个小岛名为水陆洲，呈长条状。湘江两岸都可由这个小岛控制。石达开察看了长沙一带的地形后，令精兵安营扎寨于此。与此同时，广西提督向荣带兵到达水陆洲的北面。石达开立即派人窥探到这是一支由三千多人组成的清军精锐之师，而当时太平军只有一千多人，众寡悬殊。为了取胜，石达开决定出奇兵，他首先命令大部队埋伏在水陆洲南面的丛林中，接着派遣小分队前去引诱清军。向荣看到太平军队伍不整，人数不多，便令部队一面放炮，一面大步前进。太平军一路疾驰，将清军引到丛林前。这时，石达开借助树林的掩护，命部队分两路包抄了清军的后路。当清军冲进树林时，太平军猛然从两边杀过来，把清军打得落花流水，四处逃散。

　　在这个战例中，石达开先派人察看地形，打探敌情，在占据了有利的地理位置后，才派遣小分队引诱敌人，再出奇兵一举破敌，获得最终胜利。

## 契丹假象骗唐军

　　690年，契丹攻占营州。武则天派曹仁师、张玄遇、李多祚、麻仁节四员大将西征，想夺回营州、平定契丹。契丹先锋孙万荣颇有计谋，他先在营州制造缺粮的舆论，并故意让被俘的唐军逃跑。唐军统帅曹仁师一路上见逃回来的唐兵面黄肌瘦，心中大喜，认为契丹不堪一击，攻占营州指日可待。

　　唐军先头部队张玄遇和麻仁节部想夺取头功，遂向营州火速前进。他们率部日夜兼程，赶到西峡石谷时，见道路狭窄，两边悬崖绝壁。按照用兵之法，这里正是设置伏兵的险地。可是张、麻二人误以为契丹士卒早已饿得不堪一击了，再加上求功心切，便下令部队继续前进。

　　唐军进入谷中后，艰难行进。黄昏时分，只听一声炮响，绝壁上箭如雨下，唐军人马践踏，死伤无数。孙万荣亲自率领人马从四面八方进击唐军。唐军前有伏兵袭击，后有骑兵截杀，进退不得，不战自乱。最后，张、麻二人被契丹军生擒。孙万荣利用从他们身上搜出来的将印，冒充张、麻二人写信报告曹仁师，谎称已经攻克营州，请曹仁师迅速到营州处理契丹首领。曹仁师接到信后，马上率部赶往营州。大部队急速前进，在峡谷重蹈张、麻二人的覆辙，同样遭到契丹伏兵围追堵截，全军覆没。

　　契丹人故意示弱，用假象引诱唐军主力深入险地，最终获胜。

# 谨 察

【原典】

敌近而静者，恃其险也①；远而挑战者，欲人之进也②；其所居易者，利也③。众树动者，来也；众草多障者，疑也④；鸟起者，伏也；兽骇者，覆也⑤。尘高而锐⑥者，车来也；卑而广者，徒来也⑦；散而条达者，樵采也⑧；少而往来者，营军也⑨。辞卑而益备者，进也⑩；辞强而进驱者，退也⑪；轻车先出居其侧者，陈也⑫；无约而请和者，谋也⑬；奔走而陈兵车者，期也⑭；半进半退者，诱也。杖而立者⑮，饥也；汲而先饮者，渴也；见利而不进者，劳也。鸟集者，虚也⑯；夜呼者，恐也；军扰者，将不重也⑰；旌旗动者，乱也；吏怒者，倦也；粟马肉食，军无悬甑，不返其舍者，穷寇也⑱；谆谆翕翕，徐与人言者，失众也⑲；数赏者，窘也⑳；数罚者，困也；先暴而后畏其众者，不精之至也㉑；来委谢者，欲休息也㉒。兵怒而相迎，久而不合，又不相去㉓，必谨察之。

【注释】

①敌近而静者，恃其险也：近，逼近。静，不动。恃，依仗，凭借。敌军逼近却能保持安静，是因为其有险可据。

②远而挑战者，欲人之进也：人，在这里指己方。进，指冒险轻进。敌人远道前来挑战，是想引诱我军前进。

③其所居易者，利也：其，指敌人。所居，所驻扎的地方。指敌军放弃险要地势而驻扎在平坦地带，一定是有利可图才这么做的。

④众草多障者，疑也：障，遮蔽。疑，迷惑。杂草丛生的地方有大量遮蔽物，是敌军企图迷惑我军。

⑤兽骇者，覆也：覆，覆盖，引申为敌军势力浩大，蜂拥而至。这句话是说见到野兽惊跑，一定是敌军大举来袭。

⑥尘高而锐：锐，笔直。指扬起的尘土直冲天际。

⑦卑而广者，徒来也：卑，位置低。广，面积大。徒，步兵。看到扬起的尘土位置低而面积广的，是敌方的步兵来了。

⑧散而条达者，樵采也：条达，零散而呈条缕状。这里是指飞扬的尘土分散而细长。樵采，敌军砍柴伐木。尘土零散而细长，时断时续，这是敌人在砍柴伐木。

⑨少而往来者，营军也：往来，此起彼落。指飞扬的尘土少且时起时落的，是敌人在安营扎寨。

⑩辞卑而益备者，进也：辞，言辞。卑，谦卑、恭敬。益，更加。备，战备。指敌人派来的使者言辞谦卑，同时又加紧备战，这是要向我军进攻。

⑪辞强而进驱者，退也：敌人的使者言辞强硬，在行动上又表示出驱驰进逼

的姿态,这往往是撤退的征兆。

⑫轻车先出居其侧者,陈也:轻车,战车。侧,侧翼。陈,布列阵势。敌人的战车先出动,部署在两翼的,是要布兵列阵。

⑬无约而请和者,谋也:约,困屈、受制的意思。敌军没有陷入困境而主动请和,一定有不可告人的计谋。

⑭奔走而陈兵车者,期也:奔走,行动迅速。期,期望,这里是要作战。敌军行动迅速,并且用战车摆开阵势,是要与我军作战。

⑮杖而立:倚仗着兵器站立。

⑯鸟集者,虚也:意思是营寨上空飞鸟聚集,说明下面已经是空营了。

⑰军扰者,将不重也:扰,形容词,受惊吓纷乱的样子。重,威严。敌兵惊扰纷乱,是敌将没有威严的表现。

⑱粟马肉食,军无悬瓿(fǒu),不返其舍者,穷寇也:粟,动词,用粮食喂马。肉食,(杀掉马)吃肉。瓿,同"缶",汲水的瓦器,这里泛指炊具。指敌军用粮食喂战马,杀掉牲口吃肉,士卒也不再返回营房,这是他们准备要拼死突围了。

⑲谆谆翕翕(xī),徐与人言者,失众也:谆谆,说话恳切。翕翕,说话和顺。徐,缓慢温和的样子。敌将恳切缓慢、低声下气同部下讲话,表明他已经失去人心。

⑳数赏者,窘也:数,多次、频繁。窘,处境困难。敌军将领一再犒赏士卒,说明他处境已非常窘迫,无计可施了。

㉑先暴而后畏其众者,不精之至也:暴,暴虐凶狠。畏其众,害怕部下。精,精明。指敌军将帅先对部下凶暴,后来又惧怕部下,不精明到了极点。

㉒来委谢者,欲休息也:委,委质,古人相见多执贽以为礼,故称"委质"或"委贽"。谢,道歉、谢罪。委谢指赔礼谢罪。敌人派使者来送礼谢罪,是想休兵息战。

㉓兵怒而相迎,久而不合,又不相去:怒,气势汹汹地。合,指双方交战。这里指敌军气势汹汹而来,却久久不向我军进攻,也不撤退。

【译文】

敌人离我方很近却很镇静,是依恃占据了险要的地形;敌人离我很远而前来挑战的,是想诱我前往;敌人舍险而驻扎在平坦之地,一定是有利可图。前方许多树木摇动,那是敌人偷袭来了;草丛中到处设置伪装、障碍,那是敌人布下的疑阵;林中的鸟儿惊飞而起,下面必有伏兵;野兽惊骇逃窜,那是敌人大举偷袭。前方尘埃滚滚,飞扬得很高,那是敌人的战车驶来了;尘埃飞扬得低而广,那是敌人的步卒开来了;尘埃零散而丝丝缕缕,那是敌人在砍柴拖柴;尘埃飞扬得少且时起时落,那是敌军在察看地形,准备扎营。敌人使者言辞谦卑而军队却加紧备战的,是企图向我进攻;敌人使者言辞强硬而先头军

孙子兵法

行军篇

谨察

二一五

队又向前逼近的，那是在准备撤退；敌人的战车先出动且部署在两翼的，那是在布阵；敌人没有陷入困境却来请和的，是另有奸谋；敌人往来奔跑且用战车摆开阵势的，是在紧急集合以布阵决战。敌人似进非进、半进半退的，是企图引诱我军；敌兵倚着兵器而站立的，是饥饿的表现；供水的士兵打水自己先饮的，是干渴的表现；敌军见到明显的利益而不前往争取的，是疲劳的表现；敌人营寨上面聚集成群鸟雀的，那下面必是空营；敌军夜有惊叫声，是恐慌的表现；敌营惊扰纷乱的，是敌将没有威严的表现；敌人旌旗摇动不整齐的，是敌人队伍已经混乱的表现；敌人军官易怒的，是全军疲倦的表现；敌人以粮食喂马，杀马吃肉，收拾起炊具不返回营房的，那是准备拼死突围的表现；敌将低声下气同部下讲话的，那是敌将失去人心的表现；再三实行犒赏的，是已处于窘迫之境、恐士兵叛离的表现；再三处罚部属的，是陷于困弊之境、希图以罚立威的表现；敌军将领先对士卒暴虐、后又畏惧士卒叛离的，是最不精明的将领；派来使者送礼言好的，是敌人想休兵息战。敌人逞怒而来同我对阵却久不交战又不撤离的，必须仔细审察，摸清它的真实意图。

## 【读解】

孙子在这里阐述的是将帅要善于通过细节审察敌人的真实意图。他告诉我们可以通过多种表现来判断敌军的动态及其内部情况。其实可观察的表象何止这些，精明的将帅透过敌方的一点小举动就能窥测出敌人下一步将要采取的行动。因此这些表象是无法罗列穷尽的，只要细心观察，就会获知敌情。

## 【实例】

### 马谡失街亭

228年初，诸葛亮大败驻守在祁山的魏军。魏明帝曹叡立刻派司马懿率军赶到祁山去抵抗蜀军。诸葛亮深知街亭（今甘肃庄浪东南）战略地位的重要性，于是派马谡固守街亭。马谡带领人马到了街亭，观察地形时发现，街亭侧面有座孤山，山上林木繁茂。马谡看了很得意，认为此地偏僻，魏军不敢前来冒犯。即使来了，只要把大军屯在山上，拒险而守，可确保万无一失。

司马懿率领魏军赶到街亭，得知马谡大军放弃现有的城池不守而驻扎在山上，就马上吩咐手下将士在山下筑好营垒，把马谡扎营的那座山团团包围起来。马谡见自己军营被围，顿时慌了手脚，赶紧指挥士兵突围，但冲了好几次都以失败告终。随后，魏军切断了山上的水源。蜀军在山上断了水，连饭也没办法做，时间一长，军心涣散。这时，司马懿又下令沿山放火，山上的蜀兵更是乱作一团。马谡看大势已去，无法再守，只得率领一部分残兵杀出重围，向西撤退。

马谡虽熟读兵书，但只停留在兵法计谋的表面上，脱离实际。孙子说："敌

孙子兵法　行军篇　谨察　二一七

近而静者，恃其险也。"马谡并没有领悟其中真正的要义。他将街亭侧面的孤山看作险要之地，以为占据那里就可以坚守街亭，这只是看到了山势险峻的一面，而忽视了孤山可以被围，进而断其水源、粮草，造成不战自败的一面，所以他认识的"险"并不是孙子所谓的"险"。孙子所谓的"险"是攻守皆备、进退自如之地，而非绝境。之后，魏军果然利用马谡在战略上的疏忽，将孤山团团围住，马谡只得困守山上，想要突围，为时已晚。

## 年羹尧闻雁即警

清雍正元年（1723年）秋，大将军年羹尧带兵去青海平息内乱。快要到达西宁的时候，军队驻扎下来。三更许，突然有一群大雁呼啸着飞过营帐上空。年羹尧被惊醒，他披衣而起，暗想：今夜无月，大雁理应栖息水旁，如若无事惊动，大雁万不会夜行。而且雁群急速飞行，叫声凄厉，起飞地点应该就在附近。想必是叛军乘我远道而来，士卒困乏，遂趁机连夜偷袭，故惊扰了雁群。想到此，年羹尧当即决定设伏以待，将前来偷袭的叛军一举消灭。年羹尧下令兵将集合："叛军今夜将会偷袭我营寨，尔等设下埋伏，听我命令，誓将乱军一网打尽。"果然，待到四更时分，叛军骑兵向清军设伏地快马而来。等叛军进入埋伏圈后，清军四下发起进攻，将袭营的叛军全部歼灭。

当天，年羹尧即下令原地休整，大宴将士。一开席，众将便纷纷询问其从何得知叛军偷袭的消息。年羹尧讲了夜闻大雁即警的经过。众将一听，不禁赞叹："大将军实乃神将也！"年羹尧摇头道："不然。用兵打仗，绝不能逞一时之勇，而应时时戒备。戒备的妙法，尚无定论。为将者，须先相敌，上知天文地理，下晓敌我短长。即便禽兽生存习性的蛛丝马迹也须细致查看，以便获得信息。各类禽兽，都有其独特的预警灵性和防御本领，像狡兔三窟、狡狐三穴，皆是藏身避祸的典型。俗话说：'打草则蛇惊，兔警则鹰袭，马嘶则虎近。'诸位只需细心观察，用心钻研，势必会料兵如神。"

三日后，年羹尧继续率军西讨。与敌军数次交锋后大获全胜，最终平息了内乱。

此为威远将军炮复原图。威远将军炮造于康熙二十九年（1690年），是一种大口径、短身管的火炮，用四轮木制炮车承载。该炮在康熙帝平定噶尔丹叛乱和清军多次对敌作战中发挥了不可替代的作用。

# 兵非益多

【原典】

兵非益多①也，惟无武进②，足以并力、料敌、取人而已③；夫惟无虑而易敌④者，必擒于人⑤。

【注释】

①兵非益多：益多，以多为益。士兵并不是越多越好。
②武进：恃勇轻进，即冒进的意思。
③足以并力、料敌、取人而已：并力，合力，集中兵力。料敌，分析判断敌情。取人，争取人心，即争取士兵的拥护支持。能够集中兵力，判明敌情，取得部下的信任和支持，就足够了。
④无虑：没有深谋远虑。易敌：蔑视敌人。
⑤擒于人：被敌军俘虏。

【译文】

打仗并不是兵力越多越好，只要不轻敌冒进，并集中兵力、判明敌情、取得部下的信任和支持，也就足够了。那种既无深谋远虑而又轻敌的人，必定会被敌人俘获。

【读解】

孙子在这里指出，作战不在于兵员数量的多少，而在于主将能否集中使用兵力、准确判断敌情。要想克敌制胜，必须"慎战、并力、料敌、取人"。战争中最忌讳的是主将没有谋略而又轻视敌人，这样的人一定会打败仗。战场上的情况是复杂多变的，对于将领来说，能否把握利害关系，利用时机，直接影响着战争的胜负。

【实例】

## 黄天荡之战

南宋建炎三年（1129年）十月，金军第三次南侵中原，占领建康（今江苏南京），直逼临安（今浙江杭州）。宋高宗赵构被迫南逃到明州（今浙江宁波）。次年一月，金军攻打明州，赵构又乘船逃往温州，金军穷追不舍。幸而南宋水军将领张公裕率军在台州附近阻击了金军，高宗方幸免于难。韩世忠时任宋浙西制置使，他料定金军不会久踞江南，于是命部下造出大量战舰，准备在金军回师北上时截击他们。

建炎四年（1130年）初，在得知十万金军将由临安经吴江、平江向镇江撤退的消息后，韩世忠急率8000名水军先期到达镇江，将金军阻击在焦山与金山之间。金军溯长江而上，韩世忠亦带兵一路阻击，宋军且战且行，直将金军逼到死港黄天荡（镇江西至仪征南），使得金军进退两难，走投无路。

金军困于黄天荡长达40日，岌岌可危。后来金军统帅完颜宗弼听从建议，一夜之间将老鹳河故道凿通30里，终于逃出黄天荡，退至宋军上游。宗弼原计划从龙湾（今白露州西南）渡江到淮西，后得知金将太一率军在真州（今江苏仪征）处增援接应，故又带兵返回黄天荡，准备改道渡江，以便与太一所部会师。此时的韩世忠水军，仍驻守长江伺机堵截。这样，最终形成三军对峙之势：韩世忠军泊于金山脚下，太一军驻扎在长江北岸，而完颜宗弼则率军扎营南岸。

韩世忠水军的优势在于战舰多而大，且稳定性好，攻击力强。为了充分发挥优势，韩世忠命工匠造出大量由铁链联结的大铁钩，并挑出强壮的水兵练习使用，以便击破金军的小战船。

四月十二日，从镇江府到建康府的新河掘通，金大军分水陆两路，连夜转移。十三日，金军船队从黄天荡的新河口驶出，准备渡江。不料江面上一队战舰，计有30艘，溯流而上，再一次拦截金军的船队。

原来韩世忠发现敌军转移，又及时赶来，继前锋30艘战舰之后，大队战舰源源而来。南宋战舰乘风扬帆，往来如飞，居高临下，运用大铁钩将敌船船舷钩住，用力一拽，金军的船便翻进长江。随后其他宋军战舰又上前围攻，向金军大舰发射火箭，大舰最初是篷帆着火，接着全舰燃起了烈火。这时金军只能重新逃入小船。虽然作了困兽之斗，但还是连一艘小船也未能渡江。在损兵折将之后，金军再次遁入黄天荡河口。

为觅得破敌之计，完颜宗弼重金悬赏。这时一个王姓福建人献上一计，他提出将土装进战船内，上面铺上木板，再将两舷凿洞安置桨棹，等无风时出击，用火攻定能破宋船。船内装土，是为了增加船的稳定性；铺上木板，可使对方无处下钩；无风时出击，是为了避免小船不抗风的弱点，同时还能将小船机动灵活的优势发挥出来，而形体高大的宋船，没风就不能动，绝对是火攻的好对象。完颜宗弼大喜，当即采纳该建议。

四月二十五日是个大晴天，江上没有一丝风。完颜宗弼派小船主动出击，韩世忠率军在江心迎战。金军船小，士兵只要奋力划桨，就能使之快速移动。而宋船笨重，无风难动。完颜宗弼令善射者乘着小船用火箭朝宋船射击。顷刻间，宋军船只烟火冲天，宋兵烧死、溺死者不计其数。宋军大败，金军得以顺利渡江。

《孙子兵法·行军篇》中说："兵非益多也，惟无武进，足以并力、料敌、取人而已。"黄天荡之战前一阶段，宋军在焦山设伏，以8000名水军拦截

10万金军渡江，并能灵活应敌，关键在于宋军将领韩世忠利用了长江天堑的优势，以熟习水战的精兵击退不谙水战的金兵。加上他准确的判断、灵活的指挥，所以能取得胜利。后来之所以失败，是因为宋军的弱点为敌所用，而优势却为敌所制。由此可见，只有审时度势，扬长避短，及时调整作战方案，才能克敌制胜。

此为楼船复原图。楼船是一种具有多层建筑和攻防设施的大型战船，外观似楼，故曰楼船。楼船不仅外观巍峨威武，而且船上列矛戈，树旗帜，戒备森严，攻守得力，宛如水上堡垒。

## 马隆平凉州叛乱

西晋时期，羌族叛乱，凉州刺史杨欣被羌人杀害，朝野为之震惊。

晋武帝司马炎得报后忧心忡忡，对大臣们说："诸位谁能帮我打通凉州之路，平息羌敌之乱呢？"司马督马隆应声答道："如若陛下任用臣下，臣下定能平息凉州叛乱。"晋武帝见他信心十足，便任命他为武威太守，由他全权负责平乱一事。

受命后，马隆立即招募勇士，其条件是能靠腰部力量拉开36钧强弩，并当场立靶测试。从早晨开始，刚到中午，马隆就招募到3500名符合条件的勇士。马隆信心十足地说："足够了。"于是亲率招募的勇士一路向西，讨伐叛乱。

马隆刚率勇士渡过温水，便与羌敌相遇。羌族的首领树机能率部数万人，不是凭据险要拦截马隆的前进，就是设伏偷袭晋军的后路。面对这样的情况，马隆按照古时的八阵图造出扁箱车，等进入开阔的地域时，就设置鹿角车营；当遇到狭路地段，就造出木屋装在车上，边走边战。

马隆所率勇士箭凡射出，羌兵无一不应弦而倒。晋军转战千里，杀敌不计其数。听闻马隆率军到达武威，羌人部落首领猝跋韩、且万能等人急忙率众万余大开城门，不战而降。后来，马隆又带领归顺的部落首领没骨能等大败树机能，彻底平息了凉州叛乱。

马隆只带3500名勇士即平定了凉州叛乱，正是《孙子兵法·行军篇》所说的"兵非益多也，惟无武进，足以并力、料敌、取人而已"最好的佐证。

## 采石之战

南宋绍兴末年，金军南下入侵中原，南宋文臣虞允文率军奋力抗击，大败金军，迫使金军从采石渡江南侵的计划成为泡影。这就是历史上著名的采石之战。

1149年，金海陵王完颜亮发动叛乱，杀死金熙宗后，自立为王。后又将金国都城迁至燕京，命名为中都大兴府。接着占领汴京，准备对南宋发动军事进攻。绍兴三十一年（1161年）七月，完颜亮又将都城迁到汴京。同年九月，他集结60万人马，兵分四路大举南侵。完颜亮亲率东路军，借道寿春攻打淮南；中路军则由刘萼、仆散乌者率领，从蔡州南攻荆襄；徒单合喜、张中彦率领西路军，从凤翔攻大散关；苏保衡、完颜郑家率领的水军走海路，由海道直取临安，打算将南宋一举灭亡。

听闻金军来攻，负责南宋淮西防务的建康都统王权不战而撤，致使金军顺利渡淮。宋军被迫退到和州（今安徽和县）。此时，南宋将士纷纷请战，王权却假言奉旨弃城守江，随即又带兵从和州逃到采石（今安徽当涂北）。完颜亮率兵进驻和州后，命部下大举造船，决定于十一月初八从采石渡江。

为了挽救危局，宋廷罢免了王权，派诸军统制李显忠接替王权负责江防，并派大臣虞允文到采石犒师，催促李显忠赴任。

十一月初八，虞允文到达采石，此时李显忠尚未到任，而金军即将渡江。在局势危急的情况下，虞允文紧急调兵约两万人，主动担任指挥迎战金军。他一面鼓舞士气，号召将士与金兵决一死战；一面积极沿江布阵。他命步骑军隐匿高地，严阵以待。然后将水军的海鳅船编成五队：中路一队，东、西翼各一队，载以精兵，拦截金军船只；其余两队藏匿在小港当中，以备后患。

这时，完颜亮已命士兵乘坐舟船由杨林河口驶出，试图用船只冲开宋军的海鳅船强行登陆。虞允文身先士卒，来往水岸之间指挥将士迎战，宋军见状，士气高涨，奋勇搏杀，终于将登岸金军一举消灭。宋水军的海鳅船，大而灵活，来往冲击于江上，而金军船只底平面积小，极不稳便，宋军趁机燃放霹雳炮轰击金军，致使众多兵将纷纷落水，溺死江中。金军大败。

虞允文料定金军次日必再攻，遂于当晚令水军将长江北岸的杨林渡口牢牢控制住。完颜亮见渡江无望，只得于十二日率军转向淮东，试图借道瓜洲（今属江苏邗江）南渡。

完颜亮企图东撤的意图再次被虞允文识破，他立即派宋军深夜驰援镇江（今属江苏）。此时，完颜亮得知完颜雍于东京（今辽宁辽阳）自称为帝，一怒之下，命令金军三天内全部渡江南侵。此举使得其内部矛盾激化，二十七日，金将完颜元宜闯入御营杀死了完颜亮。

十二月初，金军向北撤退，宋军趁机收复两淮地区。

采石之战中，虞允文不畏强敌，主动担任指挥迎战金军，他充分发挥宋军的水上优势，布阵完善，加之身先士卒，指挥果断，最终扭转战局，使南宋反败为胜。

# 令之以文，齐之以武

## 【原典】

卒未亲附而罚之则不服①，不服则难用也。卒已亲附而罚不行，则不可用也②。故令之以文，齐之以武③，是谓必取。令素行以教其民，则民服④；令不素行以教其民，则民不服。令素行者，与众相得也⑤。

## 【注释】

①卒未亲附而罚之则不服：亲附，施恩德使亲近归附。罚，施用刑罚。在将帅还未实施恩德使部下亲近依附于他时，处罚部下，他们必愤恨不服。

②卒已亲附而罚不行，则不可用也：士卒已经亲近归附将帅，将帅还不执行军法军纪，这样的军队也无法指挥。

③令之以文，齐之以武：文，这里指政治、道义。武，这里指军纪、军法。这句是说，用政治、道义来教育士卒，用军纪、军法来约束管理部众。

④令素行以教其民，则民服：令，命令、军令。素，平常、平时。行，实行、执行。一贯严行明纪，就能养成士兵服从命令的习惯。

⑤令素行者，与众相得也：军纪一向贯彻严明。与众相得：相得，关系融洽。这里指将帅与部下的关系非常融洽。

## 【译文】

士卒还未亲近依附就对他们施行处罚，那么士卒就不服，不服就难以指挥他们作战；士卒已经亲近依附，但仍不执行军纪军法，那么士卒也不能用来作战。因而，要用怀柔宽仁使他们齐心协力，用军纪军法使他们行动一致，这样就能取得部下的敬畏和拥戴。平时一贯严格贯彻命令，管教士卒，士卒就能养成服从的习惯；平时从来不严格贯彻命令，管教士卒，士卒就不会养成服从的习惯。平时命令贯彻执行得好，则表明将帅同士卒之间相处融洽。

## 【读解】

这段所要介绍的是治军的一般原则，"令之以文，齐之以武"，也就是要以政治、法令来教育士卒，要以军纪、军法来统一管理。将帅治军要依照一定的法度，既要体恤部下、爱护士卒，又要严明军纪、赏罚分明，只有这样才能获得士兵的拥戴，使其服从管理，严格执行命令，这样的军队才能够屡战屡胜。

**【实例】**

## 穰苴治军有方

春秋齐景公在位时,齐国四面受敌,东阿(今山东阳谷阿城)和鄄城(今山东鄄城北)被晋国攻打,而黄河南岸的领土则被燕国入侵。齐国军队屡屡战败,齐景公对此忧心忡忡。

这时,大臣晏婴向齐景公举荐了田穰苴。景公召见田穰苴后,对其大加赞赏,遂任命他为齐军统帅,以抵抗燕、晋两国的入侵。在田穰苴的请求下,齐景公又任命其宠臣庄贾为监军,以助穰苴服众。

辞别齐景公后,田穰苴便与庄贾约定:"明日正午军营门前会面。"第二天,穰苴先赶到军营,将测日影的标杆和计时间的漏壶设置好,便开始等待庄贾前来。庄贾一向骄横,此次又认为穰苴是自己的手下,而自己又是君王委派的监军,因此对如约赴军之事并没有放在心上。亲朋好友为他设宴饯行,他开怀畅饮,直到中午时分还没有出现在军营。田穰苴放倒测影标杆、撤掉计时漏壶后,进入军营,开始检阅队伍,宣布军纪。待他将军队部署完毕后,庄贾才到达军营。

一见庄贾,田穰苴便厉声质问:"为什么迟到?"庄贾大大咧咧地答道:"亲友们为我送行,盛情难却,多喝了几杯,故耽搁了一会儿。"穰苴斥责说:"身为将帅,临危受命的那一刻,就应将自己的家庭忘掉;亲临战场指挥军队,就应将自己的父母忘掉;擂鼓出击的时候,就应将自己的性命置之度外。现在,敌人已入侵齐国领土,人人自危,将士们在边境风餐露宿,君王为此辗转难眠,天下百姓的生命都掌握在你手中,哪里有什么送行可言?"说罢,穰苴将军法官叫来问道:"对于迟到的将士,依照军法应如何处置?""理应处斩。"军法官答道。

这时,庄贾才知害怕,立即派人快马加鞭向齐景公求救。未等庄贾所派之人返回,田穰苴就按军法将庄贾斩首示众了。全军将士皆震惊战栗不已。不久,齐景公派遣的使者手持符节乘车径直闯进军营来救庄贾。田穰苴对使者道:"将在外,君命有所不受。"然后转而问军法官:"军营内严禁车马进入。如是使者,依军法该如何处置?"军法官答道:"理应处斩。"使者一听大惊失色。田穰苴接着说道:"君王的使者不能杀。"于是,便将使者的车夫杀掉,将使者马车的左车辕砍断,还将左边驾车的马

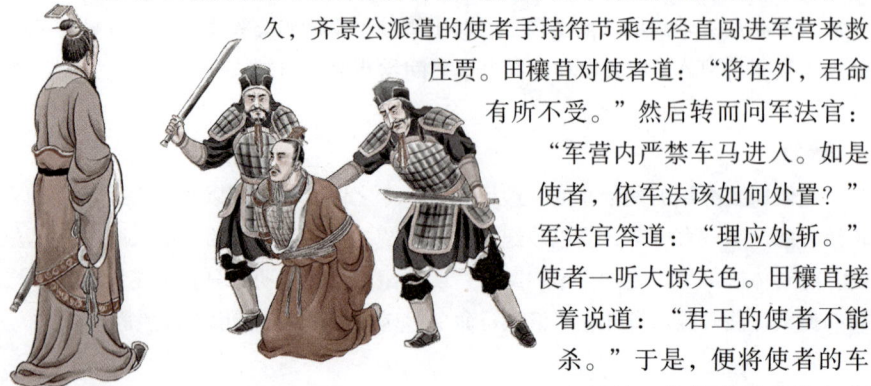

田穰苴斥责庄贾说:"天下百姓的生命都掌握在你手中,哪里有什么送行可言?"说罢,田穰苴就按军法将庄贾斩首示众。

匹也杀了，并向全军示威。这样一来，全军上下没有一个敢违反军纪了。

对于军队的日常事务，如行军宿营、掘井埋灶、士卒伙食、看病吃药等，田穰苴都亲自过问。他还将自己应得的官俸粮饷全部拿出来，分与士卒们，自己则与士兵同吃同住。对那些体弱或生病的士卒，田穰苴更是嘘寒问暖，关怀备至。

三天后，田穰苴率军出发，士兵们争先恐后地想要跟随他去打仗，就连那些生病的士卒都请求随军队一同出征。得知这个消息，晋军随即撤兵而去，燕国也北渡黄河撤出齐国，齐国的危机轻松化解。田穰苴率军追击，将沦陷的国土全部收复了。

田穰苴在作战中能严格遵守"令之以文，齐之以武"的治军原则，以军纪、军法来统一管理全军，体恤士兵，爱护士卒，既严明了军纪，又赢得了士兵的拥戴。以这样的军队去作战，全军士气必定充足，上下必定团结一致，取胜的把握也就大大增加了。

## 犒赏为下，治军为上

五代时期，潞王李从珂自小跟随后唐的唐明宗李嗣源四处征战，立下了汗马功劳。唐明宗死后，其子李从厚继位，史称"唐闵帝"。因闵帝幼小，朱弘昭等人把持了朝政。为排除异己，朱弘昭对朝廷重臣或贬或黜。李从珂为免遭厄运，于是在凤翔（今陕西凤翔）起兵，对抗朝廷。得知这一消息后，朝廷即派大将王思同率兵前来镇压。

没过多久，王思同就接连攻克凤翔东西关城，直逼凤翔城下。看到形势紧急，李从珂冒险登上城楼，声泪俱下地向城外将士哭诉："我自小就随先帝南征北战，一手打下江山。我到底有什么过错，让你们非要杀死我呢？"这些后唐的兵将都曾跟随过他，因此十分同情李从珂。不一会儿，羽林军指挥使杨思权率先带兵归顺了李从珂。其余的将士也纷纷扔下兵器，入城投降。

看到自己反败为胜，李从珂大喜，随即倾尽城中财物犒赏三军，并且宣告东伐之令：只要攻入京都洛阳，每位将士都会获得赏钱百缗（一千文为一缗）。将士们纷纷拍掌叫好。

后唐朝廷听闻此事，急忙命侍卫亲军都指挥使康义诚率军征讨李从珂。谁知康义诚却临阵倒戈，带兵投降了李从珂。在这样的情况下，太后被迫废掉唐闵帝，另立李从珂。

即位后，李从珂立即下诏大开库府，犒赏三军将士。谁知国库早已空了，而其所允诺的犒赏费高达50万缗。为了凑足赏金，李从珂用尽种种手段搜刮民财，把百姓逼得走投无路。不仅如此，就连后宫中的各种器物，包括太后、太妃的簪珥都被抢了出来，却只凑出了20万缗。

端明殿学士李专美向李从珂进谏说："修法度、立纲纪乃是国家存亡的根本，如若只知犒赏，就算财富耗尽，也无法满足将士贪婪的欲望。"李从珂虽知李专美所言不虚，但却害怕兵将起兵叛乱，因而不敢从根本上修法度、立纲纪，而是对违法乱纪行为一味迁就，采取大事化小、小事化无的方法解决。

李从珂当了三年皇帝后，河东节度使石敬瑭起兵叛乱。由于李从珂平时治军不严，纲纪不明，因而他所率的军队散乱、不听从指挥，在敌军来临时，或者投降，或者逃跑，还有的通敌叛国，引导石敬瑭杀入洛阳。最终李从珂含恨登楼举火自焚，至此，后唐灭亡。

## 朱元璋假斩徐达

1356年，朱元璋率红巾军攻占了集庆，随后向镇江进军。但在攻打镇江时，指挥这场战役的大将军徐达迟迟没有出现。突然，军中传来消息，说徐达被抓起来了，马上就要问斩。众将士听后大吃一惊。自朱元璋起兵以来，徐达将军东征西讨，一路追随，立下了汗马功劳。他究竟犯了何罪，以致问斩呢？

不一会儿，只见徐达被捆绑着押到教场。执法官高声宣布道："徐达身为统兵大将军，统兵无方，军纪败坏，军中屡有欺压百姓的事情，坏我军声。徐达罪不可赦，理当斩首！"帅府都事李善长急忙跪倒在地，向朱元璋哀求道："徐将军作战英勇，屡立战功，眼下正是用人之时，还望元帅念他战功卓著，饶恕他吧！"朱元璋沉着脸坐在椅子上，一言不发。过了一会儿，他才站起身，说道："我们起兵是为了什么？""替天行道，除暴安民！"众将士齐声答道。"是的，"朱元璋说，"我们起兵反元，就是因为朝廷欺压百姓。可如果我们推翻了元朝，反过来也欺压百姓，那我们和元朝的官兵有什么区别？"最后朱元璋沉吟半晌，缓缓说道："看在众将士份上，且饶你这次！如若再犯，严惩不贷！"说完，便拂袖而去。

徐达被松绑后，当场向手下部将宣布："打下镇江后，不许烧杀抢掠，欺凌百姓，更不许调戏妇女。违令者杀无赦！"这支纪律严明的大军很快攻下了镇江。进城后，大军秋毫无犯，百姓们连连称赞，纷纷奔走相告。朱元璋见后大喜，他派人叫来徐达，一把拉住他说："贤弟，那日在教场上委屈你了！"徐达笑道："元帅圣明，没有那日，哪有今天呢！"

原来，红巾军自攻下南京后，军纪松懈，烧杀抢夺、调戏妇女事件时有发生。朱元璋为此忧心忡忡，但他知道光抓几个违纪将士并不起作用，于是就设计上演了教场假斩徐达那一幕，以此来告诫将士们一定要遵守军纪。

## 孙权抽刀劈帅案

208年，曹操率大军逼近江陵，准备攻打孙权。情势危急，孙权急忙召集群臣商议对策。会上有人主战，有人主降，一时难以统一。

孙子兵法

行军篇

令之以文，齐之以武

二二七

这时，诸葛亮来到军中，舌战群儒，力谏孙、刘联合抗曹。加上鲁肃、周瑜对战势作了分析，孙权最后决定倾东吴之全力抵抗曹军，并厉声说道："我与曹贼势不两立，东吴将与曹军血战到底！"说完，他抽出刀，用力一劈，劈断了帅案一角，接着又高声说道："从现在起，凡再说降曹者，有如此案！"见此情景，众人莫不震悚。

孙权用这种敲山震虎的方法，强行压制住了不同意见，为内部的统一起到了积极作用。

## 孙武斩妃立军威

春秋时期，吴王阖闾看了大军事家孙武的著作《孙子兵法》，非常佩服，立即召见了孙武。吴王说："你的兵法精妙绝伦。能不能当面给我演示一下呢？"孙武说："这个不难。您随便找些人来，我马上操练给您看。"吴王一听，好生好奇，他存心想为难一下孙武，便说道："我的后宫里美女多得很，先生能不能让她们来操练操练？"孙武一笑，说："行呀！任何人都可以操练。"于是，吴王立即从后宫叫来了200名美女。

众美女一到校军场上，只是嘻嘻哈哈，东瞅西望。孙武将她们编成两队，并命吴王的两个爱妃任队长，接着开始认真细致地对她们讲解操练要领。交代完毕后，他命人在校军场上摆下刑具，威严地说："练兵可不是儿戏！你们一定要听从命令，不得马马虎虎，嬉笑打闹。如果谁违犯军令，一律按军法处置！"说完，孙武就传令擂响战鼓，开始操练。

孙武发令："全体向右转！"可美女们不但一个也没有动，反而哄堂大笑。孙武并不生气，说道："将军没有把动作要领交代清楚，这是我的错！"于是，他又一次详细地讲述了动作要领，并问道："大家听明白了没有？"众美女齐声回答："听明白了！"鼓声再起，孙武发令："全体向左转。"这次，美女们还是一个未动，而且笑得比上次更加厉害了。

孙武沉下脸来，说道："动作要领没有交代清楚，是将军的过错，交代清楚了，而士兵不服从命令，就是士兵的过错。按军法，违犯军令者斩，队长带队不力，应先受罚。来人，将两个队长推出斩首！"吴王一听，慌了手脚，急忙派人对孙武说："将军确实善于用兵，军令严明，我十分佩服。这次，请放过寡人的两个爱妃。"孙武回答道："将在外，君令有所不受。吴王既然要我演习兵阵，我一定要按军法规定操练。"说罢，他坚持将两名妃子斩首示众，吓得众美女魂飞魄散。

孙武的这一招果然十分有效。鼓声第三次响起后，众美女精神集中，处处按规定动作，一丝不苟地完成了操练任务。

# 地形篇

## 本经通读

孙子曰：地形有通者，有挂者，有支者，有隘者，有险者，有远者。我可以往，彼可以来，曰通；通形者，先居高阳，利粮道，以战则利。可以往，难以返，曰挂；挂形者，敌无备，出而胜之；敌若有备，出而不胜，难以返，不利。我出而不利，彼出而不利，曰支；支形者，敌虽利我，我无出也；引而去之，令敌半出而击之，利。隘形者，我先居之，必盈之以待敌；若敌先居之，盈而勿从，不盈而从之。险形者，我先居之，必居高阳以待敌；若敌先居之，引而去之，勿从也。远形者，势均难以挑战，战而不利。凡此六者，地之道也，将之至任，不可不察也。

故兵有走者，有弛者，有陷者，有崩者，有乱者，有北者。凡此六者，非天之灾，将之过也。夫势均，以一击十，曰走；卒强吏弱，曰弛；吏强卒弱，曰陷；大吏怒而不服，遇敌怼而自战，将不知其能，曰崩；将弱不严，教道不明，吏卒无常，陈兵纵横，曰乱；将不能料敌，以少合众，以弱击强，兵无选锋，曰北。凡此六者，败之道也，将之至任，不可不察也。

夫地形者，兵之助也。料敌制胜，计险厄远近，上将之道也。知此而用战者必胜，不知此而用战者必败。

故战道必胜，主曰无战，必战可也；战道不胜，主曰必战，无战可也。故进不求名，退不避罪，唯人是保，而利合于主，国之宝也。

视卒如婴儿，故可与之赴深谿；视卒如爱子，故可与之俱死。厚而不能使，爱而不能令，乱而不能治，譬若骄子，不可用也。

知吾卒之可以击，而不知敌之不可击，胜之半也；知敌之可击，而不知吾卒之不可以击，胜之半也；知敌之可击，知吾卒之可以击，而不知地形之不可以战，胜之半也。故知兵者，动而不迷，举而不穷。

故曰：知彼知己，胜乃不殆；知天知地，胜乃不穷。

## 本篇旨要

地形对战争的胜负发挥着非常重要的作用。孙子对各种地形对行军打仗的利弊和利用地形的重要性，作了非常详尽的分析。在《地形篇》中，孙子主要论述了如何善于利用地形之利以克敌制胜，同时还论述了战争中的六种败迹和将帅应有的主观素质。"知地之形""用地之利""得地之利"是孙子反复强调的重要思想。孙子不仅以"地有六形"来强调将帅应如何正确认识、使用地形来处置军队、选择战术，充分发挥地形之利以获得战争胜利，还以"兵有六败"来告诫为将者，最后以"上将之道"指导将帅如何做到"胜乃可全"。同时孙子也指出"地形者，兵之助也"，强调地形并不是敌我胜负的决定因素，仅仅是辅助条件。

# 地之道

【原典】

孙子曰：地形有通①者，有挂②者，有支③者，有隘④者，有险⑤者，有远⑥者。我可以往，彼可以来，曰通；通形者，先居高阳⑦，利粮道，以战则利⑧。可以往，难以返，曰挂；挂形者，敌无备，出而胜之；敌若有备，出而不胜，难以返，不利。我出而不利，彼出而不利，曰支；支形者，敌虽利我⑨，我无出也；引而去之，令敌半出而击之，利⑩。隘形者，我先居之，必盈之以待敌⑪；若敌先居之，盈而勿从，不盈而从之⑫。险形者，我先居之，必居高阳以待敌；若敌先居之，引而去之，勿从也。远形者，势均难以挑战，战而不利。凡此六者，地之道也，将之至任，不可不察也。

【注释】

①通：通畅，指四通八达的地区。

②挂：钩住、牵碍，指易入难出的地区。

③支：敌对双方皆可据险而守、不易发动进攻的地区。也就是所谓的"相持之地"。

④隘：这里指两山峡谷之间的险要地带。

⑤险：指行动不便的地带。

⑥远：指敌我双方相距较远的地带。

⑦先居高阳：先，抢先。居，占据。高阳，地势高而向阳的地方。这里指应率先占据地势高而向阳的地方，取得战争的主动权。

⑧利粮道，以战则利：利，使动用法，使便利。使粮道保持畅通无阻，在战斗中对我方大为有利。

⑨敌虽利我：虽，即使。利，引诱、利诱。这里指敌人即使以利诱我。

⑩引而去之，令敌半出而击之，利：引，退却。去之，离开此地。半出，出来一半。应率军假装撤退，引诱敌军出来一半时突然回军攻击，这样就会有利。

⑪必盈之以待敌：盈之，重兵把守。指在隘口派重兵把守，以对付敌军来犯。

⑫盈而勿从，不盈而从之：盈，这里指敌人兵力充足。从，跟从，这里是进攻的意思。此句意为，当敌人已重兵把守山隘口的时候，我军就不要进攻，如果敌人尚未全部占领隘口，我军就应全力进攻，与敌人争险阻之利。

【译文】

孙子说：地形有通形、挂形、支形、隘形、险形、远形六种。凡是我可以去，敌也可以来的，叫通形。在通形地区，要抢先占领地高朝阳之处驻扎，并确保粮道畅通，这样再与敌交战才有利。我方可以前往而难以返回的，叫挂形。在挂形地区作战，敌方若无防备，就迅速出击而战胜它；敌方若有防备，我方出击而不能取胜，又难以返回，就不利了。我方出击不利，敌人出击也不利的，叫支形。在支形地区，敌人即使以利诱我，我军也不能出击，而应该率军假装退却，诱使敌人从支形地区出来一半时突然回师攻击它，这样我方就有利。在两山间有狭窄通谷的隘形地区作战，我军应该抢先占领隘口，并用重兵封锁隘口，以等待敌人的到来；如果敌人先占据了隘口，并用重兵把守，我军就不要去进攻；如果敌人未用重兵据守隘口，那么就可以进攻。在险形地区，我军若首先占领，一定要驻扎在地高向阳之处，以待敌人到来；敌军若首先占领，那就率部离去，不要攻打它。在远形地区，双方地势均等，就难以挑战，战也不利。上述六条，是利用地形的一般原则，是将帅的重大责任所在，不可不认真考察研究。

【读解】

本段中孙子列举了在行军据地中对各种地形的利用原则，他概括了六种，即"通""挂""支""隘""险""远"。他告诫我们要通过分析地形来部署军队，利用地形条件为我军争取作战优势。他还指出，如何把握上述六种用兵原则，是关乎军队胜败的重要因素，将领一定要认真对待。

【实例】

## 皖城之战

214年，曹操任命朱光为庐江太守，让其率领军队驻扎在皖县（今安徽潜山），开垦田地，种植稻谷；与此同时，又派间谍到吴地鄱阳联系起义的首领，作为内应。

东吴大将吕蒙说："皖县土地肥沃，假如等到稻谷成熟，魏军一定会扩兵，这样几年下来，曹操的势力定会壮大到难以对付的地步。因此，我们必须尽快除掉朱光这块绊脚石才行。"接着，他又详尽地给孙权介绍了皖县的情况。

孙权采纳了吕蒙的建议，并决定亲自出征，急行军一天一夜，到达皖县。孙权与众将商讨攻城的计策，大多数人建议采用构筑土山攻城的方法，但吕蒙却不赞同，他说："构筑

吕蒙对孙权说："我们必须尽快除掉朱光这块绊脚石才行。"

土山需要好几天时间，等我们构筑完时，恐怕敌人已经把城防修建得更加坚固了，如果敌人外部的援兵赶到，那就更没有办法攻破了。再说，我们是在雨季由水道而来，假如在此停留过久，势必耽误归期，等到上涨的江水退去再撤兵，这路就难走了，这样岂不是更危险？依我观察，现在这城还不是很坚固，我们的士兵又如此锐不可当，不如我们从四面围攻，相信过不了多久城就可以攻破了，接着再趁高涨的水位返回，这才是万全之策啊！"孙权觉得他说的很有道理，于是采纳了他的建议。

吕蒙举荐甘宁出任攻城都督，率领军队在前方进攻，自己则亲率精锐主力跟随在后。天刚亮，吴军便发动攻击，吕蒙亲自擂鼓，士兵们更是跃跃欲试，英勇无比，仅一会儿工夫就被攻克了皖县。不久，魏将张辽带领援兵到达夹石（今安徽北峡山）的时候，听说皖县已被攻占，只得无奈退兵。鉴于吕蒙此次的战功，孙权遂任命他为庐江太守。

吕蒙此战中表现出了为将者因势利导、因形备战的良好战术素养，充分表明他深谙"地之道"的战术要求。

## 唐岛之战

南宋高宗绍兴十九年（1149年），金太祖完颜阿骨打之孙完颜亮杀死金熙宗自立为皇帝，即金废帝。其即位后便着手准备消灭南宋。绍兴二十三年（1153年），完颜亮把都城迁到了燕京（今北京），后又下令修建南京（今河南开封），同时修建战船，大肆征兵。所有这一切准备完毕后，完颜亮于绍兴三十一年（1161年）八月出动60万水陆大军，兵分四路向南宋进发。西路军由徒单合喜、张中彦率领，从凤翔进攻大散关，企图攻取四川，以此牵制宋军；中路军由刘萼、仆散乌者带领，自蔡州（今河南汝南）攻占荆襄，企图控制长江中游地区，从侧面掩护主力部队作战；完颜亮亲率东路军主力出击寿春（今安徽寿县），意图渡过淮河，攻取临安；海路由苏保衡等率领一支拥有战船600艘、水兵七万人的舰队顺海南下，直捣临安，从而配合主力部队对南宋形成四路并举、海陆夹击的阵势，妄图一举灭亡南宋。

面对危急局势，南宋朝廷任命吴璘为四川宣抚使，担负川陕的防务；命成闵率领三万军队前往武昌，驻守长江中游；命老将刘锜率军抗击江淮地区金军主力。时任两浙西路马步军副总管兼率舰队守卫海防的李宝主动请命，带领仅有战船120艘、水兵3000人的舰队沿海北上抗击金军。李宝早年曾跟随岳飞做过义军的统领，在同金军的作战中屡建战功。他率领舰队由平江（今江苏苏州）出发，沿东海北上，准备奔袭金军舰队。

金朝在北部地区的残酷统治，早就引起了各族人民的激烈反抗。绍兴三十一年（1161年）八月，宿迁人魏胜趁金军即将南侵之机，起兵光复了海州（今江苏连云港西南）。完颜亮为免后顾之忧，分兵数万对海州进行围攻。此时，李宝的舰队正暂泊东海（今江苏连云港市东南），得到这个消息后，李宝随即指挥军队登陆作战，支援魏胜。随后金军大败，海州之围被解。接着，李宝带领舰队继续北上。十月下旬，其舰队驶达石臼山（今山东日照附近），恰巧遇到几百名前来投奔的金朝汉族水兵。李宝从他们口中得知金军舰队已经驶离海口，正泊于唐岛（又名陈家岛，今山东灵山卫附近），那里距石臼山仅30里之遥。得知这一情报后，李宝决定先发制人，立即率领舰队向唐岛进军。

十月二十七日一大早，北风转为南风，南宋军队乘南风向前驶进。金军因不适应海上的风浪，大都躲在船舱里睡觉，而充当水手的多为被迫征来的汉族渔民。当他们看到李宝的舰队驶来时，便把站在甲板上的金兵骗到了舱中。当李宝舰队逼近时，金军并未发觉。

李宝趁此机会，下令舰队全面出击。霎时间"鼓声震荡，海波腾跃"，遭到突然袭击的金军仓促应战，乱作一团。李宝立即下令向金舰发射火箭，金舰来不及躲避，中箭即燃，很快便陷入火海之中。一些没中箭的敌舰仍负隅抵抗，李宝遂指挥舰队冲入敌阵，并亲率士兵冲上敌舰，与金兵展开面对面的白刃战。此时，饱受压迫的金舰中的汉族水兵纷纷倒戈。结果，金水军中除苏保衡只身逃走外，几乎全军覆没。

在海上战场失利的同时，金军在陆上各战场也相继失利。军事上的失利，激化了金朝统治阶级的内部矛盾，完颜亮最终在争权夺利的斗争中丧生，其一举灭亡南宋的企图也以失败告终。

宋军的胜利使南宋转危为安，为宋、金南北长期对峙局面的形成奠定了基础，而这场战役也因第一次大规模使用火药、火器在海上作战而名垂史册。

## 钓鱼城之战

从1235年战争的全面爆发，到1279年崖山之战宋王朝的灭亡，宋蒙（元）战争持续了将近半个世纪，成为蒙古势力崛起后所遭遇的时间最长、耗力最大、最为棘手的一场持久战。其中发生在1259年四川合州的钓鱼城之战，可以说是这场战争中影响巨大的一场战役。

1234年宋和蒙的军队联合灭掉金后，南宋出兵想要收复河南的失地，结果却遭到蒙军的伏击。1235年，蒙军在西起川陕、东到淮河下游一带对南宋发动大规模进攻，至此宋、蒙之间的战争全面爆发。到了1241年，蒙军已经侵占了南宋大片的土地，而四川是三大战场（另外两个分别为：京湖战场——今湖北、河南一带；两淮战场——今淮河流域一带）中遭受蒙军摧残最严重的地区。这期间，蒙古窝阔台汗去世，导致其统治阶级内部争权夺利不断，因此对南宋的攻势有所减弱，南宋政府也因此获得了暂时喘息的机会，得以对各个战场的防御工事进行调整、巩固。1242年，宋理宗派在两淮抗蒙战争中战功卓著的余玠进入蜀地主持政事，以改变四川的颓势。在四川，余玠在政治、经济和军事等方面实施了一系列措施，其中最重要的当数建筑了山城防御体系。这一防御体系就是在四川主要的江河沿岸及交通要道上，选取险峻的山隘筑城扎寨，以便各部互相配合、互相增援。其中钓鱼城是这一防御体系的核心和最为坚固的堡垒。

钓鱼城位于今四川省合川县城东的钓鱼山上，山峰突兀耸立，相对高度大约300米，山下嘉陵江、渠江、涪江三江汇流，南、北、西三面环水，地势尤为险峻，但其交通却非常便利，经水路和陆路，可以通往四川各地。彭大雅担任四川制置副使期间（1239—1240年），曾命甘闰初筑钓鱼城。1243年，余玠接受播州（今贵州遵义）贤士冉琎、冉璞兄弟的建议，派冉氏兄弟再次修筑钓鱼城，并移合州治及兴元都统司于其上。钓鱼城分内、外两城，外城建筑在悬崖峭壁上，城墙用条石垒建而成；内城有辽阔的田地和丰富的水源，四周的山上也有许多可以耕种的田地。这使钓鱼城易守难攻，特别适合长期坚守。1254年，合州守将王坚进一步完善了城筑。四川边地的民众多在此躲避兵乱，这里成为兵精粮足的坚固壁垒。

1251年，蒙哥做了大汗，蒙古政局渐趋稳定，开始谋划消灭南宋的战争。蒙哥是成吉思汗最小的儿子拖雷的长子，曾率军远征过欧、亚多国，向以英勇善战著称。1252年，蒙哥命其弟忽必烈率军平定大理，从而对南宋形成了包围夹攻之势。

1257年，蒙哥决定对南宋发动大规模战争。蒙哥任命忽必烈带领军队进攻鄂州（今湖北武汉武昌），塔察儿、李璮等进攻两淮，以分散宋军的兵力；接着命令兀良合台从云南出兵，经由广西北上；蒙哥则亲自率蒙军主力进攻四川。蒙哥之所以以四川作为主要进攻方向，就是想利用蒙古骑兵擅长陆地作战而不擅长水战的特点，凭借主力夺取四川后，顺江东下，与其他各路汇合，然后直捣南宋都城临安（今浙江杭州）。

1258年秋，蒙哥率领四万军队兵分三路进入四川，再加上在四川的蒙军以及从各地征调来的军队，蒙军的总数实则不止四万。蒙军相继占领了剑门苦竹隘、长宁山城、蓬州运山城、阆州大获城、广安大良城等地，逼近合州。蒙哥汗派遣南宋降人晋国宝到钓鱼城招降，不但没有成功，晋国宝还被南宋合州守将王坚杀掉。

南宋开庆元年（1259年）二月初二，蒙哥率领军队从鸡爪滩渡过渠汇，驻扎在石子山。初三，蒙哥亲自在钓鱼城下督战。初七，蒙军攻打一字城墙。一字城墙也称横城墙，其作用为阻碍城外敌军活动，同时帮助城内的守军抗击敌人。当守军到达一字墙时，其与外城墙形成的夹角交叉攻击点有利于守军的进攻。这种一字城墙在钓鱼城的城南、城北各有一道。初九，蒙军对镇西门发动了猛烈的进攻，但没有攻克。就在这天，蒙古的东道军史天泽率领的军队也抵达钓鱼城参与作战。

三月，蒙军攻东新门、奇胜门及镇西门小堡，均失利。从四月初三起，大雨持续了20天。雨停后，蒙军于四月二十二日重点进攻护国门，未克。二十四日夜，蒙军登上外城，与守城宋军展开激战。《元史·宪宗纪》称"杀宋兵甚众"，但蒙军终被宋军打退。五月，蒙军屡攻钓鱼城不克。

蒙哥率军入蜀以来，所经沿途各山城寨堡，多因南宋守将投降而轻易得手，尚未碰上一场真正的硬仗。因此，至钓鱼城后，蒙哥欲乘势攻拔其城，虽久屯于坚城之下，亦不愿弃之而去。尽管蒙军的攻城器具十分精良，无奈钓鱼城地势险峻，致使其不能发挥作用。钓鱼城守军在主将王坚及副将张珏的协力指挥下，击退了蒙军一次又一次的进攻。千户董文蔚奉蒙哥之命，率所部邓州汉兵攻城。董文蔚激励将士，挟云梯，冒飞石，履崎岖以登，直抵其城与宋军苦战，但因所部伤亡惨重，被迫退军。其侄董士元请代叔父董文蔚攻城，率所部锐卒登城，与宋军力战良久，终因后援不继，亦被迫撤还。

钓鱼城久攻不下，蒙哥命诸将"议进取之计"。术速忽里认为，屯兵坚城之下是不利的，不如留少量军队困扰之，而以主力沿长江水陆东下，与忽必烈等军会师，一举灭掉南宋。然而骄横自负的众将领却主张强攻坚城，反以术速忽里之言为迂。蒙哥未采纳术速忽里的建议，决意继续攻城。然而，面对钓鱼坚城，素以机动灵活、凶猛剽悍著称的蒙古骑兵却无法施展其能。

六月，蒙军大将汪德臣（原为金臣属）率领军队趁夜色进攻外城马军寨，王坚率领军队抵抗。天快要亮的时候，突然下起雨来，蒙军用于攻城的云梯折断，无奈只好撤退。前后攻城五个月却没能攻下，汪德臣遂独自骑马来到钓鱼城下，想要招降城中的守军，却差点被飞石射死。汪德臣也因此而得了病，不久便在缙云山的寺庙中病逝。汪德臣的死，让蒙哥遭受了沉重的精神打击，而钓鱼城又久攻不下，这使他更加恼怒。

蒙军大肆进攻四川后，南宋即对四川进行了增援救助的行动，无奈增援的宋军却被蒙军阻隔，一直没能抵达钓鱼城下。虽然如此，被围攻的钓鱼城内仍然物资充裕，守城的士兵也充满斗志。一天，南宋守城的士兵将重达30斤的两条鲜鱼以及百余张面饼抛到城外，并写一封书信给蒙军，信上称蒙军就是再攻十年，也不能攻克钓鱼城。相比之下，城外的蒙军就很惨了：蒙古人本来就怕湿热，当时又恰逢酷热天气，再加上蒙军水土不服，因此士兵中暑、患疟疾、得霍乱者不计其数。

七月，蒙军从钓鱼城撤离，行军到达金剑山温汤峡（今重庆北温泉）时，蒙哥去世。根据《元史》等史料记载，当时很多跟随蒙哥出征的将领都在钓鱼城下战死。钓鱼城之战的惨烈情形可想而知。

钓鱼城作为山城防御体系成功的典范，在冷兵器时代，充分发挥了其特有的防御作用，成为阻碍蒙古军队进攻的坚固屏障。蒙哥去世后，钓鱼城又数次抵挡住了蒙军的进攻。直到1279年守将王立打开城门投降，钓鱼城才落入蒙军之手。

## 夏侯渊身死定军山

三国时，蜀将黄忠在定军山与魏将夏侯渊相遇，初战告捷。于是夏侯渊坚守山寨，不再出来交战。黄忠兵临定军山下，军师法正四处查看了定军山的地势后，对黄忠说："定军山的西面有一座巍然耸立的高山，其四面的山道崎岖艰险，在这座山上能够详细探察定军山夏侯渊的虚实。将军如果能攻占这座山，再攻打定军山就易如反掌了。"黄忠抬头看了看，见那座山的山顶比较平缓，山上敌军也不是很多，就决定先攻打这座山。这天夜里，黄忠带领军士一路杀上山顶。这座山是由夏侯渊的部将杜袭把守的，守山的兵丁只有几百人。杜袭远远望见黄忠带着大批人马一拥而上，声势骇人，慌忙丢下营寨，逃下山去。黄忠轻松地占领了山顶，与定军山上的敌军形成对立之势。法正说："将军可以驻守在半山腰，我守住山顶。等夏侯渊来进攻时，倘若我举起白旗，将军便按兵不动；等敌军倦怠疏于防备时，我就举起红旗，将军得到信号可迅速下山冲击魏军。这样，我们以逸待劳，一定能够获胜。"黄忠听后点头应允，遂带领大队人马在半山腰扎下营寨。

杜袭丢了山寨，逃回定军山，说黄忠夺取了对面的山顶。夏侯渊非常恼怒，说："黄忠占领了对山，我怎能仍不出战！"大将张郃劝阻说："这是他们的计谋，将军只宜坚守，不能出战。"夏侯渊说："他占领了我们对面的山顶，能观察到我军虚实，我怎么能不出战呢？"张郃依旧苦苦劝阻，无奈夏侯渊就是不听。

夏侯渊命令兵丁先围住黄忠占领的对山，然后便开始骂阵挑战。法正在山顶上举起白旗，于是，任凭夏侯渊在山下怎样百般辱骂，黄忠就是不出战迎敌。中午过后，魏兵已经疲倦不堪，很多兵将都下马休息去了，有的兵丁竟然倚在石头旁昏昏欲睡。法正见状立刻举起红旗。黄忠见山顶上红旗招展，马上下令擂起战鼓，蜀军大喊着冲下山来。夏侯渊还没有反应过来，就被黄忠手起刀落砍成了两段。魏兵见主帅被斩，立刻四散而去，溃不成军。黄忠乘胜追击，占领了定军山。

黄忠听从法正之计，占据有利地形养精蓄锐，疲敌劳敌，最后看准时机，一举歼敌。而夏侯渊不知是计，逞匹夫之勇，只落得个身死兵败的下场。

黄忠见山顶上红旗招展，马上下令擂起战鼓，然后率军冲下山来，一马当先，斩了夏侯渊。

孙子兵法

地形篇

地之道

二三七

# 败之道

**【原典】**

故兵①有走②者,有弛③者,有陷④者,有崩⑤者,有乱⑥者,有北⑦者。凡此六者,非天之灾,将之过也。夫势均,以一击十,曰走⑧;卒强吏弱,曰弛⑨;吏强卒弱,曰陷⑩;大吏怒而不服,遇敌怼而自战⑪,将不知其能,曰崩;将弱不严,教道不明,吏卒无常,陈兵纵横⑫,曰乱;将不能料敌,以少合众,以弱击强,兵无选锋⑬,曰北。凡此六者,败之道也,将之至任,不可不察也。

**【注释】**

①兵:这里指败阵之兵。

②走:逃跑。

③弛:松弛、松散。

④陷:攻破。指士卒毫无斗志,将领孤身奋战,很容易被攻破。

⑤崩:崩裂、分裂。

⑥乱:混乱,没有秩序,不成队形。

⑦北:打了败仗往回跑。

⑧夫势均,以一击十,曰走:夫,语气词。势均,兵力相当。双方实力相当,却要以一击十,必然导致失败而临阵溃逃,叫作"走"。

⑨卒强吏弱,曰弛:指士卒强悍,但将帅懦弱,致使军政废弛、指挥不灵,因而失败的,叫作"弛"。

⑩吏强卒弱,曰陷:指将帅勇敢,但士卒怯弱,全军没有战斗力,因而全军覆没,叫作"陷"。

⑪大吏怒而不服,遇敌怼而自战:大吏,指军队的军官。怼,怨恨,这里有意气用事的意思。这句话的意思是说,军队的军官心怀怨怒,不服从主帅的调遣,意气用事,擅自出战。

⑫陈兵纵横:陈,同"阵"。布兵列阵杂乱无章,看上去松松垮垮。

⑬选锋:精选出来的由勇敢善战的士卒组成的精锐军队。

**【译文】**

因此,军事上的失利有所谓"走""弛""陷""崩""乱"和"北"六种现象。这六种现象,并非由自然灾害造成的,而是由将帅的过失造成的。双方地理形势相当,却要以一击十,导致失败逃走,叫作"走";士卒强悍而将帅懦弱,造成军政废弛,指挥不灵,叫作"弛";将帅强悍而士卒懦弱,以致战斗时畏缩不前,叫作"陷";部将怨恨而不服从指挥,遇敌愤然擅自出战,主将又不了解他们的能力，无法加以控制，致使军队溃散，叫作"崩"；将帅懦弱而缺乏威严，不能严格约束军队，治军没有章法，官兵关系混乱，列兵布阵杂乱无章，叫作"乱"；将帅不能准确地判断敌情，却以少击众，以弱敌强，行阵又无精锐的前锋，叫作"北"。以上六种情况，均是导致失败的原因。了解并避免这些弊端，是将领们至关重要的责任，是不可不认真考虑的。

【读解】

在阐述了利用地形的基本原则之后，孙子在本段中分析了导致战争失败的主观方面的原因。他指出战争之败，"非天之灾，将之过也"。军队的失利有六种情形，即"走""弛""陷""崩""乱""北"，我们可以分别概括为逃遁之军、废弛之军、失陷之军、崩溃之军、杂乱之军、溃败之军。这六种失败，在很大程度上是由将帅的过错造成的，这同时也是对前文所说的将帅具有五种性格弱点的补充。他告诫将帅一定要避免这些过失，以防出现上述六种败象。

【实例】

## 参合陂之战

五胡十六国后期，395年，北魏军队与燕国军队在参合陂（今山西阳高东北）进行了一场关乎双方历史命运的重要战役——参合陂之战。

北魏在代国时期，与前燕（即后燕的前身）为联姻之国。北魏、后燕建国之初，两国的关系仍十分密切，但后来却出现了矛盾。391年，后燕扣留了来进贡的魏帝拓跋珪的弟弟拓跋觚，使魏帝十分恼火。再加上北魏的势力日渐强大，亟待摆脱后燕的控制，因此北魏于395年背叛了后燕。

北魏背叛后燕后，后燕国君慕容垂命令太子慕容宝、辽西王慕容农、赵王慕容麟等率领八万军队进攻北魏，范阳王慕容德、陈留王慕容绍等则率领两万人左右作为后援。北魏获得这一消息后，先是撤离主力军队，后又在五原（今内蒙古包头）一带与后燕的军队隔着黄河对峙。期间，北魏军散播慕容垂已经死亡的消息，以动摇后燕军队的军心。此后，后燕军中又起内讧，将领发动兵变意图拥立慕容麟为帝，这更加剧了后燕军心的不稳。迫不得已，慕容宝只好连夜撤兵。时值寒冬，河水已经冻结，拓跋珪趁机率领两万精兵渡过黄河，追击燕军。

北魏军队连夜赶路，相比之下，慕容麟率领的军队却是松松垮垮，边行军边打猎，疏于防范，六日后，北魏军队在参合陂西追上了后燕军的主力。后燕军此时正在临近河边的地方安营扎寨。北魏军趁夜色偷袭，打算给后燕军出其不意的一击。第二天早晨，北魏军就登上参合陂山顶，俯瞰着后燕军营。当后燕军队正要启程东归时，忽然看见北魏军士遍布全山，不由得大为吃惊。趁后燕军惊魂未定之时，拓跋珪下令进攻。面对北魏军队的攻击，后燕士兵争相渡河逃命，乱成一片，人马交相踩踏，压死、溺死者不计其数。只有太子慕容宝及部分亲王等数千人逃走，慕容绍被北魏军队杀死，其余大约四五万后燕军投降。在北魏大臣王建的建议下，投降的后燕军皆被坑杀。

经过这次战役，时为华北第一强国的后燕实力大挫，北魏势力得以挺进中原。396年，后燕皇帝慕容垂想要报参合陂之仇，亲自率军征伐北魏。经过参合陂时，他看见一年前被杀的燕军堆积如山的尸骨，便特意设置了祭坛进行祭祀，此次出征的士兵中有父子兄弟死于该地的全都痛哭流涕，哭声震天。慕容垂见状更加悲愤，病情随之恶化，不久便病逝了。397年，后燕在柏肆战役中再次惨败，彻底丧失了在中原的势力，北魏正式取代后燕成为华北的霸主。

地形是用兵打仗的辅助条件之一。只有在摸清敌情的基础上，考察清楚地形的险易，计算出路程的远近，占据有利地形，才能掌握克敌制胜的主动权，从而大获成功。后燕之败，败于将之失察。

## 刘秀一战定乾坤

23年初，绿林军立西汉皇族刘玄为帝，改元更始，定都于宛。刘玄以王匡为定国上公，王凤为成国上公，分派队伍攻城略地。王莽派王邑、王寻率大军42万，号称百万雄师，向宛城进发，妄图一举歼灭起义军。同年春，王莽大军包围昆阳（今河南叶县）。王凤、王常率义军八九千人坚守昆阳，刘秀等十三轻骑乘夜色突围，召集各地起义军支援昆阳。当刘秀率援军返回昆阳时，王莽的大军已将昆阳围得水泄不通。刘秀带来的援军数量不多，即使再加上守城的部队，与庞大的王莽军相比，也处于劣势。如果盲目地与王莽军队作战，无异于飞蛾投火，自取灭亡。经反复考虑，刘秀制定出擒贼擒王的作战方案：他先从援军中抽调精壮将士组成敢死队，率先进攻王莽军的统帅部——中营；接着大队人马紧随其后，捣毁敌人的指挥中枢，使敌人陷于混乱；然后通知守城部队出击配合，造成内外夹攻的局面。

当正式攻击的时刻到来时，刘秀亲率千名勇猛强壮的敢死队从昆阳城东迂回到城西，来到敌人中营的附近，出其不意地发动猛攻。王莽军统帅王邑、王寻被这突如其来的袭击打得手足无措，一时搞不清楚这支部队的真实来意，只好命令各营不许擅自行动。随后二人亲自带领一万人马前来迎战。他们本以为用一万人马足以应付刘秀，岂料刘秀手下的敢死队像狂风一样扑了过来，刀劈枪挑，勇不可挡。王莽军的其他部队因没有接到出击的命令，只好眼睁睁地看着刘秀的敢死队和后援部队把中营打得落花流水。在混战中，王寻被杀，王邑逃跑，大部队因为失去了统帅而乱成一团。

这时，坚守昆阳的守军看到援军旗开得胜，信心倍增，立即打开城门呐喊着冲了出来，配合援军夹攻敌人。王莽军见势不妙，仓皇向江边逃窜。在抢渡过江时，恰遇河水暴涨，淹死者不计其数。王邑只带几千残兵败将失魂落魄地逃回了洛阳。

# 兵之助

【原典】

夫地形者，兵之助①也。料敌制胜，计险厄远近②，上将之道③也。知此而用战者必胜，不知此而用战者必败。

【注释】

①兵之助：行军打仗的辅助条件。

②计险厄远近：计，估计。险厄，指地势的险易情况。指考察地形险易，估计路途远近。

③上将之道：上将，指智慧谋略超群的将领。道，指用兵须掌握的基本原则。

【译文】

地形是用兵打仗的辅助条件。判明敌情，制定制胜方略，考察研究地形的险易，计算距离的远近，这些是高明的将领必须掌握的方法。懂得这些道理去指挥作战的，就必定能够胜利；不了解这些道理去指挥作战的，必定会失败。

【读解】

孙子认为地形是战争中可利用的外部辅助条件，仔细考察地形、地势，并将其用于战争中，可以发挥重大的作用。有些险要的地形甚至能直接决定战争的胜负。懂得这些道理的将领，就是善于用地形来指挥作战的高明之士。

【实例】

## 剡家湾之战

南宋绍兴十一年（1141年），在宋、金战争中，宋军在秦州（今甘肃天水）附近的剡家湾，击败了来犯的金军。

绍兴十年（1140年）五月，金熙宗完颜晟单方面撕毁刚与宋朝订立的和议，决定出兵南下攻宋。完颜宗弼将各路军马集结于都元帅府所在地祁州（今河北安国）进行校阅，改变了历来秋季出兵的常规，在盛夏向宋发动攻势。

十三日，金右副元帅完颜杲率西路军自河中府（今山西永济西南蒲州）西渡黄河，入同州（今陕西大荔），破长安（今陕西西安），进逼凤翔府（今陕西凤翔）。宋川陕宣抚副使胡世将于河池（今甘肃徽县）召集诸将议战，右护军都统制吴璘反对引军南撤，力主挥师北上反击金军，胡世将遂命吴璘率军两万至渭水南岸阻击金军。吴璘率军先后于凤翔府石壁寨、百通坊等地击败金军，迫其屯

此为绪棚复原图。其高下与头车相当，棚上以及两旁都装有皮笆，外可抵御敌军的箭矢和火攻，内可藏武器以及士兵，下有车轮可随时移动。

兵渭水以北，与宋军隔河对峙。之后，胡世将命吴璘军于白石（今甘肃西和）至秦州一线设防，阻遏熙州（今甘肃临洮）、秦州之敌；命宣抚司都统制杨政军于宝鸡（今属陕西）设防，阻遏凤翔府之敌；他还将宣抚司驻地移至仙人关（今甘肃徽县东南）。次年八月，完颜杲遣统军蒲察胡盏、完颜习不祝率军五万余人，进驻秦州东北刘家圈，伺机南下入川。胡世将为保卫蜀口，命吴璘率军约三万自河池北上进行反击，相机收复秦、陇（今陕西咸阳西北）二州；同时命杨政军出和尚原（今陕西宝鸡西南）进攻陇州；命枢密院都统制郭浩军由商州（今属陕西）东进，进攻华州（今陕西华县）、虢州（今河南灵宝），以策应吴璘军；并命西和州巡检元成以所部向巩州（今甘肃陇西）佯动，牵制驻于熙、河（今甘肃临夏）二州的金军。

九月，杨政军进至陇州西南吴山，焚烧金军营寨十余处；郭浩军连破虢州、陕州（今河南三门峡西）等地金军营寨。胡世将亦遣人分赴陕西、河东等地，联络义军首领数十人，不断袭扰金军后方，使其难以向秦州方向增兵。十六日，吴璘军攻破秦州，守将武谊以城降宋。吴璘率部乘胜进逼屯于刘家圈之金军。刘家圈地处高原之上，前临峻岭，后控腊家城（今甘肃秦安东），蒲察胡盏与完颜习不祝凭险设营，进退自如。该地易守难攻，二人以为宋军不敢来攻。

面对如此强大的敌人，吴璘召集诸多将领，共同商量对策。部将姚仲认为："战于山上则胜，山下则败。"他的建议被接受。勘察地形后，为避免金军骑兵自上而下袭击宋军，吴璘决定在原上列阵。经过周密的安排部署，二十一日，吴璘派兵向金军挑衅，并致书蒲察胡盏与完颜习不祝，佯称次日决战。金兵以为自己占据了有利地势，此战宋军必败，便疏于防范。吴璘趁着敌军放松警惕的时候，于当夜派姚仲、王彦两位大将率领精兵趁天阴雾浓，衔枚潜进，越岭上原，并约定到上岭后举火为令，发动进攻；又命部将张士廉率军一部由间道迂回原后，切断金兵退路。

姚、王二将抵达山岭后，在剡家湾设下"叠阵"，其阵前有水栅、拒马等障碍物，以步军居于阵心，骑兵配于左右两翼。步军以长枪手居前，次为强弩手，最后为神臂弓手。待敌骑冲至百步内，神臂弓发射，至70步时，强弩发射。阵成之后，万炬突燃，吴璘遣轻兵诱金军出战。蒲察胡盏不顾完颜习不祝的反对，自恃其勇，仓促出击。吴璘指挥"叠阵"中弓弩手轮番发射，连续打退金军数十次冲击。趁其退却，他又命两翼骑兵追击包抄。在宋兵的追击下，金军大溃，被杀630人，降者万余。由于张士廉误期，致使蒲察胡盏、完颜习不祝率余部退入腊家城。

这次战役，虽然金军有人数上的优势，又占据了有利地形，但因指挥失误，过于轻敌，麻痹大意，导致了大败。孙子曰："夫地形者，兵之助也。"宋军大将吴璘精通"上将之道"。宋军人数虽少，也未占据有利地形，但由于战略正确，能按照地形特点行军布阵，出其不意地进攻敌军，因而最终夺取了战争的主动权，取得了胜利。

## 诸葛亮智擒张任

三国时期，庞统被刘璋手下大将张任射杀于落凤坡。诸葛亮听说后，便决定亲自统兵前往四川，并派张飞先行。张飞到达雒城后，见到了刘备。刘备、张飞几次与雒城守将张任交锋，各有胜败，但雒城依旧掌握在张任手中。这时，诸葛亮领兵来到雒城，询问了雒城的情况后，他决定先捉张任，然后再攻取雒城。

在雒城东有一座桥叫"金雁桥"。诸葛亮到桥边绕河巡视后，对黄忠、魏延说："离金雁桥南五六里，两岸都是芦苇丛，可以埋伏。魏延带领一千枪手伏在左面，主攻敌军骑兵；黄忠率一千刀手伏在右边，主攻敌骑兵坐骑。如杀散了敌军，张任必定从东面小路逃走。张飞率一千人马，埋伏在此擒捉张任。"接着，诸葛亮又命令赵云埋伏在金雁桥北，等张任过桥后将桥拆断，然后列兵于桥北，逼张任南撤，进入蜀军的埋伏圈。调兵遣将完毕后，诸葛亮便亲自去诱敌。

张任得知诸葛亮前来攻城，忙命令张翼等人守城，自己则与卓膺分别率领前队和后队，出城退敌。只见诸葛亮带着一支零零散散的队伍，过金雁桥来与张任对阵，他还远远地指着张任说："曹操仗着百万军队，听到我的名声，都吓得望风而逃。你是什么人，敢不投降？"

张任见诸葛亮军伍不齐，在马上冷笑道："人说诸葛亮用兵如神，原来是有名无实。"说完，把枪一摆，率军一齐杀了过去。诸葛亮丢下四轮车，上马向桥后退走。张任从背后追赶过来，一直追过金雁桥。这时，只听一阵大喝，刘备从左边，严颜从右边，一齐冲杀过来。张任知道自己中计，急忙回军，却见金雁桥已被拆断。他想朝北退却，只见赵云率军隔岸摆开，于是不敢北去，直往南绕河逃走。走了不到几里，突然，魏延一军从芦苇丛中杀了出来，长枪直刺马上骑兵。埋伏在另一侧的黄忠一军也杀了出来，长刀直剁马蹄。手下骑兵纷纷摔倒被俘，张任只得带着剩下的几十个骑兵沿山路撤退，却不知张飞早已等候在了那里。前有强敌，后有追兵，张任还想夺路而逃，张飞哪里容他放肆，大喝一声，众军齐上，将张任活捉了。

# 战道必胜

【原典】

故战道必胜①，主曰无战，必战可也②；战道不胜，主曰必战，无战可也③。故进不求名④，退不避罪，唯人是保⑤，而利合于主⑥，国之宝也。

【注释】

①战道必胜：战道，指战争一般的指导规律。按照战争的规律用兵，必然会取胜。

②主曰无战，必战可也：主，君主。无战，不要出战。指即使君主不主张出战，将帅也可径自出兵作战，这时不需依从君命。

③无战可也：不要出兵作战。

④进不求名：将帅领兵进攻不是为了追求个人的名声。

⑤唯人是保：只求保全百姓和士卒。

⑥利合于主：有益于君主的根本利益。

【译文】

所以，根据战场形势有必胜把握的，即使国君主张不打，主将坚持要打也是可以的；根据战场形势没有必胜把握的，即使国君主张打，主将决意不打也是可以的。所以，身为将帅需进不求战胜之功名，退不避违命之罪责，只求保全民众的生命财产和符合国君的根本利益就行，这样的将帅才是国家最宝贵的财富。

【读解】

孙子在这里强调，将帅要审时度势，分析战争胜利的条件，预测战争的趋势。必胜条件充裕的战争，就要进行到底，哪怕是国君下令不战，主将力主出战也是情有可原的；胜利条件不充裕的战争，哪怕是国君坚持要战，而主将力主不战也是不悖朝纲的。将帅作战不能以自己的私心私利为目的，而应以百姓利益及国家的长远利益为出发点。所谓"战道"，就是战争发展的必然趋势，它是对战场情况综合权衡的结果。孙子强调，"战道"是将帅在战场上必须遵循的作战原则。军队应该坚持从实际出发，具体形势具体分析，这样做为的是不贻误战机。只有符合"战道"的作战，才能战无不胜，攻无不克。在此，孙子也提出了优秀将帅的标准，即"进不求名，退不避罪，唯人是保，而利合于主"。一个国家能拥有这样的将帅，那就是这个国家一笔宝贵的财富。

【实例】

## 襄阳之战

南宋绍兴二年（1132年）四月，由金朝扶持的伪齐国国主刘豫，将其都城由大名府（今河北大名南）迁至东京（今河南开封），征集乡兵十余万，沿黄河、淮河，在陕西、山东等地区驻扎，进窥南宋。

绍兴四年（1134年）春，南宋抗金主将岳飞为打破伪齐企图，进而收复中原失地，上书请战。三月，宋高宗命岳飞出兵，意在以战求和，并不打算反攻中原，因此只准许岳飞收复六郡，不得越界用兵。为策应和支援岳飞出师，宋廷还命韩世忠以精兵万余屯于泗上作为疑兵，以分敌势；命刘光世出陈、蔡二州，以作声援。

四月十九日，岳飞率军三万余自江州（今江西九江）出师，经鄂州（今武汉武昌）渡江西进。船至江心，岳飞对部属发誓"不擒贼帅，复归旧境，不涉此江"！五月初六，在岳飞的率领下，宋军将士士气高涨，奋力拼杀，攻入伪齐境最南端的重镇郢州，斩俘伪齐军数千人，守将荆超跳崖自杀。岳飞攻下郢州后，立即分兵两路，命部将张宪、徐庆东攻随州，自率主力沿汉水北上直取襄阳。驻守在襄阳的李成闻岳飞亲自率军来攻，仓皇引军北遁。十七日，岳飞进驻襄阳。张宪、徐庆进攻随州，数日未克，岳飞命牛皋率军往援。十八日，宋军发起总攻，岳飞长子岳云，手持双锤，勇不可挡，第一个冲上城头，宋军一举破城，俘虏了知州王嵩。

六月初，金朝从河北、河东调来援军，与伪齐军在新野（今属河南）、龙陂（今河南郏县东南）、胡阳（今唐河西南）、枣阳（今属湖北）及唐州、邓州等地重新集结，号称30万，联合反扑襄阳。

襄阳左临襄江，据险可守；右面是一马平川的旷野，正是交战的战场。伪齐军统帅李成有勇无谋，他自恃兵力数倍于宋军，违背"步兵利险阻，骑兵利平旷"的兵法常规，轻率布阵，竟把骑兵布防在江边，却命令步兵驻扎在平地上。岳飞审度敌情，洞察李成阵势漏洞后，决定采用以步制骑，以骑击兵的战法，命部将王贵率步兵攻击对方骑兵，命牛皋率骑兵冲击对方步兵。

进攻时，王贵首先率领步兵杀入李成布防在江岸的骑兵队伍中，经过一阵拼杀后，伪齐骑兵死伤众多。江边道路坎坷，一些战马倒毙后，致使其他的战马无路可走，也纷纷跌倒，伪齐骑兵很快就失去了战斗力。这时，牛皋率骑兵向伪齐步兵发起了冲击，伪齐步兵无力抵抗，四散奔逃，不少人死于铁蹄之下。李成见状，自知无力回天，在部将的掩护下弃城而去，岳飞顺利地收复了襄阳城。

# 视卒如婴儿

【原典】

视卒如婴儿①,故可与之赴深谿②;视卒如爱子,故可与之俱死。厚而不能使③,爱而不能令④,乱而不能治⑤,譬若骄子⑥,不可用也⑦。

【注释】

①视卒如婴儿:视,对待,看待。对待士卒如对待婴儿一般呵护。

②故可与之赴深谿:深谿,很深的溪谷,这里喻指危险的地方。就是说这样士兵和将帅就能够共患难。

③厚而不能使:厚,厚待、优待。使,利用、使用。只知厚待士卒而不能合理利用他们。

④爱而不能令:爱,溺爱。令,本处意指教育。只知溺爱士卒而不懂得教育他们。

⑤乱而不能治:治,管制。士卒有捣乱行为而不能严加管束。

⑥骄子:宠坏的孩子、娇纵的孩子,这里指没有规矩的士兵。

⑦不可用也:是不能用来作战的。

【译文】

对待士卒就像对待婴儿一样关怀备至,那么士卒就可与将帅共赴深渊而不畏艰险;对待士卒就像对待心爱的儿子那样关怀疼爱,那么士卒就可与将帅同生死共患难。但若对士卒只是一味厚待而不能使用,一味溺爱而不能使他们听从号令指挥,违法乱纪而不能严加整治,那士卒就如同娇惯坏了的孩子,是不可以用来同敌作战的。

【读解】

这里所论述的仍是治军的原则问题,强调了将领应该怎样对待士兵。如果将帅体恤下属,爱兵如子,那么士卒就会与他同生共死,共赴危难而不惧。但体恤并不代表溺爱,体恤的目的是使士兵们在险难之时能挺身而出,身临险境而不退缩。如果爱兵过度,就会使军纪法令不能贯彻执行,培养出不堪使用的"骄兵",最终对军队不利。

【实例】

## 吴起治军

周威烈王十六年（前410年），吴起听说魏国的君主魏文侯尊敬贤士，知人善任，便投奔了魏国。思贤若渴的魏文侯久闻吴起善于用兵，于是亲自设宴欢迎，并任命他为魏国的大将。

吴起治军一个突出特点，就是爱兵如子，因而深得人心。征战途中，吴起从不骑马前进，而是与普通士兵一样，背着粮袋，徒步行走，将战马让出来，给体弱受伤的士兵骑乘。吃饭的时候，吴起也从不单独开小灶，而是与士兵们坐在一起，围着大锅，喝大碗汤、吃大碗饭，有说有笑，俨然一名小卒。睡觉的时候，吴起还是与士兵们在一起，以天为被，以地为席。士卒们深受感动，因此打起仗来，都很卖力。

吴起带兵打仗，时刻把士卒的冷暖挂在心上。有一年，吴起统率魏军进攻中山国，军中有一个青年士兵身上长了毒疮，痛得满地打滚。吴起见到后，心急如焚。由于军队正在行军，一时找不到好药进行治疗，要想排出脓血，只能用嘴巴去吮吸。为了解除士兵的痛苦，吴起不顾脏臭，亲自为士兵把疮中的脓血吸了出来，救了士兵的性命。士兵得救了，这个士兵感动得热泪滚滚。吴起为士兵吸出脓血的事情，在军营中传为佳话。

后来，这名士兵的母亲得知此事后竟放声大哭。乡亲们见状不解地问："你儿子得救了，你却大哭不止，这是为何？"这位母亲回答道："我是因为想起了我的丈夫才哭的啊。我的丈夫以前也在吴将军手下当兵，当年将军也曾救他一命。为了感谢将军的救命之恩，我的丈夫后来在战场上拼死搏杀，最终战死沙场。你们想一想，将军今天如此对待我的儿子，将来我儿子上了战场，他能不拼命吗？"

由于吴起爱兵如子，公元前409年，吴起率兵讨伐秦国，所向披靡，一连攻克五个城池，夺得了西河地区。以后，在他镇守西河的27年间，先后率军与诸侯大战76次，全胜的就有64次，这与他体贴下士，治军有方是分不开的。

# 知兵者

【原典】

知吾卒之可以击①，而不知敌之不可击，胜之半也②；知敌之可击，而不知吾卒之不可以击，胜之半也；知敌之可击，知吾卒之可以击，而不知地形之不可以战，胜之半也。故知兵者③，动而不迷④，举而不穷⑤。

【注释】

①知吾卒之可以击：知，知道、了解。吾卒，自己的军队。知道自己的军队可以作战。

②胜之半也：只有一半取胜的可能性，也就是说胜负未知。

③故知兵者：知，懂得。兵，用兵打仗。真正懂得用兵打仗的将帅。

④动而不迷：动，行动，这里指展开军事行动。采取军事行动非常果断，不会受到迷惑。

⑤举而不穷：举，作战措施。采取的措施随机应变，变化无穷。

【译文】

只了解自己的军队可以出击，而不知道敌人不可以攻击，取胜的可能性只有一半；只了解敌人可以攻击，而不知道自己的军队不可以出击，取胜的可能性也只有一半。知道敌人可以攻击，也知道自己的军队能出击，但是不了解地形不利于己方作战，取胜的可能性仍然只有一半。因此，熟知用兵之法的人，他的行动是准确果断的，他的举措是随机应变、变化无穷的。

【读解】

孙子在本段中指出，决定战争胜负的因素除了敌我双方的军力因素外，客观的环境因素也不可忽视，只了解其中一方面的因素，而没有把三方面因素统一起来，就不会有全胜的把握。

【实例】

## 高楼寨之战

清同治四年（1865年）四月，捻军与清僧格林沁部在山东菏泽的高楼寨（今山东菏泽高庄集）一带进行了一次著名的战役，这就是高楼寨之战。经过此次伏击战，捻军一举全歼了僧格林沁部。

同治三年（1864年）七月，天京陷落后，革命形势陷入低潮。然而，捻军和太平军剩余的军队并没有放弃反抗。十一月，太平天国的遵王赖文光、淮王邱远才率领的两路太平军两三千人，和张宗禹、任化邦等率领的捻军二三万人在鄂北地区会合。同时，一些被打散的太平军和捻军将士也陆续赶往鄂北地区。之后，这些残余军队进行了合并、改编，组建了一支统一领导的新军，继续与清政府抗争。

为了消灭捻军和太平军的残余势力，清政府命科尔沁亲王僧格林沁为主帅，发兵进剿。面对强敌的围剿，捻军充分发挥其流动作战的优势，在豫、鄂等广大地区与敌周旋，取得了一系列胜利。

同治四年（1865年）四月初，捻军挺进山东曲阜，而僧军仍在后面紧追不舍。山东巡抚阎敬铭遂派丁宝桢率军进军兖州，企图与僧军一起夹攻捻军。为加重清军的疲势，捻军向北趋进宁阳、东平，并在途中大败总兵范正坦率领的军队，而后继续向北进入东阿、平阴、肥城，后掉头南下宁阳、兖州、邹县、滕县、峄县，从兰山、郯城到了江苏的赣榆、海州、沭阳。五月，又从邳州返还郯城，向西进入峄县，在临城（今山东枣庄薛城）附近大败丁宝桢率领的军队后，向北进入宁阳、汶上。

同年五月十日，捻军渡过运河先后到达范县（今河南范县东）南面的罗家楼、濮州（今河南濮城）东南的箕山地区，最后进入黄河水套地区（1855年黄河决口后在濮州、范县南以及郓城西北地区形成的有众多河汊的地区）。在这里，因起义失败而隐匿于此的捻军将士又纷纷加入义军，使得捻军的人数暴增数万。接着，捻军抵达菏泽西北部的高楼寨地区，等候僧军的到来。此时僧军由于奔波数月，已被捻军拖得疲惫不堪，僧格林沁本人也因连续几十天骑马赶路而疲惫得连缰绳都拿不住了，只好用布带绑在肩上驾马。

五月十七日，僧格林沁部追赶捻军到了高楼寨南面的解元集地区。捻军派出小部分军队出战，以引诱僧军深入高楼寨地区。僧格林沁将军队分成三路向高楼寨进发：翼长诺林丕勒、副都统托伦布等率领左翼马队，总兵陈国瑞、何建鳌各率领手下步队，组成西路军；副都统成保、乌尔图那逊等率领右翼马队，总兵郭宝昌率领手下步队，组成东路军；副都统常星阿、温德勒克西等率领各自马队，组成中路军。与此同时，捻军也兵分三路迎战清军。十八日中午，僧军到达高楼寨，早已埋伏在高楼寨北面村庄、河堰、柳林中的捻军同时向僧军发起进攻。与西路军进行了大约两小时的激战后，捻军稍有颓势。此时，进攻中路的捻军已经将常星阿部打败，于是支援西路的捻军，向清军发动反攻，西路清军终被消灭。不久，东路的捻军也将清军打败。眼见三军皆败，在队伍后面督战的僧格林沁只好率领余部撤退到了高楼寨南的一个荒圩。捻军乘胜追击，将清军团团包围。当天夜里三更时分，僧格林沁率领少数亲兵冒死突出重围，逃到距菏泽西北15里的吴家店的麦田时，被一个捻军士兵杀死。这次战役，捻军歼灭僧格林沁军队七千多人，赢得了彻底的胜利。

孙子曰："故知兵者，动而不迷，举而不穷。"此战，捻军充分发挥其快速流动作战的优势，拖着僧军打转，使僧军的兵力和士气都受到严重打击，最后利用有利的地形条件发动反攻，一举歼灭僧军。

# 知天知地

**【原典】**

故曰：知彼知己，胜乃不殆①；知天知地，胜乃不穷②。

**【注释】**

①殆：危险。
②胜乃不穷：穷，穷尽。胜利就不可穷尽了，也就是百战百胜。

**【译文】**

因此说，了解对方也了解自己，取得胜利而不会失败；了解天时又了解地利，胜利就无穷无尽了。

**【读解】**

战争总是在特定的时空内展开的，它要受到气候、地形等多种自然条件的影响，所以历代兵家都很重视对天时、地利等因素的利用。将帅不仅要"知彼知己"，还要"知天知地"，只有将气候、天气、地形、时间等自然条件灵活应用，制造出有利条件，方能常胜不败。

**【实例】**

## 东晋灭南燕之战

东晋灭南燕之战始于义熙五年（409年）四月十一日，终于义熙六年（410年）二月。晋将刘裕统率车、步、水、骑兵15万与南燕经过十个月的激战，最终攻陷南燕京城广固（今山东青州西北），俘斩燕皇帝慕容超，南燕灭亡。

义熙五年（409年）三月，刘裕上表晋安帝请求出兵消灭南燕，得到批准。得知晋军北攻的消息后，南燕主慕容超召集群臣商讨对策。公孙五楼建议说："死守城池，据守险关大岘（今山东临朐东南），阻敌深入，拖延时日，挫其锐气、断其粮道，另外，命段晖率部东下，对敌军形成腹背夹击之势，此为上策；命各地郡守依险固守，坚壁清野，毁掉田地里的庄稼，使敌人无粮可取，而我们以逸待劳，很快就可获胜，此为中策；放敌人越过大岘，我军再出城迎战，此为下策。"慕容超认为自己兵多将广，物资丰富，没有必要死守城池而不迎战，更没有必要毁掉庄稼，因此拒绝采纳公孙五楼上策和中策的建议，而取了下策。

东晋义熙五年四月十一日，刘裕率军十几万从建康出发，先由水路过长江，后又自淮水入泗水继续北进。五月进至下邳（今江苏邳县西南），留下船舰、辎重，改由陆路进至琅玡（今山东临沂北）。

由于南燕皇帝在晋军到达之前已将莒城（今山东莒县）和梁父（今山东新泰）的守军调走，因此，晋军一路畅通无阻，继续前进。由琅玡至广固有三条道路：一是沿沂水北上，经东莞（今山东沂水）、过大岘山（今山东沂水北），直捣临朐（今山东临朐）、广固，这是一条捷径，水陆运输都比较方便。但大岘山险峻，号称"齐南天险"，山上只有一关，名穆陵关，仅能容一车通过，此地最适合设兵伏击；二是由东北经莒城、东武（今山东诸城）入潍水北进，再折向西走，达广固，此路迂远，劳师费时；第三条是由西北越泗水经梁父，再转向东北逼近广固，此路山路太长，行军运输都很困难。刘裕主张采用第一条路线，即过大岘山，直捣广固。可一些部将反对走此路，他们怕燕军在大岘山设下埋伏。刘裕反驳说："南燕主慕容超贪婪成性，又无深谋远虑之能，这一点从他们进攻时只掠夺财宝、撤退时对庄稼却特别吝惜中就可以看出来。而且他们认为我们是孤军深入，不可能坚持太久。因此，他们进不会超过临朐，退只会固守广固，绝不会据险伏击，更不可能坚壁清野。"

果如刘裕所料，沿途并没有燕军伏击，晋军顺利翻过大岘山。

六月十二日，刘裕军至东莞，临近临朐。临朐在大岘山的西北，是广固南面的屏障。双方在临朐展开大战。结果刘裕采取"围魏救赵"之法，取了临朐。慕容超被迫退回广固，晋军随之而至。六月十九日，刘裕大军攻占了广固外城，慕容超无奈只好收集部众退守内城。刘裕命晋军将广固围困起来，并实行招降政策，意图从政治上瓦解敌人。同时，他利用当地的粮食补给军队，免除了从南方运粮的麻烦和不便。

面对广固危急的形势，慕容超情急之下派韩范去向后秦求救。

七月，南燕尚书垣尊、京兆太守垣苗弃城而出，投降晋军。不久，张纲被擒。刘裕不断利用心理战术，虚张声势，恫吓燕军，效果明显。慕容超见大势已去，便向晋求和，但遭到刘裕拒绝。

此时，后秦主姚兴派使者劝刘裕退兵，并告之，如若不听，后秦将起兵救燕。刘裕断定后秦是在虚张声势，因为当时后秦与夏正大战于貳城，尚且自保不暇。九月，南燕尚书张俊、韩范先后向刘裕投降。

十月，刘裕利用降将张纲善于制造攻城器具的特长，让他设计出新的攻城器具。义熙六年（410年）二月初五，刘裕亲率大军攻城，悦寿投降，并开城门迎晋军。慕容超被晋军所俘，后被斩首。南燕灭亡。

此战中，刘裕对南燕的政治、经济、地理条件和南燕主慕容超的心理有过大量精准的分析，并与己方进行对比，权衡优劣，从而作出了正确的战略决策。他分析出燕人"不知远计，近利贪婪"的心理，大胆采取直越大岘山、径取南燕京师的战略，体现了"兵无常形、水无常势"的用兵法则；围困广固之后，他积极采取了军事打击与政治分化相结合的作战原则，安抚百姓，招降官吏，使南燕军全无斗志，人人思降。刘裕"知彼知己""知天知地"，最终灭掉了南燕。

## 草木皆兵败苻坚

383年，基本上统一了北方的前秦皇帝苻坚，率领90万大军南下攻伐东晋。东晋王朝任命谢石为大将，谢玄为先锋，率领8万精兵迎战。

前秦军前锋苻融攻占寿阳后，苻坚亲自率领8000名骑兵抵达这座城池。他听信苻融的判断，认为东晋兵不堪一击，只要自己的后续大军一到，定可大获全胜。于是，他派一个名叫朱序的人去向谢石劝降。

朱序原是东晋官员，他见到谢石后，不但没有劝降，反而向他报告了前秦军的布防情况，并建议东晋军在前秦后续大军未到达之前袭击洛涧（今安徽淮南东洛河）。谢石听从了他的建议，出兵偷袭前秦军营，结果大胜。东晋兵乘胜向寿阳进军。

苻坚得知洛涧兵败，东晋军正向寿阳开来，大惊失色，立即和苻融登上寿阳城头，亲自观察淝水对岸东晋军的动静。当时正是隆冬时节，又是阴天，远远望去，淝水上空灰蒙蒙的一片。苻坚仔细看去，只见河上桅杆林立，战船密布，东晋兵个个持刀执戟，阵容甚为齐整。苻坚又向北望去。北面横亘着八公山，山上有八座连绵起伏的峰峦，地势非常险要，而东晋兵的大本营就驻扎在八公山下。一阵西北风呼啸而过，山上草木随风而动，远远望去就像有无数士兵在山头上活动。苻坚顿时吓得面如土色，惊恐地回过头来对苻融说："东晋军分明是一支劲旅，你怎么能说它是弱兵呢？"他后悔自己过于轻敌了。之后，淝水一战中，东晋军又施以妙计使强大的前秦军溃不成军，苻坚中箭而逃。

谢玄巧用气候、地理等自然环境，示敌以伪形，达到了草木皆兵的效果，为淝水一战的胜利奠定了基础。

苻坚惊恐地回过头来对苻融说："东晋军分明是一支劲旅，你怎么能说它是弱兵呢？"

# 九地篇

## 本经通读

孙子曰：用兵之法，有散地，有轻地，有争地，有交地，有衢地，有重地，有圮地，有围地，有死地。诸侯自战其地，为散地。入人之地而不深者，为轻地。我得则利，彼得亦利者，为争地。我可以往，彼可以来者，为交地。诸侯之地三属，先至而得天下之众者，为衢地。入人之地深，背城邑多者，为重地。行山林、险阻、沮泽，凡难行之道者，为圮地。所由入者隘，所从归者迂，彼寡可以击吾之众者，为围地。疾战则存，不疾战则亡者，为死地。是故散地则无战，轻地则无止，争地则无攻，交地则无绝，衢地则合交，重地则掠，圮地则行，围地则谋，死地则战。

所谓古之善用兵者，能使敌人前后不相及，众寡不相恃，贵贱不相救，上下不相收，卒离而不集，兵合而不齐。合于利而动，不合于利而止。

敢问：敌众整而将来，待之若何？曰：先夺其所爱，则听矣。兵之情主速，乘人之不及，由不虞之道，攻其所不戒也。

凡为客之道，深入则专，主人不克。掠于饶野，三军足食；谨养而勿劳，并气积力；运兵计谋，为不可测。投之无所往，死且不北。死焉不得，士人尽力。兵士甚陷则不惧，无所往则固，深入则拘，不得已则斗。是故其兵不修而戒，不求而得，不约而亲，不令而信。禁祥去疑，至死无所之。吾士无余财，非恶货也；无余命，非恶寿也。令发之日，士卒坐者涕沾襟，偃卧者涕交颐。投之无所往者，诸、刿之勇也。

故善用兵者，譬如率然；率然者，常山之蛇也。击其首则尾至，击其尾则首至，击其中则首尾俱至。敢问："兵可使如率然乎？"曰："可。"夫吴人与越人相恶也，当其同舟而济，遇风，其相救也如左右手。是故方马埋轮，未足恃也；齐勇若一，政之道也；刚柔皆得，地之理也。故善用兵者，携手若使一人，不得已也。

将军之事，静以幽，正以治。能愚士卒之耳目，使之无知。易其事，革其谋，使人无识；易其居，迂其途，使人不得虑。帅与之期，如登高而去其梯。帅与之深入诸侯之地，而发其机，焚舟破釜，若驱群羊，驱而往，驱而来，莫知所之。聚三军之众，投之于险，此谓将军之事也。九地之变，屈伸之利，人情之理，不可不察。

凡为客之道，深则专，浅则散。去国越境而师者，绝地也；四达者，衢地也；入深者，重地也；入浅者，轻地也；背固前隘者，围地也；无所往者，死地也。是故散地，吾将一其志；轻地，吾将使之属；争地，吾将趋其后；交地，吾将谨其守；衢地，吾将固其结；重地，吾将继其食；圮地，吾将进其塗；围地，吾将塞其阙；死地，吾将示之以不活。故兵之情：围则御，不得已则斗，过则从。

是故不知诸侯之谋者，不能预交；不知山林、险阻、沮泽之形者，不能行军；不用乡导者，不能得地利。四五者，不知一，非霸王之兵也。

夫霸王之兵，伐大国，则其众不得聚；威加于敌，则其交不得合。是故不争天下之交，不养天下之权，信己之私，威加于敌，故其城可拔，其国可隳。

施无法之赏，悬无政之令；犯三军之众，若使一人。犯之以事，勿告以言；犯之以利，勿告以害。投之亡地然后存，陷之死地然后生。夫众陷于害，然后能为胜败。

故为兵之事，在于顺详敌之意，并敌一向，千里杀将，此谓巧能成事者也。

是故政举之日，夷关折符，无通其使，厉于廊庙之上，以诛其事。敌人开阖，必亟入之。先其所爱，微与之期，践墨随敌，以决战事。是故始如处女，敌人开户；后如脱兔，敌不及拒。

## 本篇旨要

《九地篇》是《孙子兵法》十三篇中着墨最重，内容也较杂乱且有重复的一篇。本篇主要论述了九种不同的作战地区及如何根据客观战略环境之不同而采取相应战法的作战原则，提出了"兵之情主速，乘人之不及，由不虞之道，攻其所不戒"的突袭作战思想。从其篇幅即可看出孙子对本篇的重视程度。孙子在本篇中还提出了主动出击的进攻理论和作战心理理论，倡导利用士气积极进攻，从而获取胜利。本篇中，孙子提出"散地无战""衢地交合""轻地无止""重地则掠"的战略原则，并大谈"为客之道"，主张拒敌于外。同时他再次强调了"兵以诈立"这一战术思想。

# 依地而变

【原典】

孙子曰：用兵之法，有散地，有轻地，有争地，有交地，有衢地，有重地，有圮地，有围地，有死地。诸侯自战其地，为散地①。入人之地而不深者，为轻地②。我得亦利，彼得亦利者，为争地③。我可以往，彼可以来者，为交地④。诸侯之地三属⑤，先至而得天下之众者⑥，为衢地⑦。入人之地深，背城邑多者，为重地⑧。行山林、险阻、沮泽，凡难行之道者，为圮地⑨。所由入者隘，所从归者迂⑩，彼寡可以击吾之众者，为围地⑪。疾战则存，不疾战则亡者，为死地⑫。是故散地则无战⑬，轻地则无止⑭，争地则无攻⑮，交地则无绝⑯，衢地则合交⑰，重地则掠⑱，圮地则行⑲，围地则谋⑳，死地则战㉑。

【注释】

①散地：指诸侯在自己的领地与敌作战，因为士兵离家很近，在处于不利状态下很容易心散而逃走，故称"散地"。

②轻地：指军队进入敌境未深，离本国不远，士兵在危急时可轻易撤回，故称"轻地"。

③争地：谁都想得到，谁先占领就对谁有利的军事要地。

④交地：我军可以到对方去，敌军可以到我方来。也就是地势平坦、四通八达的地区。

⑤三属（zhǔ）：属，连接。三国交界的地方，泛指敌我和其他诸侯国连接的地区。

⑥先至而得天下之众者：意思是先到达可以得到诸侯列国的援助。

⑦衢地：毗邻多个诸侯国，方便与其进行政治经济往来，能够得到援助的地区。

⑧重地：指深入敌境，越过敌国众多的城邑，归路已断，难以返还的地区。

⑨圮地：泛指道路不畅、难以行军的地区。

⑩所由入者隘，所从归者迂：进入的道路狭窄而回归的道路迂远。

⑪围地：指进路狭窄，退路迂远，敌军用少数兵力就可以袭击我主力军队的地区。

⑫死地：指进退两难，不速战求生就会被消灭的地区。

⑬无战：不宜作战。

⑭无止：不要停留。

⑮无攻：指敌人已占据此地，就不要从正面去攻打了。

⑯交地则无绝：绝，断绝。指在交通便利的地方，队伍应互相照应，不可断

绝，以防敌人的截击。

⑰衢地则合交：交合，结交诸侯。在衢地要加强外交活动，结交诸侯，强大自己而陷敌于孤立之中。

⑱重地则掠：在重地作战则掠夺敌国资粮，就地解决粮草问题，以保障我军的供给。

⑲行：快速通过。

⑳围地则谋：陷入围地被包围后要想办法脱险。

㉑死地则战：处于死地，就要拼死一战，死中求生。

### 【译文】

孙子说，根据用兵的原则，作战地域有散地、轻地、争地、交地、衢地、重地、圮地、围地、死地之分。诸侯在本国境内作战的地区，叫作散地；进入敌国境内不远处作战的地区，叫作轻地；我方先占领于我有利，敌方先占领于敌有利的地区，叫作争地；我军可以去，敌军也可以来的地区，叫作交地；多国交界，谁先到就可以获得诸侯列国援助的地区，叫作衢地；深入敌国腹地，背靠敌人众多城邑的地区，叫作重地；道路不畅、难以通行的地区，叫作圮地；行军的道路狭窄，退兵的道路曲折遥远，敌人用少量兵力便可攻击我方众多兵力的地区，叫作围地；迅速奋战便可生存，不迅速奋战就会灭亡的地区，叫作死地。因此，处于散地就不宜作战；处于轻地就不宜停留；遇上争地，敌若占领就不要勉强进攻；遇上交地，军队整体行进不要断绝联络；进入衢地就应该结交诸侯；深入重地就要掠取粮草；碰到圮地就必须迅速通过；陷入围地就要设法脱险；处于死地就要力战求生。

### 【读解】

在本段中，孙子依据用兵原则，将军队作战行进的地区列为九种，分别是：散地、轻地、争地、交地、衢地、重地、圮地、围地、死地。他深刻分析了每种地域的利弊，警示将帅们在处于不同地域时要权衡利弊，根据不同战区的不同特点，采取适宜的战略行动。

### 【实例】

## 马援妙计制羌人

自西汉末年始，塞外羌族就一直侵扰西汉边境，很多羌族人混进中原，趁机占领了金城（今甘肃兰州西北）一带属县。

35年夏，东汉光武帝委派马援任陇西郡郡守，让他去平定羌人之乱。马援上任伊始，就整顿兵马，即刻派三千骑出战迎敌。他先是在临洮大败羌军的先头部队，杀敌数百，缴获马、牛、羊一万多头。驻守边塞的八千多羌人闻风归降。

当时，羌人部落还有几万人聚集在浩亹（今甘肃永登西南）顽强抵抗。对于他们，马援并未直接出击，而是率部暗中抄小路偷袭羌人营地。眼见汉军突然从天而降，羌人大惊，纷纷逃往唐翼谷（今青海海晏附近）中。马援乘胜追击，羌人则派精兵坚守北山。于是，马援先对北山大摆阵势，稳住敌军，然后另派几百名骑兵跑到羌人身后连夜放火，擂鼓呐喊。羌人以为又有汉军袭来，吓得四散溃逃。

这次战争中，马援的腿肚子被飞箭射穿了。得知此事后，光武帝赐给马援牛羊数千头以表慰问。马援则按照以往的惯例，将这些牛羊分给自己的部下。

马援将军队驻扎在要塞之地，截断了羌人的水源，将草地控制在手，然后命令军队原地休息，守而不战。

37年，羌族的另一个分支联合塞外各部起兵叛乱。马援亲率四千精兵前去讨伐，待行至氐道县（今甘肃礼县西北）境内时，发觉羌人已占领了山头。马援顿生一计。他将军队驻扎在要塞之地，截断了羌人的水源，将草地控制在手，然后命令军队原地休息，守而不战。没过多久，羌军就水尽粮绝，陷入困境。羌人首领率领几十万户逃往塞外，剩下的一万多人全部举旗投降。从此，陇西多年无战事。

综合分析一下马援的治兵打仗策略，不难看出其行军打仗均依兵法而行，深得"战道"之精髓。马援在了解羌人情况的基础上，根据不同的地形情况，改变作战策略，利用有利地形，因地制宜：对居高处的敌人不做强攻，而是背后出奇或断其水源，从而节节胜利。而将君王的赏赐分给士兵，正是"令之以文"，对士兵进行感情投入，赢得将士之心，从而增强了军队战斗力。此战中马援也进行了心理战，他用虚张声势之计，动摇羌人军心，伺机破敌，符合孙子"心战为上"的用兵策略。

## 孙武以水破敌城

春秋时，孙武带着《兵法》十三篇拜见吴王阖闾。吴王大为赞赏，拜其为大将。孙武率领吴军攻打楚国，接连获胜，最终兵至楚都郢。

楚国都城城墙坚固，楚军坚守不出，吴军几次强攻都没有成功。孙武只好另想他法。经认真勘察，他发现郢地势不高，北面是漳水，西面是赤湖，便命令吴军选择高地扎营，然后挖了一条水沟把漳河的水引入赤湖，这样一来，赤湖的水就满溢出来，溢出的水直冲向郢城，以至于水面与城墙持平，吴军将士乘坐小船竹筏顺水而下，直杀过来，楚国守军无力抵抗，孙武轻取楚国的都城。

孙武利用地势特点和自然环境，争取到主动，最终获得了胜利。

# 合于利而动

**【原典】**

所谓古之善用兵者，能使敌人前后不相及①，众寡不相恃②，贵贱不相救③，上下不相收④，卒离而不集⑤，兵合而不齐⑥。合于利而动，不合于利而止⑦。

**【注释】**

①能使敌人前后不相及：指使敌军前后无法互相照应、相互配合。

②众寡不相恃：众，指大部队。寡，指小分队。恃，相互依靠。这句话是说敌军主力军队和小股部队之间不能相互依靠和配合。

③贵贱不相救：贵贱，这里指将官和士卒。使敌军的官兵之间不能连成一体，互相救应。

④上下不相收：不相收，不相统属。上级不能聚士兵之心统领下级。

⑤卒离而不集：离，分散。士卒分散难以集中。

⑥兵合而不齐：合，集合。齐，整齐。士卒虽然集合起来，却无法统一行动。

⑦合于利而动，不合于利而止：对自己的军队来说，有利就迅速出战，不利就停止行动。

**【译文】**

所谓古代善于用兵打仗之人，能使敌人前后军队不能相互策应，主力部队和小股部队之间无法相互依恃，军官与士卒之间无法相互救援，上下级之间隔断联系而无统属，士卒溃散而不能集中，排兵布阵也不能整齐一致。对我有利就打，对我无利就停止行动。

**【读解】**

本段中孙子指出，精明的将领往往可以灵活调动敌人，使敌军前后不能相互策应，主力和分队无法相互依靠，官兵之间不能相互救援，上下级之间失去联络，士兵分散不能集中，合兵布阵也无法协调一致。这样，敌人的整体战斗力就大大削弱，这对己方来说十分有利，此时出击便可大获全胜。他强调军事行动要"合于利而动，不合于利而止"，所谓的"利"，也就是于我有利的态势。

**【实例】**

## 司马懿退蜀兵

整个战役自蜀汉建兴九年（231年）二月开始，至六月结束。魏将司马懿成功阻止了蜀军的第四次北伐，迫使蜀军无功而返。

蜀汉建兴八年、魏太和四年（230年）秋，魏国大将曹真、司马懿分兵数路入侵汉中，遇秋雨，魏军半途而返。诸葛亮听说魏兵攻至，急忙让李严带领两万人赴汉中防御。李严率军增援汉中，因与诸葛亮政见不合，与其发生矛盾，被诸葛亮夺了兵权。

在前两次北伐失败后，诸葛亮从第三次北伐开始改变了基本战略——不以夺取魏国城市为重点，而是以围困魏国战略要地，诱使魏军来援，自己控制强大的机动兵团以求在野战中歼灭魏军主力为中心的作战方针。蜀汉建兴九年（231年）二月，诸葛亮经过两年准备，第四次北上伐魏，以木牛运粮，包围祁山（今甘肃礼县东北）。当时，魏国领兵大将曹真身患恶疾，不能继续带兵打仗，只得回许都养病。魏明帝曹叡立刻派司马懿代替曹真为统帅，督军抵抗。诸葛亮知道后，留下王平继续领军攻打祁山，自己则率主力迎战司马懿。

蜀军以部分兵力包围祁山的魏军，诸葛亮的主力则活动在祁山与上邽（今甘肃天水西）之间，寻求战机。后来，诸葛亮军以部分兵力监视祁山的魏军，主力则前进到上邽一带。由于上邽城防坚固，诸葛亮军并没有攻城，而是准备大肆收割附近成熟的麦子。魏明帝命大将军司马懿进驻长安（今陕西西安西北），阻击蜀军。魏军在得知蜀军开始进攻祁山后，司马懿马上决定率军自长安西进陇西，增援祁山；同时令陇右郡的郭淮军增援上邽，确保该战略据点的安全。后来，上邽守军出城迎战，结果诸葛亮在上邽打败了魏将郭淮、费曜，并试图一举打败来援的司马懿大军。

司马懿为集中主力迎战蜀军，拒绝了张郃分兵防守雍、郿一带的建议，以所有野战主力出击陇西。司马懿率部在渭水河岸构筑营垒进行防守，就这样，两军相持了百余天。司马懿深知蜀军远道而来，粮食后勤有限，便凭险坚守，做好防御措施，一直拒不出战。诸葛亮曾多次挑战，甚至拿一些妇女的衣物对他进行侮辱，但司马懿仍不为所动。魏军将领见司马懿如此懦弱，十分不满，也都讥笑他。在众将的一再要求下，司马懿只好派张郃攻打无当，监视王平，但张郃未能如司马懿所愿；司马懿则率众迎击诸葛亮。诸葛亮派大将魏延、高翔、吴班分三路领兵作战，大败魏军，杀掉魏军三千多人，获得战利品玄铠五千、角弩三千。此后，司马懿再不出战。

诸葛亮六出祁山，发明了一种新的运输工具，叫"木牛流马"，解决了几十万大军的粮草运输问题。不过木牛流马的真实构造却一直是一个谜。

就这样双方均没有取得决定性的胜利，而在该地形成了对峙局面，最后蜀军因粮草不继，主动退军。在反击魏军的追击中，蜀军射杀了魏将张郃。

之前，诸葛亮派李严督粮草时，怕出问题，于是给他三种选择，叫他便宜行事："上计断其后道。中计与之持久。下计还住黄土。"后来，李严怕粮运不济，就假传圣旨召诸葛亮撤军。再后来李严发现是自己判断失误，欲杀督运领岑述，以掩盖自己的过失。诸葛亮回来后，质问李严："军粮饶足，何以便归？"李严无言以对。另一方面，他又向后主刘禅上表："军伪退，欲以诱贼与战。"但最终被人揭发。结果数罪并罚，李严于是被贬为庶民。

在司马懿看来，蜀军劳师远征，粮草供应难以为继，因而不能持久作战，只得速决，这是其不"利"；而魏军粮草充足，以逸待劳，可长期对峙，此是魏军之"利"。只要魏国军队占据有利地势，坚守不战，以守为攻，耗尽蜀军粮草，蜀军自会不战而退。至六月，祁山地区阴雨连绵，蜀军由于粮草运输困难，果然被迫撤军。司马懿在这里很清楚敌之"害"与我之"利"，以"利"制敌，巧妙应用了"合于利而动，不合于利而止"的制敌方略。

## 襄樊之战

在元朝灭南宋统一中国的战争中，襄樊之战可以称得上是宋、元王朝更迭的关键一战。这场战争历时六年，从南宋咸淳三年（1267年）蒙将阿术进攻襄阳的安阳滩开始，中间经过宋吕文焕反包围之战、张贵张顺援襄之战、龙尾洲之战和樊城之战等数次战争后，终于在咸淳九年（1273年）以吕文焕投降元朝、宋城襄樊（今湖北襄阳，当时有襄阳和樊城两城，故称"襄樊"）失陷而告终。

早在蒙古忽必烈时期，蒙军就将消灭宋的进攻重点改为襄樊，从而实现了川蜀战场向荆襄战场的变换。南宋的襄樊位于南阳盆地的南面，襄阳和樊城南北夹汉水互相依赖，"跨连荆豫，控扼南北"，地形复杂险要，自古就是兵家的必争之地，也是南宋抗击蒙古军的重要边镇。咸淳三年（1267年），南宋投降的将领刘整向忽必烈建议消灭南宋的步骤，"先攻襄阳，撤其捍蔽"，他以为南宋假如失去襄阳这道屏障，便唾手可得。刘整"攻宋方略，宜先从事襄阳"的策略被忽必烈接受，宋元战争也因此进入了元军有针对性进攻南宋的战略新阶段。

根据刘整的策略，忽必烈开始对襄阳实

忽必烈（1215—1294年），元朝的建立者，杰出的政治家和军事家。1260年即蒙古大汗位；1271年，改大蒙古国国号为"大元"；1279年，灭南宋，统一全中国。

施包围策略。首先是筑建陆路据点，作为进攻南宋的根据地。事实上，早在南宋景定二年（1261年）夏，忽必烈就根据刘整的建议，派遣使者用玉带贿赂了南宋荆湖制置使吕文德，以求得在襄樊城外置榷场的权力，吕文德答应了。之后，蒙古使者又以防范盗贼、保护货物的名义，请求在襄樊的外围修建土墙，吕文德竟也答应了。元人遂在襄樊东南的鹿门山修建了土墙，设置了堡垒，从而建起了包围襄樊的第一个据点。咸淳四年（1268年），蒙大将阿术在襄樊东南的鹿门堡和东北白河城修建堡垒，从而阻断了宋军支援襄樊的通道。咸淳六年（1270年），蒙大将史天泽在襄樊西部的万山包百丈山修建长围，又在南面的岘山、虎头山建城，连接诸堡，彻底割断了襄阳与西北、东南的联系，使襄樊完全成了一座孤城。这期间，元军在襄樊的外围修建了十多处城堡，设置了长期围困襄樊的据点，形成了包围襄樊的局面。接着，元组建水军，寻觅控制南宋的优势。

咸淳三年秋，阿术带领军队进攻襄阳，抢人掠财而归。宋军趁着蒙古回军的时机，派水军在襄阳以西的安阳滩阻隔其归路，后又派骑兵冲入其阵。蒙古军顿时大乱，统帅阿术也因坠马而险些被生擒。蒙将怀都挑选懂得水性的士兵潜入水中夺取宋军的战舰，其他将领奋勇冲杀，这才将宋军击退，由败转胜。安阳滩之战，蒙古军虽然大败宋军，但也暴露出其士兵不谙水性的弱点。咸淳六年（1270年），刘整与阿术商量："我精兵突骑，所当者破，唯水战不如宋耳。夺彼所长，造战舰，习水军，则事济矣。"忽必烈立即命令刘整"造战船，习水军"，意图攻打襄阳。于是，刘整建造船只五千艘，日夜训练水兵，又获得四川行省建造的五百艘战舰，从而建立起一支水军，弥补了自身的劣势，也为进攻准备了必要条件。

蒙军自咸淳四年修鹿门堡、建白河城到咸淳六年形成对襄阳的完全包围之势，已处于战争的优势地位。南宋政府为了挽回局面，进行了反包围与援襄之战，拉开了襄樊之战的序幕。

咸淳三年冬，南宋任命吕文焕为襄阳知府，兼任京西安抚副使。第二年十一月，为突破蒙军鹿门、白河的包围，吕文焕命令襄阳的守军进攻蒙军，但被蒙军打败，伤亡惨重。咸淳五年（1269年）三月，宋将领张世杰带领军队与包围樊城的蒙军对垒，又被打败。七月，沿江制置使夏贵带领军队支援襄阳，遭到蒙军与汉军的联合袭击，败于龙尾洲（一名虎尾洲，在今湖北襄阳东南三十里的汉水中），两千余人战死，损耗战舰五十艘。咸淳六年（1270年）春，吕文焕进攻襄阳，攻打万山堡。蒙军采取诱敌深入的策略，并趁着宋军士气衰败的时机，派大将张弘范、李庭反攻，宋军兵败。九月，宋殿前副都指挥使范文虎带领水军支援襄阳，蒙军派出水陆两军出战，宋军兵败，范文虎逃脱。咸淳七年（1271年），范文虎再次支援襄阳，蒙将领阿术带领军队迎战，宋军再次兵败，损失一百多艘战舰。这期间，虽然宋蒙两军在襄樊外围展开了长达三年的争夺战，但因为蒙军的包围态势已成定局，所以南宋支援襄樊的行动注定不能成功，襄樊城中宋军反包围的战争也不可能取得胜利。无奈之下，宋军只有坚守襄阳，但注定已成败局。

1271年，忽必烈改国号为元。咸淳八年（1272年）春，元军开始了对樊城的总攻。三月，阿术、刘整、阿里海牙带领的蒙汉军队攻打樊城，攻破城郭后，增建重围，从而缩小了包围圈，宋军退至内城仍坚守。四月，南宋京湖制置大使李庭芝召集襄阳府、郢州（今湖北钟祥）等地三千多民兵并集中大批物资，派总管张顺、路分钤辖张贵带领以支援襄阳，临行前张顺激励士兵说："此次支援襄阳之战，任务异常艰巨，每个人都要抱有决一死战的信念；如果你们当中有人不是出于自愿，那就尽快离开吧，以免影响全局。"闻听此言，三千名水军个个精神振奋，士气冲天，表示一定完成任务。五月，支援襄樊的战斗开始了，二张在高头港集合船队，将船队连成方阵，并在每只船上都安置了火枪、火炮，准备好了强弓劲弩，张贵在前，张顺在后，冲进元军的重重包围。抵达磨洪滩时，船队被布满江面的蒙军船舰拦住，没法通过。张贵带领军队强行进攻，全体将士齐心协力，先是使用强弩射向敌舰，后用大斧与之短兵相接，遂突破了重重包围，元军被杀死、淹死的人数不胜数，宋军得以胜利到达襄阳城。此时，襄阳已经被围困五年了，二张的成功进入，极大鼓舞了城中军民的士气。然而在这次战斗中，宋军也损失惨重，将领张顺阵亡，他的尸体几天以后被襄阳军民在水中发现，看上去仍保持着生前的作战痕迹：披甲执弓，怒目圆睁，这使襄阳的军民更加悲痛，遂怀着崇敬的心情埋葬了张顺，并立庙祭祀。

张贵的入援虽然给襄阳的守军带来了生的希望，但鉴于元军严密的封锁，战争的形势仍然严峻。张贵联系郢州的殿帅范文虎，相约南北夹击蒙军，以打通襄阳外围的交通线。具体的计划是范文虎带领五千精兵驻守龙尾洲以作接应，张贵带领军队和范文虎会合。按照约定的日期，张贵告别吕文焕，带领三千士兵顺汉水而下，在检点士兵时，突然发现少了一名因犯军令被鞭笞的亲兵。张贵很是吃惊，遂对士兵说："我们的作战计划已经外泄，必须赶在敌军得到消息前迅速出击。"他们果断地改变了战略行动，趁夜色开船放炮，杀出重围。阿术、刘整得到张贵突围的消息，立即派出数万人进行阻拦，将江面堵死。张贵一边作战一边行军，在接近龙尾洲时，迎着灯火远远看见战舰如云，旌旗一片，便认为是范文虎的接应军队，遂举火把暗示，对方船只正好迎着灯火驶来。待到眼前，才发现船上竟然全是元军，原来他们先占领了龙尾洲，在此以逸待劳。宋、元两军在龙尾洲展开激战，宋军精疲力

此为巷战车复原图。这种独轮战车车身小巧，机动灵活，士兵可以在狭窄的田埂、道路、街巷中推车冲进，也可在旷野中排成车阵，由众多士兵拥推成百上千辆蜂拥而前，冲击敌军的前阵，配合步骑兵进攻。

孙子兵法

九地篇

合于利而动

二六三

此为古代游艇复原图。其又叫桨船，本来是平时载运游客在江面游玩的小型桨船，战争时被临时征调改良成突击舰艇。船上没有女墙，船身又低又矮，船舷上设有桨床，依据游艇的大小长短，每四尺设置一个供士兵坐着的木床。其行动灵活，急速如风，常用于袭击敌舰。

竭，伤亡惨重，张贵也因体力不支被元军生擒，最终因为不肯屈服被杀害。元军派出四名南宋投降的士兵抬着张贵的尸体进入襄阳城，逼迫吕文焕投降。吕文焕异常气愤，遂杀掉那四名投降的士兵，将张贵和张顺合葬，建双庙以祭祀。

为尽快攻下襄樊，咸淳八年秋，元军采取了分割围攻的战术。元大将阿里海牙认为："襄阳之有樊城，犹齿之有唇也。宜先攻樊城，樊城下则襄阳可不攻而得。"为阻断外界对襄阳的援助，元军对樊城发动了总攻。咸淳九年（1273年）初，元军从东北、西南方向分别进攻樊城，忽必烈又派出回回炮匠来到前线建炮攻城。元军先是烧毁了连接樊城与襄阳的浮桥，以使襄阳无法支援樊城，这样樊城就完全被孤立了。接着，刘整带领战舰到达樊城之下，用回回炮轰开了樊城的西南角，得以入城。南宋守将牛富带领军队进行了巷战，但终究寡不敌众。樊城失陷，牛富投火自尽，偏将王福亦投火自焚。

樊城失陷后，襄阳陷入了更加危险的局势。吕文焕屡次派人向南宋朝廷请求支援，但始终不见援兵。襄阳城中的军民只好拆屋当作柴烧，陷入了既无力坚守又无援兵救援的绝境。咸淳九年二月，阿里海牙自樊城进攻襄阳，用炮轰炸襄阳的城楼，致使城中的军民人心动摇，纷纷出城投降。在攻城的同时，元军又对吕文焕进行劝降，吕文焕也感到孤军作战没有支援，遂归顺元朝。至此，襄樊战役结束。

宋、元之间的襄樊之战，历经长期较量，终以元朝的胜利而告终。元军的胜利，在于看准了襄樊的战略地位，从而在战略上争取主动，同时又注重弥补战术上的不足，制造船舰，训练水兵，这些都在襄樊之战中发挥了巨大的作用。且元军兵众将广、后勤充足。相比之下，宋的统治者却忽视边备，将帅指挥不利、胆小软弱，再加上吕文德的见利忘义，致使蒙军取得了攻占襄阳的重大优势。在反包围的作战中，南宋又在步骤、策略等方面犯了一些战术上的错误，所以最终以失败告终。

## 兵之情主速

**【原典】**

敢问：敌众整而将来①，待之若何？曰：先夺其所爱②，则听③矣。兵之情主速④，乘人之不及⑤，由不虞之道⑥，攻其所不戒⑦也。

**【注释】**

①敌众整而将来：众，人数众多。整，严整、齐整。敌军人数众多，队形严整，将要来进攻。

②夺其所爱：所爱，敌人最看重的东西，喻指敌军作战的关键、有利之处。剥夺敌人最在乎的有利条件。

③听：使敌被动，听我摆布。

④兵之情主速：情，此处为关键之意。主，重在。意思是说用兵之道以神速为上，即"兵贵神速"。

⑤乘人之不及：乘，同"趁"。不及，措手不及。趁敌人措手不及之时。

⑥由不虞之道：由，经过、通过。虞，预料。通过敌人料想不到的道路。

⑦戒：警戒，防备。

**【译文】**

或许有人会问：敌人兵员众多且又阵势严整地向我发起进攻，我该如何应对呢？回答是：先夺去敌人所珍爱和依恃的有利条件，那么敌人就会听我摆布了。用兵之道贵在神速，趁敌人措手不及之时，走敌人料想不到的道路，攻击敌人未加戒备的地方。

**【读解】**

"兵贵神速"是孙子一直强调的作战原则。两军交战要以速战速决为上，尤其是在长途作战时，攻击速度更是至关重要。用兵的关键在于神速，这不仅要求军队在打仗时要进行速战，更重要的是对敌人未曾想到的地方、没有预料到的环节、最为依恃的方面进行攻击，以最快的速度将其击垮。

**【实例】**

### 统万城之战

西晋灭亡后，中国北方再次出现了割据混战的局面，相继出现了众多由匈奴、鲜卑、羯、氐、羌等少数民族建立的割据政权。北魏与大夏便是其中较为强大的两个。北魏统治者注意吸收汉族的先进技术与文化，借鉴中原先进的制度，积极发展农业生产，国力日渐强大。强大起来的北魏意图统一北方，位于西北地区的大夏国便成了它的绊脚石。

北魏始光三年（426年）九月，大夏国因帝位之争导致国内局势动荡。北魏太武帝拓跋焘听闻此消息后，便命司空溪斤率兵四万多人攻蒲坂（今山西永济西南），将军周几率领万人袭击陕城（今河南陕县）。同年十月，拓跋焘亲自率军从平城（今山西大同东北）出发，于十一月进入君子津（今内蒙古准格尔旗东北黄河上）。时值冬季，黄河封冻，拓跋焘率领两万轻骑越过黄河，突袭夏国国都统万城（今陕西靖边东北白城子）。

统万城始建于东晋义熙九年（413年），是前夏主赫连勃勃调集十万民工，花费七年时间建成的。此城高约八丈，基厚三十步，上广十步，宫墙高约四丈，用蒸熟的土筑成，十分坚固，连锥子也插不进去。

夏主赫连昌见魏军攻城，于是率军迎击，战败后退回城内固守。魏军分兵四路进行掳掠，在城北驱牛马十余万，俘获、杀死了数万人，本想强攻入城，怎奈城池固若金汤，遂强掳夏国民万人而归。驻守陕城的夏国弘农太守曹达听闻周几来到，竟然不战而逃。周几军长驱直入进入三辅（今陕西关中地区）。十二月，溪斤率北魏南路大军夺取了长安（今西安西北），秦、雍（今陕西、甘肃一带）地区的氐、羌等少数民族小国先后归降了北魏。

次年正月，赫连昌派其弟赫连定领兵两万南下，企图夺回长安，恢复关中。两军在长安附近相持不下。魏帝拓跋焘乘夏兵力被牵制在关中的有利时机，决定动用近十万大军再次袭击统万城。

五月，北魏帝留下龙骧将军陆俟督诸军防守都城，自己率军离开平城，从君子津建好的桥上渡过黄河，来到拔邻山（今内蒙古准格尔旗境）筑城修整。北魏帝拓跋焘改变步、骑兵齐进的原进军计划，决定率三万轻骑以最快的速度直抵统万城，诱敌出城。

六月，北魏帝拓跋焘随军来到统万城，埋伏在山丘深谷之中，只派少数人马到城下挑战，以诱敌出来。夏军坚守城池不肯迎战。北魏帝佯装撤退，并另派遣五千骑兵向西掳掠夏国居民。夏主得知北魏军的粮草已经用完，而且后援步兵尚未到达，就率领三万步骑兵匆忙出击。为了诱使夏军深入，北魏军向西北方向佯装撤退，引诱夏军追击。夏军见敌人败退，便兵分两路追击北魏军。

当时天气突变，暴风急雨，飞沙满天，夏军顺风追击，趁势猛攻北魏军，形势对逆风作战的北魏军很不利。北魏帝采纳了大臣崔浩的计谋，留下部分骑兵分为左右两队，隐藏在夏

此为垂钟板复原图。这是一种用于抵御箭矢的守城器械，木制，长六尺，宽一尺，厚三寸，外面用牛牛皮裹着，上面开有葡窗，放在战棚外面，前后都有伏兔拐子木。

军的后面顺风追击，打败了夏军。大势已去的赫连昌来不及赶回统万城，只好率残部逃往上邽（今甘肃天水）。

北魏军趁机攻破了统万城。与北魏军相持在长安的赫连定，听说统万城已经失守，顾不上再攻长安，也退逃至上邽。

北魏帝任命拓跋素为征南大将军，与执金吾桓贷、莫云一起留守统万城，然后自己领军东归。至此，北魏军取得了统万城之战的最后胜利。

因此战是一场空前的"骑兵攻城"之战，充分体现了"兵之情主速"这一军事思想，所以为后世历代军事家们所推崇。在此战中，北魏帝拓跋焘充分发挥了骑兵的机动性，采取灵活多变的战术，引蛇出洞，"先夺其所爱"，再"乘人之不及，由不虞之道，攻其所不戒"，利用速度诱敌、歼敌，最终大获全胜。同时，北魏帝拓跋焘在作战中能虚心听取臣下的建议，权衡利弊，果断决策，"以己之长，攻彼之短"，也是他获得最后胜利的因素之一。

此为铁撞木复原图。其木身铁首，首由六个铁锋组成，每个铁锋都长有一尺多，锋尖是逆向的铁刺，犀利锋锐，就像六个大狼牙铁钉。若有攻城车攻城，则从城上用辘轳绞铁将铁撞木抛下，铿然砸中敌车的棚顶，尖锐粗大的铁钉可刺破棚顶。随即扔下燕尾炬，泼下火油，烧毁敌车及士兵。

## 毕再遇泗州收两城

1206年，南宋将领毕再遇、镇江都统陈孝庆决定联合攻取金军占据的泗州城。不料消息走漏，泗州金军立即紧闭城门，加强了防范措施。于是毕再遇与陈孝庆商量，决定改变进攻时间，以达到出其不意的效果。

毕再遇率领亲自挑选的87名敢死士，提前一天到达泗州城下。泗州有东西两城，横跨汴河两岸。毕再遇采取疑兵之计，他命人把所有的战船、战旗和武器装备全部集中在西城脚下，摆出一副要猛攻西城的样子。然后，毕再遇带领主力部队悄悄地从涉山直接猛袭东城。由于金军主力被吸引到西城防御去了，东城守军毫无防备，不久，毕再遇便攻破了东城。

攻克东城以后，毕再遇又率军进攻西城。宋军举起大将旗帜，向金军喊话，劝其投降。金军见东城已失，西城又危在旦夕，遂献城投降。

毕再遇迅速出击，再采用声东击西之计连取两城，可谓妙矣！

## 兵士甚陷则不惧

【原典】

凡为客之道①，深入则专，主人不克②。掠于饶野，三军足食③；谨养而勿劳④，并气积力⑤；运兵计谋，为不可测⑥。投之无所往，死且不北⑦。死焉不得，士人尽力⑧。兵士甚陷则不惧⑨，无所往则固⑩，深入则拘⑪，不得已则斗。是故其兵不修而戒⑫，不求而得，不约而亲⑬，不令而信。禁祥去疑⑭，至死无所之⑮。吾士无余财，非恶货也⑯；无余命，非恶寿也⑰。令发之日，士卒坐者涕沾襟⑱，偃卧者涕交颐⑲。投之无所往者，诸、刿⑳之勇也。

【注释】

①为客之道：客，进入敌国作战的军队。为客，进入敌国作战。意指进入敌境作战的用兵规律。

②深入则专，主人不克：专，齐心协力，军心一致。主人，被攻打的国家。克，战胜。深入敌境，则军心一致，敌军是无法抵御的。

③掠于饶野，三军足食：掠夺野外的粮草，使军队得到充足的补给。

④谨养而勿劳：谨，注意、注重。养，休整。要注意军队的休整问题，不使其过于疲劳。

⑤并气积力：并，合并，引申为集中、保持。意指保持士气，积蓄战斗的力量。

⑥为不可测：使敌人无法作出正确的判断。为，使。

⑦投之无所往，死且不北：投，投放、安置。把军队置于无路可走的绝境，士兵战死也不会败退。

⑧死焉不得，士人尽力：士兵连死都不怕，必然人人奋战，以死相搏。

⑨甚陷则不惧：士兵陷入危亡之境，怀抱必死之心，是不会畏惧强大的敌人的。

⑩无所往则固：固，牢固，这里指军心稳定。指当军队无路可走时，军心反而会很稳固。

⑪深入则拘：拘，束缚，这里指人心专一，军心整齐。军队深入敌境，则会军心整齐，团结一致。

⑫不修而戒：修，整顿、告诫。戒，警戒。士兵们不用将领整顿而自发戒备。

⑬不约而亲：士卒们不待约束而能亲密团结。

⑭禁祥去疑：祥，吉凶的预兆，泛指卜筮等迷信活动。去，避免。此句指禁止迷信和谣言之事，以免士卒产生疑惑的情绪。

⑮至死无所之：之，逃跑。士兵们到死也不会逃跑。

⑯吾士无余财，非恶货也：恶，厌恶，不喜欢。指士卒们毁弃物品，抛开钱币，并不是不喜欢财物，而是性命都已不保，要财物何用呢。

⑰无余命，非恶寿也：寿，寿命。指士卒不顾性命地去拼杀，并不是不爱惜自己，而是处境危险，不得不以死求生。

⑱涕沾襟：涕，眼泪。襟，衣襟。眼泪打湿了衣襟。

⑲偃卧者涕交颐：偃，仰倒。颐，面颊。士兵们仰卧在地，泪流满面。

⑳诸、刿：均为人名。"诸"指专诸，春秋时吴国的勇士，用鱼腹剑刺死吴王僚。"刿"指曹刿，春秋时鲁国的勇士，以匕首挟持齐桓公退还鲁国失地。

## 【译文】

大凡进入敌国境内作战的一般规律是：越深入敌国腹地，我军军心就越专一，敌人就越不易战胜我们。在敌国丰饶地区掠取粮草，军队给养就有了保障；认真休整军队，不使他们疲劳，鼓舞士气，积聚力量；部署兵力，巧设计谋，要使敌无法判断我方的动向和意图。把士卒置于无路可走的境地，他们至死也不会败退；死都不怕，士卒自然人人奋力作战。士卒真正深陷危亡之境就无所畏惧，无路可走时反而军心稳定；深入敌境纵深之地，士卒在不得已的情况下，必然会拼死战斗。因而，在这种情况下，军队不用整治也会加强戒备，不用激励鼓动将士们也会尽力，不用约束也能亲和互助，不用申令也能遵守法纪。迷信活动自然停止，士兵也不再疑虑，至死也不会逃逸。士卒们不留多余的财物，并不是不爱钱财；士卒们不顾生命危险，不是他们不想活命。作战命令发布的时候，坐着的士卒们泪湿衣襟，仰卧的泪流满面，一旦把他们置于无路可走的境地时，便都有专诸、曹刿一般的勇敢了。

## 【读解】

这段话论述的是，在深入敌国境内作战时士卒们的心理意志所带来的巨大作用。的确，当人身陷绝境无路可退时，意志就会变得异常坚定，潜力就会被激发出来。孙子根据实际的作战经验指出，士卒们越是陷入危险之地，就越是宁死不屈，越是心智专一，越是亲密团结，整个军队的战斗力也就越强大。即使是普通的士兵也都像专诸、曹刿一样勇敢了。

## 【实例】

### 项羽垓下之围

汉高帝二年（前205年）五月，为获得战略要地成皋（今河南荥阳汜水），西楚霸王项羽和汉王刘邦展开了一场长期的战争，成皋也在双方之间频频易主。汉高帝四年（前203年）十月，刘邦趁项羽向东出兵的机会，攻打并占据了成皋，并将军队推进到广武（今河南荥阳东北）一线。听闻成皋失守的消息，项羽大为吃惊，赶紧带着主力从睢阳（今河南商丘南）返回，试图夺回成皋。在广武，两军形成对峙。汉军凭借险要的地势，只守不战。而此时，黄河北岸的韩信连战告捷，收服了燕国，占领了齐国，并对楚国迂回包围，致使楚军进退两难。再加上粮草补给不足，形势对项羽大为不利。于是，项羽主动与刘邦讲和。此时刘邦率领的军队也已经疲惫不堪，没有能力消灭项羽，于是双方议和，并商定以鸿沟（今河南荥阳附近）作为界线，以西属汉，以东归楚，平分天下。

之后，项羽撤军东归。刘邦则采用了张良、陈平的主张，取消了西归的计划，率军跨过鸿沟，追歼楚军，同时令韩信、彭越等部赶来会合。汉高帝五年（前202年）十二月，刘邦、韩信、彭越合并一处，于垓下（今安徽固镇）追赶上了项羽，并将其重重围困。为了从士气上打击楚军，他们编了一首楚歌，并下令士兵围绕在楚营

项羽抱着心爱的虞姬，悲痛欲绝。

的四周歌唱，以引起楚军士兵的思乡之情，使其无心应战。听到四面都是楚歌声，项羽以为汉军已经把楚地全部占领了，顿时乱了阵脚。绝望之下，只得在帐中喝酒浇愁。项羽看着心爱的虞姬，慷慨悲壮地唱道："力拔山兮气盖世，时不利兮骓不逝！骓不逝兮可奈何？虞兮虞兮奈若何！"虞姬也随声唱和："汉兵已略地，四面楚歌声。大王意气尽，贱妾何聊生！"唱罢遂拔出项羽的佩剑，自刎而死。项羽左右看见这种情景也都痛哭流涕。项羽强忍悲痛掩埋了虞姬后，带领八百名部下连夜突围，向南方逃奔。汉军发觉后，一路狂追。项羽等人一路反击。到达乌江边时，项羽看到前无退路、后有追兵，遂拔剑自刎。

事实上，项羽虽被围于垓下，但形势仍有转机，只要其振奋军心，挑选汉军防守薄弱的地带，带领士兵奋力一搏，突出重围也是很有可能的。然而在被围困后，项羽却过度悲观，灰心丧气，在关键时刻放弃了自己大批的军队，而选择带领亲兵逃遁，最终自刎乌江，彻底失败。

## 魏灭蜀汉之战

魏灭蜀汉之战开始于魏元帝景元四年（263年）八月。十一月，魏国将军邓艾率军三万偷越摩天岭之后，突然出现在江油，并斩杀了前来迎击的蜀汉将军诸葛瞻，魏军兵临成都城下，随后，后主刘禅被迫向邓艾投降，蜀国灭亡。这也是魏国完成全国统一大业的前奏。

姜维为避免被独揽大权的宦官黄皓陷害，率领蜀军主力远驻沓中（今甘肃岷县南），以图自保，致使战略要地汉中的正面防御力量变得相当薄弱，这就给了魏军可乘之机。

同年，司马昭派征西将军邓艾进军甘松（今甘肃迭部东南）、沓中，牵制姜维；又命雍州刺史诸葛绪率兵切断姜维退路。九月初一，邓艾军和诸葛绪军共同向沓中地区的姜维部发起进攻，结果姜维战败，退往汉中。

此时诸葛绪军已攻占了武街（今甘肃成县西北），占领了阴平桥头（今甘肃文县东南），断绝了姜维军的归路。姜维用"调虎离山"之计顺利通过阴平，退往剑阁（今四川剑阁东北），据此抵抗魏军，双方形成对峙局面。

十月中旬，邓艾率军从阴平出发。他带领一万精兵在前面开路，命其余两万兵马运送粮食跟进，以保障沿途的物资供给。邓艾军沿白水河谷东行，翻越摩天岭，并经过了七百多里荒无人烟的地区。一路上，遇山开山，逢河架桥，艰难地向成都挺进。由于山高谷深，运输极为困难，粮食开始匮乏，邓军情况十分危急。此时，邓艾鼓励士兵说："留在这里也是死，不如坚持走下去，到了平原就可以吃饭休息了。"他身先士卒，在行至马阁山（今四川平武东南）时，发现道路断绝，无法通行，便第一个用毡子裹着身体从山上滚下。见此情景，士兵们学邓艾的样子，终于越过险境，进至江油。蜀守将蒋舒、马邈降。之后，邓艾又率军从江油经德阳亭向涪县进发。

刘禅派诸葛瞻率军迎敌。邓艾在涪县击败诸葛瞻的前军，迫使其退守绵竹（今四川德阳）。邓艾军乘胜追击，最终大败蜀军，并斩杀了诸葛瞻。

刘禅见敌军兵临城下，成都难守，逃遁无路，遂派侍中张绍等捧着自己的玺绶向邓艾投降。

孙子说："兵士甚陷则不惧。"邓艾以惊人的胆略和才智，统率三万之众，克服千难万险，深入无人之地，偷越阴平，直叩成都平原的大门绵竹，一举击败了蜀汉最后一支机动军队诸葛瞻部，迫使刘禅纳城投降。邓艾之所以能在绝境中逢生，攻克难关，有两方面原因：一方面是自己与士兵同甘共苦，并肩战斗，使将士同心；另一方面他率军深入敌境，利用士卒们绝境求生的心理，造成"诸、刿之勇"，从而"狭路相逢勇者胜"，创造了中国战争史上著名的奇袭战例。

邓艾统率他的三万之众，克服千难万险，深入无人之地，偷越阴平。

# 携手若使一人

【原典】

故善用兵者，譬如率然①；率然者，常山②之蛇也。击其首则尾至，击其尾则首至，击其中则首尾俱至。敢问："兵可使如率然乎？"曰："可。"夫吴人与越人相恶③也，当其同舟而济④，遇风，其相救也如左右手。是故方马埋轮，未足恃也⑤；齐勇若一，政之道也⑥；刚柔皆得，地之理也⑦。故善用兵者，携手若使一人⑧，不得已也。

【注释】

①率然：古代传说中的一种蛇。《神异经·西荒经》："西方山中有蛇，头尾差大，有色五彩。人物触之者，中头则尾至，中尾则头至，中腰则头尾并至，名曰率然。"

②常山：即恒山。西汉时因避讳汉文帝刘恒的"恒"字而改为常山。北周武帝时，又改称恒山。

③吴人与越人相恶：恶，仇恨。指春秋时期吴越争霸，引起两国人民之间互相仇恨。

④当其同舟而济：指当他们乘坐同一条船渡江河。

⑤方马埋轮，未足恃也：方，系在一起。方马，将马匹并排缚系在一起。轮，车轮。想用系紧马缰、深埋车轮来稳定军心，是绝对不可靠的。

⑥齐勇若一，政之道也：要使士卒齐心协力，奋勇作战犹如一人，才是御兵之术。

⑦刚柔皆得，地之理也：要使强者和弱者都能各尽所能，充分发挥战斗力，关键在于适当利用地形，使我军占据有利地势。

⑧携手若使一人：使全军上下携手团结如同一个人。

【译文】

善于用兵的人，能使军队自我策应，如同"率然"蛇一样。"率然"是常山出产的一种蛇。击它的头部，它的尾部就返过来救应；击它的尾部，它的头部则过来救应；击它的腰部，它的头尾一齐过来救应。有人问："军队可以指挥得像率然一样吗？"回答是："可以。"吴国人与越国人本来是相互仇视的，但当他们同船渡河突遇大风时，他们会相互救助，如同人的左右手一样。因此，想用并联战马、深埋车轮这种显示死战决心的办法来稳定军队是靠不住的；要使士卒齐心协力、奋勇作战如同一人，才是御兵之术；要使强弱不同的士卒都能发挥其战斗力，关键在于巧妙利用地形。古代善于用兵的人，能使全军上下携手团结如同一人，这是因为他能造成一种形势，迫使军队不得不这样。

【读解】

　　孙子在这里强调的是指挥在作战中的重要作用。杰出的将帅在统率三军作战时，能使其相互策应、相互救援，使三军严整、勇敢如一人。形成整体的作战思想，靠的是高明的治军之道；使勇敢的人和怯弱的人都发挥作用，靠的是地形的巧妙运用。缚马埋轮不是稳定军阵的办法。指挥军队也是一门学问，将帅只有具备了统军御众的才能，才会使军队灵活得如同一个人，就像"常山之蛇"一样首尾相顾，形成一个有机的整体。

【实例】

## 明援朝抗日之战

　　明朝万历二十年（1592年）到万历二十六年（1598年），在朝鲜半岛爆发了一场中、朝两国联合抗击日本侵略的战争。

　　万历十年（1582年），丰臣秀吉掌握日本大权，结束了日本长期割据的局面。之后，他积极向外扩张，意图先占领朝鲜，再征服中国和印度，最后请日本天皇迁都北京。于是，丰臣秀吉以朝鲜拒绝攻明为借口，派兵侵占朝鲜。以小西行长、加藤清正作为日军先锋，率领士兵十多万、战船上千艘，偷渡朝鲜海峡，并于次年四月在釜山登陆，五月攻占了王京（今韩国首尔）、开城、平壤，占领了大片朝鲜土地。

　　此时，朝鲜国王李昖派遣使者来明朝请求出兵支援。明朝政府立刻派兵援朝。万历二十年七月，明朝派遣大将史儒、祖承训带兵援朝。不久，史儒战死。十二月，明朝命宋应昌为经略、李如松为东征都督，增兵4万支援朝鲜。宋应昌等与朝鲜军队会合后，经过一番周密计划，于次年正月出兵平壤。平壤之战异常激烈，最后日军败下阵来，中、朝军队得以胜利入城。此战彻底扭转了中、朝军队被动挨打的战争局面。二月，朝鲜军民又在幸州的守城战中击败日军，取得了胜利，日军被迫退至釜山，朝鲜国土至此几乎全部光复。

　　万历二十五年（1597年）夏，丰臣秀吉又出兵从水陆两路侵犯朝鲜，占领了海军要塞以及半岛南部地区。朝鲜大将李舜臣在鸣梁海峡凭借12艘战船应战，歼灭四千多日军，保住了全罗、忠靖两道。次年七月，明朝再次派军支援朝鲜。统领邢玠果断地逮捕了内奸沈惟敬，与诸将会合后，兵分三路，共同迎战日军，最后将日军逼到朝鲜半岛的南端。此时丰臣秀吉病死。

　　十一月，加藤清正率先逃跑，之后，其余日军也纷纷撤逃。中、朝军队乘胜追击。在露梁海战中，李舜臣亲自驾驶战船迎战，因冲入敌阵被重重包围。明大将陈璘舍身相救，70岁高龄的明朝老将邓子龙也带领200名壮士登上朝鲜战船与日军近身作战。最后，因战船不幸着火，邓子龙壮烈牺牲。这次海战，中、朝军队击沉了数百艘敌舰，将日本水军一网打尽，致使日本陆军完全孤立，不得不退回日本。至此，援朝的抗日战争取得了彻底的胜利。

　　在这次历经7年的艰苦战斗中，中、朝军民在明朝诸将和朝鲜大将李舜臣的带领下充分利用自身优势，终于赶走了敌人。中、朝双方军队团结一致，配合默契，上下一心，形成了强大的战斗力，所以孙子说："故善用兵者，携手若使一人。"反观日军，治军不严，师出无名，且不谙"为客之道"，因此战败。此战也成为中国对外战争史上的亮丽一笔。

## 石达开巧破敌水师

1854年冬，曾国藩率领湘军水师顺长江而下，直奔湖口。石达开奉命督领太平军在湖口江面布防，迎击湘军。

太平军在湖口江面设置了一座巨大的浮筏，筏上环造木城，设立望楼，有数百名官兵把守，浮筏两侧还有许多炮船守护。太

此为朝鲜龟船复原图。这种龟船是15世纪时朝鲜将领李舜臣带领朝鲜人抗击日本侵略时使用的战船，因形体似龟而得名，是世界上最早的装甲战船。

平军凭借这个水上堡垒粉碎了湘军多次进攻。曾国藩恼羞成怒，倾其全部水师与太平军决战。经过半日激战，太平终因寡不敌众，浮筏被突破，使得从长江进入鄱阳湖的通道出现了缺口，敌军一旦由此长驱直入，将会对太平军后方造成严重威胁。石达开并没有因作战失利而张皇失措，经过冷静思考，一个扭转败局的良策在他头脑中迅速形成。

湘军水师是由大小不同的两类战船组成，大船叫"快蟹""长龙"，比较笨重，船上配有重炮，可屯放辎重，用于远程轰击和保障后勤供应；小船叫"三板""四板"，没有篷盖，每船有二十多把桨，三五尊小炮，运行灵便，是主要的攻击力量。这两类战船只能互相配合作战而不能分离。石达开还敏锐地意识到，曾国藩骄横轻敌，求胜心切，战局发展有可能使其轻便船只脱离大船编队，首先闯入鄱阳湖，因此，只要伺机封锁江面，就能将敌大船与小船相分割，实施各个击破。于是石达开下令，浮筏缺口暂不修复，原地监视敌人动向。

果然不出所料，曾国藩把石达开的诱敌策略看作是太平军无力抵抗的表现，他命令一百多艘小船运载三千多名水兵从浮筏缺口冲入鄱阳湖中。石达开见敌中计，立刻下令封锁江面。一夜之间，湖口江面神奇地出现两道浮筏，将湘军水师船队拦腰斩断。同时，几十只太平军小船满载柴草、硝药冲进湘军外江船队放火。霎时间，湖口江面火光冲天，恰似当年的赤壁鏖战。湘军大船由于失去小船配合，运转不灵，混乱不堪，被烧毁大半，余者仓皇遁逃。冲入鄱阳湖的湘军轻便小船得知外江船队被烧，急忙掉头回援，这时退路早已被堵，在太平军的猛攻下，湘军小船全军覆没。湖口一战，太平军大获全胜，进而扭转了西征战局。

# 将军之事

【原典】

将军之事①，静以幽，正以治②。能愚士卒之耳目，使之无知③。易其事，革其谋，使人无识④；易其居，迂其途，使人不得虑⑤。帅与之期，如登高而去其梯⑥。帅与之深入诸侯之地，而发其机⑦，焚舟破釜⑧，若驱群羊，驱而往，驱而来，莫知所之⑨。聚三军之众，投之于险，此谓将军之事也。九地之变，屈伸之利⑩，人情之理⑪，不可不察。

【注释】

①将军之事：率领军队，主持军事。

②静以幽，正以治：静，沉着冷静。以，连接词，"而"的意思。幽，幽深莫测。正，公正。治，有条理。此句意为沉着而深邃、公正而有条理。

③能愚士卒之耳目，使之无知：愚，蒙蔽。能够蒙蔽士卒的耳目，不让他们知晓军情。

④易其事，革其谋，使人无识：易，改变。革，变更。战法变幻莫测，计谋不断更新，使人无法识破。

⑤易其居，迂其途，使人不得虑：居，军队的驻扎营地。不得虑，料想不到。经常变换驻防之地，故意迂回行军，使别人无法推测自己的真正意图。

⑥帅与之期，如登高而去其梯：帅，军队的统帅。之，代词，指军队。期，约定，此处指部署作战任务。统帅分派部署作战任务，要像人登高后抽去梯子那样，使士兵不得不勇往直前。

⑦帅与之深入诸侯之地，而发其机：机，弩之扳机。这句话是说率领军队深入敌国腹地，就要如扣动弩机射出的箭一般笔直向前，也就是要抓住战机，猛发攻势。

⑧焚舟破釜（fǔ）：釜，煮饭用的锅。即"破釜沉舟"的意思，表示要决一死战。

⑨莫知所之：这里喻指漫无目标。

⑩九地之变，屈伸之利：屈伸，指军队的前进或后退。对不同的地理条件要灵活应变，或前进或后退，不可拘泥于一理。

⑪人情之理：是指将士们心理状况的变化。

【译文】

统率军队这种事，要做到沉着冷静而高深莫测，管理军队公正严肃而有条不紊。要能蒙蔽士卒的视听，使他们对于作战计划毫不知情；常改变战法，常变更所设之谋，使人无法识破其用意；驻扎常变换地方，行军常迂回绕道，使人无法捉摸其真实意图。将帅给军队下达战斗命令,要像登高抽去梯子一样,使士卒有进无退;将帅率领士卒深入其他诸侯腹地,要像扣动弩机发出的箭一样一往无前,破釜焚舟,以示必死的决心,指挥士卒像驱赶群羊一样,赶过去又赶过来,没有谁明白到底要到哪里去。聚集三军之众,将他们置于险境,迫使他们拼死奋战,这就是统率军队的要点。九种地形的灵活运用,攻守进退的利害关系,士卒在不同环境中的心理变化规律,这些都是作为将帅不可不认真研究和周密考察的。

【读解】

　　这段话讲的是统率军队的各种能力。孙子强调将帅要"静""幽""正""治",在精神上沉着镇静、处变不惊,在战术上高深莫测、变化多端。其中,他重点谈论了"置之死地而后生"的战略思想。孙子形象地将其比喻为"登高去梯",也就是在踏入阵地后,要先断绝一切退路,从而激发士卒的战斗力,使他们能够坚决服从命令,誓与敌人血战到底。

【实例】

## 巨鹿之战

　　秦二世三年(前207年),秦将章邯和王离率二十万人将赵王歇困于巨鹿,赵王歇遣使向各路反秦武装求援。楚怀王命宋义为上将,项羽为次将,范增为末将,率军五万北上救赵。十月,项羽诛杀了宋义,楚怀王正式任命项羽为上将。

　　已经取得指挥权的项羽下定决心,要挥师渡河与秦军决战。同年十二月,他率军进抵漳水南岸。抵达后不久,他就派英布、蒲将军率两万人为前锋,渡漳水切断秦军运粮通道,并隔断王离与章邯军之间的联系。这样,王离军也陷入缺粮的困境。接着,项羽亲率楚军主力渡河跟进。渡河后,他下令全军沉掉船只,砸破釜甑,烧毁营舍,每人只带三日干粮,以义无反顾之态势,誓与秦军决一死战。

　　两军相逢,楚军勇不可当,秦军则猝不及防,三战三退。秦将章邯忙率军前来增援。两军对垒,秦军以泰山压顶之势直逼楚军。而楚军不仅衣甲简陋,且三五成群,如散兵游勇一般。其实,这正是项羽用兵的精妙之处。项羽清楚,秦、楚兵力悬殊,如果以常态一一对抗,楚军由于人数太少,必定失败,所以机动作战才是关键。他身先士卒,冲杀在前,并命将士各自为战,只求杀敌。楚军将士们破釜沉舟,已无后退之路,又见主帅冲锋在前,因而士气大振,于是拼死力战,以一当十,呼声震天。在楚军勇猛冲击下,秦军大败,伤亡竟有三分之一。

　　第二日出战前,项羽动员将士说:"今日务必战胜秦兵,因为我们已经没有粮草了,不胜利就会全军覆灭。生死存亡,在此一战!"楚军闻言,情绪激昂,个个争先向秦军杀去。章邯刚一上阵便陷于被动,秦军一退再退,溃不成军。楚军一鼓作气,打败了秦军并生擒王离。

项羽率军对章邯余部紧追不舍，在汙水（漳水支流）再次大败秦军。章邯走投无路，只得向项羽无条件投降。巨鹿之战至此结束，项羽取得完全胜利。

项羽在这场战争中充分运用了孙武所主张的主动出击的进攻理论和聚三军之众的心理战术。在面对强大的秦军时，项羽破釜沉舟，使楚军陷入退无可退的绝境，置之死地而后生，以此极大地鼓舞了楚军气势，从而提升了楚军的战斗力，最终击败了不可一世的秦军，基本瓦解了秦王朝的统治，将孙子"静以幽，正以治"的将帅素养发挥到了极致。所谓"甚陷则不惧，无所往则固，深入则拘，不得已则斗"，越深入敌境险地，越能使士兵心智专一，听从指挥，勇往直前，充分发挥军队整体的战斗力。

项羽下令全军沉掉船只，砸破釜甑，烧毁营舍，每人只带三日干粮，以义无反顾之态势，誓与秦军决一死战。

## 大夏王死地求生

五代十国时期，大夏王赫连勃勃以南凉国君秃发傉檀不同意和亲为名，率精骑两万进攻南凉，杀伤南凉将士万余人，驱掠数万人、牛马羊数十万。

大夏王此举激怒了秃发傉檀，致使秃发傉檀不顾大臣的劝阻，立刻带兵追了上去。途中，大臣焦朗分析道："赫连勃勃治军甚严，我军不如避其锐气，绕道而行，守住险关，再寻破敌之计。"大将贺连反对说："赫连勃勃的军队只不过是一群乌合之众，只要我军追上去，对方一定土崩瓦解，没必要绕什么远路。"被愤怒冲昏了头脑的秃发傉檀赞同了贺连冒进的主张，率大军继续循着赫连勃勃军队撤离的路线追去。

赫连勃勃得知秃发傉檀率大军追来之后，立即作了周密的部署。他考虑到己方可能会受财物、牲畜所累，因此选择一个有利的地形非常重要。但他察看了附近地形，并没有合适的。思来想去，最终，赫连勃勃决定将战场设在阳武下峡。时值初冬，峡中河水已经封冻。赫连勃勃下令将峡中积冰全部凿开，又命令用所有车辆塞住通道，以绝退路，迫使全军将士拼死一搏，求得生路。

果然，秃发傉檀率南凉兵追至阳武下峡时，夏军见退路已绝，人人奋力拼杀，个个以一当十。在混战中，秃发傉檀虽然派弓箭手射伤了赫连勃勃的右臂，但是这并不能阻止大夏骑兵凌厉的进攻。南凉军队兵败如山倒，一个个落荒而逃，秃发傉檀手下的猛将也死伤十几个。赫连勃勃指挥夏军，乘胜追击八十余里，秃发傉檀一败涂地，只带少数亲信逃得性命。

# 为客之道

【原典】

凡为客之道，深则专，浅则散①。去国越境而师者，绝地也②；四达者，衢地也；入深者，重地也；入浅者，轻地也；背固前隘③者，围地也；无所往者，死地也。是故散地，吾将一其志④；轻地，吾将使之属⑤；争地，吾将趋其后⑥；交地，吾将谨其守；衢地，吾将固其结⑦；重地，吾将继其食⑧；圮地，吾将进其涂⑨；围地，吾将塞其阙⑩；死地，吾将示之以不活。故兵之情：围则御，不得已则斗，过则从⑪。

【注释】

①凡为客之道，深则专，浅则散：为客之道，即在敌国作战的规律。这句话是说在敌国作战，深入境内则军心稳固，心志专一，浅进则军心涣散。

②去国越境而师者，绝地也：去，离开。离开本国、跨越邻国，进入敌国境内作战，这叫作"绝地"。

③背固前隘：背后险固，前路狭隘，也就是说进退容易受制于敌，处于十分被动的状态。

④一其志：统一士兵的意志。

⑤使之属：在部署上使军队相互连接，互有照应。

⑥趋其后：使后续军队迅速跟进。

⑦固其结：结，指结交诸侯。意为巩固与诸侯国的联盟。

⑧继其食：使粮草能够得到持续补给。也就是补充军粮，保障军队供给充足。

⑨进其涂：涂，通"途"，指道路。迅速通过，不要停留。

⑩塞其阙（quē）：阙，缺口。堵塞缺口，使将士不得不拼死作战。

⑪过则从：过，指深入险境。从，听从，服从指挥的意思。指士兵一旦深陷险境，就容易听从指挥。

【译文】

大凡进入敌国作战的一般规律是：进入敌境深则军心稳定，进入敌境浅则军心容易涣散。离开本土穿越边境去敌国作战的地方，称为绝地；四通八达的地方为衢地；进入敌境纵深的地方叫重地；进入敌境不远的地方叫轻地；背有险阻前有隘路的地方叫围地；无路可走的地方叫死地。因此，在散地，我军应统一意志；在轻地，我军要注意使军队保持连续；遇争地，我军应使后续部队快速前进；在交地，我军要谨慎地加强防守；在衢地，我军应加强同诸侯国的联系；在重地，我军要注意保证军需粮饷的充分供应；在圮地，我军必须迅速通过；在围地，我军应堵住缺口；在死地，我军应表示必死的决心。所以，士兵的心理变化规律是，陷入包围就会全力抵御，迫不得已就会殊死奋战，身处绝境就会听从指挥。

【读解】

这段话是对九种地形的补充说明。孙子指出，身处不同地形时人的心理感觉是不一样的。将领要根据各种不同的地形条件，综合士卒的心理因素，灵活机动地采取不同的作战方案。

【实例】

## 吴汉大胜公孙述

东汉时期，公孙述在成都割据称王，东汉朝廷遂派将领吴汉带领军队前去讨伐。吴汉率军到了犍为郡（辖四川、云南、贵州各一部）所辖地区，遇到了该郡各县的激烈抵抗。吴汉指挥军队先攻取了广都县（今四川双流），又命轻装骑兵烧毁成都桥，于是武阳（今四川彭山东）以东的诸小城邑都归降了吴汉。

此时，汉光武帝刘秀下诏告诫吴汉坚守广都，不可轻易出击。对于光武帝的告诫，吴汉不以为然。不久，他便亲自带领步骑兵两万余人前去进攻成都。当军队进至距离成都十多里的地方时，吴汉下令在江水北岸驻扎，并在江上架起了浮桥。此外，他还派副将刘尚带领万余名士兵驻扎于江水南岸，南、北两个营地相距二十多里。光武帝听说吴汉进攻成都的消息后，大为震惊，下诏要他率兵返回广都以守待敌。然而，光武帝的诏书还未送到吴汉的手里，公孙述就已经命令部下谢丰、袁吉带领十多万大军进攻吴汉；同时又命另一大将带领军队袭击刘尚的营寨，意图使汉军两营陷入孤立无援的境地。

吴汉带领军队与敌军大战了一整天，最终败下阵来，退回营中，敌军将领谢丰趁机率兵包围了吴军。吴汉把众兵将召集起来，激励他们说："我同诸位转战千里，杀敌无数，才得以打入敌军腹地。如今到了敌军的都城下，我们却与刘尚都遭到敌人的包围，又无法相互救援，这种局面持续下去，后果不堪设想。因此，我想悄悄转移兵力与刘尚的军队会合，一起进攻敌军。大家齐心协力，奋勇杀敌，就一定能大获成功；如果不这样做，就只能导致兵败身亡。成功与否，就看这次了。"众将士听完后，齐声说道："好！"吴汉用酒食犒赏将士，将战马喂饱，将营门关闭，三天不出兵，同时在军营中插上许多旗帜，并不断地放出烟火，以迷惑敌军。三天后的晚上，吴汉神不知鬼不觉地渡过江与刘尚会合了。这一切敌军将领谢丰等竟然没有察觉。第二天，谢丰仍旧用一部分兵力进击江北的汉军，而他则亲率主力军进攻江南的汉军。吴汉亲自指挥所有部队迎击敌军，战争从清晨持续到黄昏，结果敌军大败，敌将谢丰、袁吉也被击毙。

随后，吴汉带领军队返回广都，留下刘尚的军队继续抗击公孙述。之后，吴汉带领军队与公孙述的军队在广都和成都之间前后作战八次，最终以八战八捷的战绩成功进驻成都外城。公孙述不甘心失败，又亲自率领数万士兵出城与吴军作战。吴汉命令护军高午、唐邯带领数万精锐军队迎战。公孙述兵败欲逃，高午乘胜追击，冲进敌军阵地将公孙述杀死。第二天，成都内城的敌军打开城门投降。至此，蜀地的割据势力被彻底肃清。

在这场战役中，吴汉孤军深入四川境内，被公孙述所围。此时他沉着冷静地分析了局势，认为己方不能坐以待毙，既然已身陷重围，大家何不齐心协力，奋勇杀敌，突出重围。将士们正是在"反正都是死，赌一把，尚有机会活命"的心理下，背水一战，充分激发了自己的斗志。全军将士气势如虹，奋力杀敌，英勇向前，最终使吴汉大胜公孙述，维护了东汉王朝的安定。孙子说："深则专，浅则散"，由此可见，在深入敌境作战时，士气是取得战争胜利多么重要的因素啊！

此为飞缅复原图。飞缅，又叫吊桥、悬索桥，意为悬空之桥，是以主缆索为主要承重构件的桥梁形式，常建于水流湍急、两岸陡峭，难以修建桥墩的河段上。

## 氏叔琮假象退追兵

氏叔琮，五代时后梁的开国将领，以替后梁太祖灭唐、杀唐昭宗而闻名。

902年，氏叔琮围攻晋阳。就在晋阳城即将得手时，军中却突然流行大疫，将士们四肢无力，再无斗志，氏叔琮不得不紧急退兵。晋阳守将李嗣昭、周德威远远望见攻城队伍如潮退去，立即率兵猛追。

氏叔琮退到石会关（今山西榆社西）时心急如焚，忙带领随从察看地形。突然，氏叔琮计上心来，他将三十多位随从叫到身边，让他们按照他的布置去做。过了一会，高高的山冈上插上了一排排整齐的旗帜，一些战马也被系在了刚钉好的木桩上……

李嗣昭、周德威亲率人马气势汹汹地扑来，只见眼前一座地势凶险的山冈上旌旗飘扬，且听到一阵阵战马嘶鸣。两人不禁心生疑惑："莫不是氏叔琮设了圈套，先假装退兵，然后在此埋伏？"想到这，他们再也不敢向前追击，只得乖乖地撤退了。

在危急关头，氏叔琮用旌旗、战马制造了设有伏兵的假象，趁敌人犹疑之时，他带领大队人马安然撤离，这正是主帅依势据时、灵活作战的绝妙表现。

# 霸王之兵

### 【原典】

是故不知诸侯之谋者，不能预交①；不知山林、险阻、沮泽之形者，不能行军；不用乡导者，不能得地利。四五者②，不知一③，非霸王之兵④也。

夫霸王之兵，伐大国，则其众不得聚⑤；威加于敌，则其交不得合⑥。是故不争天下之交⑦，不养天下之权⑧，信己之私⑨，威加于敌，故其城可拔，其国可隳⑩。

### 【注释】

①不知诸侯之谋者，不能预交：不了解诸侯的谋略，就不能同他结交。

②四五者：指九地。九地中"四"为主兵（防御的一方），"五"为客兵（主动进攻的一方），这里是将九地分开来说。

③不知一：有一项不知道的。

④霸王之兵：能够称霸诸侯的军队。

⑤其众不得聚：聚，集结军队。这里指敌国的军队来不及调动和集结。

⑥威加于敌，则其交不得合：向敌国施加我军强大的攻势而使他国惧怕我的威严，这样敌国就无法与其他国家结交。

⑦不争天下之交：不必与天下的诸侯都结交。

⑧不养天下之权：养，培养、培植。权，势力。无须在别的诸侯国里培植发展自己的势力。

⑨信己之私：信，依靠。私，自己的力量。指依靠自己的战略计策谋求发展。

⑩隳（huī）：通"毁"，毁坏、毁灭。

### 【译文】

所以，不清楚各诸侯国战略企图，就不能预先结交；不熟悉山林、险阻、沼泽等地形，就不能行军作战；不使用向导，就得不到地形之利。"四变""五利"这些情况如有一样不了解，就不能成为称霸诸侯的军队。

所谓霸主的军队，攻伐大国，使敌国无法集结军队；兵威指向敌国，使敌国无法施展外交手段来联合其他诸侯国。因而，不必争着与各诸侯国结交，也用不着在各诸侯国里培植自己的势力，只要多多施恩于自己的民众、士卒，把兵威施加于敌国头上，那么就可以占取敌人的城邑，摧毁敌人的国都。

【读解】

　　孙子在这里强调了"伐交"的重要性。"不知诸侯之谋者，不能预交"。将帅一定要精通外交，熟悉各诸侯国的情况，在外交上为自己争取有利条件，以达到"不战而屈人之兵"的目的。这里的"霸王之兵"指的是通过外交手段来战胜一切敌人的军队。它可以通过与他国联盟、拉拢中立国的方式来孤立敌国，令其臣服。同时，孙子又指出，真正的"霸王之兵"并不需要借助他国的势力来赢取战争，而是通过施恩于自己国家的民众，培养自己的优秀军队，以强大的军事实力来威逼敌国，令其畏惧而作出退让。能够拥有这样的实力，才能称为无敌的常胜之师。这样的军队，这样的国家，才能拔敌之城池，毁敌之国都，才能做到"不战而屈人之兵"，这也是孙子所崇尚的"善之善者"的理想用兵境界。

【实例】

## 秦晋争霸战争

　　公元前659年，秦国进攻茅津（今山西平陆一带）的戎，妄图掌握桃林（今陕西华山一带）、崤函（今河南灵宝西南）等战略要地，未果。不久，晋献公举兵攻占了茅津，随后又"假途灭虢"，将虢、虞两国一网打尽，从而控制了茅津渡口以及桃林、崤函两地，率先抢占了这块战略要地。

　　公元前645年，秦派兵攻晋，俘虏了晋惠公，晋被迫割"河西八城"给秦。晋惠公死后，晋怀公继位，然后是晋文公。晋文公因平定王子带的叛乱有功，获得了南进中原的战略要地——南阳（今河南沁阳以南及温县、孟州市一带）。为巩固秦、晋联盟，也为了挑拨秦、楚相争，晋派兵支援秦攻占了楚的附庸国都。

　　城濮之战后，秦穆公发觉晋、秦联合实际上得到好处的是晋，于是在公元前630年，与晋联合进攻郑的时候背弃了晋而与郑结盟。晋文公从战略全局考虑，旋即从郑撤军并继续与秦保持友好，以避免在晋、楚争霸中腹背受敌。

　　公元前628年，晋文公、郑文公相继离世。秦趁着两国丧主的机会，在次年派了大批军队潜越晋桃林、崤函，不远万里奔袭郑都城，后无功而返，顺手灭掉了小国滑。晋大将先轸趁其回师时在崤山（今河南陕县东）伏击了秦军。至此，晋、秦联盟彻底破裂。

　　秦遂将在城濮之战中俘获的楚将斗克释放，并与楚结盟，共同抗晋。公元前625年，秦派军攻晋。晋襄公亲率主力迎战，在彭衙（今陕西白水北）附近打败秦军后，立即率领宋、陈、郑联军反攻，占领了彭衙以及汪（今陕西澄城）地区。次年，秦穆公亲率大军攻晋，渡过黄河，占领了王官（今山西闻喜南）以及鄐（今山西临猗西南）。为避免与秦军决战，晋军坚守不出。公元前615年，秦康公全力进攻晋国失败。因为晋掌控着桃林、崤山等战略要地，又具备强大的号召力和实力,能联合多国军队参与对秦作战,所以秦始终未能进入中原。

公元前594年,秦再次攻晋,但在晋军的反攻下战败。公元前578年,秦再次举兵,准备联合狄、楚一起攻打晋。晋得到消息后,主动出击,由晋厉公亲自率领主力军队联合齐、鲁、宋、卫、郑、曹、邾、滕的军队一起进攻秦,达秦关始返。

公元前562年,秦以援助郑为名义,举兵进攻河曲(今山西永济、芮城一带),并打败了晋军。为报此仇,晋在公元前559年,率领鲁、齐、宋、卫、曹、莒、邾、滕、薛、杞、小邾及郑等国联军攻秦,后因联军内部的矛盾不得已撤兵。

晋、秦双方都对地理形势在战争中的作用有深刻的认识,从它们都力图攻取桃林、崤山等战略要地可得知,而且双方均擅长利用外交手腕发展国与国之间的关系,从而为自己制造有利形势。秦、晋两国都注重与他国联盟,联合对抗自己的敌人,并根据形势的变化处理国与国之间的关系,深得《九地篇》之精要。运用灵活的外交手腕是秦、晋争霸战的一大亮点,也是孙子"伐交"思想的具体体现。

## 阿骨打轻取辽阳城

1115年,女真领袖完颜阿骨打建立金国后,展开了灭辽计划。辽将高永昌奉命带兵屯驻到东京辽阳城外抵御金国入侵。

第二年正月,辽阳城内发生暴乱,高永昌率军入城平叛,乘机起兵反辽,占据东京,自称大渤海王,建国号为大元。高永昌知道大辽肯定会派兵前来镇压,遂向完颜阿骨打求援,试图联合金国一道攻打大辽。完颜阿骨打决定先稳住高永昌,于是他表示金国愿派出援兵,无奈近期国内兵力匮乏,爱莫能助。其实,完颜阿骨打是想坐山观虎斗,先利用高永昌削弱辽军的实力,等时机成熟再一举灭掉高永昌,然后全力讨伐辽国。两个月后,辽将张琳率两万人马讨伐高永昌。高永昌派出精兵强将,大败辽军。就在这时,金兵乘虚轻取辽阳城。高永昌无奈之下,表示愿意对金俯首称臣,期望谈判解决争端。完颜阿骨打表面应承,暗中却派人收买了高永昌手下的部将,将其杀死。

高永昌不懂得"不知诸侯之谋者,不能预交"的道理,没能识破完颜阿骨打的计谋,为完颜阿骨打做完"嫁衣"后,落得个国灭身亡的下场。

完颜阿骨打乘虚轻取辽阳城。

## 陷之死地然后生

【原典】

施无法之赏①,悬无政之令②;犯三军之众③,若使一人。犯之以事,勿告以言④;犯之以利,勿告以害⑤。投之亡地然后存,陷之死地然后生⑥。夫众陷于害,然后能为胜败⑦。

【注释】

①施无法之赏:法,尺度、规则。无法,破格,超出惯例。施行超出惯例的奖赏,即破格奖赏。

②悬无政之令:悬,悬挂,这里指颁布。政,同"正",正常、常规之意。这句话是说颁布打破常规的号令。

③犯三军之众:犯,使用、任用。指挥三军将士执行任务。

④犯之以事,勿告以言:之,士卒。事,作战。言,指实情。指挥士兵们参加战斗,不要告诉他们真实作战意图。

⑤犯之以利,勿告以害:命令士兵们完成任务,只告诉他们有利条件,不告诉他们不利因素,以使其信心坚定。

⑥投之亡地然后存,陷之死地然后生:把士兵们投进最危险的地区才有可能转危为安;使士兵们处于死地,他们才能起死回生。

⑦能为胜败:军队陷入危境时才能力战以求胜利。

【译文】

施行超越惯例的奖赏,颁布打破常规的法令,指挥全军就如同使用一个人一样。向部下授以具体军事任务,但不说明其中的意图;用有利的东西调动士卒,不告诉他们危险的一面;把士卒投入危亡境地,他们才会拼死力战获得生存;使士卒陷于死地,他们必然舍命奋战以求生。一般来说,军队深陷绝境,将士们才会奋力夺取胜利,摆脱失败。

【读解】

孙子认为,治理军队在特定的时候要实行破格的奖赏,颁发非常的政令,这样才可以灵活地调动庞大的军队,协调各部,使将士意志统一。让部下执行军令时,只安排任务,不说明意图,只告知有利方面,不告知危险因素,他们才会坚定信心,全力以赴,最终夺取胜利。

【实例】

## 韩信破赵之战

井陉之战是楚汉战争中一次重要的战役。汉大将韩信仅指挥3万兵力，在井陉口一带背水列阵，奇袭赵营，一举歼灭了号称20万的赵军，还在战场上杀死赵军主将陈余，活捉了赵王歇，由此灭亡了项羽的分封国之一赵国。这为刘邦最终战胜项羽、统一全国打下了基础。

公元前204年秋，韩信统率3万军队，翻过太行山，一路向东，对赵国发起攻击。赵王歇和赵军主帅陈余闻讯后，集结20万大军于井陉口（今河北获鹿西的土木关）进行防守，准备与韩信决战。

井陉口是太行山有名的八大隘口之一，地势险要。关隘以西有一条长约几十里的狭窄驿道，有"一夫当关，万夫莫开"之势，不利于大部队的行动。当时，赵军以雄厚兵力扼守井陉口，居高临下，以逸待劳，处于优势和主动地位。而韩信麾下只有区区数万新募之卒，士气虽高涨，但千里行军身体疲惫，且没有作战经验，处于劣势和被动地位。

两军对垒，韩信根据赵军主帅陈余的轻敌情绪和速战速决的作战计划，当即制定了出奇制胜、一举破赵的良策。他把军队开进距井陉口30里的地方扎下营寨。半夜时分，开始进行作战部署：先派2000名轻骑，每人手持一面汉军的红色战旗，由偏僻小路迂回到赵军大营侧翼的抱犊寨山（今河北井陉北）潜伏下来，伺机偷袭赵军大营，断敌后路；又派出一万人为前锋，趁夜深人静、赵军未察之际，越过井陉口，到绵蔓水（今河北井陉境内）东岸，背靠河水布列阵势，迷惑引诱赵军，使其深入此地。

赵军丝毫没有察觉到潜伏的汉军，只望见汉军背水列阵，处于无路可退之境地，于是纷纷嘲笑韩信置兵于"死地"，连用兵最基本的常识也不懂。兵法上明确规定，布阵要"右倍山陵，前左水泽"，韩信却反其道而用之，岂不是可笑之极？因此赵军对汉军更加轻视。

天亮之后，韩信亲率汉军气势高昂地向井陉口东边的赵军进逼过去。赵军见状非常得意，认为胜利就在眼前，于是立即出营迎战。

两军激烈厮杀，互不退让，时间一长，韩信军就假装战败，胡乱扔掉旗鼓仪仗，向绵蔓水方向撤退，与事先在那里背水列阵的军队迅速会合。赵王歇和陈余真以为汉军是打了败仗，怎肯轻易放过机会，于是就率军追击，倾全力猛烈攻击背水列阵的汉军，企图在此地将其全歼。

汉军士兵见前有强敌，后有水阻，已经无路可退，因而无不死战力拼，终于将赵军的凶猛攻势遏制住了。此时，赵军大营空虚无备，埋伏在赵军营垒翼侧的2000名汉军轻骑趁机发起突然袭击，攻占了赵营。他们迅速拔下赵军旗帜，插上汉军战旗，一时间红旗林立，迎风招展。

赵军久攻不下，陈余不得不下令撤兵。回到营地，赵军这才发现自己大营

孙子兵法

里插满了汉军的红色战旗。营地已易旗，令赵军大惊失色，遂一片混乱，士兵纷纷逃散。占据赵军大营的汉军轻骑见赵军溃乱，趁机出击，从侧后切断了赵军的归路；而韩信则指挥汉军主力全线发起反攻。在汉军的夹击之下，赵军大败，汉军继续全力追击，将其全部歼灭，一举灭掉了赵国。井陉之战以韩信大获全胜而告终。

在井陉之战中，韩信以少胜多，灭掉了赵国，显示了其杰出的军事才能。战前，韩信充分分析了对方的心态和作战意图，据此制订了相应的作战计划。他认为赵军恃强轻敌，所以故意示弱，诱惑敌军；同时，巧妙利用"投之亡地然后存，陷之死地然后生"这一心理战

韩信下令军队背靠河水布列阵势，迷惑引诱赵军，使其深入此地。

术，大胆背水列阵，灵活用兵，从而一举歼灭赵军。反观赵军的失败，则主要是由于其主帅陈余的迂腐愚蠢。他不识汉军的作战意图，见汉军背水列阵，就以为对方没有兵法常识，从而轻视敌军，使赵军的优势和主动地位步步丧失，以致被汉军全歼。

## 李世民逼父反隋

九地篇

陷之死地然后生

隋朝末年，隋炀帝荒淫残暴，穷兵黩武，激起民众的强烈不满，各地纷纷起兵造反。在八方战乱蜂起的时候，李世民也策动自己的父亲、当时的唐国公李渊起兵反隋，号令天下。可是，李渊不但不同意，甚至要把李世民抓起来交到官府治罪。李世民经过苦思冥想，决定利用隋炀帝对李渊心存疑忌的机会，逼迫李渊造反。

李世民有个心腹叫裴寂，专门负责管理隋炀帝的离宫。有一次，裴寂故意派离宫中的嫔妃去侍奉李渊，按隋朝律法，这是大逆不道之罪。这件事使李渊在思想上产生了很大的压力。又有一次，裴寂在宴席上，佯装喝醉，把李渊父子准备谋反之事说了出来，这使李渊十分害怕。李世民乘机劝道："事已至此，如果不起兵，皇上饶不了我们。起兵不仅可以自保，还有可能夺取天下。"李渊知道，无论是"淫乱后宫"，还是"蓄意谋反"，都会招来灭族之罪。他最终不得不举兵反隋。

# 巧能成事

**【原典】**

故为兵之事，在于顺详敌之意①，并敌一向②，千里杀将，此谓巧③能成事者也。

**【注释】**

①顺详敌之意：详，详悉。顺详，顺察。指顺察敌人的意图。
②并敌一向：并，合并，集中。集中优势兵力进攻敌人的一点。
③巧：这里指巧妙用兵。

**【译文】**

所以，领兵作战这种事，就在于仔细、谨慎地考察敌人的意图，集中精锐兵力指向敌人一点，哪怕奔袭千里也可斩杀敌将，这便是通常所说的巧妙用兵能够克敌制胜。

**【读解】**

孙子在这里阐述了作战的关键在于谨慎地观察敌人的战略意图，然后集中兵力攻击敌人一处，也就是巧用奇兵以实现克敌制胜的目的。

**【实例】**

## 李愬雪夜袭蔡州

唐宪宗元和九年（814年），宪宗决定以严绶为蔡、申、光州招抚使，讨伐拥兵自立的淮西节度使吴少阳之子吴元济。

战争初期，唐军频频失利。唐宪宗元和十一年（816年），宪宗以名将李晟之子太子詹事李愬为西路唐军统帅。

唐宪宗元和十二年（817年）五月，李光颜所率领的北路唐军渡过溵水，进攻郾城（今河南郾城），击败淮西兵三万，歼敌将近三分之一，迫使郾城令董昌龄、守将邓怀金献城降唐。吴元济得知郾城失守后十分恐慌，将亲兵及蔡州（今河南汝南）守军全部调往北线，增援董重质防守的洄曲（今河南漯河沙河与澧河会流处下游一带）。这样，北线就集中了淮西军的主力和精锐力量，而西线力量则相对薄弱，这也为西路唐军奇袭蔡州创造了条件。

李愬抵达唐州（今河南泌阳）后，采取了一系列的措施和行动，为奇袭成功奠定了基础。

为建立接近蔡州的奇袭基地,李愬先后出兵攻取蔡州西面和西北的文城栅、马鞍山、路口栅、嵖岈山、冶炉城和西平等据点,从而与北线郾城一带的唐军兵力相接,连成一气,相互照应。

此外,他还遣将攻克蔡州以南和西南的白狗、汶港和楚城,切断了蔡州与申、光二州的联系。蔡州完全孤立,而李愬军的主力则进驻距蔡州仅130里的文城栅。

经过一系列的准备,李愬开始奇袭作战。

十月初十,风雪交加,天气恶劣。李愬认为这时敌军会放松警戒,是奇袭的好机会,于是开始调兵遣将,分配人马。他命史旻留守文城栅,命李佑等率领训练有素的敢死队3000人为前锋,自己与监军率领3000人为中军,命李进城率3000人殿后。为避免走漏风声,军队行动十分隐秘,李愬只下令说向东,除个别将领,全军上下都不知道行军的目的地和任务。

唐军东行数十里后抵达张柴村,乘守军不备,迅速全歼包括负责烽燧报警士卒在内的守军。抢占了张柴村要地后,全军稍事休整。李愬留下500人防守城栅,以阻止朗山方向的敌人来救援,另派500人切断通往洄曲和其他方向的桥梁,然后下令全军立即出发。将士们询问军队去哪里,这时李愬才宣布说,入蔡州直取吴元济。将士们闻言大吃一惊,都认为此举无疑是送死。当时,天气异常寒冷,鹅毛大雪铺天盖地,呼啸的大风把军旗都撕裂了,地面上随处可见冻死的兵士和马匹,前进的道路非常艰难。但军令如山,违者斩首,众将士只得向东南方向急进。

雪愈下愈大,唐军冒雪行军70里,终于抵达蔡州。蔡州城附近有个鸡鸭池,李愬命令士兵惊打鸡鸭,以鸡鸭的鸣叫声来掩盖行军的声音。自从吴少阳据地为王,抗拒朝命开始,唐军已经有三十多年未到过蔡州城下,所以蔡州对唐军毫无戒备,竟无人发现唐军的行动。

四更时分,李愬军队到达蔡州城下,守城士兵仍然没有发觉。随后,降将李佑、李忠义在城墙上掘开一个豁口,身先士卒冲了进去,并迅速登上外城城头,杀死熟睡中的守门士卒,只留下巡夜者,让他们照常击柝报更,以免打草惊蛇。

李佑等得手后,便打开城门,迎接唐军。接着,又依此办法成功袭取内城。此时,天将亮,雪也渐止,李愬已来到吴元济的外宅。有人觉察情形有异,急忙告诉吴元济说,唐军来了。吴元济

军令如山,违者斩首,众将士只得向东南方向急进。

却始终不信。

十二日，吴元济已处于众叛亲离的地步，蔡州百姓争先恐后地搬运柴草帮助唐军焚烧牙城的南门。黄昏时分，城门被毁，吴元济被迫投降。接着，申、光二州及诸镇军队两万余人也相继降唐，淮西被平定。

在此战中，李愬率唐军冒雪行军70里，抵达蔡州，然后采取措施孤立敌军，使敌军前后不能呼应，相互不能救援，使蔡州城成为一座孤城，此举甚合孙武的用兵之道，"所谓古之善用兵者，能使敌人前后不相及，众寡不相恃"。用兵的道理重在快速，趁敌人措手不及之机，走敌人最意想不到的路，攻击敌人没有戒备的地方。此外，李愬敢于抓住蔡州空虚的时机，实施奇袭；又长于谋略，麻痹敌方，瓦解其民心和士气。这些，都使他能利用风雪之夜，孤军深入，置全军于死地而后取得胜利，达到奇袭的目的。

此为地道复原图。地道高约七尺五寸，宽八尺。攻城时，先用头车抵住城门，然后凿地道。每凿开一尺，便在地下用木头支架将四面支起，以防止塌方。凿之渐深，则随之增加木头。士兵运送木头，都是用头车和绪棚来往运输。等地道挖了三五尺以后，将里面放入薪草之类，随即纵火焚烧，木柱倒了，城自然不攻而破。

## 郭崇韬献计灭后梁

五代十国时期，天下大乱，几番易主。代州雁门（今山西代县）人郭崇韬投奔到晋王李克用门下，屡献妙计，深得李克用赏识，官至中门使，专典机务。李克用之子李存勖称帝后，任命郭崇韬为兵部尚书、枢密使。

当时，后梁、后唐战争频繁。后唐同光元年（923年）六月，后梁围困杨刘（今山东东阿北）。后唐诸将多主张与后梁议和，以黄河为界罢兵休战。

李存勖问计于郭崇韬，郭崇韬说："陛下兴兵打仗已十多年了，将士疲惫，劳民伤财。如今您已经登基称帝，黄河以北的百姓都翘首以盼，期望和平。臣以为，陛下应派兵固守杨刘，以此迷惑敌军；然后陛下可亲率大军攻打后梁都城汴州（今河南开封）。后梁主力在外，其都城中守军势单力薄，用不了半月即可攻下。"李存勖听后大悦，当即下令大军夜渡杨刘，向梁都进发。当时，梁军的精锐之师均在外作战，城中孱弱的守军不堪一击，后唐仅用八天时间就灭掉了后梁。

郭崇韬正是抓住了对敌人不利、对自己有利的形势大举进攻，从而达到战略目的。

# 践墨随敌

**【原典】**

是故政举之日①，夷关折符②，无通其使③，厉于廊庙之上，以诛其事④。敌人开阖，必亟入之⑤。先其所爱⑥，微与之期⑦，践墨随敌⑧，以决战事。是故始如处女⑨，敌人开户⑩；后如脱兔⑪，敌不及拒⑫。

**【注释】**

①政举之日：政，指战争行动。举，实施、决定。举兵出征的日子。

②夷关折符：夷，封锁。符，在这里泛指通行凭证。封锁关口，废除通行凭证。

③无通其使：使，使者。不与敌国互派使者访问。

④厉于廊庙之上，以诛其事：厉，同"砺"，本义为磨刀石，在这里是反复推敲的意思。廊庙，即庙堂，喻指最高决策机构。诛，谋划、研究。在庙堂上反复讨论推敲以决定作战的战略部署。

⑤敌人开阖（hé），必亟入之：阖，门扇。开阖，打开门扇，出现空隙，比喻有隙可乘。亟，急。这句话是说当敌人出现可乘之机时，必须迅速乘虚而入。

⑥先其所爱：爱，珍爱，这里指要害之处。指先夺取敌人的要害之处。

⑦微与之期：微，无、不要。之，指敌人。期，约定。指不要与敌人事先约定交战日期。

⑧践墨随敌：践，践履。墨，绳墨。指随着敌情的变化而变化。

⑨始如处女：始，开始。军事行动将要开始时，要如处女一般柔弱沉静。

⑩敌人开户：开户，打开门户。让敌人放松警戒，门户大开。

⑪后如脱兔：脱兔，脱逃之兔，速度极快。其后就要像脱逃的兔子一样迅捷地打击敌人。

⑫敌不及拒：使敌人来不及抵抗。

**【译文】**

因此，在已决定对敌作战、举兵出征的时候，就封锁关口，废除通行凭证，不与敌国互通使节。在庙堂上再三谋划，制定出战略决策。敌人一旦出现可乘之隙，就要迅速乘机而入。首先夺取敌人的要害，不要轻易与敌约期决战。实施作战计划一定要灵活机动，根据敌情的变化来决定自己的作战计划和行动。因此，战争开始之前要像处女那样沉静柔弱，诱使敌人放松戒备；战争展开之后，则要像脱逃的野兔一样行动迅速，使敌人措手不及，来不及抵抗。

【读解】

孙子在这里所要说明的是，两国如果已经决定开战，那么就要施行一系列的措施，以防敌国的奸细混入本国内部，刺探军情。原定的计划也不能一成不变地用来指导战争，一切要随敌情的变化而变化。一旦敌人露出可乘之机，就要迅速攻破、夺取、占领敌人的要害。孙子还告诫我们，要善于伪装，"始如处女""后如脱兔"。

【实例】

## 陶侃完胜郭默

东晋成帝咸和三年（328年），陶侃成功平定了历阳（今安徽和县）太守苏峻的叛乱，被朝廷任命为太尉，都督七州军事，封长沙郡公，驻守荆州。

咸和五年（330年），一向作战勇敢、战功卓著同时又飞扬跋扈的屯骑校尉郭默，为泄私愤竟公然将平南将军刘胤杀害，并派人把刘胤的首级送到建康。事后，郭默又大胆伪造诏书，诬告刘胤意欲谋反，并通报给各州郡。事情曝光后，宰相王导以郭默骁勇异常、恐朝廷无力制服为由，不仅未治其罪，反而加封其官职，任命他为江州（今江西九江）刺史。

陶侃听说此事后，异常愤慨，一面上书朝廷极力要求征讨郭默，一面写信斥责王导对郭默的纵容、包庇，要求他果断下令讨伐郭默。信中有两句鞭辟入里的话，致使王导下定决心讨伐郭默。这两句话是："郭默如今杀了州官，朝廷就让他做州官。有朝一日他若杀了宰相，朝廷难道就封他做宰相不成？"王导读罢此信，当即决定命陶侃率军前去讨伐郭默。

陶侃深谙用兵之道，又有丰富的作战经验，在十多年的军旅生涯中少有败绩。陶侃起兵之后仔细分析了郭默军队的情况，作好了各种各样的战前准备，以期一举歼灭他。郭默知道是陶侃亲自率兵征讨后，慑于陶侃的威名，心中不免忧虑。为了以防万一，郭默计划率军南下，逃离江州。谁知陶侃早已谋划停当，且用兵神速，未等郭默离城，大军就将江州城围得水泄不通。

郭默想顽抗固守，又怕被陶侃最终破城，徒劳一场；想开门受降，又担心被朝廷处死。正在郭默进退维谷，无法作出决断的时候，他手下的一名将领见大势已去，于是就捆绑了郭默，然后开门投降。陶侃不战而胜，又一次为朝廷平定了叛乱。

孙子兵法曰："敌人开阖，必亟入之。先其所爱，微与之期，践墨随敌，以决战事。"强调行军作战应该

陶侃，字士行，东晋鄱阳郡（今江西鄱阳县东北）人，后迁居庐江郡浔阳县（今江西九江），东晋著名的军事家。

"始如处女""后如脱兔"。此战中,有两个原因帮助陶侃取了胜利。首先,陶侃力主征讨郭默,在战前就已做好充分的准备工作,且他深知兵贵神速的作战法则,迅速带兵将其包围,使郭默逃跑的计划化为泡影;反观郭默,擅杀州官却受朝廷嘉奖,使得他骄傲自满,疏于防范,在陶侃征讨时,又犹豫不决,贻误战机,以致兵败。其次,陶侃威名远播,同时又是正义之师,因此在舆论上占有优势。这两点,是陶侃能不战而胜的关键所在。

## 岳钟琪突袭平叛乱

雍正年间,青海的厄鱼特蒙古和硕特部首领罗卜藏丹津发动叛乱,严重地威胁了清朝在青海地区的统治。1723年,清政府派川陕总督年羹尧、四川提督岳钟琪率领大军征讨叛军。

清军一方面截断叛军进犯内地、退入西藏的通道,一方面出兵归德堡(今青海贵德)打击叛军主力。雍正二年(1724年)正月,岳钟琪率军深入青海内地,猛攻郭隆寺,歼敌六千余人,给叛军以很大的震慑。罗卜藏丹津见大势已去,一面"请罪"乞和,一面拥众十万,据守柴达木地区乌兰木和尔继续顽抗。

鉴于这一势态,年羹尧主张调兵两万,分别屯集在西宁、松潘、甘州、布隆吉河四处,等到当年四月春草木生发时再发动进攻。岳钟琪不同意这种打法,他认为青海地区广阔荒凉,敌军又有十万之众,不宜分兵攻打,而且等到草木生发时节出击,为时太晚。他主张应该趁敌人惊魂未定,用精悍的轻骑兵快速袭击其老巢,可以取得出奇制胜的效果。岳钟琪的建议被朝廷采纳。清政府委任他为奋威将军,主持西征的战事。

二月,岳钟琪率领精兵五千,战马万匹,马不停蹄地直扑叛军的大本营。当时罗卜藏丹津为了掌握清军的行踪,曾经派出不少侦察骑兵四处活动,正好与岳钟琪的快速骑兵相遇。经过激烈的交锋,清军将这数百人全都歼灭,除掉了叛军放出去的耳目。接着清军以迅雷不及掩耳之势攻取了敌军在哈达河的据点,翻越崇山,顺利地抵达敌军大本营。在岳钟琪的指挥下,清军骑兵像一阵狂风般地冲入敌营,毫无戒备的叛军被这突如其来的攻击打得蒙头转向,仓皇惊溃。罗卜藏丹津慌忙换上妇女的服装,带领残部逃走,余众纷纷伏地请降。岳钟琪见叛酋逃走,率军以日行300里的速度追赶,一直追到桑骆海,除罗卜藏丹津只身北投准噶尔外,余众全被截获。

自出师至此,前后仅十日,岳钟琪以数千之众,快速出击,捣毁了敌人的大本营,歼敌数万,创造了突袭战的良好战例。

# 火攻篇

## 本经通读

孙子曰：凡火攻有五，一曰火人，二曰火积，三曰火辎，四曰火库，五曰火队。行火必有因，烟火必素具。发火有时，起火有日。时者，天之燥也；日者，月在箕、壁、翼、轸也。凡此四宿者，风起之日也。

凡火攻，必因五火之变而应之。火发于内，则早应之于外。火发兵静者，待而勿攻，极其火力，可从而从之，不可从而止。火可发于外，无待于内，以时发之。火发上风，无攻下风。昼风久，夜风止。凡军必知有五火之变，以数守之。故以火佐攻者明，以水佐攻者强；水可以绝，不可以夺。

夫战胜攻取，而不修其功者凶，命曰费留。故曰：明主虑之，良将修之，非利不动，非得不用，非危不战。

主不可以怒而兴师，将不可以愠而致战。合于利而动，不合于利而止。怒可以复喜，愠可以复悦，亡国不可以复存，死者不可以复生。故明君慎之，良将警之。此安国全军之道也。

## 本篇旨要

火攻，就是以火为手段进攻敌军。本篇详细论述了实施火攻的一系列相关问题，如火攻的种类、作用、条件、方法，以及火攻中应注意的问题等。孙子将火攻分为五种，即"火人、火积、火辎、火库、火队"。孙子认为运用火攻要具备一定的条件，"行火必有因，烟火必素具"是讲作好火攻的准备；"发火有时，起火有日"是讲把握好火攻的时机。同时孙子还指出，火攻只是进攻的一种辅助手段，必须与兵力配合作战才能最终取胜。"合于利而动，不合于利而止"，是孙子"慎战论"思想的体现。他以火攻为例引申开去，首先强调用兵作战要从国家的实际利益出发；其次，在战争爆发之后，要积极巩固胜利的成果；最后，孙子提出了用兵的最高标准——"安国全军"。

## 火攻有五

【原典】

孙子曰：凡火攻有五，一曰火人①，二曰火积②，三曰火辎③，四曰火库④，五曰火队⑤。行火必有因⑥，烟火必素具⑦。发火有时，起火有日⑧。时者，天之燥⑨也；日者，月在箕、壁、翼、轸⑩也。凡此四宿者，风起之日也。

【注释】

①火人：火，用做动词，烧、焚烧的意思。意为烧毁敌军人马。

②火积：积，粮仓。意为焚烧敌军积聚的粮草。

③火辎：意为焚烧敌军被服、武器及车辆等辎重。

④火库：库，仓库。意为焚毁敌军存放装备、军饷、财物等物资的仓库。

⑤火队（suì）：队，通"隧"，道路的意思，这里指交通设施。意为焚烧敌人交通运输设施。

⑥行火必有因：因，条件。实施火攻时，必须具备一定的条件，需要考虑天时、敌情等因素。

⑦烟火必素具：烟火，火攻用的器具燃料。素，平常、常。具，具备。素具，常有准备。意为放火的器材必须在平日里就准备妥当。

⑧发火有时，起火有日：时，季节。日，日期。发动火攻要看准天时，具体点火则要有恰当合适的日子。发火、起火都是发起火攻的意思。

⑨天之燥：天气干燥的时候。

⑩箕、壁、翼、轸：为二十八星宿之四宿。古代的天文学认为，当月亮经过这四个星宿时，一般是起风天气。

【译文】

孙子说，火攻的方法有五种：一是火烧敌军营栅人马，二是火烧敌军粮草，三是火烧敌军辎重，四是火烧敌军仓库，五是火烧敌军交通运输设施。实施火攻需具备一定的条件，火攻的器材必须随时准备好。发动火攻要依据一定的天时，具体点火要有恰当的日子。所谓天时，指气候干燥的时期；所谓恰当的日子，就是月亮运行到箕、壁、翼、轸四星所在位置的日子。大凡月亮运行到这四个星宿的日子，都是起风的日子。

【读解】

本段中孙子列举了火攻的五种类型，并指出运用火攻也要具备一定的条件，等待一定的时机。因为只有在恰当的条件下，火攻才能给对方以致命的打击。如果条件不具备就不能用火攻的计策，否则就暴露了自己的作战动机，令敌人有所防范，火攻便失去了战略意义。运用火攻战术首先要在干燥的气候条件下，最好还要刮着有利于己方的风。除此之外，行动者还得抓住有利的战机，有时候这种战机是稍纵即逝的，一旦错过了便不会再有。

【实例】

## 赤壁之战

曹操在官渡之战中大败袁绍，统一了北方，然后便开始积极准备消灭南方的割据势力，意图统一全国。

面对这种形势，当时身处荆州依附刘表的刘备决定联吴抗曹，于是派诸葛亮去说服孙权。孙权被诸葛亮说服，决定与刘备联手抗曹，遂派周瑜任联军大都督，去抵抗曹军。

建安十三年（208年）十月初十，孙刘联军的先头部队在赤壁（今湖北蒲圻西北长江南岸之赤矶山）与曹军交战。经过激战，曹军先头部队战败，退守长江北岸，周瑜则率军退守南岸，两军隔岸相峙。之后，周瑜几次率军至江北曹营寻衅挑战，曹军都拒不出战。

经过侦察，周瑜的先锋都尉黄盖发现了曹军弱点，原来曹军为缓解风浪颠簸之苦，减少船身摇晃，就将战船用铁链连接在一起，还在船上铺上木板，士兵在上面训练，如履平地。但是这也使船只彼此牵制，行动极为不便。黄盖见此情景，便向周瑜建议用火攻的方法打败曹操。

周瑜采纳了黄盖的建议，并决定由黄盖诈降曹操，趁投降之机，用十艘艨艟斗舰作为引火船，在船上装满干柴，浇上油脂，用帐篷蒙起来，再插上约定的投降旗号，到曹营后放火。每艘大船后面还拴一条名叫"走舸"的小船，放火之后，士兵可乘此船返回。

黄盖写信给曹操，说愿意归降。一开始曹操并不相信，于是对送书人仔细盘问，并没有发现破绽，再看信中所说理由，也合乎情理，这才相信黄盖是真心投降。曹操当即约定投降的时间和标志信号，一心等着黄盖来降。

曹操中计，周瑜自是欣喜万分。诸葛亮算准十一月十三日夜有东南风。果然，那晚南风大作。由于顺水顺风，黄盖率领准备好的十艘大船，向曹操北岸的水营疾驶而去。

当船快接近曹营时，黄盖命令士兵齐声高呼："黄盖投降来

火船冲到曹军大营，曹操大惊。

啦！"曹军将士信以为真，曹操十分高兴，也不设防。转眼，黄盖的船队已经靠近曹军水营，于是黄盖下令点火，当火势起来之后，黄盖命士卒跳上小舸逃回东吴军营。此时，火借风势，风助火势，顷刻间，火船冲到曹军大营，曹军的战船顿时都燃烧起来。由于曹军水陆军营相连，借着南风，火势一直蔓延到了岸上的陆营。曹军士卒本就措手不及，又疲劳多病，遭此突然袭击，更无法应变，于是纷纷逃命。曹军军营乱成一团，烧死、溺死者不计其数。而周瑜等立即率领精锐军队紧随黄盖之后，见曹军混乱不堪，便擂鼓急进，并派一支军队从洪湖（今湖北洪湖）登岸截击曹军。刘备命关羽、张飞、赵云等率水军南去，以截击逆江而退的曹操水军，自己则亲率其余军队登岸向乌林地区（今湖北洪湖乌林）的曹军营地发动进攻。曹操自知大势已去，无力扭转败局，只得将剩余船只放火烧毁，率领残余军队向西败走。

《孙子兵法》中详细地阐述了关于火攻的一系列问题。孙子认为实施火攻必须具备一定的物质条件和气象条件。曹军将战船连接在一起，又驻扎在长江北岸，这为吴军实施火攻创造了条件。黄盖因此设下诈降火攻之计，巧妙地将曹军的水陆大营付之一炬，不需要大规模的激烈厮杀，便使曹操二十多万大军损失大半。此外，吴军借助诸葛亮算准了起风的时间，选择了一个顺风的天气，火借风势，风助火势，一场熊熊燃烧的大火向着曹军战船奔去，结果使曹操的主力化为灰烬。曹操的军队元气大伤，士兵四处逃跑，哪还有作战的能力？至此，曹操与孙权、刘备之间的赤壁大战终以孙刘联军大胜而宣告结束。

孙刘联军准确地分析了曹军的兵力、作战特点及长短利弊等客观情况，找出了曹军的致命弱点，决定以长击短、以火助攻，出其不意用火攻了曹军，促成了三国鼎立局面的形成，同时也创造了一个以火攻战胜强敌的典型战例。

## 火烧云梯

唐代"安史之乱"期间，叛军安庆绪的部将尹子奇奉命围攻睢阳城（今河南商丘），守城的张巡誓死护城，并运用智谋多次挫败敌人的进攻。

战争初期，张巡对叛军制造的一种攻城的云梯束手无策。这种梯子很高大，梯身略弯，像半个彩虹，梯上可以容纳200名兵卒。攻城时，叛军把云梯推到城墙边，梯上的士兵就可以直接跳上城头，发起攻击，这对守城非常不利。

经过仔细分析和研究，张巡找到了破解之法。他让士兵事先在城墙内秘密凿好三个墙洞，等到叛军的云梯快接近城边时，守城士兵先从一个墙洞中伸出一根顶端安着大铁钩的长木头，钩住云梯，让它后退不得。接着，再从第二个墙洞捅出一根大木头，顶住云梯，让它前进不得。这样，云梯被固定住了，欲进不得，欲退不能。然后，一根头上装着铁笼子的木头从第三个墙洞中迅速伸出来，铁笼子里盛着燃烧得正旺的火种。很快，云梯就被这火吞噬了。在熊熊大火中，叛军阵脚大乱，只得狼狈而逃。

叛军一计不成，又生一计。他们用一种钩车钩住睢阳城上阁楼的栅栏，想借此攀上城去。但这次攻城再次被张巡挫败。他们钩车上的钩子，被张巡的士兵用一根大木杆上的连锁大铁环套住后拔掉了，因而叛军攻城再次失败。但叛军还不死心，想用装了砂土的大袋子和柴草垒一条登城的坡道。很快，张巡便识破了叛军的意图，命令手下偷偷地往正在修建的坡道上多放一些松树枝和干草。十多天后，张巡觉得机会来了，看准了风向，让人在坡道上放了一把火，坡道立刻被大火吞噬，浓烟四起。叛军被烧得死的死，伤的伤，损兵折将，他们的计谋又失败了。叛军屡战屡败，一时不敢轻举妄动了。

此为搭天车复原图。搭天车属于一种重型云梯，以粗大的木头作为车座，梯子分为两段，以转轴相连接。作战时乘员必须在车内以人力将云梯推至攀登地点，然后以车后的辘轳将第二节梯放出。第二节梯的前端设有铁钩，可以迅速地固定梯位，武装乘员便可由梯攻入城内。

## 白江口海上火攻战

唐高宗龙朔三年（663年），黄海东岸发生了一场激烈的海战。在这次海战中，大唐舰队以寡敌众，以少胜多，用自己发明的"火箭炮"，摧毁了拥有400艘战船的日本舰队，遏制了日本人的嚣张气焰。这就是白江口海战，它不仅吹响了中国灭倭战争的第一声号角，而且在世界海战发展史上也举足轻重。

4世纪以前，朝鲜半岛的部分地区曾是汉朝的疆域。到4世纪，朝鲜半岛上先后出现了三个独立国家：高丽、百济、新罗，它们之间的战争长年不断。后来，为了争取各自的生存空间，这三个国家分别与唐朝和日本缔结盟约。高丽曾是汉朝辽东政府的管辖区域，李唐想把它收复，所以它向日本靠拢。新罗由于与日本不和，就投靠唐王朝。而百济与日本关系一直比较密切，两国于653年"通好"。此后便形成了高丽、百济、日本为一方，新罗、唐朝为另一方的政治局势。

唐高宗年间，中日两国就经常因朝鲜半岛的统治权问题发生军事冲突。唐高宗龙朔二年（662年），日本联合百济起兵攻唐，唐军刘仁愿、刘仁轨部被围困在熊津城（今韩国公州）内。不久唐高宗水陆并进，率领十余万大军增援，熊津之围被解。

唐高宗龙朔三年（663年），中日之间的第一次海战白江口战役爆发，刘仁轨为唐军总指挥。对于这次战争，历史上有这样的记载：听到日本增援百济的消息后，刘仁轨欣喜若狂，得意地说："是上天眷顾我这个老头子。"

六月，日本天智天皇令倭将毛野稚子等率约三万人向新罗发起进攻，占领了沙鼻歧、奴江二城，切断了唐军与新罗的联系。不久，在孙仁师的率领下，七千名唐朝援军渡海到了熊津，与刘仁轨会合，唐军士气大增。

刘仁轨与部将商议后，认为周留（今韩国扶安，位于白江口上游左岸）是敌军的大本营，要想获得彻底胜利，就要直捣黄龙穴，于是他们决定首先进攻周留。但是周留地处白江河口（今朝鲜锦江口）上游不远处的山地上，三面环山，一面傍水，实在是易守难攻。尽管当时唐新联军已经从三面包围了周留城，但百济只要能保证周留到白江一线的畅通，就能得到日本的海上支援，就更不容易攻取了。在这样的情况下，周留的生死存亡就命悬白江一线了，两军都将誓死争夺。唐新水军先到达白江口，随后日本水军也赶到了，中日两国舰队在黄海东岸白河口的群山之间遭遇，随即便展开了一场激烈的海战。

从当时双方的兵力来看，大唐水军七千人，一百七十艘战船，而日本水兵万余，一千多艘战船。战争最初，日本人利用士兵和舰船在数量上的优势，用传统的桨船时代的作战方法，以方阵队形向唐朝舰队逼近，企图用撞击战和接舷战取胜。这确实起到了一定的作用。但唐将刘仁轨不以硬碰硬，决定采用火攻智取。刘仁轨把舰队组成纵队，并抢占了上风口有利于发射火箭火炮的位置，对敌舰实施火攻。之后，唐军便一直占据有利形势。舰队采取的是线式队形机动作战的方式，不仅使日本舰队的撞击战化为泡影，还出其不意占领了上风的有利位置。船上的水兵点燃了安置在船上的抛石机和弩机上的火药包，猛烈地射向日本舰船。在从天而降的熊熊烈火面前，日本人毫无防备，被打得落花流水。眼看着火势越来越大，浓烟滚滚，舰队付之一炬，船员纷纷弃船逃命。刘仁轨命令舰队乘胜追击。结果，唐朝舰队大获全胜。《旧唐书·刘仁轨传》中有这样的记载："仁轨遇倭兵于白江之口，四战捷，焚其舟四百艘，烟焰涨天，海水皆赤，贼众大溃。"日本舰队全军覆没。

白江口之战为何能以少胜多呢？主要有三大原因：

其一，唐朝时中国坚固的舰船和火药被运用于海战中。唐朝是中国古代经济、文化和科学技术高度稳定发展的时期，造船技术已经十分发达，所造的舰船很坚固。加上唐时的海军已经开始频繁使用一些火攻武器，如火箭、火杏、燕尾炬、游火，还有用瓢和囊盛装的助燃物。士兵先是利用当时的重型远射武器抛石机，把点着的火药包抛射出去，以烧伤敌人；后来，逐渐发展到用海上进攻突击的利器、远程杀伤武器弩机将点着的火药包射出，这就是最初的火箭。刘仁轨首次把"火箭炮"应用于海战，并取得成功，在打败日本舰队的战争中有决定意义。

此为火车复原图。火车是一种可以焚烧城门和城楼的攻城器械，车上装有炉灶，炉内盛满油脂，用炭火烧沸，车四周堆积干柴，士兵将车推至城门下，纵火后离去。如城上敌人倒水灭火，由于油比水轻，火焰反而更高，更易将城门烧毁。

孙子兵法

火攻篇

火攻有五

其二，唐将刘仁轨战术精良。刘仁轨自幼好学，尤其喜欢阅读兵书。大战之前，刘仁轨仔细研究了中国古代许多火攻战例，尤其是三国时期的赤壁之战，掌握了火攻战顺风攻击的特点，并制定了相应的战术。当时的战场在今锦江下游河口，河道弯曲，水流湍急，和海还隔着一段距离。为了配合唐陆军从上游的熊津出发，海军包围了百济驻守的下游

此为引火球复原图。引火球是最早的火器之一，用纸糊成球形外壳，以麻绳系上火药放在壳中，麻绳一端通出球外，系上小环。壳内除火药外，填以砖石碎块，壳外涂以黄蜡、沥青和炭末混合物。使用时先将外壳点燃，再以抛石机或手将火球抛向敌阵，壳体燃烧的高温使壳内的火药爆燃，将碎石、砖块射向四方杀伤或烧伤敌军人马。

周留城，并封锁了河口，以解周留被困的燃眉之急。周留地理位置险要，扼白江咽喉，是双方必争之地，不进入河内，就不能从轻敌、妄图凭借兵力优势取胜的日本人的舰队中冲出重围。当时，日本的天智天皇派遣大军进攻唐海军之既设阵地，唐海军则因势利导，采用了一种全新的战术迎战：战斗力强但体积太大而作战不方便的楼船、海鹘在正面迎击敌军；战斗力强又机动灵活的斗舰、走舸从左右两翼出击。三面夹击，日舰不得不汇集到中间。然后，唐海军实施火攻。他们利用火舫顺流而下，冲烧敌阵，并以弩、炮远距离密集发射火箭、火炬、火球、油瓢、油囊等，油助火威，风助火势，日军在顷刻间即被击败了。刘仁轨敢于突破常规，第一次在战争中使用火药就令日本舰船全军覆没。

其三，唐朝海军纪律严明，训练有素。刘仁轨在白江口大战之前在山东招募七千名海军，对他们进行良好的航海训练和使用火药的训练，从而保证了海上火攻战的成功。

中日白江口海上火攻战虽然因年代久远、史籍资料记载不全而鲜为人知，但它在世界海战史上有重要意义。世界海战史从此告别了冷兵器时代，迎来了崭新的热兵器时代。

# 五火之变

**【原典】**

　　凡火攻，必因五火之变而应之①。火发于内②，则早应之于外③。火发兵静者，待而勿攻④，极其火力⑤，可从而从之，不可从而止⑥。火可发于外，无待于内⑦，以时发之⑧。火发上风，无攻下风⑨。昼风久，夜风止⑩。凡军必知有五火之变，以数守之⑪。故以火佐攻者明⑫，以水佐攻者强⑬。水可以绝，不可以夺⑭。

**【注释】**

　　①必因五火之变而应之：指根据"火发于内"至"昼风久，夜风止"等五种不同情况而灵活应变处置。

　　②火发于内：在敌人军营内部放火。

　　③早应之于外：早，提前。应该提前在外部作好接应。

　　④火发兵静者，待而勿攻：兵，这里指敌军。静，镇静，不慌乱。火已烧起而敌军仍保持镇静不乱的，要等待观望，不要马上发动进攻。

　　⑤极其火力：极，尽、穷尽的意思。使火力燃烧达到最旺的时候。

　　⑥可从而从之，不可从而止：从，跟随，这里是进攻的意思。火燃烧后军队可随之进攻就进攻，没有机会就要按兵不动。

　　⑦无待于内：无，不必。内，内应。不必等待内应。

　　⑧以时发之：以时，根据时机。寻找合适的时机就可以放火。

　　⑨无攻下风：不要在逆风的地方进攻敌军。

　　⑩昼风久，夜风止：白天刮风的时间长了，到了晚上就会停止。

　　⑪以数守之：数，星宿运行度数，引申为实施火攻的条件。火攻应遵循自然规律，等候火攻的条件成熟。

　　⑫以火佐攻者明：佐，辅佐，辅助。明，明显。用火来辅助进攻者高明。

　　⑬以水佐攻者强：强，增强，指增强势力。用水辅助攻敌的方法，会大大增强我军的攻势。

　　⑭水可以绝，不可以夺：绝，断绝、分割，这里指隔断敌人。夺，消灭、摧毁，这里指消灭敌人。用水攻敌可以分离隔绝敌人，但不能彻底消灭敌人。

**【译文】**

　　凡用火攻，必须根据五种火攻所引起的不同变化，灵活部署兵力以策应：在敌营内部放火，就要及时派兵从外面策应；火已烧起而敌军依然保持镇静，就应等待一下，不可立即发起进攻，待火势旺盛后，可以进攻就进攻，不可进攻就停止。火也可从外部施放，这时就不必等待内应，只要适时放火就行。从上风头放火时，不可在下风头进攻。白天风刮久了，夜晚就容易停止。大凡领兵作战，一定要熟悉这五种火攻所引起的情况变化，并根据火攻应遵循的自然规律紧紧把握住火攻的时机。用火来辅助军队进攻，效果显著；用水来辅助军队进攻，攻势必能加强。水可以阻隔敌人，但不如火攻那样可以直接摧毁敌军实力。

【读解】

孙子在这里指出，实施火攻要根据五种火攻所引起的情况变化采取相应的应对措施。应重视敌人的表现，根据其外在表现决定是进攻还是停止。要随机应变、灵活机动，切不可一见火起，便迅猛出击，这样一方面动机过于明显，另一方面也容易中敌人圈套。

【实例】

## 鄱阳湖之战

元朝末期，在反抗元朝统治的起义军中，以陈友谅率领的农民起义军力量最强。陈友谅为了消灭竞争对手——以朱元璋为首的起义军，特制了几百条战舰，趁朱元璋主力正在全力救援张士诚领导的起义军之际，以浩浩荡荡的60万水陆大军包围了洪都（今江西南昌）。朱元璋一面写信要求洪都守将坚持抵抗，一面亲自率领20万大军救援洪都。朱军对陈军进行前后夹击，先是切断了陈军的归路，后又派兵扼守武阳渡（今江西南昌东），以防陈友谅逃跑。陈友谅听说朱军援军已到，便从洪都撤退，退入鄱阳湖。朱元璋率军从松门（今江西都昌南）进入鄱阳湖，欲使陈友谅大军变成瓮中之鳖。

当时，双方兵力相差悬殊。陈友谅有数十万大军和特制的"楼船"数百艘，占绝对优势，相比之下，朱元璋的水军只有小船。但是朱军军纪严明，所到之处不扰民，并奉行"高筑墙，广积粮，缓称王"的方针，深得民心。而陈友谅杀主篡权，自称汉王，已大失人心。因此战争一开始，朱军就士气高昂，上下一心，决心"不成仁，便取义"。

1361年春，朱、陈两军在康郎山（鄱阳湖内）湖面遭遇。朱元璋把舰队分成20队，每队都配备有大小火炮、弓箭等轻重武器。随后，朱军切断了陈军的给养补充线，使他们粮尽兵疲。接着，朱军利用陈军战舰被铁索连在一起转动不便的弱点，当机立断，采取火攻。朱军使用火器放火焚烧陈军大舰，一舰起火，殃及邻舰。顿时火光四起，数百艘战舰陷入火海之中。陈友谅的两个兄弟和大将陈普略都葬身火海。朱军乘胜追击，陈军节节败退，湖面上到处可见他们遗弃的旗鼓、武器。

经此一役，遭受重创的陈友谅不得不收拢残部，转入战略防御。随后陈军屡战屡败，士气低落，其两名将领见败局已定，再也无力回天，便向朱元璋投降。这使得陈军内部军心更加动荡，力量也随之变得更薄弱了。朱元璋经过分析后认为，逃脱的敌军很有可能突围，退守长江，于是移军湖口，并在长江南北两岸设置木栅，放置大量的大舟、火筏到江中，又派兵攻占蕲州（今湖北蕲春）、兴国（今湖北阳新），控制长江上游，截断敌军的退路，待机歼敌。经过一个多月的相持，陈军粮草殆尽，黔驴技穷，决定孤注一掷，冒险突围。同年秋，陈友谅企图率军由南湖嘴突围，进入长江以安全地退回武昌（今湖北武汉）。但他们一到达湖口，就遭到了朱军的四面猛攻。陈友谅惊吓过度，变得心慌意乱，顷刻间便被朱军一支从天而降的箭射中心脏，当场身亡。陈军众将士见主帅阵亡，纷纷逃往武昌。朱元璋乘胜追击，一路西进，于次年二月攻下武昌，陈友谅的儿子陈理被迫投降。

陈军退守长江后，朱元璋果断决定采取火攻破敌。在当时的情形下，火攻是最明智的做法，但朱元璋没有将胜利全押在火攻上，他还周密地布置了小型舰队进行水上作战，这些舰队凭借速度快和作战灵活的特点，取得了不凡的效果。此外，他利用火炮和弓箭来实施江上作战，充分发挥了长距离作战的优势。待敌人失败欲逃之时，朱元璋又预先埋下伏兵，等待机会一举歼灭了敌人。

此为火药囊复原图。火药囊用牛皮制成，最上面安一铁皮嘴，便于向火枪筒内装火药。

## 巧用"猴兵"烧敌寨

南宋初期，朝廷派赵遹率军去围剿晏州卜漏的起义军。

赵遹仔细勘察了卜漏建在山上的营寨，发现除了四周重重的密林、林外的木栅、壕沟和陷阱外，山后还有一处可达寨里的崖壁，正好是卜漏没有设防的。赵遹觉得作为攻打山寨的突破口，这条陡峭难攀的"绝路"最合适。

卜漏面对赵遹的正面进攻也不敢掉以轻心，就召集人马进行防备。但千虑一失，就在卜漏率军守在寨前时，从山寨后面突然窜出上千只猴子，它们背上着了火，四处乱窜，营寨顿时成了一片火海。卜漏赶紧命人救火，可那些受惊的猴子仍是乱跑，大火越烧越旺。这时，赵遹的士兵趁机从崖壁处冲上来，把混乱的敌军杀得落花流水，死伤不计其数，卜漏也死于乱军中。

赵遹利用险要地形以"猴兵"火烧敌寨，取得了胜利，真可谓是善用火攻来指挥作战的高明之士。

# 非利不动

【原典】

夫战胜攻取,而不修其功者凶,命曰费留①。故曰:明主虑之②,良将修③之,非利不动,非得不用④,非危不战。

【注释】

①夫战胜攻取,而不修其功者凶,命曰费留:修,引申为酬劳。凶,祸患。命,命名。费,军费。留,通"流",白白浪费的意思。作战取得胜利,却不能及时论功行赏,以激扬士气,巩固胜利成果,就会存在祸患,这叫作白费力气。

②明主虑之:虑,思索、考虑。英明的君主必须考虑这个问题。

③修:治,处理,这里是研究的意思。

④非得不用:得,指取得战争的胜利。用,指用兵打仗。意思是说没有必胜的把握就不要出动军队作战。

【译文】

凡打了胜仗,攻取了敌方的土地、城邑,而不能论功行赏巩固战果的,都是很危险的,这种情况就叫作"费留"(白费力气)。因此,英明的君主要慎重地考虑这个问题,贤良的将帅要严肃地对待这个问题。不是于国有利就不要采取军事行动,没有必胜的把握就不要用兵,不到危急关头就不要开战。

【读解】

孙子在这里指出,战争胜利了还要及时巩固胜利的成果,及时封赏。如果不能巩固所得的战果,则有可能转胜为败。他还强调,战争是严肃的,不宜轻启战端。"非利不动,非得不用,非危不战"是用兵的三条基本原则,这里又突显了孙子的"慎战"思想。从谨慎使用火攻引申开去,孙子在此处完整地论述了"慎战"论的主要观点。他强调从国家利益出发,决定是否用兵,"非利不动,非得不用"。凡人都不做没利的事,无用的功,战争更是如此,不到国家利益受到威胁、万不得已的时候,不可轻易言兵动武,"非危不战"。如果一定要展开战争,则要以国家利益为出发点,于国有利就战,没有利益可图就不宜开战。

【实例】

## 诸葛亮火烧新野

三国故事中,诸葛亮火烧博望坡(今河南南阳附近),打败曹军后,曹操十分气恼,又要兴兵50万,兵分五路,出击荆州。此举遭到了孔融的反对,他认为这样出兵打仗是没有意义的,并劝说曹操不要出兵。曹操听了十分不高兴,再加上孔融的仇人郗虑趁机挑拨离间,一怒之下,便杀了孔融全家。

随后,曹军以不可抵挡之势向博望坡杀来。刘备恐惧,急忙与诸葛亮商议退敌之计。诸葛亮胸有成竹道:"主公请放宽心。我前次火烧夏侯惇,这次保准能让曹军再中此计。只不过我们在新野(今河南新野)无法立足,不如早日退往樊城。"于是,诸葛亮一面准备撤往樊城,一面部署军队迎击曹军。

诸葛亮派关羽带领1000人在白河上游埋伏,并以布袋装满泥土堵塞河水,约定只要一听见下游人喊马嘶,关羽便取出布袋放水冲淹曹军,然后顺水冲杀,接应大军;因白河下游的博陵渡口水流最慢,遂派张飞带1000人在此埋伏,待曹军逃难于此,张飞便趁机冲杀;命赵云带3000人马,事先在城中人家的房上,预备大量硫黄、芒硝等引火之物,等次日黄昏风起,便借风势将火箭射入城中,待火势一起,就在城外呐喊助威,于西、南、北门死守防曹,只留下东门放曹军逃出;又命糜芳、刘封带2000人去新野城外30里的鹊尾坡驻扎,士兵一半持红旗,一半持青旗。见曹军到来,红旗军走在右边,青旗军走在左边,曹军对此一定心存疑虑,不敢追赶,二人见到城中起火,便出击追杀败兵。

曹仁、曹洪带领十万军马,浩浩荡荡来到鹊尾坡,却望见前方一队人马分左右两支,各持红、青旗帜。正如诸葛亮所料,曹军怀疑有诈,因而并不进攻,只求迅速通过此地。曹军正要迅速前进,忽然听见山头擂鼓震天,抬头望去,只见山顶上旌旗林立,而刘备、诸葛亮相对饮酒,悠然自得。曹军立即攻山,却被滚滚而下的檑木炮石打下山来,无法前进。

之后,曹仁命令许褚带人马夺取新野城,以便驻扎休息。许褚来到新野,发现城门大开,竟是一座空城。曹军遂进入城内驻扎,黄昏时分,大风骤起。当天夜里,守门军士急忙来向曹仁报告说:"城中起火了!"曹仁不以为然,说:"军士做饭不小心而起火,有何惊慌!"话音未落,又接连有人来报说西门、南门、北门都已起火。曹仁抬头望去,已是满城火光,于是忙命令众将上马,寻路逃命。当听说东门没有火,曹仁便率领众人由东门逃出。曹仁正庆幸逃离火海之时,背后却传来一声断喝,只见赵云领一支人马冲出。曹军惊魂未定,哪有心思恋战,于是个个四散逃命。一场混战之后,看见一片火光中,

诸葛亮出山伊始,即逢夏侯惇引十万曹兵气势汹汹奔新野杀来。诸葛亮略施小计,在博望坡用火攻败曹军,立下"初出茅庐第一功"。

孙子兵法

火攻篇

非利不动

三〇五

糜芳和刘封率军赶来，又杀死不少曹军。

到四更时分，曹军好不容易逃奔到白河边。见河水不深，曹兵都争先下河喝水，抓紧时间休息。关羽听见下游人喊马嘶，急忙命令士兵掘开布袋放水。蓄积的白河水向下游直泻而下，淹没了大批正在河中喝水的曹军人马。曹仁急忙率领众将向水势平缓处转移，来到博陵渡口，只见一员大将当道而立，此人正是张飞。又是一场混战，曹仁、许褚不敢恋战，拼杀出一条血路，落荒而逃。

孙子提出"非利不动，非得不用，非危不战"的"慎战"论作战原则。他提醒聪明的将领应该时刻保持头脑的清醒，理智而实际地对待战争，应该懂得什么时候可以采取军事行动，什么时候不该行动，应该分析取胜的把握有几分，没有把握的战争不要轻举妄动，更不应感情用事，随意发动战争，等等。曹操听说诸葛亮火烧博望坡，大怒之下，出兵攻打刘备，这可谓感情用事，一次鲁莽的战争就这样发生了，失败自然也就难以避免。这也告诫后人，一定要"慎战"。

曹仁正庆幸逃离火海之时，背后却传来一声断喝，只见赵云领一支人马冲了上来。

## 黄巢回师破长安

880年，黄巢率领起义军攻克唐朝都城长安。第二年，唐军出兵企图收复长安。凤翔一战，起义军将领尚让中敌埋伏之计，被唐军击败。这时，声势浩大的唐军乘胜进兵，直逼长安。黄巢见形势危急，当即决定率部队全部退出长安，往东开拔。

唐朝大军抵达长安后，不见黄巢迎战，先锋程宗楚便下令攻城，气势汹汹地杀进长安城内，这才发现黄巢的部队已全部撤走。唐军毫不费力就占领了长安，众将士欣喜若狂。唐军将领也被胜利冲昏了头脑，成天饮酒作乐，欢庆胜利，士兵们则到处抢劫百姓财物，长安城内一片混乱。

黄巢派人打听到城中情况后，当天半夜时分，他急令部队迅速回师长安。此时，还沉浸在胜利的喜悦中的唐军正呼呼大睡。于是，起义军以迅雷不及掩耳之势，冲进了长安城内，杀得毫无戒备的唐军尸横遍野。

唐军被胜利冲昏了头脑，没有及时巩固战果，反而被黄巢抓住时机，运用关门捉贼之计重新占据了长安城，因此转胜为败。

# 不合于利而止

【原典】

主不可以怒而兴师①，将不可以愠而致战②。合于利而动，不合于利而止③。怒可以复喜④，愠可以复悦，亡国不可以复存，死者不可以复生。故明君慎之，良将警之。此安国全军之道也。

【注释】

①主不可以怒而兴师：君主不可因一时的愤怒而兴兵作战。

②愠：怨愤、恼怒。致战：与敌交战。

③合于利而动，不合于利而止：合，符合。符合国家的利益才可出兵，不符合国家利益就不要出兵。

④怒可以复喜：复，重新。愤怒的人还可以重新变得高兴起来。

【译文】

国君不可因一时愤怒而发动战争，将帅也不能因一时的气愤而与敌交战。符合国家长远利益才用兵，不符合国家利益就不要出兵。愤怒之后还可以重新欢喜，气愤之后也可以重新高兴，但国家灭亡了却不能再存在，死去的人也不可能再活过来。所以，明智的君主都非常慎重地对待战争，优秀的将帅时刻警惕地对待这个问题，这是国家安定和保全军队的根本原则啊！

【读解】

孙子在这里给我们的启示是，战争不是儿戏，逞一时之怒、发一时之威，解决不了战争的根本矛盾，一切均要以国家的长远利益为重。由国君之"怒"、将帅之"愠"而引发的战争，都是荒唐的战争，都是置国家利益于不顾、视百姓生命为儿戏的鲁莽行为。所以，在战争中不能感情用事，任何感情冲动下作出的决策都不可能使自己战胜对方，相反还会给自身带来难以弥补的损失。

【实例】

## 猇亭之战

东汉建安二十四年（219年），孙权抓住镇守荆州的关羽率军北攻襄阳、樊城，后方兵力空虚的机会，派遣大将吕蒙突袭占领了关羽的后方基地江陵。关羽闻讯后，仓促率军回荆州援救江陵，结果兵败被杀，整个荆州尽归孙权所有。

为给关羽报仇雪恨，章武二年（222年）二月，刘备亲自率领20万大军从秭归（今湖北秭归）一路进抵猇亭（今湖北宜都北）建立大本营，攻打吴国。东吴主孙权任命陆逊为都督，率兵抵御刘备大军。陆逊上任后，命令所有将士都不得擅自行动，只管把守好各个隘口和险道。

刘备派人打探后得知，吴军都督乃是一介书生陆逊，因而并未将其放在眼里。之后，刘备便率军攻打各个关津隘口。陆逊出营观看，只见漫山遍野都是蜀兵，数量之众令人惊叹。陆逊分析道："刘备东下，沿途已经连胜数十战，现在敌军士气正旺，因此我军万不能强攻，只能智取，为今之计就是要坚守阵地。"

刘备见吴军迟迟不肯出战，心中焦虑不已。当时天气炎热，蜀国士兵早已口干舌燥，难耐酷暑了。于是刘备下令军队从巫峡、建平（今四川巫山北）直到夷陵700里间，接连设置营寨。百里连营，导致蜀军兵力分散。陆逊获悉这一情况后欣喜若狂，知道反攻的机会来了。为了进一步摸清蜀军的情况，陆逊决定派遣少数兵力先攻打蜀军一个营。经过仔细考虑，陆逊派淳于丹率领5000人马，偷袭傅肜统领的蜀军第四营，且只准胜不准败。淳于丹出兵，结果被埋伏的蜀军击退，好不容易才退回来。回到营帐，淳于丹向陆逊负荆请罪，陆逊却没有怪罪他。原来，陆逊派淳于丹偷袭蜀军的目的在于打探蜀军虚实，以求破蜀之计。而现在，他的目的已经达到，他对打败蜀军已经胸有成竹。众将士都疑惑不解："单单我们损兵折将，能有什么良策呢？"陆逊笑着解释道："蜀军在林中所扎的营帐，均由木栅构成，如果用火攻之，则必胜无疑。普天之下，只有诸葛亮才知道我的计谋，可惜此人不在军中，此乃天助我也！"随后，陆逊命令士兵各持一把茅草乘夜突然袭击蜀营，顺风放火，火烧连营。顿时，蜀营火光冲天，蜀军阵脚大乱。接着，吴将朱然率领5000名精兵突破蜀军前锋防线，插入蜀军侧后方，和韩当部会合后围蜀军于涿乡（今湖北宜昌西），切断了蜀军的退路。吴将潘璋随即猛攻蜀将冯习，诸葛瑾、孙桓等也配合主力向刘备大军发起了猛攻。吴军进展十分顺利，很快就破了蜀军40多个营区，同时用水军切断了蜀军与江岸的联系。在吴军的猛烈进攻下，蜀军将士死的死，降的降，刘备见大势已去，匆忙逃往夷陵西北的马鞍山（今湖北宜昌西北），后又奔逃到白帝城（今重庆奉节东）。

次年春，刘备忧愤成疾，一病不起，托孤而亡。这场历史上有名的猇亭之战，以吴国获胜而结束。

在这场战役中，蜀军兵力强大，士

大火熊熊燃烧，刘备早已无力抵抗，只好带着残兵败将突围逃走，半路遇到前来接应的赵云。

气旺盛，最后却被兵力弱小的吴军打败。究其原因，从作战动机上来看，主要是因为刘备发动战争的目的不是为公利，而是报私仇，而且又倾其全部兵力来攻吴国，这就违背了"合于利而动，不合于利而止"的战争原则。从作战策略上来看，刘备以为自身兵力强大，遂将其营寨连在一起，这为陆逊实施火攻提供了条件。吴军准确分析了蜀军的作战意图，用火攻的办法，出其不意，攻其不备，最终取得了战争的胜利，大大削弱了蜀国的国力。

## 杨玄感兵败弘农

隋朝末年，隋炀帝穷兵黩武，四方征战，引起天下百姓的怨恨。督运粮草的礼部尚书杨玄感平时就对隋炀帝不满，于是趁机起兵造反，挥师直取东都洛阳。杨玄感的队伍迅速扩大到十万余人，但在西部的代王杨侑听说东部危急，连忙发四万精兵前去救援，远征高丽的隋炀帝得知杨玄感造反也急忙回师救援。

杨玄感急召好友李密和大将李子雄商议道："东都援军越来越多，我军处境不妙，二位有何高见？"李密和李子雄建议说："洛阳城固兵多，一时攻打不下，如果我们直取潼关，进入关中，开永丰仓赈济百姓，赢得人心，以关中为落脚之地，再伺机东向，争夺天下，未为不可。"杨玄感认为二人说得有理，立即撤去洛阳之围，率大军向潼关疾进。

弘农（今河南陕县）是杨玄感大军取潼关的必经之路。弘农太守杨智积对属下说："杨玄感被迫放弃洛阳是因为我方援军即将赶到。如果让他进入关中，以后的胜败就很难预料了，我们应该把他们滞留在这里，待援军到来，一举消灭他们！"

杨玄感率大军经过弘农时，准备绕城而过，突然，守将杨智积高高站立在城头，对着杨玄感破口大骂，语言污秽之极，不堪入耳。杨玄感勃然大怒，立即命令大军停止前进，将弘农城团团包围起来。李密苦苦相劝："追兵即在身后，此城非逗留之地。小不忍则乱大谋，将军当三思而行！"杨玄感道："量一小小城池，能奈我何？待我捉住杨智积匹夫，以泄我心头之恨！"

杨玄感下令攻城。不料杨智积早有防备，一连三天过去，城未攻克。这时传来飞报："追兵已经接近弘农！"杨玄感大吃一惊，这才慌忙撤去包围，向潼关进军。但是，一切都为时已晚。隋炀帝的大军在潼关外追上了杨玄感。杨玄感连战连败，在逃往上洛（今陕西商县）的途中，连战马也倒毙了，余卒尽散，只剩下他和兄弟杨积善两个人。杨玄感又悔又恨，对兄弟说："我因一念之差，不能采纳忠言，兵败至此，再无脸面见人。你把我杀死吧！"杨积善举剑杀死哥哥，然后自刎。

为将者不仅要有谋略，更要有沉稳、坚毅的性格，越是在关键时刻，越容易因一时之急而功败垂成。正所谓"主不可以怒而兴师，将不可以愠而致战"，一时的感情冲动是要付出巨大代价的。如果杨玄感能明白这一点，恐怕也不会落得如此下场。

## 一封书信大败吐蕃

778年，吐蕃兴兵十万侵扰大唐川西地区，川西守将韦皋发兵抵抗。两军对垒，互有胜负。吐蕃王见不能立即取胜，便写信给云南王，让他出兵相助。云南王接到吐蕃王的信，正左右为难，大臣中有一人出主意说，可效仿战国年间五国攻秦时齐国的办法，答应派兵，但驻扎观望，等待胜负有定时再作打算。云南王一听大喜，马上答应吐蕃，即刻便发兵去救助。

吐蕃王接到云南王回信，更增长了勇气，向唐军发动更猛烈的攻击。韦皋正在全力对付吐蕃时，却听说背后云南兵正在向自己靠近，不禁大吃一惊，忙从川内调兵阻挡。哪知云南兵进到泸水（今四川雅砻江下游）时，却安营扎寨停了下来，不再前进。韦皋闻报，顿时松了一口气，但又一想，危机仍没过去。云南兵显然是在驻扎观望，等自己和吐蕃决出胜负时，再另做打算。一旦失利，那么云南兵就会从背后杀过来，自己腹背受敌，仍十分危险。韦皋觉得要变被动局面为主动局面，就必须争取云南兵倒向自己这一边。而要争取云南兵倒向自己，必须设法破坏云南王与吐蕃王的关系。韦皋苦思一夜，终于有了办法。

第二天，他给云南王写了一封信，信上说云南王已决定归附大唐，这是明智之举，今番来兵名义上助吐蕃，而实际上帮唐军夹击吐蕃，此举甚好。若一举灭了吐蕃，愿把吐蕃的牛羊马群分给云南王云云。信写好后，韦皋并没有发出去，而是用以前给云南王送信用的银匣装好，封上封印，揣在自己怀中，到前线与吐蕃激战。对阵时，佯作不支，仓促后退，从怀中抖落银信匣。吐蕃战将见有银器落地，忙拍马来抢。韦皋故作迫不得已状，退兵回营。吐蕃王拿到这封信一看，气得胡子直抖，马上拨出两万人马，扼住云南兵前往战场的要道，以防他们来助韦皋。云南王听说吐蕃无缘无故地派兵阻击自己，十分生气，马上下令班师回朝。韦皋解除了后顾之忧，全力对付前边的吐蕃兵，将吐蕃兵打得大败而逃。

韦皋利用云南王降唐的事情大做文章，假写信函并巧妙地"送"入吐蕃王手中，使其中计，消除了自己的后顾之忧，结果大胜吐蕃。

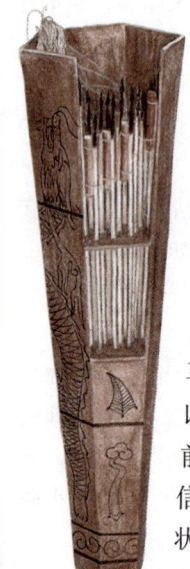

此为古代兵器一窝蜂复原图。其为一种木筒形状的火箭架，里面装有几十只火箭，所有的引线都相连，用的时候，只要点燃总线，几十只箭一齐射出，犹如群蜂蜇人，故名"一窝蜂"。

# 用间篇

## 本经通读

孙子曰：凡兴师十万，出征千里，百姓之费，公家之奉，日费千金；内外骚动，怠于道路，不得操事者，七十万家。相守数年，以争一日之胜，而爱爵禄百金，不知敌之情者，不仁之至也，非人之将也，非主之佐也，非胜之主也。故明君贤将，所以动而胜人，成功出于众者，先知也。先知者，不可取于鬼神，不可象于事，不可验于度，必取于人，知敌之情者也。

故用间有五：有乡间，有内间，有反间，有死间，有生间。五间俱起，莫知其道，是谓神纪，人君之宝也。乡间者，因其乡人而用之。内间者，因其官人而用之。反间者，因其敌间而用之。死间者，为诳事于外，令吾间知之，而传于敌间也。生间者，反报也。故三军之事，莫亲于间，赏莫厚于间，事莫密于间。

非圣智不能用间，非仁义不能使间，非微妙不能得间之实。微哉！微哉！无所不用间也。间事未发而先闻者，间与所告者皆死。

凡军之所欲击，城之所欲攻，人之所欲杀，必先知其守将、左右、谒者、门者、舍人之姓名，令吾间必索知之。

必索敌人之间来间我者，因而利之，导而舍之，故反间可得而用也。因是而知之，故乡间、内间可得而使也。因是而知之，故死间为诳事，可使告敌。因是而知之，故生间可使如期。五间之事，主必知之，知之必在于反间，故反间不可不厚也。

昔殷之兴也，伊挚在夏；周之兴也，吕牙在殷。故惟明君贤将，能以上智为间者，必成大功。此兵之要，三军之所恃而动也。

## 本篇旨要

孙子将《用间篇》作为《孙子兵法》的结尾，是匠心独具的刻意安排，带有总结性的意义。在孙子的军事理论中，"知己知彼，百战不殆"是其基石，"知"是孙子作战思想的灵魂，是决定战争胜败的关键因素。然而"知己"易，"知彼"难。要想"知彼"，用间就成了最重要、最可靠的途径。《用间篇》从战略的高度论述了使用间谍的重要性及各种间谍的使用方法，提出先知敌情"不可取于鬼神，必取于人"。《孙子兵法》以《用间篇》收尾，不仅与论述战略决策的《计篇》首尾照应，使全书体系完整，而且也可以从中看出孙子"知己知彼""先胜而后求战"的"全胜"思想始终如一，一贯到底。

# 先知者

### 【原典】

孙子曰：凡兴师十万，出征千里，百姓之费，公家之奉①，日费千金；内外骚动②，怠于道路③，不得操事者，七十万家④。相守⑤数年，以争一日之胜，而爱爵禄百金⑥，不知敌之情者，不仁之至也，非人之将也，非主之佐⑦也，非胜之主⑧也。故明君贤将，所以动而胜人⑨，成功出于众者，先知也。先知者，不可取于鬼神⑩，不可象于事⑪，不可验于度⑫，必取于人，知敌之情者也。

### 【注释】

①公家之奉：公家，指国家。奉，同"俸"，指军费开支。国家的开支。

②内外骚动：内外，前方后方的通称。骚动，动荡不安的意思。全国上下都不得安宁。

③怠于道路：怠，疲惫、懈怠。运输军需物资的人在路上来回奔波，早已疲惫不堪。

④不得操事者，七十万家：操，操持。操事即操持农事。七十万，形容很多，并非确数。这里指要出兵打仗必然破费物资，广大民众就要承受繁重的徭役和赋税，不能从事正常的生产劳动。

⑤相守：这里指与敌军对峙。

⑥而爱爵禄百金：而，如果、倘若。爱，吝惜。爵禄，爵位和俸禄。指如果吝惜爵位、俸禄和金钱而不肯重用间谍。

⑦非主之佐：不配为国君的辅佐力量。

⑧非胜之主：不能成为战争胜败的主宰者。

⑨动而胜人：动，行动、举动，这里指出兵打仗。意为一出兵就能克敌制胜。

⑩不可取于鬼神：不可以用祈祷、祭祀鬼神和占卜等方法去得知敌情。

⑪不可象于事：象，类推。不可用相似的事情作类比，去推想出敌情。

⑫不可验于度：验，验证。度，天象、历数。不可通过观察天象和历数来推验吉凶祸福。

### 【译文】

孙子说：大凡兴兵十万，出征千里，百姓的耗费，国家的开支，每天都要花费千金；前、后方动乱不安，民夫戍卒疲惫地在路上奔波，不能安心从事耕作的人家不计其数。这样相持数年，就是为争夺一朝的胜利。如果吝啬爵禄和金银，不愿使用间谍，以致不知敌方虚实，以致战争失利，真是不懂仁爱到了极点啊！这种人，不配作为军队的统帅，不配作为君主的辅臣，也不是胜利的主宰者。所以，英明的君主，贤能的将帅，之所以动辄就能战胜敌人，比一般人成功，就在于他们事先了解敌情。要事先了解敌情，不可求神问鬼，也不可用相似的现象作类比，也不能用日月星辰运行的位置去验证，一定要取之于人，从那些熟悉敌情的人的口中去获取。

【读解】

孙子在这里强调了间谍术在战争中的重要作用。进行战争一定要不惜重金安置间谍来刺探敌情、掌握对方虚实，以便于己方筹谋作战、部署兵力。精明的将帅通过间谍术事先就掌握了敌情，因而往往能成为战争胜利的主宰者。

【实例】

## 周瑜假书赚蒋干

赤壁之战前，周瑜一招反间计，不费一兵一卒就除掉了曹操麾下的两员得力水军将领，让曹操损失惨重。

曹军士兵大部分是北方人，不谙水性，因此水战一直是他们的弱项。曹操占领荆州后，便任命降将蔡瑁和张允为都督负责训练水军，准备借此扫平江东。蔡、张二人在荆州已经居住了数载，对水战的奥秘了然于心。因而周瑜颇为此担心。此时，恰逢蒋干受命来江东劝降周瑜，于是周瑜借机设下反间计。

蒋干与周瑜是同窗好友，因此，曹操委派蒋干去江东说服周瑜弃孙投曹。

周瑜早知蒋干来意，所以见面就不给蒋干说话的机会。

周瑜先是借口好友聚会、朋友谈心不谈军事，封了蒋干之口，之后，又在蒋干面前炫耀江东兵精粮足，让蒋干始终没有机会道明来意。

宴会结束后，周瑜坚持要和蒋干同床而眠。他借酒装醉，鼾声大震，蒋干却因此行的目的未达到，辗转难眠，二更便起来了。

蒋干起床后，无意间看到了蔡瑁、张允写给周瑜的一封投降书，大吃一惊，就赶紧藏了起来。蒋干怕周瑜醒来发现，连忙熄灯上床，装作什么也没发生过。

将近四更时，有士兵依计到帐内叫醒周瑜，并报告说江北有人来了。周瑜故意小声地呵斥道："轻声点！"然后又叫了床上的蒋干一声，蒋干装睡，没有答应。

周瑜故意让蒋干听到他和来人的对话。来人说："蔡、张二位都督因情势紧急，暂无机会下手。"过了一会儿，周瑜回到帐内，又叫蒋干，蒋干还是不应。于是周瑜脱衣睡觉。蒋干自以为得到机密情报，便连夜悄悄地溜回了江北。

蒋干回去面见曹操，掏出在周瑜帐内偷回来的信，并把偷听来的话也告诉了曹操。

曹操暴怒，急忙召唤蔡瑁、张允二人来到帐内，不容分辩就将他们斩杀了。

群英會蔣幹中計

# 孙子兵法

用間篇

先知者

三一五

孙子曰："动而胜人，成功出于众者，先知也。"赤壁之战尚未开始，周瑜便打蛇七寸，计杀了曹操最主要的水军将领，使得曹军不习水战的弱点扩大化，达到了先声夺人的目的，为孙刘联军的胜利奠定了基础。

这场较量中，蒋干是周瑜用间的重要棋子。周瑜利用自己与蒋干是同窗好友的关系，趁其来劝降之机，将计就计，让蒋干误以为获得重要情报而连夜回营告知曹操，这正应了孙子所说的话："因间者，因其乡人而用之。"曹操多疑的性格也是周瑜利用反间计的因素之一，疑则生变，周瑜正是掌握了曹操的性格弱点，巧施妙计，才能为己方营造出有利形势。

## 曹玮反间杀叛逃

北宋真宗时，宋、夏边境经常发生战事。这一年，在北宋与西夏国交界的渭州（今甘肃、宁夏部分地区），北宋兵不断私自投敌。

这天，宋军渭州守将曹玮正在和客人下象棋，守卒飞马来报说："将军，今天又发现五十个士兵叛逃西夏国。""知道了。"正在下棋的曹玮听完报告后不紧不慢地说，"慌什么，那是我派过去的！"

曹玮话音刚落，好像马上发觉自己说漏了嘴，立即抬起头环顾左右，见在场的都是自己的亲兵，便没再说什么。

后来，他的亲兵无意中把这件事泄露给西夏国在宋军中的探子。于是，消息很快传到了西夏军主将那里。

西夏军主将恍然大悟道："原来是这样，我早就疑心这些宋兵是否真心投诚了。"随后，西夏军主将下令将先后投靠夏军的几百宋军全部杀掉。

杀完这批降兵后，西夏军主将再一琢磨，不禁惊呼："不好，我们中了曹玮的奸计了。"

原来，当时曹玮用了"反间计"，用一句假话来借刀杀人，这样既稳定了军心，又杀掉了叛逆，还制止了宋兵的继续叛逃，可谓一箭三雕。

西夏军主将恍然大悟道："原来是这样，我早就疑心这些宋兵是否真心投诚了。"随后，西夏军主将下令将先后投靠夏军的几百宋军全部杀掉。

# 用间有五

【原典】

故用间有五：有乡间，有内间，有反间，有死间，有生间。五间俱起，莫知其道①，是谓神纪②，人君之宝也。乡间者，因其乡人而用之③。内间者，因其官人而用之④。反间者，因其敌间而用之⑤。死间者，为诳事于外⑥，令吾间知之，而传于敌间也⑦。生间者，反报也⑧。故三军之事，莫亲于间⑨，赏莫厚于间⑩，事莫密于间⑪。

【注释】

①五间俱起，莫知其道：俱，都。起，使用。道，方法、规律。指同时使用五种间谍，使敌人无法摸清己方的用间情况。

②神纪：纪，道。神妙莫测的道理。

③因其乡人而用之：因，凭借，这里引申为利用。指利用敌国的人作己方的间谍。

④因其官人而用之：官人，指敌国官吏。收买和利用敌国的官吏为己方的间谍。

⑤因其敌间而用之：收买、利用敌方派来的间谍，使其为己方所用。

⑥为诳事于外：诳，欺骗、迷惑。指故意向外散布虚假情况，从而欺骗和迷惑对手。

⑦令吾间知之，而传于敌间也：指让己方间谍了解有意泄露的虚假情况，并传达给敌人，诱使敌人上当受骗。

⑧生间者，反报也：反，同"返"。指到敌方摸清情况后，能亲自返回自己的军营来报告的人。

⑨三军之事，莫亲于间：意思是间谍是三军将士中，将帅最应该亲近的人。

⑩赏莫厚于间：意思是间谍应该成为军中受赏赐最优厚的人。

⑪事莫密于间：没有比间谍之事更应该保守机密的了。

【译文】

因此，运用间谍有五种方法，即乡间、内间、反间、死间、生间。五种方法一齐使用，使敌人无从捉摸己方用间的规律，这是使用间谍神妙莫测的方法，也是国君克敌制胜的法宝。所谓乡间，是指利用敌国居民中的普通乡人做间谍。所谓内间，就是利用敌国朝内官员做间谍。所谓反间，就是利用敌方派来的间谍，使之反过来为己方效力。所谓死间，是指制造、散布假情报，通过己方间谍将假情报传给敌人，诱使敌人上当（一旦真情败露，此间谍难免一死）。所谓生间，就是侦察后能活着回来报告敌情的间谍。所以，对于统领三军、用兵打仗的国君和主将来说，军中的亲信，没有比间谍更亲密的了；军中的奖赏，没有比对间谍的奖赏更丰厚的了；军中的事务，没有比间谍从事的事情更为秘密的了。

【读解】

这段话讲述的是间谍的种类以及使用间谍的方法。孙子十分重视间谍的作用，认为它是作战取胜的一个关键，军队依靠间谍提供的情报而采取行动。孙子把间谍分为五种：乡间、内间、反间、死间、生间。在这五种间谍中，前三种是敌方人员，后两种是己方潜入敌人内部的人员。这五种间谍都使用起来，情报的来源就变得十分广泛，打起仗来就会使敌人茫茫然不知怎样应付，确实是神妙莫测。

【实例】

## 胡宗宪离间海盗

明嘉靖时期，浙江沿海地区面临徐海、陈东和麻叶三股海盗势力的威胁，民不聊生。当时明朝政府负责沿海军务的总督是兵部侍郎胡宗宪，他决定招抚和离间双管齐下，从而歼灭这群海盗。

胡宗宪派心腹夏正到徐海驻地。见到徐海后，夏正献上了礼品，并说："常年在海上奔波，怎么比得上在内地安居来得舒服呢？委委屈屈做海盗，怎么能与当大官享福相比呢？"徐海听了这些话，半晌没有言语。夏正见第一步已经成功，接着便故弄玄虚，说陈东已经与胡宗宪订下盟约，他只要能拿下徐海就会以此向明朝投降。但是胡宗宪深恐陈东善变，因此就把希望寄托在徐海身上。只要徐海捉拿陈东和麻叶，然后归顺明朝，胡宗宪就会奏请皇上赐徐海高官厚禄，让徐海享尽荣华富贵。徐海拿不定主意，就派人去陈东处打探虚实。陈东得知徐海接待了朝廷的使者，认为他已有投降之心，因此对徐海的使者冷嘲热讽。使者回来后据实以报，徐海因此对陈东已经投降朝廷的消息深信不疑。

过了一段时间，徐海捉拿陈东未遂，反而偶然抓住了麻叶，他立刻派人把麻叶押送到胡宗宪的大营。胡宗宪盛情款待麻叶，并让他给陈东写信，商量捉拿徐海的事。骗得陈东的回信后，胡宗宪又将其交到徐海的手上。徐海看到信后，盛怒之下到倭寇首领萨摩王面前告了陈东一状。徐海得到了萨摩王的鼎力相助，很快就抓住了陈东，并亲自把陈东交给了胡宗宪。

为了犒赏徐海，胡宗宪派他屯守东沈庄。徐海离开后，胡宗宪又在陈东面前为他鸣不平，说："你的本领并不在徐海之下，怎么会败在他手上呢？我本没有加害你之意，就让你屯守西沈庄吧。"陈东带兵到了西沈庄，决心找徐海报仇雪恨。他怀着满腔仇恨和徐海血战数日，二人难分胜负。此时，徐海逐渐意识到中了胡宗宪的圈套，正准备退兵时，已经太晚了，胡宗宪带领大批兵马赶了过来。寡不敌众的徐海不堪一击，他的人马因此死伤无数，连他本人也在河里淹死了。

西沈庄的陈东部见败局已定，便作鸟兽散四处逃命去了。

此例中，胡宗宪所用虽是离间之计，但依据孙子对"间"的分类来看，应该属于"内间"的范畴。"内间"本意指利用敌国朝内官员做间谍，但广义上可以理解为从敌人内部分化瓦解他们，从而达到于己有利的目的。胡宗宪利用徐海、陈东、麻叶三股海盗势力互不信任的弱点，以高官厚禄为诱饵，巧施"间"计，从内部离间、分化他们，并诱使他们自相残杀，而他坐收渔人之利，最后成功消灭了这群残忍凶暴的海盗，恢复了浙江沿海地区的安宁。

## 乐毅之败

乐毅，战国时期赵国人，杰出的军事家、政治家，少年聪颖，喜好兵法，深得赵人赞赏。赵武灵王时，乐毅因避沙丘之乱来到魏国都城大梁（今河南开封西北），并当了大夫。

当时，由于齐国曾经乘虚而入，在燕国的子之之乱中发兵攻打燕国，使燕国几近亡国，所以燕昭王即位后，一心想洗雪前耻。无奈燕国实力弱小又地处偏远，昭王心有余而力不足，于是四处招贤纳士，希望能得到贤能之士的辅佐。最先得到昭王礼待的是郭隗，之后燕昭王更是寻找一切机会招揽天下群雄。一天，乐毅受魏王之命出使燕国，得到了燕昭王的盛情款待。乐毅最终被昭王的一片诚心打动，答应做他的臣子，被赐封为亚卿（仅次于上卿）。

不久，齐愍王亲率齐军向南进军，在重丘（位于今河南泌阳境内）打败了楚相唐昧，在西边的观津（今河南商丘东）摧毁了三晋的势力，接着又攻打秦国，帮助赵国消灭中山国，打败宋国。之后，齐国声名远播，诸侯各国都屈服于强大的齐国，齐愍王更是骄矜自满，不可一世。由于齐愍王对外骄横自恣，引起了邻国的怨恨；对内又失去了诚信，使国民群情激愤。这样，齐国陷入了内外交困的境地，政局不稳，形势恶化。

燕昭王认为雪耻的时机已经成熟，但乐毅不这样认为。他说："齐国多年来处于霸主地位，地广人多，根基深厚，并且齐国人深谙兵法，很会打仗。虽然它内部有矛盾，但仅凭我们一国的力量还不足以取胜。如果大王一定要攻打齐国，必须要联合楚、魏、赵、韩诸国，陷齐国于孤立被动的局面，这样才能取胜。"这就是"举天下而攻之"的伐齐方略。

乐毅的建议被燕昭王接受了，之后他被派往赵国，同赵惠王商讨缔结盟约攻打齐国的相关事宜，并请求赵国用攻打齐国后取得的利益诱惑秦国，对他们提供帮助。燕昭王还派遣剧辛出使楚国和魏国，共谋伐齐之计。由于齐国已经招致众国的愤慨，众人一听说联兵伐齐，纷纷表示赞同。

乐毅回到燕国后，被任命为上将军，同时他还得到了赵惠王的相印，遂率领燕国之兵与赵、楚、韩、魏四国之军会合，攻打齐国。齐愍王获悉后，亲自率领齐军主力在济水之西迎战。两军遭遇后，乐毅亲自到阵前，率领五国联军向齐国发动猛烈进攻。齐愍王大败而归,率残军逃回齐国都城临淄(今山东淄博齐都)。随后,乐毅让远道参战的各国军队班师回朝,自己则打算亲自率领燕军直抵临淄,歼灭齐国。但是,谋士剧辛不赞成这样做,认为燕军力量尚且不足,还不能独立灭齐,万万不能长驱直入。乐毅则认为齐军的精锐部队已经丧失,国内局势混乱,此时的形势已是燕强齐弱,于是坚持率领大军乘胜追击。

乐毅率燕军一路追击齐军到齐都临淄。齐愍王眼看都城临淄已是危在旦夕,于是率领少数臣僚逃往莒城(今山东莒县)固守。乐毅连续进攻,分路出击,攻城略地,很快就占领临淄,把齐国珍宝、财物、祭器皆据为燕国所有。对乐毅的功绩,燕昭王深为赞赏,他亲自到济水犒赏、宴飨将士,并将昌国(在今山东淄川东南)城封给乐毅,称昌国君。

在乐毅的率领下,燕军在半年内占领了齐国七十多个城。齐国的城池除聊城(今山东聊城)、莒城、即墨(今山东平度东南)三城仍顽强抵抗外,其余都被纳入燕国的版图,燕国强于一时。考虑到仅靠武力还不足以征服齐国民心,所以乐毅对莒城、即墨采取了围而不攻的方针,对已经被攻占的地区减免赋税,废除苛政,尊重当地的风俗习惯,还保护齐国原有的文化,并礼待地方有势力的人以让其甘愿臣服,希望从根本上瓦解齐国。

公元前279年,燕昭王逝世,太子乐资即位,称燕惠王。早在燕惠王还是太子时,他就已经和乐毅结下了嫌隙,所以他即位后虽然还是继续任用乐毅,却始终不信任他。这一消息被齐国大将田单得知后,他决定趁机离间燕惠王和乐毅二人。于是他派人到燕国散布谣言,说既然乐毅能在短时间内攻占齐国的七十多个城,为何用五年的时间还不能攻占莒城和即墨呢?这其中的道理很简单。乐毅实际上是在收买人心,为他叛变燕国作准备。燕惠王原本就不信任乐毅,听了这些话后便信以为真,于是撤了乐毅的职,任命骑劫为大将代替他。乐毅知道燕惠王要收回兵权是因为听信了谣言,想加害于自己。他说:"善作者不必善成,善始者不必善终。"之后便决定弃燕国投奔赵国。赵惠王得知乐毅愿意在赵国辅佐他后,非常隆重地招待他,并把他册封在观津,称望诸君。赵王对乐毅这般器重,主要是警惕燕国和齐国,让他们不敢轻举妄动。

骑劫只是一个有勇无谋又骄狂自大的人。乐毅投奔赵国后,他来到齐国,一反乐毅原来的战略部署和用人良策,实行苛政,激起了齐国军民的强烈反抗。田单于是设计欺骗燕军,在即墨城用火牛阵大破燕军,并斩杀了骑劫。之后,田单率领将士继续追击燕军到黄河边上,收复了齐国先前被占领的城邑,燕军被逐出齐国。愍王已死,齐襄王在莒城即位,被众将士迎回临淄。

燕惠王一面后悔派骑劫代替乐毅,使得军队大败,那些曾经占领的齐国土地也得而复失,一方面也怨恨乐毅投奔赵国,生怕赵国任用乐毅,乘燕国大败之际进攻燕国。于是燕惠王派人到赵国向乐毅道歉:"当年你辅佐先王大败齐军,为先王雪耻。天下人都为之震动,我也时时刻刻不忘你的功绩。但是先王去世之后,我初登王位,经验不足,又轻信谗言,所以才误了国家大事。其实,我派骑劫代替将

军你，是怕将军你常年征战于荒郊野外太辛苦，所以请你回来休养，并想同你共商国家大事。哪知将军误信传言，对我产生了误会，投奔了赵国。虽然将军这样做是为自己打算了，但你该怎么报先王的知遇之恩呢？"乐毅于是写下了慷慨激昂的《报燕惠王书》，力陈惠王对自己的无端指责和种种误解，表明了自己对燕昭王的一片赤诚之心，以及自己功亏一篑的遗憾之情，并以"善作者不必善成，善始者不必善终"来强调了自己不为昏主效愚忠，不学冤鬼屈死，故而出走的正确性。这时，燕惠王对乐毅的偏见才打消，随即封乐毅之子乐间为昌国君。

乐毅回信给燕惠王，表明自己忠君爱国之心及出走缘由。

## 刘秀假手除心患

王莽统治末年，绿林起义爆发，刘秀与长兄刘演趁机起兵，响应绿林军。23年，汉室后裔刘玄被绿林军拥立为帝，刘演被任命为大司徒，后因争权被刘玄杀害。刘秀忍辱负重，势力壮大后，叛离刘玄。之后，刘秀率兵进军长安。洛阳是通往长安的军事重地，刘玄派李轶前去镇守，以阻挡刘秀大军的西进。

刘秀手下一名叫冯异的将军写信劝李轶归顺刘秀。李轶看完信后，回信给冯异说："请转告萧王（指刘秀），我愿为他尽微薄之力。"冯异看到这封信后，差人将此事报告给刘秀。刘秀怕李轶归降后依旧是心头之患，但如果拒绝其归降，对战局又十分不利。反复考虑后，刘秀终于想出一条妙计。刘秀回信给冯异，信中避而不谈是否接受李轶的归顺，只是提醒冯异坚守阵地。然后，刘秀故意将李轶归降的事泄露出去，众人议论纷纷。不久，刘玄手下的一员大将得到了这个消息，就派人杀死了李轶。

刘秀就这样借刘玄之手杀掉了李轶，既除掉了自己的心头之患，又不用承担杀害降将的坏名声。

# 无所不用间

【原典】

非圣智不能用间，非仁义不能使间①，非微妙不能得间之实②。微哉！微哉！无所不用间③也。间事未发而先闻者，间与所告者皆死④。

【注释】

①非仁义不能使间：指如果没有仁义之心，就不能使间谍乐于效命。

②非微妙不能得间之实：微妙，精细巧妙，指心思细密。实，指实情。不是心思缜密、手段高超的将领就不能取得间谍的真实情报。

③无所不用间：指处处都可以使用间谍。

④间事未发而先闻者，间与所告者皆死：间事，使间的事情。发，开始。己方用间所谋划的事情还没有开始行动，就走漏了风声的，间谍和知情的人都应该被处死。

【译文】

不是英明睿智的人不能任用间谍，没有仁义慷慨的德行不足以驱使间谍，没有精微神妙的分析判断能力不能得到间谍提供的真实情报。微妙啊，微妙啊！真是无处不用间谍！如果用间谍谋划的事情还没有开始实施，就已泄露出去，那么间谍和了解内情的人都应该被处死。

【读解】

孙子在这里论述了使用间谍的国君或将帅应具备的条件。孙子认为，使用间谍的将帅必须有"圣智"，富"仁义"，极"微妙"，这样才能辨别情报的真伪，避免中敌人的反间计。他同时强调，间谍工作是非常严肃而机密的，必须慎重地对待，容不得丝毫马虎。

【实例】

## 石勒用间胜王浚

西晋末期，各地人民纷纷起义，其中包括北方地区的一些少数民族，石勒部就是在反抗西晋统治过程中成长起来的比较强大的一支少数民族力量。随着实力的增强，首领石勒的野心也在不断地膨胀，他意图自立为王，便使用间智取了称王路上的障碍——西晋幽州（今北京西南）刺史王浚。

王浚自视甚高，妄自尊大，又宠信枣嵩、朱硕等奸佞之人，结果大失人心，各部都先后背叛了他。

　　石勒听从军师张宾的建议，派使者带上书信、珠宝来到王浚处，假意表示愿意归顺王浚。石勒在信中极力吹捧王浚，称自己只是一名小胡人，说："当今世上，中原无主，苍生无系，唯有您才是帝王之材，才是天下人的出路。能得天下人心者，除了您再也没有别人了。有资格为帝王者，非您莫属！"并进一步表示："我之所以投身于兴义兵、除暴乱的事业，正是要为您扫除障碍。我诚心希望您顺应天意民心，登基称帝。"同时，石勒又给王浚的宠臣枣嵩写信，并送去大量的钱财。

　　起初，王浚对此还有怀疑，于是便问石勒派去的使者王子春："石公是当世英才，又把守重要城池，本可以与我形成鼎足之势，但现在却向我降服，怎么能让人相信呢？"王子春是个善言辞之人，闻听王浚此言，当即就为石勒解释了一番。一席话说得王浚大喜，对此深信不疑，立刻把王子春和石勒派来的另一个使臣董肇封为列侯，还大大地赏赐一番。

　　后来，王子春等人陪同王浚的使者回访石勒。石勒对这些使者非常尊重，还面北而拜接受王浚的书信，一副毕恭毕敬的样子。当使者巡视时，石勒便把他的精兵强将都藏匿起来，给他们看的都是些老弱残兵。他还派董肇陪王浚的使者一同再回幽州，并亲笔写信给王浚，约定当年三月中旬亲自到幽州拥立他称帝。

　　王浚的使者走后，王子春将幽州的各种情况据实告之石勒：幽州发生灾荒，百姓无粮，但王浚依然征收苛捐杂税，且屯粮不放，百姓怨声载道；王浚各部先后离去，军心不稳；王浚不知反省，还妄自尊大。石勒一听，认为灭王浚的时机已经成熟了。而与此同时，回到幽州城的王浚使者报告王浚的却是："石勒将寡兵微，他的诚意绝对可以相信。"王浚大喜。

　　计议停当后，石勒先写信向并州刺史刘琨求和，并请求以讨伐王浚来赎罪。刘琨本来就和王浚有矛盾，因此很痛快地答应不出兵。石勒后患已解除，开始为出兵幽州作准备。当他率军日夜兼程到达易水（位于河北易县境内）时，王浚的督护孙纬派人向王浚报告了石勒进军的消息，并表示准备阻止石勒的军队前进。已经利令智昏的王浚却下令说："石公远道而来，是来拥戴我当皇帝的。谁人胆敢抗击，立刻杀头！"王浚还让左右准备筵席盛情款待石勒。于是，石勒在王浚军队的欢迎声中一路畅通无阻地来到幽州城下。石勒担心王浚有伏兵，因此，幽州城门一开，他先把带来的数千头牛羊赶入城内，言称是给王浚的礼品，实际上是用这些牛羊将城内的大街小巷堵个严严实实，使得王俊纵然有伏兵也派不上用场。

　　就这样，石勒成功地占据了幽州，并斩杀了王浚及其手下的奸佞之人，招降了贤能之人，为不久以后自立为赵王奠定了基础。

　　在《用间篇》中，孙子把间谍分为乡间、内间、反间、死间、生间五种，五种间谍虽各有其特点，但孙子还是进一步指出：应该"无所不用间""五间俱起，莫知其道"。石勒吞并王浚的过程，实际上就是一个连续用间的过程：石勒派门客王子春到王浚处，此为"生间"；石勒重金笼络、收买枣嵩，此为"内间"；被假象迷惑的王浚的使者则充当了"反间"。正是由于石勒成功地连续用间，才使得王浚完全陷入被动之中，而石勒则全面掌握了敌军的情况，把握了战机，最后出奇制胜，不费一兵一卒就占领了幽州城。

## 诸葛亮与司马懿互使反间计

魏明帝曹叡即位后，顾命大臣司马懿被任命为骠骑大将军，统领雍州、凉州等处兵马。获悉这一消息后，诸葛亮颇为忧虑，认为司马懿原本就智谋过人，如今再统领雍州、凉州等处兵马，假以时日，必定会成为蜀国的心腹大患，所以一定要抢占先机。参军马谡献计："丞相才刚平定南中，我军疲惫不堪，急需整顿休息，怎么还能再次远征呢？我有一计，能让司马懿命丧曹叡之手。"诸葛亮眼前一亮，忙询问到底是何计。马谡说："虽然司马懿是魏国大臣，但曹叡一直不信任他，认为他有反叛之心。既然这样，我们为什么不暗地里派人到洛阳、邺城等地散布司马懿想谋反的谣言呢？如此一来，曹叡这么多疑，一定会杀了司马懿，以除心头大患。"

诸葛亮采纳了马谡的计策，暗中派人实施反间计。果然不出所料，司马懿想谋反的消息传入曹魏朝廷后，曹叡大惊失色。加上大臣华歆、王朗等人也都说，太祖皇帝（曹操）早就说过，司马懿狼子野心，又文韬武略，深谙兵法，千万不能把兵权交付给他，否则必定成为国家之大患。今天果然是这样，一定要立即杀了他，以绝后患。这样，曹叡对司马懿想谋反的消息，更是深信不疑了，于是他立即下旨，要兴兵御驾亲征。在所有的大臣中，只有大将曹真觉得司马懿并无谋反之心，就对曹叡说这必定是蜀汉的反间计，他们想让魏国内部大乱，以便乘虚而入。听了这番话后，曹叡又犹豫不决，不知道该如何决定才好。这时，华歆等人又上奏说，即便是这样，也不能把兵权交付给司马懿，应该让他立即解甲归田。最后，曹叡削了司马懿的官职，收回了他的兵权，令他回故乡，改命曹休为雍、凉兵马提督。

这一消息传入蜀国，诸葛亮欣喜异常，说道："我早就有攻打魏国的计划了，无奈司马懿统领雍、凉兵马，让我迟迟下不了手。如今司马懿已经被废，这真

蜀汉建兴五年（227年），诸葛亮上表后主，请求率师北伐。

是天赐良机啊！"于是他向后主刘禅上奏了慷慨激昂的千古名篇《出师表》，然后率领蜀国的军队，开始北伐。在战争刚开始的时候，曹军连连败退，曹叡非常后悔听信谗言，中了蜀汉之计，于是恢复了司马懿的兵权，并加封其为平西都督。

在以后的战争中，司马懿以彼之道还施彼身，对蜀汉也实施了反间计。蜀国人苟安因误了军中大事被诸葛亮责罚，于是怀恨在心，向魏军投降。司马懿吩咐苟安回到成都，在蜀军中散布诸葛亮对后主不满，早晚都要谋反而自己称帝的谣言。苟安领命后就直接回到成都，在宦官面前散布流言，说诸葛亮居功自傲，不把后主放在眼里，日后必将谋反。宦官听到此消息后非常吃惊，急忙向后主报告。后主闻讯大惊失色，一时心慌意乱，拿不定主意。宦官献策说，应该立刻召诸葛亮回朝，收回他的兵权，以免他日后叛变。后主听信流言，果然这么做了。接到圣旨后，诸葛亮不禁仰天长叹："后主年纪尚幼，肯定是听信了身边佞臣的话。我正在建立功业，为何突然要召我回去呢？倘若我执意不回，就是欺君犯上，肯定会背负叛逆之名；但如果我奉旨撤退，这次北伐就功亏一篑了啊！"考虑再三，诸葛亮只好决定退兵。回到蜀国后，诸葛亮调查这件事的原因，了解到是苟安在兴风作浪，于是急忙下令缉拿，但已经太晚了，苟安早就不见了踪影。

## 朱元璋计杀赵普胜

元至正十七年（1357年），陈友谅手下的勇将赵普胜杀害了朱元璋麾下的爱将俞廷玉，令朱元璋痛心不已。为给爱将报仇雪恨，朱元璋在一次军事会议上说："赵普胜有勇而无谋，陈友谅不仅贪心而且多疑。倘若我们用反间计，必定可以借陈友谅之手除掉赵普胜。"

朱元璋派了一个说客设计结识了赵普胜的门客赵盟。这说客和赵盟经常在一起闲话家常，关系非常亲密。一天，说客故意把朱元璋写给赵盟的信交给了赵普胜，让他对赵盟产生怀疑，逐渐疏远了赵盟。被疏远后的赵盟寝食难安，便与说客一起逃到应天归顺了朱元璋。朱元璋对赵盟格外优待，还赏赐给他大量的金银财宝，让他回到陈友谅军中散布流言，说赵普胜居功自傲，不把陈友谅当回事，密谋叛变。

听到传言的陈友谅半信半疑，便派使臣到赵普胜的军营中打探虚实。赵普胜生性粗鲁，不善言辞，不仅对使臣非常傲慢，还流露出对陈友谅的不满。使臣回来后把这一切都报告给陈友谅。陈友谅大怒，亲自率重兵去找赵普胜。赵普胜不明就里，慌忙出来迎接，刚登上陈友谅的龙舟就被捉拿了。陈友谅的亲兵手起刀落，赵普胜根本没有辩解的机会就身首异处了。

朱元璋的反间计实在是妙。他挑起了陈友谅和赵普胜之间的事端，让赵普胜在什么都不知道的情况下屈死在刀下，从而除掉了自己的心头大患。

## 张飞用间

三国时期，为了收复西川，诸葛亮派张飞先行夺取入川路上的城池。诸葛亮一再嘱咐张飞要对民众、士兵进行安抚，不可暴躁行事，张飞允诺。一路上攻势非常顺利。

一日，军队到达巴郡，张飞的密探回报说："巴郡太守严颜，是蜀中名将，年纪虽高，仍能开硬弓、使大刀。他据守城郭，坚持不降。"张飞派人去讲和，结果严颜割去了使者的耳鼻。张飞很气愤，每日挑战，严颜仍不肯应战。

其实，严颜早知张飞的性情暴烈，只在城中挖深沟、垒高墙，想等到张飞军中无粮时必待军士严厉，如此，就可趁军心不稳之际捉拿张飞了。因此，严颜只是坚守不出，使得张飞越来越不耐烦了。

张飞回到寨中，苦思计谋，忽然眉头一皱，心生一计。第二天，张飞不再派人挑战，只是传令士兵四散砍柴打草，让士兵寻觅进城的路径。严颜在城中不见张飞叫战，反倒有些疑惑，就命十几个小兵扮成张飞派出砍柴的兵士，偷偷出城，夹杂在张飞军队中，在山中探听消息。

张飞坐在寨中，等砍柴的士兵一回来，就大叫大骂。帐前的人便去告诉他，说已发现一条小路可以绕过巴郡。张飞一听，仰天大笑，还故意大声地说："既然有这个办法，那么今天二更造饭，三更起寨，趁着月明，叫大家摘掉马铃，悄悄地走小路过巴郡。我在前面开路。"遂叫士兵传令早做准备。

探听消息的士兵知道了张飞的安排，就偷偷地潜回城告诉了严颜。严颜大喜，决定也二更做饭，三更出发，叫士兵悄悄地埋伏在树林，准备活捉张飞。

约三更后，严颜躲在暗处远远看见张飞亲自在前悄悄地引军前进，后面的车仗人马也陆续出发了。严颜下令擂鼓，率伏兵杀出，要夺取车仗。忽然听到背后也响起一阵锣鼓，一路军马应声杀到，严颜回头一看，乃是张飞领军杀到，一时手足无措，只杀了十几个回合，就被张飞生擒了。

原来，张飞故意让严颜的小兵带回假消息，使严颜上当，他还安排了一个假张飞先过去，以迷惑严颜，只等严颜中计，便率兵杀出。张飞既夺了巴郡，又收服了严颜，计策还真精妙。

# 先知其守将

【原典】

凡军之所欲击，城之所欲攻，人之所欲杀，必先知其守将、左右、谒者、门者、舍人①之姓名，令吾间必索知之②。

【注释】

①守将：指主管将领。左右：指主将身边的亲近人员。谒者：负责通报和传令的人员。门者：守门的官吏。舍人：室内的勤务人员（一说指守将的门客幕僚）。

②令吾间必索知之：索，搜索。要求己方的间谍人员必须搜索、获得这些人的信息、情况。

【译文】

凡是要攻打的敌方军队，要攻占的敌方城市，要刺杀的敌方重要人员，都须预先了解其主管将领、左右亲信、负责传达消息和命令的官员、守门官吏和门客幕僚的信息，命令己方间谍一定要将这些情况侦察清楚。

【读解】

孙子在这一段阐述的是使用间谍的具体方法。文中指出，在攻击敌军或夺取城邑抑或进行刺杀行动前，必须对敌方的主要将领及其亲信，还有与之有直接联系的所有人物进行细致侦察，获得详细情报。

【实例】

## 应天之战

元朝末期，朝政黑暗，统治者的民族歧视和阶级压迫政策使得社会动荡不安，农民起义从北到南，如火如荼地展开了。北方有刘福通；江南有徐寿辉，后来徐寿辉被部将陈友谅取代；江北有张士诚；浙东有方国珍。元至正十二年（1352年），郭子兴率军起义占据濠州（今安徽凤阳）。郭子兴死后，朱元璋成为这支起义军的领袖。

此后数年，朱元璋逐步消灭了元朝在江南的残余军队和多个地方割据势力，迅速发展壮大，占据了江苏、浙江、安徽的广大地区，并开始与张士诚、方国珍、陈友谅等势力相接触。朱元璋要统一江南，必定要同他们特别是同陈友谅进行激烈的争夺。陈友谅占据金陵应天（今江苏南京）上游，还控制了安庆、九江、武昌三个战略重镇，军事力量强大，仅水军就是朱元璋的十倍。因此，陈友谅是朱元璋平定江南的最大障碍；而陈友谅也野心勃勃，处心积虑地想消灭朱元璋。

元至正二十年（1360年）闰五月初一，陈友谅率十万水军越过朱元璋占据的池州（今安徽贵池），先攻占太平（今安徽当涂），又夺取采石（今安徽马鞍山西南），还派人和张士诚联系，企图两面夹击，一举消灭朱元璋。

在陈友谅以优势兵力大举东下之际，朱军内部有人主张投降，有人主张退守钟山（今南京紫金山）。刘基则建议"伏兵伺隙击之"，主张在应天与陈友谅决战。朱元璋采纳了刘基的建议。

此为虎蹲炮复原图。这是一种需要用手点火发射的火炮，带有炮筒以及炮架。炮口与第二节炮筒之间设置有固定的炮枷，因而火炮一直处于举头的状态，宛如一个老虎蹲在那里，故名虎蹲炮。其以铸铁制成，全长40厘米，口径4厘米，外径14厘米。

朱元璋根据应天城池坚固、地形复杂的特点，利用陈友谅求战心切、骄傲轻敌的心理，大胆采取诱敌深入、设伏聚歼的方针，诱使陈军巨舰由大江深处进入较狭窄的新河（位于今南京城西南），迫使陈军舍舟登岸，这也就等于舍长用短。在如何诱敌深入上，朱元璋采取了"用间"的策略，他手下的元朝降将康茂才是陈友谅多年的老朋友，二人关系非同一般，朱元璋利用这一点，命康茂才写信向陈友谅诈降。在信中，康茂才表示愿意做陈的内应，并与陈约定在江东桥（今南京江东门附近）会合，暗号为"老康"。与此同时，朱元璋根据应天的地形条件作出部署：派常遇春等率兵三万埋伏于石灰山（今南京幕府山）侧；徐达等率兵列阵于南门外；赵德胜率兵横跨新河驻守虎口城；杨璟驻兵大胜港（位于今南京城西南15里处）；张德胜等率水师出龙江关（今南京兴中门外）；朱元璋自率主力埋伏于卢龙山（今南京狮子山）；胡大海率兵西攻信州（今江西上饶），威胁陈友谅侧后，对其进行牵制。朱氏大军严阵以待，只等陈友谅前来进攻。

急躁、自大的陈友谅接到康茂才的信后，信以为真，也不等待张士诚的答复，就马上部署兵力，于五月初十亲自率军由采石进抵大胜港。行至江东桥时，陈友谅按照与康茂才的约定，连呼"老康"，竟没人应答，陈友谅方知受骗，仓促之中忙派万人大军登陆立栅。

埋伏于卢龙山高处的朱元璋看到陈军进入伏击圈，遂趁其刚刚登岸、立足未稳之际，发出出击的信号，顿时伏兵四起，水陆夹击，向陈友谅大军冲杀过去。本就阵形未稳的陈军遭此突然袭击，更为混乱，士兵争相登舟而逃。时值退潮，陈友谅的巨舰已遭搁浅，因而陈军无处可逃，被杀和落水而死者不计其数，另有两万余人被俘。陈友谅不得不遗弃一百多艘巨舰，乘小船逃回了江州（今江西九江）。朱元璋率军乘胜追击，不但夺回了安庆、太平，还接连取得信州、袁州

（今江西宜春）等地。应天之战，以朱元璋的大获全胜结束。

朱元璋用间成功，和陈友谅自大、喜功的性格特点有关，陈友谅高估了自己的人格魅力，认为康茂才的投降是理所当然的事情。他只看到里应外合的大好机遇，却未加仔细分析，便认为自己一击则赢，于是不等张士诚的答复，放弃了两面夹击朱元璋的机会，轻率出兵，结果正好步入朱的埋伏圈内，最后只能大败而回。孙子说"非微妙不能得间之实"，使用间谍的将帅必须有"圣智"，方能辨别情报的真伪，避免中敌人的反间计。所以说用间和辨别情报是非常严肃而微妙的事情，必须以慎重的态度进行。在应天之战中，陈友谅就是典型的辨别情报失败者，而朱元璋则因正确分析敌人情况，找到了突破口，最终用间成功。

## 宋太祖借刀杀将

宋太祖赵匡胤建立宋朝后，发动了消灭封建割据势力的统一战争。宋太祖采取北守南攻、先南后北的方针，平西蜀，灭南汉，声势大振。灭掉南汉后，宋太祖把下一个进攻目标转向南唐。南唐后主李煜昏庸无能，听到这个消息后，连忙向宋太祖表示愿意放弃国号改称江南国主。这时，宋太祖虽有心灭南唐，但又不敢轻举妄动。原来，南唐有一位武将名叫林仁肇，此人不仅勇猛无敌，而且深得民心。

赵匡胤根据南唐内部战和不定，后主李煜多疑等情况，决定施以"离间"之谋，先除掉守将林仁肇，然后再进军南唐。为此，赵匡胤先派遣画师为亲善使臣过江拜见敌守将林仁肇，并偷偷绘制下林仁肇的画像，然后又在朝廷修建离宫别馆，装修内部，把林仁肇的画像悬挂其间，最后他还安排南唐的"客卿"入室，有意制造出林仁肇已答应归宋的假象。

971年，李煜派其弟李从善以上表请降为名，入朝探听虚实。宋太祖当即热情款待李从善，并有意把他留下来，授职为泰宁军节度使。此后，李煜常派使臣到从善处探听消息，赵匡胤任其出入，从不盘查。

一天，赵匡胤令廷臣引李从善入新建离馆。李从善一眼就看到了室内悬挂的林仁肇的画像，惊诧不已，他不解地问道："这是我国武将林仁肇的画像，怎么会挂在这里？"侍臣故作神秘，支支吾吾了半天才说："皇上欣赏林仁肇的才干，下诏书让他来京做官，林仁肇已经答应投降，并先送来画像以表诚心归顺。"

李从善听后，立即向李煜报告此事。李煜果然起了疑心。在一次宴会中，李煜用毒酒毒死了林仁肇。林仁肇死后，宋太祖立即发兵攻打南唐，南唐遂灭。赵匡胤运用"离间"之计，破坏敌军阵营的团结，借敌手除掉心腹大患，从而削弱了敌人的力量，为平定南唐创造了条件。

# 反间不可不厚

【原典】

必索敌人之间来间我者①，因而利之②，导而舍之③，故反间可得而用也。因是而知之④，故乡间、内间可得而使也⑤。因是而知之，故死间为诳事，可使告敌⑥。因是而知之，故生间可使如期⑦。五间之事，主必知之⑧，知之必在于反间，故反间不可不厚也⑨。

【注释】

①必索敌人之间来间我者：第一个"间"为名词，指间谍。第二个"间"为动词，指间谍活动。指一定要搜出敌方打入己方内部的间谍人员。

②因而利之：因，由、就，可理解为顺势、趁机。指趁机以重金收买敌方间谍。

③导而舍之：导，诱导。舍，释放。设法引诱敌人派来的间谍，交付其一定的任务，然后把他放回去。

④因是而知之：因，根据。从反间提供的情报中得知敌人的内情。

⑤故乡间、内间可得而使也：（通过反间了解敌情，）乡间、内间就都可以为我所用了。

⑥死间为诳事，可使告敌：（从反间处了解敌情，）而可将虚假情报通过死间传送给敌人。

⑦生间可使如期：生间可以按预定日期返回报告敌方的情况。

⑧五间之事，主必知之：五种间谍如何使用，君主都必须知道。

⑨故反间不可不厚也：因此给反间的待遇一定不可以不优厚。

【译文】

一定要搜查出敌方派来侦察己方军情的间谍，从而用重金收买他，诱导他为己所用，然后再放他回去，这样，反间就可以为己所用了。这样从反间了解到情况，就能从敌方找到恰当人选，乡间、内间就可以为我使用了。通过反间了解了情况，死间就可散布假情报，并传达给敌人。通过反间了解了情况，避开了危险，生间就可如期回报敌情。五种间谍的使用方法，国君都必须了解掌握。了解情况的关键在于使用反间，所以对反间不可不给予优厚的待遇。

【读解】

在论述了间谍的作用、种类和使用方法后，孙子在本段中特别强调了要重视反间，因为从反间处得来的情报最重要，还能使其他各间得到充分利用与发挥。因此，给予反间的待遇应该特别优厚。

【实例】

## 陈平施行反间计

公元前205年，项羽率兵围攻河南荥阳，刘邦被困其中。两军对峙长达一年之久，项羽断绝了汉军的外援和粮草通道。刘邦面对内外交困之窘境，一筹莫展，便去请教谋士陈平："天下纷纷扰扰，何日可得安宁？"

陈平献计道："项羽虽然礼贤下士，得众人心，但每到赏赐功臣时，他又非常吝啬爵位和封邑，因此许多将士并不愿意为他卖命。他所依赖的不过是亚父范增、钟离昧、龙且几个人罢了。再加上项羽猜忌心重，大王只要舍得几万两黄金，就可以用反间计离间其君臣关系，使他们互相猜疑，引起内讧，我们就可以趁机反攻，这样楚军必败。"

刘邦非常认同陈平所言，慷慨地交给他四万两黄金，任由其支配。陈平用这些钱开始积极地实施反间计。他一面派使者到楚国，送上刘邦的求和书信；一面用重金收买楚军中的将士，让他们散布流言说："钟离昧、龙且、周殷等大将为项羽征战沙场，功绩卓著，但没有得到封邑和奖赏，早就心生不满。他们打算和汉军联合起来，消灭项羽，自立为王……"谣言传到项羽耳中，项羽果然起了疑心。适逢收到刘邦派使者送来的求和信，他便趁机派使者回访，企图查明谣言的真伪。

项羽使者进入荥阳城，陈平予以隆重欢迎并热情款待，命人送上丰盛的食物和香醇的美酒。言谈之中，使者说："我奉项王之命前来……"未等话完，陈平就佯装惊讶，低声说："原以为是亚父范增的使者，没想到是项王的使者！"然后轻蔑地看了一眼使者，一句话不说就离开了。稍后，仆人撤去酒席，换上劣等食物及餐具。项羽使者当然十分恼火，认为刘邦尊重范增、钟离昧却视项王如草芥，其中必有隐情。他猜测范增、钟离昧和刘邦他们早有勾结，于是气愤地离开荥阳城，返回楚营，把情况一一向项羽说明。由此，项羽疑心越发加大，认为这是无风不起浪，于是对钟离昧不再信任，对范增也日益疏远。

亚父范增不知道项羽的心思，仍然主张不能与刘邦讲和，而要一鼓作气，力克荥阳，活捉刘邦。他越劝项羽速取荥阳，项羽就越加怀疑他与刘邦有勾结，于是按兵不动，故意冷落范增。久而久之，范增闻听项羽对自己有怀疑之心，顿时心灰意冷。他气愤地对项羽说："大局已定，请您好自为之。我既已年迈，乞求告老还乡！"项羽顺水推舟，立刻答应了他。范增悲愤交加，未等

项羽的使者返回楚营，把情况一一向项羽作了说明。

孙子兵法　用间篇　反间不可不厚

三三一

回到故乡，便生病去世。项羽闻知范增死讯，方知中计，虽然十分懊悔，但为时已晚。这就是陈平"六出奇计"中的第一计：初施反间，计除范增。

范增是项羽的主要谋士。范增离去，项羽对钟离昧等人又不信任，便如无头苍蝇一般不辨方向。陈平用"金蝉脱壳"之计骗过项羽，使刘邦得以逃出荥阳。原来陈平让将军纪信冒充刘邦出城到东门投降，从而把楚军吸引到东门外，而他和刘邦等人则在众将的掩护下趁西门楚兵空虚之机，匆匆逃离。一年后，刘邦击败项羽，建立了西汉王朝。

在楚汉相争的过程中，刘邦谋士陈平利用重金买通楚军将士散布谣言，施行反间计，除掉了项羽的左膀右臂——范增，使项羽失掉了最重要的智囊，成为孤家寡人，楚、汉实力对比也随之发生了重大转变。后来历经数战，刘邦最终成就了统一中国的伟业，而项羽被逼得退守垓下，最后自刎于乌江，以悲剧收场。"用间"之微妙神奇，从中可见一斑。由此可知孙子为何特别推崇反间计，并积极用之于战事上了。

## 袁崇焕含冤惨遭剐

明熹宗天启六年（1626年），努尔哈赤率13万后金大军向宁远进发，意图踏平宁远，由此入关。宁远守将袁崇焕带领军民奋力反抗，大败后金兵。努尔哈赤愤懑而死。

崇祯三年（1630年），皇太极兴兵攻打明朝。皇太极由于畏惧袁崇焕，不敢直接进攻锦州。他避开袁崇焕守地，绕道内蒙古翻越长城，袭取龙井关、大安口，进逼北京。袁崇焕闻报，立即率部日夜兼程，比后金军早三天抵达京城的广渠门外，并作好迎敌准备。后金军刚到，即遭袁军的迎头痛击，狼狈而逃。

皇太极视袁崇焕为入关征服中原的最大障碍。皇太极深知崇祯皇帝猜忌心强，难以容人。便派人重金贿赂明廷的宦官，向崇祯皇帝告密说袁崇焕已和满洲订下密约，故此后金军才有可能深入内地。崇祯皇帝听后勃然大怒，不问事情真相便马上召袁崇焕进京，将其下狱问罪。袁崇焕的部将祖大寿等人为抗议朝廷逮捕主帅，率部离京回到宁远。身陷囹圄的袁崇焕时刻以国家安危大局为重，亲笔手书至祖大寿等全体官兵，要他们听从朝廷命令，团结一心，坚持抗金，决不能因为他个人生死而轻举妄动，千万不要危害抗金大业。

祖大寿等全体官兵被袁崇焕的信感动得失声痛哭，当即回师入关，期望能用奋勇杀敌之举来保全他们主帅的性命。但是，一意孤行的崇祯皇帝在后金军撤离北京后，不顾广大明军将士的强烈呼声，最终以"谋叛"的罪名，将袁崇焕处以凌迟极刑。

皇太极除掉了心腹之患，从此横扫千军，很快就夺得了天下。

孙子兵法

用间篇

反间不可不厚

三三三

## 岳飞施计废刘豫

12世纪20年代以后，我国北方女真建立的金朝大举南侵，宋朝的半壁江山被其占领。金朝为了巩固所占领的宋朝区域，扶植了几个傀儡政权。其中，以刘豫为首的伪齐政权，经常诱降宋朝官员，并出兵帮助金朝攻打宋朝。

南宋将领岳飞决心除掉刘豫这个国家叛徒、民族败类。经过打探，他了解到金国将领金兀术素来对刘豫不满，于是心生一计，决定利用他们之间的矛盾拔除刘豫这个眼中钉。

这时，岳飞恰好抓到了一个金兀术派来的侦察人员，他假装把眼前这名奸细错认成自己手下的人，要人给他松绑，对那人说："你不是我的手下张斌吗？之前我派你到大齐约刘豫引诱金兀术，谁知你'黄鹤一去不复返'。后来我只好再派人去联络，幸好刘豫已经答应我，今年冬天会以联合出兵的名义把金兀术骗到清河（今山东清河）。你逃避任务，杳无音讯，我应该怎么处置你呢？"那人见岳飞认错人，便将错就错，向岳飞认罪，请求赦免，并要求戴罪立功。岳飞考虑片刻，便说："罢了，我暂且饶恕你这一回，给你一次立功的机会。你就拿着我的亲笔书函，去问刘豫何时出兵吧。"说罢，岳飞给刘豫写了一封信，随后在那人的腿上划开一个口子，把书信放在里面，然后再包扎好伤口。那人忍住剧痛，回到金国向金兀术报告了这一切，并将书信交给他。金兀术看完信后大惊失色，令人快马加鞭把书信交给金国国君。不久，刘豫就被废黜了。岳飞利用敌军的间谍，巧妙实施反间计，最终达到了目的。

岳飞哈哈大笑："刘豫这个败类终于被除掉了。"

# 以上智为间

【原典】

昔殷之兴也，伊挚在夏①；周之兴也，吕牙②在殷。故惟明君贤将，能以上智为间③者，必成大功。此兵之要，三军之所恃而动④也。

【注释】

①昔殷之兴也，伊挚在夏：殷，殷代，即商朝。伊挚，即伊尹，原为夏桀的大臣，熟悉夏的内情，商汤用他为相，帮助自己灭亡夏朝，后成为商朝贤臣，开国元勋。意指商朝的建立，曾在夏朝为臣的伊尹起了重要的作用。

②吕牙：即姜子牙，原是殷纣的臣子，后来归附于周文王，武王伐纣时他作为军师，助周武王灭商。

③上智：指智谋很高的人。为间：担任间谍。

④三军之所恃而动：恃，依靠。指军队的作战行动都要依据间谍提供的情报而部署。

【译文】

从前殷商的兴起，在于重用了曾在夏朝为臣的伊挚；周朝的兴起，是由于重用了了解商朝情况的姜子牙。所以，明智的国君，贤能的将帅，能用智慧高超的人充当间谍，就一定能建立大功。这是用兵的关键，整个军队都要依靠间谍提供的敌情来决定军事行动。

【读解】

孙子在最后以伊尹和姜子牙两人为例，表明要想成就大的功业，就要任用有高超智谋的人为间谍。用这样的人做间谍，为己方提供全面而准确的情报，是"成大功"最重要的条件。孙子自比商朝开国大臣伊尹和周朝开国大臣姜太公，流露出希望能够辅佐吴王统一天下的愿望。

【实例】

## 钟世衡借刀杀敌将

北宋年间，少数民族党项族在吸取汉族先进文化的基础上，实力大增，首领元昊在西北建立了西夏政权，与北宋形成对峙局面。之后，夏主元昊的心腹大将野利刚浪崚和野利遇乞便经常率兵进犯北宋疆域，滋扰民生，掠夺财富，北宋名将钟世衡决意拔除这两个眼中钉，以确保边境百姓安居乐业。

一次，野利刚浪㖫派浪埋、赏乞、媚娘三人假意向钟世衡投降，以刺探宋军军情，进而为西夏国的下一步军事行动提供情报。钟世衡看破了他们的阴谋诡计，决定将计就计，把他们当成自己实施反间计的棋子。于是，他装作毫不知情，对他们委以重任，暗地里却密切监视着他们的一举一动。

一天，钟世衡问自己的好友王嵩愿不愿意到西夏实施反间计，王嵩欣然应允，并表明自己一定誓死完成任务。在王嵩去西夏之前，钟世衡给西夏将领野利刚浪㖫写了一封信，信中表示自己已经重用了前来投降的浪埋、赏乞、媚娘三人，并且北宋朝廷也知晓他有归顺之意，意欲任命他为夏州节度使，请他速速来宋赴任。王嵩带着钟世衡的亲笔信和一幅乌龟与枣同席的画到了西夏，拜见了野利刚浪㖫，并向他详细介绍了浪埋、赏乞、媚娘所受的优待。

野利刚浪㖫看到这封信后非常吃惊，忙问这幅画有什么含义。王嵩告诉他，此画乃是"早（枣）早归（龟）来"之意，他如果想归顺北宋朝廷就应该宜早不宜迟。野利刚浪㖫为了证明自己的清白，就把王嵩带到夏主元昊面前。元昊看完信和画之后便下令要把王嵩斩首示众。此时，王嵩非常镇定，他笑着对夏主元昊说："我听人说西夏王生性多疑，以前我并不相信，但照今天之事看来，此言非虚。如果不是野利刚浪㖫将军先派人去我朝钟世衡将军处投降，我们的使君怎么会无缘无故派我送信来呢？现在，北宋朝廷已经任命野利刚浪㖫将军为夏州节度使，但他却反悔了，还反过来陷害我。你们西夏人真是狡诈善变啊！"

元昊并不知道野利刚浪㖫派人去诈降这件事，听了王嵩的话便对野利刚浪㖫起了疑心。为证实这件事，元昊暂时扣押了王嵩，并派自己的亲信假冒野利刚浪㖫的手下去见钟世衡。从西夏俘虏的口中，钟世衡知道了来人的真实身份，于是像对待浪埋等人那样热情款待他，并约定了野利刚浪㖫投降的日期。那人回去后将所见所闻悉数汇报给了元昊，元昊大怒，这下野利刚浪㖫是跳进黄河也洗不清了。

野利刚浪㖫被元昊赐死以后，就剩下野利遇乞这一个大祸害了。钟世衡决定再借元昊之手除掉野利遇乞。他命令人在西夏边境设立祭坛，并刻下碑文，混淆视听。碑文是这样写的："野利刚浪㖫和野利遇乞有意归顺本朝，不料未等大功告成，野利刚浪㖫将军就遇害身亡，此乃吾终身憾事。"眼看西夏兵来了，钟世衡"慌忙"命令士兵点燃纸钱和木板，匆匆离去。纸钱很容易烧毁，但木板上的字就不能那么快烧掉了。西夏人拿着还没有被烧毁的木板交给元昊。元昊看后信以为真，于是又将野利遇乞处死了，可怜野利遇乞就这样糊里糊涂地成了刀下鬼。

当时北宋为防大将篡国，重文轻武，因而武备松弛，使得宋朝战力羸弱，而西夏等少数民族政权崇尚武力，民风剽悍，严重威胁着北宋与其接壤的边陲地区。此例正是发生在西夏与北宋对峙时期，两军斗智斗勇，充分展现了"上智为间"的精妙之处。此计所涉及的四个主要人物：元昊、野利刚浪㖫、野利遇乞、钟世衡，皆算得上是"上智"。西夏使计诈降，宋军大将钟世衡就将计就计，用"间"离间西夏国元昊君臣，骗得夏主元昊连杀两员大将，使宋军心腹之患不战而去。

## 王德用不战而胜

北宋名将王德用在定州路都任总管时,勤练士兵,以防北方契丹人突袭。

一次,士兵发现有契丹间谍来侦察军情,部将都请求把他抓起来。哪知,这反倒给王德使用反间计创造了机会。王德用说:"就装作什么都不知道,让他回去,正好可以为我传话呢。他回去后一定会把这里的情况禀告给契丹将领,这样的话契丹将领就不会轻举妄动了。与其百战百胜,还不如不战而胜。这不是更大快人心吗?"一切依计行事。第二天,王德用特意举行了盛大的阅兵仪式,让士兵们个个表现得生龙活虎,精神抖擞。阅兵仪式结束后,王德用随即命令将士一切准备就绪,随时待命。契丹间谍回去后就向契丹将领报告了这些情况。契丹将领因此认为出兵攻打宋朝,凶多吉少,不能轻举妄动,于是派使者与宋议和。

王德用发现敌人的间谍后,并不急于抓住他,而是让他成为自己的传话筒,最终达到了不战而胜的目的。

## 韦孝宽编谣杀大将

南北朝时,北周武帝有位大将叫韦孝宽,他精通谋略,善于用间。当时,北齐有位将军叫斛律光,能征善战,英武可畏,韦孝宽多次与他交战皆不能获胜。

韦孝宽知道北齐后主高纬昏庸,又听说斛律光与北齐宰相祖珽有隙,便制造了斛律光篡位的谣言,并叫参军曲严将其编成歌谣:"百升飞上天,明月照长安。""高山不推自溃,槲树不扶自竖。"升,原指旧时容量单位,10斗即100升,等于1斛,而歌谣中的"百升"正是影射斛律光的"斛"字。北齐王姓高,歌谣中的"高山"便是影射北齐王,而"槲树"则是影射斛律光。这两句歌谣暗喻斛律光有篡位野心,意思是说斛律光将要当皇帝,北齐王就要垮台了。

韦孝宽令间谍们把写有这些歌谣的传单,散发到北齐京城邺(今河北临漳),让小孩子在大街小巷传唱。祖珽见了这些传单,立即添枝加叶、大加渲染地将情况汇报给了北齐后主高纬,又指使人诬告斛律光谋反。

后主不辨真伪,于武平三年(572年)六月,以约斛律光第二天游观东山为由,将其诱到宫中杀害。此后,后主又以谋反罪尽灭其族,还派人抄家,结果只得到一些宴射用的弓箭刀鞘,并无余财。

祖珽见了这些传单,立即添枝加叶、大加渲染地将情况汇报给了北齐后主高纬。

孙子兵法

用间篇

以上智为间